铁路科技图书出版基金资助出版

铁路城际客运市场开发及列车规划研究

李明生　著

中国铁道出版社

2010年·北京

内 容 简 介

随着我国改革开放和社会主义市场经济的不断发展，城市化步伐在不断加快。大力建设城际铁路，开发城际客运市场，大量开行城际铁路列车，将成为铁路在新世纪的一个新标志、新形象、新亮点。本书针对城际铁路客运这一崭新的领域进行研究探讨，是一本具有重要理论价值和创新性的原创力作。本书可供铁路运输管理人员、科研人员工作学习参考。

图书在版编目(CIP)数据

铁路城际客运市场开发及列车规划研究/李明生著.
—北京:中国铁道出版社,2010.4
ISBN 978-7-113-10682-9

Ⅰ.城… Ⅱ.李… Ⅲ.城市铁路—铁路运输:旅客运输—研究—中国 Ⅳ.U239.5

中国版本图书馆 CIP 数据核字(2009)第 217740 号

书　　名:铁路城际客运市场开发及列车规划研究
作　　者:李明生

责任编辑:吴　军　　　**电话:**(010)51873094
特邀编辑:张　唯
封面设计:薛小卉
责任校对:张玉华
责任印制:陆　宁

出版发行:中国铁道出版社(100054,北京市宣武区右安门西街 8 号)
网　　址:http://www.tdpress.com
印　　刷:北京华正印刷有限公司
版　　次:2010 年 4 月第 1 版　2010 年 4 月第 1 次印刷
开　　本:880 mm×1 230 mm　1/32　印张:13.5　字数:383 千
印　　数:1～2 000 册
书　　号:ISBN 978-7-113-10682-9
定　　价:35.00 元

序

城际铁路研究是铁道部2004年度面向全国招标的科技研究开发重点项目之一,《铁路城际客运市场开发及列车规划研究》是其重要的理论成果,这项研究具有极其重要的意义和作用。

在世界经济社会发展格局中,随着经济全球化与区域经济一体化,城市群在经济发达地区率先出现,成为生产力布局和人口聚集的一种崭新形态。经济产业和人类活动在城市群的高度集中,进一步强化了城市群在区域经济社会发展中的龙头地位。城市群已成为国家或区域参与全球竞争与国际分工的全新基本地域单元,深刻影响着国家和区域的国际竞争力,越来越明显地推动着经济社会的持续稳定快速发展。

在我国改革开放和社会主义市场经济的不断发展中,城市化发展步伐也在不断加快。东部经济发达地区,已出现了以上海为中心的长江三角洲城市群,以北京、天津为中心的京津冀城市群和以广州为中心的珠江三角洲城市群。2005年三大城市群共实现GDP 70 312亿元,占我国GDP总量的35.8%,比上年增长14.3%,比全国GDP增长速度高出4.4个百分点。三大城市群外资利用、外贸出口一直占全国的2/3左右,在产业结构、文化教育及科技创新等方面也居于领先地位。随着西部开发、东北振兴、中部崛起等重大战略的实施,新的城市群也在培育和崛起。国家"十一五"规划提出,在全国构建长三角、珠三角、京津冀及沈阳经济区、山东半岛城市群、长株潭城市群、成渝都市圈、河南中原城市群、西(安)咸(阳)都市群等"三主六次"九大城市群,它们主次相递、关联共生,将成为推动我国经济社会进一步又好又快发展的新引擎。

城市群的培育和发展,离不开交通,尤其是城市群区域的城际交通。它们之间存在互动互促相互耦合的正向关联关系。交通线是城市群形成的先导和发展轴线,美国学者 J. Trefil 曾提出,“城市的规模取决于人们在其中移动的难易程度”。这一观点将城市规模与交通先进性联系在一起,解释了为何城市半径随着交通工具速度的提高而不断增大。事实证明,正是从 20 世纪早期开始在世界范围内出现的城市轨道交通建设高潮加速了城市化的进程,使大“都市圈”和“城市群”得以真正从概念变为现实。另一方面,城市范围的扩张,城市群的职能分工和发展,又为轨道交通的发展提供了崭新的用武之地,促进了城际交通的更大发展。可以说,城际交通规划在解决都市圈和城市群区域交通问题方面必将发挥越来越重要的作用。城际交通规划也是都市圈和城市群区域规划的重要内容,轨道交通作为城际交通的主要方式,具有明显的引导性和前瞻性。

根据国家《国民经济和社会发展第十一个五年规划纲要》制定的中国铁路“十一五”规划,分析预测了铁路运输需求的增长空间,认为“城际客运市场需求潜力巨大”,从贯彻落实科学发展观,建设资源节约型、环境友好型社会的要求出发,把建设客运专线、发展城际客运轨道交通和既有线提速改造,初步形成以客运专线为骨干,连接全国主要大中城市的快速客运网络作为铁路“十一五”发展的一项重点任务,并在发展城际客运轨道交通中,明确提出,将建设长三角、珠三角、环渤海经济圈以及其他城镇密集地区的城际轨道交通作为重中之重。可以预见,大力开发城际客运市场,大量开行城际铁路列车,将成为铁路在新世纪的一个新标志、新形象、新亮点。

本书作者李明生教授是中南大学的博士生导师,长期致力于铁路运输问题的研究。近年来,围绕铁路客运的快速发展,结合实际,潜心研究,著书颇丰,《铁路城际客运市场开发及列车规划研究》是他的又一力作。纵观全书,我认为有以下 5 个方面的使用价值和理论创新。

第一,本书研究视角开放,研究方法独到,对铁路城际客运市场的开发具有战略性指导意义。作者站在经济全球化的高度,揭示了城市化进程中出现的城市群(圈、带)这个发展的新趋势,论证了开发城际客运市场,发展城际轨道交通,开行城际旅客列车的重要性和紧迫性,阐明了发展城际铁路客运的时代特性和战略意义，这是中国铁路坚持科学发展的一个极其重要的方面和新的亮点，较之传统的封闭单纯研究铁路客运问题，其研究方法具有鲜明的创新性。

第二，本书研究了工业化、城市化及客流的生成规律，提出城际客流将成为我国社会客流的主要源头及客运市场的主体，指出这是我国铁路发展的新机遇和新的增长点，是实现中国铁路科学发展的重要目标市场。该观点新颖、大胆、鲜明，是在对我国客流发展变化客观规律深入分析基础上作出的，其论证的科学性、严谨性得到了充分体现。

第三，本书明确提出了新型绿色交通方式的概念。城际轨道交通是符合建设资源节约型、环境友好型社会的新型绿色交通方式，是城际交通的主要载体。在减少占地、节约能源、清洁生产、保护环境以及安全性、快速度、大运量、全天候、舒适性和低成本等方面，城际轨道交通比其他交通运输方式都具有更大的更明显的优势。在城市群开行城际铁路旅客列车，不仅符合城市群客流的需求特点，也符合建设和谐社会的根本要求，是交通运输领域贯彻落实科学发展观的具体体现。

第四，本书运用市场经济观点和数学手段，对铁路城际客运市场的开发，对城际铁路旅客列车的开行方案等作了富有创新性的分析。对城际客运市场的供需分析，由过去根据铁路本身的客运量开展封闭式的静态预测，改变为根据国家和区域的经济社会发展形成的全社会客运需求和铁路在客运市场的竞争能力进行的开放式的动态分析，同时采用了组合模型的方法进行预测，提高了铁路客运需求量预测的精度，使城际铁路客运计划更精准可靠。对城际客运的站车规划，根据市场竞争和旅客需要，增加了站车的形象设计、城市客运站立体式综合交通枢纽的建设、零换乘、站车亲情服务、站车公共卫生系统和防病应急系统的规划设计、品牌创立和营销策划等方面，体现了以人为本、以旅客为中心的新理念。

第五，本书提出了开行城际列车的系统观。认为铁路开行城际列车是一个复杂的系统工程，它不仅包括城际铁路的建设系统，城际铁路技术系统、城际客运组织管理系统、城际客运财务清算和经营效益评价系统，还包括城际客运环境系统、城际客运营销系统以及城际客运员工培训和人才支持系统以及城际客运管理体制等方面的内容。在这个复杂的大系统内，各个方面相互协同，整体优化，才能保证城际铁路客运的高效率、高效益和可持续发展。

总之，这是一本具有重要理论价值和创新性的原创力作，值得一读。当然，本书的应用价值和理论创新不仅仅是上述 5 个方面，它给予我们的启迪和信息是多方面的。我们必须看到，在城市群发展轨道交通、开行城际列车这种新型的绿色交通方式，在我国还是一件新生事物，这项工作还刚刚起步，如何结合我国的国情和路情特点，促进城际铁路客运的科学发展，还有许多方面需要进行深入研究。我们期待着作者和更多的有识之士，能继续坚持不断地进行追踪研究，使我国城际铁路客运又好又快地发展，为和谐社会建设做出新的更大的贡献。

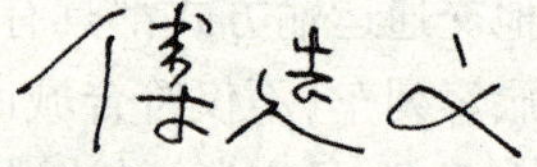

目录

1 绪论

党的十六届三中全会提出了科学发展观，这是以胡锦涛为总书记的党中央对党的三代中央领导集体关于发展的重要思想的继承和发展，是我国在新的历史时期经济社会发展的重要指导方针。铁路作为国民经济的先行官和国民经济运行的大动脉，如何在全球经济一体化和知识经济迅速发展的背景下，从国情和路情出发，坚持和贯彻科学发展观，寻找新的发展模式和新的经济增长点，实现自身又好又快发展，为国民经济发展做出更大的贡献，这是亟待研究的重大课题。本书就城际铁路客运方面作出一点粗浅的探索，供有关方面研究参考。

1.1 课题的提出

开发城际客运市场和开行城际列车在西方发达国家已有几十年的历史，积累了成功的经验，对铁路产业复兴发挥了重要的作用。城际列车以其大容量、高速度和便捷舒适，受到旅客欢迎，取得了良好的经济效益、社会效益和生态效益。

英国在20世纪60年代初期，就十分重视开发城际客运市场，首创城间快车模式，并逐步扩大了运行范围，速度提高到280 km/h，推出了系列城际列车如Inter City 225，Inter City 250等。

日本国土面积小，城市人口相对密集，随着二战后经济的快速恢复和发展，城际间客流量增长很快。1964年之后，日本建设新干线和开行城际列车，目前已形成了高速铁路网，速度最高达300 km/h，日均310列，其承担了城市间大部分客流运输，使得东京至大阪航线基本停航。法国在 20 世纪 80 年代加速开发城际客运市场，设计和生产了先进的 TGV 客车投入城间运行，其开行城际列车速度达到 270 km/h，开行密度逐渐加大，如在 TGV 东南线巴黎到里昂之间，半小时开行一列，占其间总客运量的 80% 以上。TGV 东南线有 60% 的公路旅客和 80% 以上的航空旅客转移到该线。德国也于 1991 年开始在城际客运中开行了 ICE（城间快运），为旅客出行提供了一种新型交通工具、吸引了众多旅客从公路、民航转向铁路。另外，英国、西班牙、瑞典、美国等亦重视城际客运市场的开发，开行了各种城际列车，提高了铁路的城际客运市场占有率。

发达国家城市化率一般达到 60% ~90%，人口和经济活动向城市聚集，城市之间产生大量的客流。公路和航空运输能力小、成本高、污染重，造成交通拥塞等一系列经济和社会及生态问题。城际列车以其大容量、高速度和便捷舒适的优势，加强了其市场主导地位，显示了铁路客运尤其是城际客运的强大生命力。发达国家城际客运成功的经验，如高等级线路、舒适高档的列车、优良的服务等值得我们学习借鉴。

我国近几年城际客运发展很快，尤其是城际高速公路的兴建，使公路占有城际客运的先机。公路的发展导致铁路客运量急速下降，这种状况引起了铁路的高度重视，铁路为扭转这种被动局面，开始在广深间、京津间和沪宁间以及内地一些城市间开行了城际列车。这对铁路参与市场竞争，提高铁路在客运市场中的地位发挥了重要作用。如广深线 15 min 开行一列公交化列车，吸引了大量旅客，扭转了自 1996 年以来客流不断下降局面。但是，仍面临高速公路客运巨大压力，其开行方案、市场营销、服务体系等方面有待进一步研究和完善。其他地方亦有类似问题。目前国内已有对于城际列车零星的文章和报道，对其进行介绍、评价以及某方面提出建议。但是，国内至今尚无从国内外经济社会发展的大局和当代城市化出现的新趋势、新特点的视角，对城际客运市场的开发以及列车规划进行全面的系统的深入研究，这种状况对城际铁路客运的可持续发展是不利的。本书将对城际客运市场的开发及其列车规划进行全面深入系统的研究，这对增强铁路客运核心竞争力，形成铁路新的经济增长点，提高客运效益和效率，扩大铁路市场占有率，树立铁路良好形象，对铁路科学发展等方面都具有极其重要的理论价值和现实意义。

1.2　理论价值和实际意义

经过5年的现场考察和理论研究，本书提出了如下结论：

(1)发展城际交通是当代社会生产力发展的时代要求。当代社会生产力在城市高度聚集，在经济发达地区社会生产力的这种高度聚集推动当代世界城市化出现城市群或城市圈、城市带这种新的城市布局空间形态，形成区域城市间的职能分工和协作，由此，区域城市间产生了巨大的人流、物流和信息流，客观上迫切要求发展现代城际交通，解决城市间人流、物流和信息流的快速输送问题。因此，现代城际交通应运而生，它是当代社会生产力和城市化发展的客观要求。城际交通的发展对城市和统筹城乡经济社会的发展具有重大的作用和意义。

(2)城际交通与城市群存在内在的互动耦合机理和路径。其内部存在多层次的互动耦合机理：便捷的交通促成了工业在城市的聚集，尤其是便捷的城际交通实现了广泛的城乡联系和城市间的职能分工与合作，是大都市带形成的基础条件，城市群和大都市带的形成，反过来又对城际交通的质和量的发展又提出了更高的需求，促进了城际交通的发展；便捷的交通运输和通信网络形成的地域轴线引导城市群(圈、带)空间形态的演变，一定的城市群(圈、带)空间形态的形成，又决定了城际交通走廊轴线发展的模式和空间结构，对二者的科学规划可使城际交通与城市群(圈、带)的互动耦合更为协调和均衡；在当代，科学技术的发展已成为城际交通与大都市群(圈、带)互动耦合的动力源。城际交通与城市群互动耦合的路径是：城际交通使生产要素在城市间的流动更为便捷、运费低廉，大大加快了区域内城市群产业的一体化，由此形成城市集群；城际交通加强了区域城市的职能分工和协作，促进了城市群(圈、带)的形成；城际交通发展引导着城市群的空间布局的演变方向和结构；城际交通创新了人们的时空观念，使人们形成了空间一体化观念，推动了社会生活方式的变化，促进了城市群的形成和发展。

(3)开发城际铁路客运市场不仅是我国城市尤其是城市群发展的客观需要,而且也拉动了铁路的自身发展,成为当前我国铁路科学发展的一个新的增长点。因为当代社会生产力和人口集中在城市尤其是高度集中在城市群(圈、带)中,使得城际客流已成为社会客流的主要发生地和客运的主导市场。在这种新的客运形势下,城际客运就成为铁路科学发展的首选目标市场。铁路城际客运与客流之间的良性互动因素,可以从供给和需求两个方面促进铁路客运科学发展,开发城际客运市场已成为铁路参与运输市场竞争的关键性决策,是铁路提高经济效益、社会效益和生态效益、促进城乡统筹参与和谐社会建设的重要举措。

(4)城际列车是经济区城市间一种新型的公共客运方式。从目前理论界的研究来看,不同的研究视角可以对城市列车赋予不同的内涵。但是,认识一事物与他事物区别的外在标志是其功能特点,为此,我们可以从功能角度对城际列车的内涵进行分析和归纳,如果从功能角度来定义城际列车,它应该是指为满足发达经济区城市群间大流量、高密度的旅客便捷、舒适输送需求的新型客运方式。为适应城际客流的特点,城际列车一般采用小编组、高频率的节拍式或公交化运输组织方式,其实质是区域城市群间的快捷公交化列车,是区域城市群间的新型公共客运方式。这是城际列车的基本属性。但是,上述城际列车的定义也还是一个相对的概念,由于高速铁路技术和信息技术的不断进步,列车速度的高速化,城际列车的概念也会与时俱进,由经济区城市群间发展为相邻区域中心城市间客运的一种新型方式。这样,城际列车概念的外延就有了扩大,兼容区域性城际列车。但是这种区域性城际列车也应当保持城际列车作为一种新型客运方式的基本属性,在列车开行密度、停靠站距离较短及时间等方面满足未来城际客运的需要,以区别干线客运。

为使上述创新结论运用于实践,转化为现实生产力,本书力求在理论研究与实际运用相结合上下功夫,深入到实践的层次,对我国城际铁路客运的开发进行了应用层面的研究,使本书更具有实际运用的参考意义。这主要表现在:

(1)对开发城际铁路客运市场的条件进行了研究。提出城际铁路客运的开发应具备一些基本条件:应有大流量、高密度的城际客流;城际铁路自身应具备比较优势和相应的客运承载能力；城际铁路客运市场开发要具有达到盈亏平衡点的较好经营效益和较高的对经济拉动效益及社会效益和生态效益等。并须对这些条件进行综合的考量和评估，区分先后缓急，有序地发展城际铁路客运，使之符合国家和经济区及城市群的经济社会发展的紧迫需要。

(2)对我国城际铁路的发展模式进行了研究。国外开发城际客运市场、建设城际铁路开行城际列车已有 40 多年历史，积累了一些经验和做法。本书运用比较研究和层次研究的方法，分别从国外城际铁路的投融资模式、建设模式、运输组织模式、管理模式、营销模式等层面，研究和归纳了发达国家城际铁路发展的行之有效的经验和做法。结合中国的国情和路情，分析了我国城际铁路情况，并参考和借鉴国外城际铁路建设的成功模式，提出了我国城际铁路在上述多层次的发展模式建议。这些建议内容不仅可供铁路部门参考，而且对于其他交通部门和基础设施部门也具有借鉴和参考价值。

(3)对我国城际铁路客运空间布局及其重点规划进行了研究。本书从供需两个方面考察了我国城际铁路客运的布局，认为从需求角度看，建设城际铁路、开行城际列车是为了满足区域城市群间大流量、高密度的人流、物流、信息流对交通的紧迫需求。从供给角度看，我国幅员辽阔，尚处于发展阶段，国家财力有限，而现代高速城际铁路建设需要巨额投资和先进的技术及运营管理水平，因此，必须从实际出发，有步骤、有重点、有效率地规划布局并确定当前重点发展区域。为此，本书探讨并提出了城际铁路客运市场开发的布局原则：要以国家宏观经济布局及客流流向、流量、流程的分布为基础；要符合国家综合运输网布局的总体目标；要有利于发挥铁路客运的经济技术优势；要适合于城市及区域的地形地质结构条件；要有利于生态和谐，符合可持续发展要求。本书根据这些城际铁路空间布局原则，进一步对我国城际铁路的定位作了研究，建议并提出把长江三角洲城市群、京津冀城市群和珠江三角洲城市群作为我国当前城际铁路建设的重点布局地区及其依据，为使这些依据有定量的支持，本书运用组合模型法预测了我国沿海这三大城市群“十一五”时期的客流量，作为在这三大地区重点布局的定量依据，并为这三大地区城际铁路未来的列车规划提供了客流量依据。

(4)对我国城际客运的列车进行了规划。我国城际铁路客运市场的开发和城际铁路建设，最终还是要落实到列车的规划这个实处。在市场经济条件下，城际客运市场开发和城际铁路建设，是城际列车规划的先决条件和依据，而城际列车规划是具体落实城际铁路客运市场开发的有效手段，也是铁路参与城际客运市场竞争，取得城际铁路建设和运营效益的着力点和支撑点。本书认为，在市场经济条件下，列车规划也应突破传统的规划思路，它不应当是一个封闭的技术规划，还必须从市场出发增添新的内容。在这方面本书作了一些探讨，提出了城际客运列车的选择、三大重点城市群城际客车开行的建议方案，研究了城际客车开行的相关问题，以及对城际列车的亲情服务策划、城际列车的形象设计、城际列车的公交式售票制度、城际列车的公共卫生系统和防病应急系统设计、城际铁路客运品牌建设等，与优化铁路城际列车开行紧密相关的一些新的问题进行了初步的探讨。

(5)对城市铁路客运站的设计和运营进行了研究。城市铁路客运站是铁路发展城际客运的窗口，它担负着大流量、高密度的城际客流的便捷、舒适集散等客流组织工作。因此，必须突破传统的封闭式的城市客运站设计和运营模式。要从现代城际客流的需求特点和构建城市综合运输网的要求出发，从量和质两个方面提高城际客流的组织效率，使城市铁路客运站成为城市综合交通枢纽和立体换乘枢纽。在这方面本书的研究涉及下述一些内容：考察了国外发达国家城市客运站建设和发展的一般趋势和特点；研究了城市铁路客运站与其他交通方式的协同关系；根据城际客运市场的需求和开行城际列车的要求，提出了城市铁路客运站的设计要求及其开放式的站舍整体布局和城市铁路客运站的客流组织，以及城市客运站现代化的服务信息系统建设、城市铁路客运站的卫生防病系统建设、面向市场的城市客运站的营销机制、城市铁路客运站服务品牌的建立等，开展城际铁路客运对城市客运站的多方面的综合要求，使城市铁路客运站成为多功能的现代化的新型客运站。

(6)对城际列车开行的支持系统进行了研究。铁路是一部复杂的联动机，其运行涉及方方面面的协作和支持。尤其是城际列车是一种新型的客运方式，它适应城际客运市场的需求，有着自己产生、运行以及发展的内在规律，因此，对其支持系统也提出了新的系统要素和要求。本书对这方面也进行了系统的探索。包括的内容有：城际客运计划的制定和节拍式或公交化运行线的铺画；既有线的提速和兴建城际客运专线扩大城际客运能力；合理的城际客运财务清算制度和经营效益评价方法；铁路局在一定条件下的城际列车开行权、随行就市定价权以及劳务用工、分配等方面的自主权；高效率的城际客运营销体系的建立和高素质乘务员工队伍的培养；城际铁路经营管理体制的改革等。这些方面都要适应城际列车的开行和城际客运市场的特点以及城际客运竞争的需要，这样铁路城际列车才能顺利开行并取得较好的经济效益、社会效益和生态效益。以上应用研究使本书具有可操作性，更富有实际意义。

1.3　研究方法和逻辑框架

研究方法服从于研究任务的需要，因此，对研究方法的设计要尽可能地服从圆满地完成研究任务的目的，使研究结论更符合科学性。本项目是铁道部首次对城际客运市场的开发和列车规划进行系统研究，面向全国招标的重点科技开发项目。根据研究任务的系统性要求，我们相应地采用了系统论的研究方法，设计了研究的内容大纲。我们对铁路城际市场开发和列车规划这一问题不是就事论事，或仅从铁路本身的角度来研究这个问题，而是从系统观出发，把铁路城际客运市场的开发和列车规划置于当代社会生产力发展和城市化出现的新特点这个大系统环境中加以考察，由于社会生产力在区域不同城市间的分工协作，形成了城市间的职能分工和协作，使城市群间形成了紧密的经济技术关联和社会联系，导致了城市群间的大流量、高密度的人流、物流和信息流，而铁路城际列车是最适于担当城际客运任务符合可持续发展的绿色客运形式。因此，它为铁路的科学发展带来了新的契机，成为中国铁路发展的一个新的增长点和支撑点。可见，开发铁路城际客运市场，开行铁路城际列车是符合当代社会生产力发展和城市化出现的新特点的科学的战略决策，在我国经济发达地区的城市群间，开行城际列车是我国经济社会发展的紧迫需要。由此,本书从大系统的角度论证了铁路开发城际客运市场和做好列车规划的重要性和紧迫性,就具有时代性和全局性的高度,其论据具有强大的逻辑力量,令人信服。此外,在城际交通与城市群互动耦合及其机理与路径、城市铁路客运站的设计和运营、开发铁路城际客运市场的条件、城际列车规划、城际列车开行的支持系统以及实证案例等方面都鲜明地运用了系统论的分析方法。

在主要运用系统论方法的同时,我们还结合运用了比较研究和层次研究的方法,在本书的有关章节中都有体现。城际列车作为适应区域城市间交通的一种新型的客运方式,在我国还是一个新生事物,但其产生和发展在发达国家已有40多年的历史,已有一些较成熟的经验和作法可供我们参考和借鉴。因此,在研究我国铁路城际客运市场开发和列车规划时,为了根据我国的国情和路情,较好地吸收国外发展城际列车的经验为我所用,我们运用了比较研究和层次分析方法。例如,我们对城际列车的概念分析就综合地概述了国外的一些观点和国内的一些看法,根据我国的国情和路情提出了本书对这一概念的看法。本书主要从城际列车具有的功能出发,论证了城际列车概念的内涵和特质,及其这一概念在时代发展中具有的相对性和未来概念外延扩大的层次性。再如,本书对城际铁路的发展模式的研究、对城市铁路客运站的设计和运营等方面都运用了比较研究和层次研究的方法。在城际铁路的发展模式研究中,就分别从城际铁路投融资模式、建设模式、运输模式、运输组织模式、管理模式、营销模式等多层面地比较研究了国外的一些成功的发展经验和做法,并考察了国内发展情况,结合我国国情和路情,提出了我国发展城际铁路在上述层次可资参考的建议,以促进我国城际铁路和城际列车的又好又快的发展。

此外,本书还突出地运用了定性研究与定量研究相结合的方法。本书采集和计算了成千上万的数据,对定性的论证给予了定量的说明。尤其是在论证铁路城际客运空间布局与重点规划中,我们运用组合模型法对有代表性的广深城际铁路、沪宁城际铁路、京津城际铁路在“十一五”期间的客流量进行了预测,以定量的研究支撑将珠江三角洲城市群、长江三角洲城市群以及京津冀地区城市群作为我国铁路当前开发城际客运市场和开行城际列车的重点地区的定性研究，并为这三条有代表性的城际铁路在“十一五”期间的列车规划提供了客流量方面的依据，以供铁路和相关部门参考。在我国铁路城际列车开行的支持系统中，对城际列车的财务清算制度和经济效益的评价方法等方面都运用了定量分析的方法，使定性分析尽量有定量的说明，更为精确化。

最后，读者可以看到本书对铁路开发城际客运市场和列车规划的研究，贯穿着市场分析的方法遍及每一章节。例如，对我国铁路开发城际客运市场的条件、对我国城际铁路发展模式所涉及的各个层次、对我国铁路城际客运空间布局及其重点规划、对铁路城际列车开行的支持系统，甚至对铁路城际客运的列车规划等技术性问题，也探讨性地增添了市场经济下的一些新的内容。而且，本书用了较多篇幅探讨分析了城际客运市场竞争以及城市铁路客运站的营销和创立城市铁路客运站的站车品牌等问题。

上述研究方法虽然在此论述时是采用了分项叙述的方法，但是，它们在本书的研究和论述中是相互结合融为一体的，起着相得益彰的作用，共同为完成本书的研究任务服务。

为了完成本书的研究任务，作者综合运用上述研究方法，对全书作了如下的谋篇和逻辑框架设计。第1章绪论，对全书的主题确立和研究成果做了一个提纲挈领的扼要说明。第2章从大系统角度，论证了开发城际运输市场，发展城际交通是当代社会生产力和城市化发展的客观要求，它适应了当代社会生产力高度集中在城市群(圈、带)，带来了城市群(圈、带)城市间频繁的大流量高密度的人流、物流和信息流在城际间的流动对城际运输的需要。这是催生和发展城际交通这种新的交通方式的客观依据和时代要求。它为开发城际运输市场提供了坚实的社会经济发展的深层依据。第3章在第2章论述了城际交通是当代社会生产力和城市化发展形成城市群落的产物的基础上，从反作用的角度，较深刻地探讨了城际交通与城市群互动耦合及其机理与路径，旨在说明发展城际交通对社会生产力和城市群发展的重大作用及其互动耦合机理和路径，由此，从相反的角度阐述了发展城际交通是社会经济发展的重大战略支撑点和前提，从这个意义上再深一层强调了发展城际交通这一新的交通方式的重大作用和重大意义。

第4章,在前三章对发展城际交通做了理论上的铺垫的基础上,指出在当前城际客流是社会客流的主要发生地,已成为铁路客运的主导市场,因此,开发城际客运市场,是铁路科学发展的首选目标市场。不仅对铁路自身的发展,而且对国民经济的发展、统筹城乡、建设和谐社会具有重要性和紧迫性。由此,成为中国铁路发展的新的契机和新的增长点,是铁路实现现代化的新亮点。第5章研究了铁路开发城际客运市场应具备的基本条件,这些基本条件在市场经济背景下具有新的内涵,既有技术经济方面的考虑,又有社会经济方面及生态和谐方面的考虑。从中我们可以看到铁路较之其他运输方式开发城际运输市场更具有本身独特的优势,城际列车是更符合城际客流特点和可持续发展要求的新型绿色客运方式。第6章依据我国经济社会发展的总体规划,从供给和需求两个方面,综合研究了我国铁路开发城际客运的空间布局的问题,建议从实际出发,有步骤、有重点、有效率地规划和建设我国城际铁路,提出了我国城际铁路客运布局的原则、定位、重点区域的确定,并结合定性分析给出了定量方面的依据。第7章突出地运用比较研究和层次研究方法,探讨了铁路开发城际运输市场对线路即城际铁路建设和发展的模式问题。作者以开放的眼界考察和比较研究了发达国家建设和发展城际铁路在投融资方面、建设方式方面、运输组织方面、管理方面以及营销等各个层面所采取的模式和成功做法。第8章对铁路开发城际客运市场的载体——移动设备城际列车进行了探讨式的研究,其中,首先对国内外开行城际列车的实践进行了回顾和梳理,由此从实际出发,对城际列车范畴内涵、外延及其相关问题做出了较明确的说明,并给出了本书的看法。第9章对中国铁路开发城际客运的列车规划进行了研究,尤其是对我国当前开发城际铁路客运的三大重点地区已有的三条具有代表性线路的城际列车规划作了探讨,提出了建议方案。列车规划是铁路开发城际运输市场的生产总部署,是铁路优化运输资源配置,在城际客运市场竞争中取得良好经济效益、社会效益和生态效益的运输决策方案,它对于落实城际铁路客运市场开发具有重要意义。在市场经济条件下,面向激烈竞争的城际客运市场,城际客运列车规划也应具有新的内涵,它必须根据城际客流的特点和城际客运市场竞争的需要,对城际列车的方方面面进行整体的规划,由此优化城际铁路客运的资源配置。从某种意义上说,对城际列车优化配置问题的研究,具有技术性和方法论的示范性意义。第 10 章研究了铁路开发城际客运市场对固定设施城市客运站设计和运营问题,本章考察了国外城市客运站发展的一般趋势和特点,研究了铁路客运站和其他交通方式的协同关系,根据开行城际列车的要求提出了城市铁路客运站的设计要求及其站舍的整体布局、客运站客流的组织、车站服务信息系统、客运站卫生防病系统、城市客运站的营销机制和车站服务品牌的建立等问题,使城市客运站实现多功能和现代化,以适应城际客运并成为城市综合交通枢纽的要求。第 11 章研究了铁路开行城际列车的支持系统,它由开行城际列车的环境系统、城际列车有效运行系统等系统因素所决定。在市场经济条件下,由于城际运输市场的激烈竞争,开行城际列车的支持系统就不但包括城际客运计划、城际客运组织和铁路技术等方面的要求,而且,还应包括财务清算和经营效益评价、铁路城际客运企业多方面的相对自主权,以及铁路城际客运营销和城际客运乘务员队伍培训、经营管理体制改革等多方面的问题。开行城际列车是一项系统工程,只有这项系统工程的方方面面都相互协同,城际列车才能高效率、高效益地运转,为经济区城乡社会经济发展做出应有的贡献。第 12 章从实证研究的角度编写了中国铁路开发城际客运的部分案例,以生动的事实反映了城际铁路的建设和城际列车的开行对城市群及其经济区,以至国家经济社会发展、人们生活方式的改变、思想观念的创新等方面所起到的深刻作用。由此,进一步佐证了开发城际客运市场、修建城际铁路、开行城际列车是铁路科学发展的新亮点和重大举措。以上是本书的基本谋篇和逻辑框架,全书也正是依托这一逻辑框架展开了相关的论述。

1.4 创新和展望

本书从立题前的调研到课题的设计和立项、课题的完成和结题,以及书稿的写作、修改和出版历时 5 载,其中艰辛自不在说。更使作者费思和竭力思考的是以什么样的创新成果奉献给社会。在项目的科研过程和本书的写作中,作者力图在以下几个方面形成创新成果。

(1)从大系统研究出发,根据当前社会生产力在城市化过程中高度集中,形成了城市群(圈、带),并促成了城市群(圈、带)中城市职能的分工和协作,由此产生了频繁的、大流量、高密度的城际客流对城际运输的紧迫需求,论证了这是城际交通产生和发展的客观依据。由此,提出城际交通及其主要载体城际列车这种新型交通方式是当代社会生产力发展的产物,其产生和快速发展具有必然性和时代性的新观点。

(2)根据我国工业化、城市化与客流生成规律,提出城际客流已成为我国社会客流的主要产生地和客运的主导市场的观点,认为这是我国铁路发展的新机遇和新的增长点,是实现铁路科学发展的首选目标市场的创新观点。

(3)鲜明地提出了轨道交通是符合建设资源节约型、环境友好型社会的绿色交通方式,它是城际交通的主要载体。城际轨道交通较之其他交通方式在资源节约、环境友好、投入产出、服务区域经济发展等方面更具有优势,也更适合城市群城际交通需求特点。它是铁路贯彻科学发展观、可持续发展的重要举措。

(4)根据我国区域和城市群发展规律,提出城际铁路客运市场开发的空间布局原则、重点及其相应的列车规划建议方案,并探讨了它们在市场经济条件下的新内涵。

(5)根据系统论原理,提出开行城际列车是一个复杂的系统工程,需要全路硬件和软件系统支持和整体优化的系统观。

关于城际铁路客运市场开发及列车规划的研究,在国内外还是一个崭新的研究领域,尤其在国内这项工作还刚起步。因此,本书的研究具有某种超前性,诚如铁道部有关评审专家指出“填补了我国城际铁路研究与学术著作的空白”,“具有重大实践意义与学术价值”。作者在深深地感谢专家们高度评价和鼓励的同时,更把这种高度评价和鼓励当做鞭策自己的力量,敦促自己在今后的学习和实践中不断检验和丰富发展书中所提出的一些理论观点。为此,恳请关心和从事这方面工作的专家学者和企业家不吝提出宝贵意见,以便作者今后修改,并致以诚挚的感谢。

发展城际交通是城市化的客观要求

发展城际交通不是无源之水、无本之木，它源于城市化发展内在规律的客观要求。从国外城市化和国内城市化情况来看，概莫能外。因此，我们不能仅站在交通的角度去看待城际交通的发展，因为这样就事论事地认识事物具有很大的局限性，就会看不到发展城际交通的原委和深刻的根源，就可能看不到它对城市化，乃至社会经济发展的巨大作用，也看不到城市化发展，尤其是城市群、大都市带的发展对它的紧迫需求，由此就会不自觉地降低了对它发展意义的深刻认识。为此，本章从源头上简述了城市化的发展与交通发展的相互关系，目的在于有助于我们从城市化的发展这个大局和历史高度，从国内外城市化的当代发展具有的趋势和新特点，去认识发展城际交通是当前国内外城市化发展的客观要求，从中也可深刻地认识到发展城际交通对城市化和社会经济发展的重大作用和意义。

2.1 城市与城市化的概念

1. 城市的概念

在我国古代，“城”和“市”在最初是两个不同的概念。古汉语中，“城”是指在一定地域上用作防卫而围起来的墙垣。如《墨子七患》中说：“城者，所以自守也”；《管子度地》云：“士也之守在城……”；《吴越春秋》亦指出：“筑城以卫君，造郭以守民。”可见“城”是当时的军事设施和统治中心。与此对应的“市”，则是指进行交易的场所。如《管子小匡》曰:“处商必就市井”;《孟子公孙丑》中说:“古之市一也,以其所有,易其所无,有司者治之耳”;《周易系辞下》对此更有生动详尽的记载:“日中为市,致天下之民,聚天下之货,交易而退,各得其所。”这是“中市”,以一般消费者的购买为主;另外还有“朝市”和“夕市”,总称“三市”。因此“市”是古时商品流通的中心。在生产力发展的驱动下,商品生产日渐发达,商品交换日趋频繁,成为日常生活之必需。客观上要求为这种交换提供一个安全、通达、固定的环境。于是“城”与“市”相互结合,并最终走向统一。

国内外的学者,从经济、社会、地理、历史、生态、政治、军事等不同的角度.对城市下过各种各样的定义,其数不下三十余种。地理学认为它是“一个相对永久性的、高度组织起来的人口集中的地方,比城镇和村庄规模大,也更重要”。(《简明不列颠百科全书》第2卷第271页)例如拉泽尔就说:“城市是占据一定地区,地处若干交通线的永久性的人类集居区。”(拉泽尔:《大城市的地理位置》)但经济学则把城市看作是工业、商业、信贷的集中地。对于社会学家来说,城市是当地那些共同风俗、情感、传统的集合(L·沃思等:《城市社会学》第165页)。另外,还有人口学、政治学、建筑学等学科的关于城市的概念。因此,要给城市下一个准确的定义,是一件比较困难的事情,城市的定义已经成了著名的难题。正如美国城市学理论家刘易斯·芒福德指出:人类用了5 000多年的时间,才对城市的本质和演变过程获得了一个局部的认识,也许要用更长的时间才能完全弄清它那些尚未被认识的潜在特性。概括西方学者对城市的定义,不外乎以下几种:第一,以居民人数作为城市概念的标准;第二,以行政区划的建制规定作为标准;第三,以居民密度的大小作为标准;第四,以拥有的第二、第三产业的比重作为标准。

马克思主义经典作家们也很早就对城市有过精辟的阐述。马克思和恩格斯曾写道:城市本身表明了人口、生产工具、资本、享乐和需求的集中;而在乡村里所看到的却是完全相反的情况:孤立和分散。(《马克思恩格斯全集》第3卷,人民出版社1974版,第57页)在同一著作中还写道,物质劳动和精神劳动的最大的一次分工,就是城市和乡村的分离。列宁也曾写道:"城市是经济、政治和人民的精神生活的中心,是前进的主要动力。"(《列宁全集》第 19 卷,人民出版社 1984 年版,第 264 页)斯大林是这样论述城市的,他说:"它们是文化最发达的中心,它们不仅是大工业的中心,而且是农产品加工和一切食品工业部门强大发展的中心。这种情况将促进全国文化的繁荣,将使城市和乡村有同等的生活条件。"(《斯大林选集》下卷,人民出版社 1979 版,第 558 页)

由上述对城市的各种论述,我们可以抽象出城市所具有的最为一般的特征。具体说,有 3 个方面。一是集中。城市是人口、资本、消费、文化等的集中之地,集中是城市的本质特点之一。如人口的聚集成为衡量城市规模的一项重要指标。美国人口普查局规定 2 500 人以上者称为城市(应该包括小城镇);2 500 人以下者称为村庄。我国规定,人口在 100 万以上的城市为特大城市,50 万 ~100 万人口的为大城市,20 万 ~50 万人口的为中等城市,10 万 ~20 万人口的为小城市。二是中心。城市是某一或大或小区域范围内政治、经济、文化等方面综合的中心或某一方面的中心,中心是城市又一本质性特点。三是有别于乡村聚落的高级聚落。聚落属于地理空间概念,对于聚落,有各种各样的分类,其中一个被广泛采用的分类是把聚落划分为农村型聚落和城市型聚落两大类。(罗澍伟:城市、城市理论与城市史,城市史研究第 17—18 辑,天津社会科学院出版社 2000 年版)城市的发展水平高于乡村,社会的文明程度也高于乡村。从世界各国的人均收入水平来看,凡城市人口占全国人口 80% ~90% 的,人均年收入均超过 1 万美元。可见,城市聚落是有别于乡村聚落的一种高级聚落,这是城市的又一本质性特征。我国对于城市本质和特征的最权威的提法,已写入了《中共中央关于经济体制改革的决定》之中,即:"城市是我国经济、政治、科学枝木、文化教育的中心,是现代工业和工人阶级集中的地方,在社会主义现代化建设中起主导作用。"

根据以上对城市的本质性特征的认识,我们可以将城市定义为:城市是一定区域范围内政治、经济、文化、宗教、人口等的集中之地和中心所在,并伴随着人类文明的形成发展而形成发展的一种有别于乡村的高级聚落。法国著名的城市地理学家什梅尔说:城市既是一个景观,一片经济空间,一种人口密度,也是一个生活中心和劳动中心,更具体点说,也可能是一种气氛,一种特征或者一个灵魂。这更接近城市的文化定义。

2. 城市化的概念

城市化,也有的学者称之为城镇化、都市化。不同的学科从不同的角度对之有不同的解释,就目前来说,国内外学者对城市化的概念分别从人口学、地理学、社会学、经济学等角度予以了阐述。人口学把城市化定义为农村人口转化为城镇人口的过程。他们所说的城市化就是人口的城市化,指的是"人口向城市地区集中、或农业人口变为非农业人口的过程"。社会学认为,城市化就是农村生活方式转化为城市生活方式的过程。发展不是目的,只是一种手段,其根本目的还是为了提高人民的生活水平,改善人们的生活质量,促进人的技能和素质的提高,提高人类社会的整体发展水平,使人与人、人与自然关系达到和谐发展。经济学从工业化的角度来定义城市化,即认为城市化就是农村经济转化为城市化大生产的过程。城市化是工业化的必然结果。一方面,工业化会加快农业生产的机械化水平、提高农业生产率,同时工业扩张为农村剩余劳动力提供了大量的就业机会;另一方面,农村的落后也会不利于城市地区的发展,从而影响整个国民经济的发展。而加快农村地区工业化大生产,对于农村区域经济和整个国民经济的发展都是有着很积极意义的。从上述可以看到,不同的学科从不同的角度对城市化的含义做出了解释。通过比较,我们可以对城市化的内涵作一个综合的概括:城市化一般是指农村人口向城市集中的过程。在此过程中,工业化与城市化具有密切的联系。一般来说,城市化是由工业化来推进的,工业化的过程同时也就是城市化的过程;但另一方面,城市化是工业化的载体,对工业化也有反作用。城市化如能适应工业化发展的要求,则会推动工业化的加速推进。同时,在城市化的过程中,城市基础设施和公共服务设施不断提高,城市文化和城市价值观念成为主体,并不断向农村扩散。可见,城市化就是生产力进步所引起的人们的生产方式、生活方式以及价值观念的转变的过程。

在当代人类已进入世界范围的城市化推动工业化和现代化的新阶段。城市化对于人类经济社会发展具有重大作用。城市化成为解决"三农问题"的根本出路,城乡协调发展是社会稳定和整个国民经济持续、协调发展的基础;城市化有利于第三产业的发展;城市化有利于提高人口素质、提高劳动生产率;城市化能够集散人力,促进人力资源流动,使人力资源合理配置,可以更好地利用我国劳动力资源丰富的优势,发挥劳动密集型产业在我国经济增长和出口增长中的作用;城市化有利于自然资源的合理利用,不仅能合理节约地利用土地,而且有利于保护和合理利用水资源和其他资源,有利于环境保护和生态平衡。

由此,城市化的程度成为衡量一个国家和地区经济、社会、文化、科技水平的重要标志,也是衡量国家和地区社会组织程度和管理水平的重要标志。城市化是人类进步必然要经过的过程,是人类社会结构变革中的一个重要线索,经过了城市化,标志着现代化目标的实现。只有经过城市化的洗礼之后,人类才能迈向更为辉煌的时代。

2.2 世界城市化的进程及其发展趋势

1. 世界城市化的进程

人口向城镇聚集,是人类社会发展的必然趋势。18 世纪从英国开始的产业革命开创了城市发展新时期,在短短的 200 多年内,世界城市化进程不断加快,但是,作为农村人口向城市大规模迁移的城市化过程,是伴随着工业革命而出现的必然结果,而且随着工业化的进程,人口城市化的过程在不断加剧。自工业革命以来到 1900 年的 100 多年间,世界城市人口的比重也只达到 14%,而过了 50 年后到 1950 年,世界人口的 29.7% 居住在城市,总数达到 7.49 亿,其中约 60%(4.46 亿)在发达国家和地区。到 1970 年,世界城市人口增加到 13.56 亿,城市人口比重上升到 36.7%,发达国家和地区与发展中国家和地区的城市人口数量基本上各占一半。到 1975 年,当世界城市人口达到 15.43

亿时,发展中国家和地区的城市人口总数已经超过了发达国家和地区,前者为8.09亿,后者为7.33亿。从1975年到2001年,世界城市人口由15亿多增加到29.23亿,城市人口比重达到47.7%,26年间城市人口增加13.8亿,比重提高近10个百分点,而新增加的城市人口的87.8%(12.12亿)是在发展中国家和地区。特别是20世纪以来,科学技术革命带动了世界经济以空前的规模和速度发展,第二产业和第三产业发展尤为迅速.为城市发展提供了物质基础;同时世界人口的急剧增长,也为城市人口的增长提供了后备力量,城市化浪潮席卷了整个世界。目前,发展中国家和地区的城市人口总数约占世界城市人口总数的69%。目前,世界人口约有一半居住在城市里,城市居民人数达到30亿。预计今后世界城市化的趋势还会加速发展,到2030年,世界城市人口接近50亿,约占世界总人口的60%。

2. 世界城市化的发展趋势

自20世纪50年代以来,世界人口的城市化进程表现出几个突出的趋势。

第一,从总体上看,城市化水平在不断提高。目前,世界人口的近一半居住在城市,发达国家和地区在城市居住的人口已经高出2/3以上,一些国家的城市人口比例已经接近90%,如英国、德国。即使如此,发达国家的人口仍然在缓慢地向城市聚集。可见,人口城市化这一过程即使在城市化水平已经很高的发达国家和地区,也没有停止。联合国预测,今后30年,世界城市人口由目前的30亿增加到49亿,城市化水平由目前的47.7%增加到60.3%。其中发达国家和地区的城市人口增加约1亿,城市化水平达到83.5%。发展中国家和地区的城市人口将增加约19亿,比重达到56.2%。从地区分布来看,非洲、亚洲的城市化水平将分别提高16.8和15.4个百分点,达到54.5%和53.4%。其次是欧洲,提高9个百分点,比重达到82.6%,拉丁美洲提高7.4个百分点,达到83.2%,北美提高6.8个百分点,达到84.4%,大洋洲变化较小,2030年时城市化水平为74.4%。从一些主要国家的情况看,英国和德国的城市化水平最高,届时将超过90%。美国、日本、法国等都在85%左右，而中国和印度城市人口的比重增加较快，大约提高15个百分点以上。未来30年的世界城市人口及其比重的变化如表2－1所示。

表2－1 未来30年的世界城市人口及其比重的变化

年份	世界		发达国家和地区		发展中国家和地区	
	城市人口(亿)	比重(%)	城市人口(亿)	比重(%)	城市人口(亿)	比重(%)
2005	31.48	49.0	9.25	77.2	22.24	42.5
2010	34.73	51.1	9.47	78.4	25.25	45.2
2015	38.17	53.4	9.68	79.7	28.49	48.0
2020	41.76	55.7	9.86	81.1	31.9	50.8
2025	45.36	58.0	10.0	82.3	35.36	53.5
2030	48.89	60.3	10.01	83.5	38.79	56.2

第二，发展中国家的城市化速度快于发达国家，经济最不发达国家的城市化速度最快。在第二次世界大战后的世界城市化进程中，发展中国家城市化速度超过了发达国家。1925年，发达国家城市人口占世界城市人口的71%，发展中国家只占29%；二战以后，发展中国家城市化进程越来越快，发达国家城市人口占世界城市人口的比重开始下降，1950年时，发展中国家和地区的城市化水平与发达国家和地区差距为37.1个百分点，而到2001年时差距缩小为34.6个百分点。目前，发达国家的人口城市化率已达到80%，今后其增长率相当缓慢，预计到2020年人口城市化率仅上升到84%，城市人口达到5.5亿。但是，大部分城市人口居住在中小城市，其中约一半的城市人口居住在5万至10万人的小城镇。亚洲和太平洋地区的城市化率当前只有35%，预计到2020年将上升到46%，城市人口近20亿，其中孟买、达卡、卡拉奇的人口都将超过2 000万。城市贫困人口急剧增加是许多亚洲国家面临的严峻挑战。非洲城市化增长率最快，预计到2020年达到46%，即4.4亿人口。由于世界人口的80%以上在发展中国家和地区，因此，发展中国家和地区每年向城市迁移的人口绝对量相当可观。到2020年，

发展中国家的城市人口比例将达到50%。最不发达国家的城市人口将从19亿增加到2030年的39亿,这对许多最不发达国家的发展是一个巨大的挑战。

第三,世界人口更多地向大城市和特大城市集中。1950年至1980年,发达国家百万人口以上大城市由48座增加到110座,增长1.3倍,大城市人口从1.3亿增加到2.6亿,增长1倍;同期发展中国家百万人口以上大城市从23座增加到124座,增长4.4倍,大城市人口由4 700万增加到2.4亿,增长4.6倍。目前,世界上1 000万人口以上的特大城市有19个,预计到2015年将增加到23个,其中超过2 000万人的特大城市将有5个。新增加的特大城市都来自发展中国家。除日本东京继续以2 600万人口位居第一外,发展中国家的特大城市名次将普遍上升。2001年,人口超过1 000万的特大城市有17个,其中13个在发展中国家。在这17个特大城市中,亚洲就有11个。1000年之前,世界最大的城市人口只有45万,而1900年时,不仅最大的城市人口增加到650万,而且10个最大的城市全部在发达国家。可是到2000年时10个最大的城市中有7个在发展中国家,仅发展中国家就有13个城市的人口超过1 000万。尼日利亚的拉各斯将以2 300万人口成为世界第三特大城市。

第四,无论是在发达国家还是发展中国家,城市在国家经济中的地位越来越重要。往往一个城市的经济就占据了整个国家国民经济的主导地位。现在西方发达国家的一些大城市或者说大城市群对全国GDP的贡献已经达到了50%以上:美国纽约、芝加哥、洛杉矶三大城市群对美国的GDP贡献率为65%;日本东京、大阪、名古屋贡献率达到75%。纽约是美国的经济核心地带,制造业产值占全国的30%,作为世界特大都市之一,是美国最大的金融、商业和文化中心。东京GDP占全国的18.6%,伦敦占17%,首尔占26%左右。泰国首都曼谷市的经济就占全国经济的38%。即使在最不发达的非洲国家,城市经济也占国民生产总值的60%。据国家统计局提供的信息,我国15个首批沿海开放城市在2004年实现地区生产总值29 244亿元,超过全国国内生产总值136 515亿元的21.4%,而这些城市人口仅占全国总人口的7.4%。中国最大的三个城市群,珠三角、长三角、环渤海地区GDP贡献率已达38%。

第五,生态城市是当今世界城市发展的主要方向。城市是社会生产力和商品经济发展的产物。在城市中集中了大量社会物质财富、人类智慧和古今文明;同时也集中了当代人类的各种矛盾,产生了所谓的城市病。诸如城市的大气污染、水污染、垃圾污染、地面沉降、噪声污染;城市的基础设施落后、水资源短缺、能源紧张;城市的人口膨胀、交通拥挤、住宅短缺、土地紧张,以及城市的风景旅游资源被污染、名城特色被破坏等。这些都严重阻碍了城市所具有的社会、经济和环境功能的正常发挥,甚至给人们的身心健康带来很大的危害,城市变成了人与自然矛盾最突出的地方。随着可持续发展思想在世界范围的传播,可持续发展理论也开始由概念走向行动,人们的环境意识正不断得到提高。

1971年,联合国教科文组织在第16届会议上,提出了“关于人类聚居地的生态综合研究”,“生态城市”概念应运而生。这一崭新的城市概念和发展模式一提出,就受到全球的广泛关注。到20世纪后期,“生态城市”已经被公认为是21世纪城市建设模式。1999年10月,美国世界观察研究所在其调查报告《为人类和地球彻底改造城市》中指出,无论是工业化国家还是发展中国家,都必须将规划本国城市放在长期协调发展战略的地位,而其大方向只能选择走生态化的道路。有关专家认为,21世纪是生态世纪,即人类社会将从工业化社会逐步迈向生态化社会。从某种意义上讲,下一轮的国际竞争实际上是生态环境的竞争。从一个城市来说,哪个城市生态环境好,就能更好地吸引人才、资金和物资,处于竞争的有利地位。因此,建设生态城市已成为下一轮城市竞争的焦点,许多城市把建设“生态城市”、“花园城市”、“山水城市”、“绿色城市”作为奋斗目标和发展模式,这是明智之举,更是现实选择。

生态城市作为城乡的统一体,其本身即为一个区域概念,是建立在区域平衡上的,而且城市之间是互相联系、相互制约的,只有平衡协调的区域,才有平衡协调的生态城市。生态城市一改现代工业城市“高能耗”、“非循环”的运行机制，提高一切资源的利用率，物尽其用，地尽其利，人尽其才，各施其能，各得其所，优化配置，物质、能量得到多层次分级利用，物流畅通有序、交通便捷，废弃物循环再生，各行业各部门之间通过共生关系进行协调。当今世界一些发达国家，伴随着现代生产力的发展和国民生活水平的提高，尤其是对生活质量提出了更高的要求，其中最重要的是对生态环境质量的要求越来越高，使现代人对生态需求与消费比以往任何时期都显得重要。

目前全球有许多城市正在按生态城市目标进行规划与建设，例如印度的班加罗尔、巴西的库里蒂巴和桑托斯市、澳大利亚的怀阿拉市、新西兰的 Waitakere 市、丹麦的哥本哈根、美国的克利夫兰和波特兰大都市区(Pirtakabd Metropolitan)等。值得一提的是中国江西省宜春市、山东省烟台等城市也开展了生态城市的规划和建设。

2.3 我国城市化的快速发展

1. 我国城市化发展的概况

城市，在我国已经具有数千年的历史。但是，我国城市现代化的推进，却是近几十年的事情。新中国成立以来，我国城市化经历了艰难曲折的道路。先后经历了 20 世纪 50 年代的健康发展期，60 ~ 70 年代的畸形发展期，80 年代起进入快速发展期。当前，我国还是一个发展中国家，正在向工业化、现代化国家迈进，中国的城市化进程正在随着现代化的步伐而加快。2002 年我国的城市化率已达到 37.6%，已高于 30% 这一界点。可以预计，今后我国城市化进程将进入空前快速发展的时期。从经济发展水平看，即从人均收入和城市化率的关系角度看，根据国际经验，当一国经济进入长期持续稳步增长的时期，城市化也将进入一个快速发展的时期。世界银行对全球 133 个国家的统计资料表明，当人均国内生产总值从 700 美元提高到 1 000 ~ 1 500 美元、经济步入中等发展中国家行列时，城市化进程加快，城市人口占总人口比重将达到 40% ~ 60%。有专家分析，在未来的十几年中，我国的人均 GDP

将从1997年的800多美元,提高到2010年的1 200美元甚至更高。城市化发展规律和经济发展水平的指标都表明,我国城市化的列车已驶入快车道。2005年已达到41%左右。据有关方面预测,2010年达到43%左右,2015年为47%左右,2020年为60%左右。从全国情况看,全国有城市668座,城市数量比1979年增加了2倍。这其中,100万人口以上城市增长了1倍,50万~100万人口的城市增长了50%,50万人口以下中、小城市增长了两倍以上,数量由173座猛增到588座,升幅达240%。虽然我国城市化水平有了很大提高,但仍处于低水平状态,城市总体水平低,我国城市化与世界发达国家相比差距较大。与世界54%的平均城市化水平相比仍低将近10个百分点,与同等工业化程度国家相比大约低20个百分点。当今欧美发达国家城市化水平为70%左右,美国达90%以上,相形之下与发达国家的差距更大。这反映了我国城市化发展的滞后,也反映出我国工业化发展进程的不平衡性。不仅如此,我国的城市化进程还远远落后于工业化,既不利于农业的现代化,也不利于工业的现代化,对我国的经济发展和人民生活水平的提高起着严重阻碍作用,对于整个国家的发展和总体国力的增长都是一种钳制。因此,加快中国城市化进程,探索具有中国特色的城市化道路刻不容缓。

2. 中国城市化的特征

中国的城市化经历了一个漫长而又曲折的过程。在从村落到城市的演变中,自然环境条件、经济发展条件、交通运输、人口分布、政治文化、历史基础等因素在不同的历史阶段发挥了不同的作用,推动或制约了城市化的发展。因此,中国的城市化过程,既有世界城市化发展过程的一般和共同特点,又有明显的特殊性,形成了具有中国特色的区域变化和特征。

第一,城市化区域差异突出,地区间城市发展不平衡。由于自然、区位、经济、历史等多方面原因,我国城市化区域差异比较突出,城市化发展东部快于中部,中部快于西部。并在未来相当长的一段时期内还有进一步扩大之势。这是市场机制作用的结果,与我们自然环境和经济发展的空间格局是基本相符合。1990—2000 年期间,我国共新增城市 197 座。从新增城市的地区分布来看,主要集中分布在广东、山东、江苏等沿海省区。其中,东部省区 114 座,占 58%;中部省区 54 座,占 27%;西部省区 29 座,占 15%。在各省区间,广东省新增城市数量最多,增加了 33 座,约占全国新增城市总数的 17%。从新增城市的大、中、小结构来看,以中等城市为多。其中,大城市 35 座,占 18%;中等城市 101 座,占 51%;小城市 31 座,占 31%。新增大城市主要分布在山东(6 座)、河南(6 座)、湖北(4 座)等省区。新增中等城市主要分布在广东省区。同时山东、新疆、安徽等省区的小城市数量在减少。据有关方面预测:在未来 20 年的各时期间,除了辽宁外的东部各个省区的城市化水平将平均每年增长 1 个百分点以上,尤以广东和山东最快;中部各省区的城市化水平年均增长大多在 0.8~1.5 个百分点;西部各省区则大多小于 0.8 个百分点。由于目前我国的城市化水平已经呈现出比较显著的东高西低的格局,这种东西差异将近一步拉大,更加悬殊。如在 2010 年,除上海、北京、天津这 3 个直辖市之外,东部的广东、辽宁、山东、浙江的城市化水平将超过 60%,而西藏的城市化水平仅为 21%,贵州、甘肃和云南也只有 30% 左右。

第二,城市特色的地域化与个性化。中国几千年的文化底蕴与各类城市地域文化相结合成为发展特色城市的重要文化资源,一批具有鲜明地方文化特色与个性特色的城市脱颖而出,例如,水乡城市、滨海城市、高原城市、山海城市、沙漠城市等以地理风貌为特色的城市;服装之都、水晶之都、丝绸之都、玩具之都等以产业与资源为特色的城市;以及昆剧之乡、南音之乡、评剧之乡等,这些具有地方文化特色和个性特色的城市迅速为世界所了解,并为城市的发展带来可观的社会与经济效益。对于有着悠久历史的大多数中国城市来说,个性化的特征就是保留城市的历史痕迹,并将她上升为城市的灵魂。因此,在城市的更新改造过程中,为恢复和保留城市的文脉而作出的各种努力都将得到应有的回报,而且也已经成为提高城市竞争力的重要手段。当前,保护与发掘城市的文脉与景观特色,弘扬地方文化,极力打造城市特色品牌已成为城市政府在城市经营与城市竞争过程中最重要的手段,也是对过去城市特色模糊、城市发展模式雷同的理性反思。

第三,城市与区域发展的一体化。城市化发展的规律表明,当一国的城市化率超过 30% 以后,城市化发展速度将进入加速状态,并且出现城市与区域发展一体化的趋势。我国近三年来城市化率从 30.89% 提高到 37.6% 的实践表明,这一规律正在发挥它的作用。根据预测,到 2020 年,我国的城市化率将达到 60% 左右。这对于我国特殊的城乡二元结构的国情来说,意味着城市化率每年需提高约 1.5 个百分点。而城市化水平每提高一个百分点,就意味着要有 1 500 多万农村人口转移到城市。如何实现大量农业劳动力向城市非农产业的转化,将成为我国城市化进程中遇到的最大挑战。因此,在做大、做强城市的同时,通过城市的发展带动区域的联动、实现城市与区域的一体化、进而加速推进城市化将成为全社会的共识与政府的主要努力方向。

第四,我国的城市功能、城市体系还很不完善,许多活动仍要依靠中心城市带动。近 20 年来,我国城市数量扩张的速度很快,成为推动我国城市化的主要力量,同时也暴露出城市的规模不足,功能有限,质量也急需提高的问题。这与长期以来我国限制大中型城市发展的政策有关。从地级城市的综合竞争力来看,全国很多省份普遍存在城市综合竞争力不强、城市功能偏弱,城市的集聚和辐射功能未能更好地发挥的问题。这种状况严重影响城市质量,弱化了中心城市对广大农村腹地的带动作用。可以判断,在经济发展进入工业化中期以后,依靠农村工业化来推动的城市化发展阶段已趋基本结束,中心城市的发展将是下一阶段我国城市化的主要动力,而今后区域间的竞争将更多地体现为各区域中心城市之间的竞争。要完善区域性中心城市功能,进一步提升中心城市作用,需要解决城镇空间的网络问题。这里所说的网络,具有丰富的内涵,它不仅表示经济发展的要素流动机制,而且表示经济发展的空间网络联系。中心城市是城镇空间组织网络中的中心环节,而构建合理有序的城镇网络体系,是经济发展一体化和国际化的必然结果。因此,城镇网络体系的建立要能兼具中心城市的规模主导地位和空间组织作用。目前我国各区域城市间仍是自我完善、各自为政,随着中心城市产业的成熟和趋同、城镇用地的急剧扩张、城市竞争的日趋激烈,应尽快改变现有城市无序的城乡空间扩张,突破城市的行政分割,加速区域整合、重视区域整体协调,寻求城市竞争中的优势互补,这将推动未来中心城市的健康发展和我国城市化进程。

第五,城市化质量差,第三产业比重低。目前我国城市第三产业增加值占国民生产总值的比重较低,城市化与经济发展水平不相适应,一是综合效应差,城市企业各项经济效益指标不高,无力支持农村城市化,城市发展后劲不足。二是城市环境差,城市绿地少,水土流失严重,大气污染严重,水利资源不足和热岛效应。三是基础设施差,各类基础资源适应不了城市发展的需要。四是管理差,管理人员不足,素质不高,管理法规不健全,离城市现代化管理要求相差较远。住房拥挤、交通堵塞、环境污染、犯罪率升高等社会问题日益突出。五是多为外延式扩展方式。占用土地过多,城市土地利用粗放,超过城市化国际标准用地的1倍多。在城市化发展较快的1990年至1995年,全国净减少耕田200多万 hm^2,相当于50个中等县的耕地面积。耕地面积减少直接影响农业的发展,也制约城市的进一步发展。六是城市发展缺乏区域性整体观念。由于没有统一、整体的规划,各个城市各自为政,自成体系,产业结构趋同,基础设施重复建设,既浪费土地,又不利城市和区域经济发展。同时,城市管理制度创新不多见,城市发展规划科学性不强又缺乏严肃性,为城市的进一步发展留下隐患。

从产业结构来看,2005年北京生产总值为6 886.31亿元,其中第一产业97.99亿元,占1.4%;第二产业2 026.51亿元,占29.5%;第三产业4 761.81亿元,占69.1%。上海生产总值为9 154.18亿元,其中第一产业80.34亿元,占0.9%;第二产业4 452.92亿元,占48.6%;第三产业4 620.92亿元,占50.5%。广州市生产总值为5 115.75亿元,其中第一产业125.85亿元,占2.46%;第二产业2 081.01亿元,占40.68%;第三产业2 908.82亿元,占56.86%。总体来说,第三产业比重不高,城市化水平落后于工业化发展水平。同时,由于我国城市第三产业发展滞后,又导致了城市人均GDP水平低. 仍以我国排名前3位的上海、广州、北京为例,至2005年三城市人均国内生产总值虽已超过8 000美元,但发达国家城市一般来说在20 000美元,如新加坡为

34 220美元,相比之下,差额在4倍以上。如果与发达国家的城市第三产业发展水平相比较差距更大。我国排名前三位的城市的第三产业增加值比重为50%左右,而纽约是80%,首尔为77%。较之国外大城市第三产业比重偏低十分显著。

3. 我国城市化发展的趋势

从世界城市化发展的规律以及我国城市化面临的问题与挑战来看,未来我国城市化发展将出现以下几个基本趋势。

(1)我国城市化将进入加速发展时期。

世界城市化发展的规律表明,一个国家或地区的城市化水平达到30%左右时,城市化进程将进入快速发展阶段,这是一个不可逆转的客观规律。学界通常认为,城市化发展最为迅速的阶段是城市化率在30%向70%增长的过程中,城市化进程中的决定性进展往往是在这个快速期中实现的。今后20年将是我国城市化发展最快的时期,城市人口总量增长是我国城市化进程中增长最多的时期。根据国际经验和中国国情,从经济发展速度和农村剩余劳动力转移的规模综合考虑,2030年我国城市化水平可达66%左右。为了实现这一目标,就我国国情而言,走大中小各类城市协调发展之路,更切合实际。中国要完成未来城市化快速发展的历史任务,单靠几个甚至几十个大中城市承受不了巨大的城市化人口压力,中国巨大的农村人口城市化任务,需要大中小各类城市共同分流。不发展大中城市,形不成国家经济的动力和拳头,在国际上就没有竞争力,在国内也没有带动力和辐射力;不发展小城市和小城镇,大中城市也不可能承担起中国城市化的重任,同时农村工业化和现代化就不能迅速发展。所以,走大中小城市(镇)协调发展的道路,将成为中国城市化加速发展的客观要求和必然选择。

(2)市场将是城市化进程中的主导力量。

中国城市化,一直都以政府的政策为主导,虽然近年来的市场作用在增强,但基本上还没有改变城市行政型发育的现状。长期以来,中国的城市总是环绕着政府为中心呈“摊大饼”式发展,在中国的省级行政区里,几乎都是省级市比地级市大,地级市比县级市大。通常认为,这是合理的等级安排,但从经济学角度看,这是低效的计划型城市发展模式,因为行政措施在城市资源的配置中起到了主导作用,而市场仅仅是个配角。中国的城市化也有市场推动的成功案例,如浙江省的温州市,其城市规模的壮大主要来自民营经济的力量。21 世纪,中国经济将进入服务业和信息业大发展时期,无形态产品的流动越来越快,城市所承担的市场功能越来越强,对政府的离心力也就越来越大,越要求提高整个社会的信用度和市场的法治性。中国入世和融入全球经济,有助于市场的"国际标准化",使得城市的科技、人才、资本、服务等市场要素在国家和地区间自由流动、自由配置,全面参与全球的产业分工和竞争。市场经济必然造就更多经济型而不是政治型城市,中国的城市化因此将更多地在市场的指引下发展。

(3)大城市的发展速度将快于中小城市的发展。

大城市发展速度快于中小城市是世界城市化发展的潮流。究其原因,一是大城市经济效益高、居民收入水平高,虽然建设成本也相对高一些,但最终收益还是比中小城市好。二是大城市功能全,能更好地满足人们的各种需求,随着收入水平的提高,人们对大城市生活的需求也逐步提高。三是大城市具有中小城市不可替代的更强有力的带动腹地区域经济发展的功能,而目前,在城市间的联系日益增多和重要的时候,在城市群不断出现的情况下,大城市的作用更加明显,原来独立发展起来的中小城市,现在越来越受到大城市发展的影响和制约。四是随着技术进步、管理水平的提高和经济的发展使人们能够有效地解决所谓"大城市病"现象,从而为大城市的发展扫清了障碍。例如,城市交通拥挤可以采取有轨交通、路口立交、路口停车线前移和路口四角扩宽等方法和手段加以解决。大城市环境问题随着环保产业的发展以及城市环保设施的建设已能够有效的控制。因此,未来我国的城市化应当注意大城市的作用,在不放慢中小城市发展速度的前提下,鼓励大城市适当超前发展。在考虑加快发展大城市的同时,一定要把握好"度",要综合考虑经济效益与资源和环境等条件的容量问题,做到大中小规模城市合理的协调发展。

(4)城市推动国民经济的发展作用将日益凸现。

从1990年开始,中国经济走出了长期的短缺经济的状况,消费和流通取代生产成为制约经济成长新的瓶颈。城市作为消费的主要载体和流通中枢,从长期为其他产业“配套”的位置上升为国民经济发展的主角,目前,全国工业总产值的50%,国内生产总值的70%,国家税收的80%,第二产业增加的85%、高等教育和科研力量的90%以上集中在城市,城市在经济发展中作用可见一斑。在近几年的经济增长中,很大程度上是依靠了庞大的内需市场,其中与城市直接相关的消费和投资对经济拉动效果,远超过其他任一部门。以房地产为例,“十五”期间仅城镇商品住宅投资就达46 260亿元,并且,房地产业的发展可以带动相关产业的需求,如家庭装饰行业等。东南亚一些国家劳动力转移过程表明工业每增加一个就业岗位,第二产业相应增加1.5~2.9个就业岗位,并且其他诸如房地产、餐饮、绿化等行业也将吸引大量劳动力,从而在很大程度上缓解我国日益严重的就业压力。我国在发展中面临的许多问题都需要经济保持较高的增长速度才能解决,而与经济增长有关的诸多因素都与城市发展有直接或间接的联系,没有城市化发展,几乎所有社会经济发展目标都无法实现,因此,我们将看到城市的发展对经济增长率贡献日益提高,其作用日益凸现。

(5)城市资源利用的集约化与效益化。

集约化经营与效益化经营是城市资源稀缺性日趋突出的客观要求,也是城市经营的基本前提与重要内容。对于中国这样一个人多地少的国家,在追求多元城市发展目标的过程中,城市政府将在土地开发与其他空间资源的经营中从粗放型开发向集约型开发转化;从关心量的扩大到关心质的提高;从注重政府政绩到注重城市经营的实效,城市基础设施的建设以及其他公共设施的建设都将在认真考虑投入与产出效益的前提下予以实施,为此注重提高城市开发建设的集约化与效益化水平与质量将是今后城市发展的主要特征。

长期以来,城市的粗放型发展以城市范围无限制的外延扩展,以及空间的无序蔓延为主要特征。20世纪80年代中期至90年代中期的十年间,我国城镇用地规模平均扩展了50.2%,一些城市已经超过

200%。较之国际上比较合理的城市用地增长率与人口增长率1.12:1的比例,我国已经高达2.29:1。造成单位用地的平均产出远低于国际的平均水平。因此,如何在城市经营过程中以最少的土地利用容纳最多的城市人口、提高城市资源的开发效益将是城市政府面临的一项艰巨的任务。为此,今后要进一步审视和完善城市各类开发区的政策,杜绝城市土地资源的浪费现象;另一方面城市的地下空间开发作为城市充足的后备空间资源将应得到高度的重视。可以预料,今后我国的城市尤其是大城市和特大城市包括土地在内的城市资源利用模式将发生重大的改变。

(6)城市职能的国际化与专业化。

在世界经济一体化网络中,城市职能的国际化与专业化已经成为中国城市走向世界,主动纳入世界城市体系的前提。因此,发掘自身的优势与潜力,认识自身的不足,找准自己的城市功能定位,积极参与世界城市分工,向国际化、专业化与专门化方向发展是今后我国城市发展的主流。

上海、北京、广州等城市向国际化大都市、区域性大城市发展的势头将日益加快。上海重新明确自己的功能定位并积极推进向国际金融中心职能的转变,通过搬迁和撤并1 500家工业企业的中心城区的重建,为打造国际化大都市进行大规模的空间演替。广州将城市发展的方向扩展到珠江以南,并以建设高起点的中央商务区作为城市新的形象定位。南京、大连、重庆、杭州、武汉等特大城市在各自的发展战略规划中都提出了明确的参与国际化城市分工的发展策略。与此同时,各地城市政府都在修编的新的城市总体规划中重新明确各自的功能定位,编织起国际化大都市、区域性大城市或地区性中心城市的新的理想宏图。建设具有国际意义的高新技术产业基地、现代制造业基地、重化工业基地;国际性的旅游观光城市、消费休闲城市以及时尚中心、文化中心、教育中心等成为各级城市参与国际化与专业化分工的新的目标定位。毫无疑问,专业分工更为细致、专门化程度更高、比较优势更为明显的城市将在世界新的经济体系与城市体系的重组网络中最先采集到第一桶金。

2.4 城市群的形成是国内外城市化的新特点

1957年法国地理学家戈特曼(Jean Gottmann)根据对美国东北海岸地区的实地考察,提出在美国东北海岸地区出现了崭新的人类社会居住空间形态,他借用古希腊人理想中建立的一个非常大的城市的名字Megalopolis,赋予Megalopolis这个词以新的含义,使其成为用来表示城市化发展历史进程中特定现象的专有名词,学界译为大都市带(Megalopolis),也有学者称为城市群或都市圈。戈特曼认为大都市带的出现是对世界其他地区具有导向性和示范意义的空间现象,是世界城市化发展在当代出现的一个新特点。

1. 大都市带(群、圈)的概念和形成阶段

(1)大都市带(群、圈)的概念。

大都市带的概念目前我国的学者还说法不一。我们认为要理解这个概念,首先要定义都市区的概念。所谓都市区,我们认为应指的是由一定规模以上的中心城市及与其保持密切社会经济联系、非农业活动发达的外围地区共同组成的具有城市一体化倾向的城市功能地域。这些都市区作为社会生活核心的城市地区在集聚与扩散两种力量的共同作用下,其本区域功能与孵化器功能相互促进,沿着有多种运输方式重叠形成的综合交通走廊相连展布而形成的一种崭新的地域空间组织形态,这种新型空间形态不断向前发展,从而在都市区的基础上形成了如法国地理学家戈特曼所说的大都市带。

大都市带的概念最早由法国地理学家戈特曼提出,他通过对美国东北海岸从新罕布尔州的希尔斯布鲁(Hillsborough)到弗吉尼亚州的费尔法克斯(Fairfax)之间这一城市密集地区的研究,认为在这个巨大的城市化地域内,支配空间经济形式的已不再仅仅是第一的大城市或都市区,而是集聚了若干都市区,并在人口和经济流动等方面密切联系形成一个巨大整体。这种城市地域空间组织形式的出现,标志着美国空间经济的发展进入了"成熟"阶段。可见,大都市带主要是指在地域上集中分布的若干大城市和特大城市集聚而成的庞大的、多核心的、多层次的城市群,是大都市区的联合体。通过对大都市带的科学考察,人们发现大都市带不仅仅是单个都市区的过分膨胀,或多个都市区的简单组合,而是有着本质变化的全新的有机整体。其实质是由一组不同等级城市所形成的相互串联、各具职能特色、密切分工合作、以保持整体的统一性和有序性的高度集中的经济中心地带。为了便于人们把握大都市带的含义,除了定性的描述外,戈特曼还特意为大都市带规定了两个定量指标:即以 2 500 万和 250 人/km^2 分别为其人口规模和人口密度的下限。

(2)大都市带形成的阶段性。

从世界现有大都市带的形成过程看,随着生产力和科学技术的发展,大都市带的形成大致经历了这样的 4 个阶段:①大都市带的孕育阶段:这个阶段的特征是城市还处于极化独立发展状况,资源和要素向城市集中,城市主要是贸易和行政功能,区域内的城市之间尚未功能分工,交通尚不发达,工业分散布局,城市与乡村混杂,城市呈孤立发展,地域空间结构呈分散。因此,这个阶段还是都市带形成的初级阶段。②大都市带的雏形阶段:这个阶段的特征是区域性城市体系逐渐形成。由于煤、天然气和石油等矿物能源的发现和利用,能源的革新推动了大工业、尤其是重工业的发展,又带动了制造业,工业的规模迅速扩大,使得城市也处在规模扩大期,加之铁路交通网络的形成,加强了城市之间的联系,区域城市化水平迅速提高,城市的建成区基本成型。③大都市带的形成阶段:由于石油、天然气的广泛使用,机器制造业大大发展,且为之服务的第三产业呈现出强劲的发展势头,城市的功能逐渐完善,中心城市的规模进一步扩大,单个城市的向心集聚达到了顶点。加之,这一时期汽车产业和公路建设的兴起,快速便捷的公路运输使得城市之间、城乡之间联系更为密切。区域城市体系的枢纽作用得到发挥,中心城市的扩散功能日益凸现。④大都市带的成熟阶段:20 世纪 50 年代后科学技术的迅猛发展,微电子技术、电脑工业、新型材料和新能源、信息产业和自动化技术等现代化科学技术,改变了社会生产方式和生活方式,尤其是高速、大运量的交通和高速、大容量的通信条件的革命以及城市现代第三产业的快速发展,并逐渐替代第二产业,成为社会经济生活中的重要角色,城市产业结构演变和升级换代加速,城市的枢纽功能对社会经济影响的深度和广度都得到空前未有的拓展。复合的快速交通束和信息高速公路使得大都市区的功能逐渐分解,对其他城市和地区产生了孵化器功能,在大都市带城市中形成了城市职能分工和合作,大都市带自身的形态演化和枢纽功能也逐渐走向成熟,使大都市带成为区域甚至一国的社会经济中心,有的甚至影响着世界经济的发展。

上述大都市带的演变和发展阶段是一般的理论抽象,由于各国经济发展的阶段性的差异,国情的不同,各国的大都市带形成的阶段性又可以具有自己的特征。

2. 大都市带的特征和功能

一般来说,大都市带具有以下几个特征和功能。

(1)城市人口规模大、密度高、城市化水平高。

如美国东北部大西洋沿岸的波士华城市带,面积 13.8 万 km^2,人口约 6 500 万,城市化水平达 90% 以上,这是美国的经济核心地带,制造业产值占全国的 30%,其经济兴衰甚至对世界经济都会产生影响。从目前世界出现的城市带来看,人口规模一般达到 0.35 亿~2.5 亿,城市化水平在 70% 以上。其发展模式可以是核心城市带动的城市群发展模式,例如,美国东北部大西洋沿岸的波士华城市群是以纽约为中心带动城市群的发展。此外,还可以是多中心齐头并进的城市群发展模式,例如北美五大湖城市带,就是多中心城市平衡发展而形成的。

(2)大都市带中心城市职能分工明确,彼此合作,相互配套形成一个有机的城市体系。

大都市带在保持整体功能完整性的同时,每个城市又各具有发展定位,并且有独立性和自身特色,从而可实现功能分工、取长补短、优势互补、共同发展。德国莱茵—鲁尔城市带内有 20 多座城市,各主要城市功能都各有所长,波恩是政治文化中心,科隆是交通枢纽和商业中心,埃森是机械、煤化工业中心,杜塞尔多夫是金融中心,兼有化工、服装工业,多特蒙德则是炼钢、重机工业中心等,这些城市既相互分工又协同均衡发展,构成德国最大的工业中心地带。

(3)核心城市发挥着带动辐射作用。

大都市带在一个国家乃至世界经济的发展中都能起到枢纽作用,是连接国内、国际要素流动和资源配置的节点,是科学技术创新、经济运行接轨的“孵化器”和纽带。例如,日本太平洋沿岸的东海道城市带,其中核心城市东京具有强大的综合性城市功能。从目前状况看,东京正形成和发挥着巨大城市功能:一是全国最大的总部聚集中心。该地区30%以上银行总部、50%的销售额超过100亿日元的大公司总部设在东京。二是全国最大的工业中心。该地区制造业销售额占全国的1/4。三是全国最大的商业中心。30余万家大小商店,销售额占全国的29.7%,批发销售额占全国的35.3%。四是全国最大的政治文化中心。东京是日本的首都,还有著名的早稻田大学、东京大学、沃应大学等几十所高等学府。五是全国最大的交通中心。东京湾港口是国内最大的群体,以东京和成田两大国际机场为核心,组成了联系国内外的航空基地。这一多功能集于一身的城市不仅是该城市带的核心,而且也是整个日本的中心城市。以东京为核心的日本东海道城市带目前已成为世界上三大最发达的城市带之一,东京成为世界大城市。

(4)发达的区域性基础设施网络发挥着骨架和沟通作用。

交通运输业和信息产业的快速发展是国外城市带快速发展的重要条件和主要驱动力。特别是在现代条件下,各城市之间要彼此合作,形成各具特色的地域分工的城市带体系,就必须以发达的交通网络为骨架和依托。国外城市带大多拥有由高速公路、高速铁路、轨道、航道、通信干线、运输管道、电力输送网和排水管网体系所构成的区域性交通基础设施,其中发达的铁路、公路设施不仅扩展了原有城市,而且构成了城市带的空间结构骨架。极大地影响了城市带产业分工,并把各大都市区联系起来,没有间隔。促进了城市之间人口、资源、生产要素的快速流动和空间集聚,沟通和强化了城市之间的经济和社会联系。而发达的通信干线、运用先进的信息技术促进了城市的经济联系和发展。信息高速公路促进了城市从封闭结构向开发系统的转变,以此增强了都市带内部城市间的联系的强度和密度,使每个城市的成长与都市圈整体效应密切相关，推动着都市带的产业结构升级和经济的发展。例如法国的巴黎—里昂—阿费尔城市带是沿塞纳河下游的带状城市群。这一城市带不仅水运相当发达，而且陆空交通也十分发达。法国目前拥有 1 万 km 高速公路和全世界最发达的公共交通系统。巴黎市内水、陆、空交通极为发达，地铁与公交网覆盖全部市区。巴黎极为便利的交通设施，加上郊外的高速铁路系统，可以通达整个欧洲，使巴黎成为欧洲的交通枢纽。由巴黎至伦敦、布鲁塞尔、阿姆斯特丹、科隆及法国西部等地的航程均在 1 h 之内，使巴黎与欧洲其他大城市之间联系更加便捷，又可以促进巴黎都市带内的联系。目前，巴黎都市带内各中心城市之间、各大区域之间不仅合理竞争，而且强化了均衡和协调发展。例如，大区内部划分为建设空间、农业空间和自然空间，三者兼顾，相互协调、均衡发展，使城市开发组织、大型基础设施建设、建筑和其他产业发展、环境保护与巴黎盆地地区协调。不仅使区域的社会经济功能高效地运行，而且为人们的工作、娱乐、休憩等各种活动提供最为方便的服务。日本经过 4 次全国综合开发规划建设，在东海道大都市带东西之间建成了十分发达的由新干线高速铁路、高速公路、航空线、海上航线、电缆线等连接的综合交通通信网络，在主要城市间构成了当天返回的 1 日交通圈。东京利用新干线通勤可达 200 km 以上，加强了东京作为日本国土结构核心地带的作用，可见，便捷的交通通信条件对大都市带形成的重要作用。

2.5 国外主要大都市群概况

1. 美国东北部大西洋沿岸城市群

美国的大西洋沿岸城市群从波士顿到华盛顿，简称“波士华大都市带”，包括波士顿、纽约、费城、巴尔的摩、华盛顿几个大城市，形成一个一个由 5 个大都市和 40 多个中小城市组成的超大型城市群，其中，10 万人以上的城市 40 个。中心城市纽约的市区面积为 780.9 km^2，人口 732.3 万。纽约大都市区人口为 854.7 万，而纽约—东北新泽西—

长岛联合大都市区面积1万余km^2,人口超过1 800万。其他几个大都市区的人口分别为:波士顿287万,费城485.7万,巴尔的摩238.2万,华盛顿392.3万。五大都市区人口占整个大都市带人口的半数。"波士华"大都市带位于交通便利的沿海地区,地处国内经济对外联系的交汇点,贸易发达,仅纽约就占了全美对外贸易额的1/10。该城市带长965 km,宽48到160 km,面积13.8万km^2,虽然面积占国土面积的比重不到1.5%,但却集中了美国人口6 500万,占美国总人口的20%,城市化水平达到90%以上。它是美国经济核心地带,制造业产值占全国的30%。各个城市都有自己的特殊功能,都有占优势的产业部门,城市之间形成紧密的分工协作关系。是国内最大的生产基地,美国最大的商业贸易中心和世界最大的国际金融中心,其在金融、贸易、运输和科技等方面的作用更加突出。这里也是知识、技术、信息密集地区,拥有哈佛、麻省理工等美国著名的高等学府,学生数占全国的1/5。纽约和华盛顿分别是美国的经济中心和政治中心。尤其纽约是"波士华"大都市带的核心,它发挥着国际政治中心的职能,联合国6个主要机构中的5个设在这里,12个常设辅助机构中,也有5个在纽约。纽约的经济功能突出表现在金融、贸易和管理等方面,目前纽约在世界境外银行业务中所占比重为8%。纽约历来又是美国和国际大公司总部的集中地,全美500家最大的公司,约有30%的总部设在纽约。

2. 北美五大湖城市群

北美五大湖城市群分布于北美五大湖沿岸,跨美国和加拿大两国,从芝加哥向东到底特律、克利夫兰、匹兹堡,并一直延伸到加拿大的多伦多和蒙特利尔,与美国东北部大西洋沿岸城市群共同构成北美制造业带。面积约24.5万km^2,人口约5 000万。该城市群与美国东北部大西洋沿岸城市群共同构成北美制造业带。这一地带是美国工业化和城市化水平最高、人口最稠密的地区。五大湖区丰富的煤、铁等矿产资源以及廉价的水运条件,对北美的钢铁工业发展起很大作用。在五大湖区南岸和西岸,目前形成了五大钢铁工业中心。

五大湖地区煤、铁资源等的开发,使芝加哥迅速成为中西部地区最大的城市和交通、工业中心,商业和金融业也日趋繁荣。该市工业部门齐全,重工业占优势,轻工业也很发达。是全国最大的钢铁和肉类加工工业基地,农业机械、运输机械、化学、石油化工、电机、飞机发动机、印刷等也在全国居领先地位,还有木材加工、造纸、电子、纺织、服装、面粉等工业部门。工业主要分布在芝加哥河南北及运河两侧,其中近城中心的卢普工业区工厂密度很大,为重要轻工业区;市南的卡柳梅特工业区有许多大型企业,是以钢铁为主的重化工业区,在卫星城加里有美国最大的钢铁联合企业。商业、金融业繁盛。市内有巨大的谷物和牲畜市场。贸易公司有千余家,著名的西尔斯·罗伯克公司是美国最大的零售企业;批发零售额在国内名列前茅,并是世界主要的邮购中心。金融机构有美国第七储备区银行和中西部证券交易所等,后者是全国第二大证券市场。旅游业也很发达。芝加哥是美国最大的铁路枢纽,美国中北部30多条铁路线的集结点,城市铁路线总长(1.24万多km)和年货运量(5.12亿t)均居世界各大城市之首。公路交通发达,12条公路干线经此,是州内公路系统的中心。此外,又是五大湖地区重要湖港,船只可经伊利运河—哈得孙河或圣劳伦斯河出海,市内有3个重要机场,其中城西北的奥黑尔国际机场是美国面积最大、客运最繁忙的机场,年旅客流量达3 000万~4 000万人次。芝加哥还是美国主要文化教育中心之一。大市区内有95所大专院校,建于1891年的芝加哥大学享有国际声誉,该校的东方研究所和博物馆以收藏东方艺术珍品著称;还有伊利诺伊大学、伊利诺伊理工学院、西北大学等著名学府。其他重要文化设施有艺术学院、艺术博物馆、科学和工业博物馆、谢德水族馆、阿德勒天文馆、历史协会等。

底特律位于美国中西部密歇根州境东南部,底特律河西岸,东濒圣克莱尔湖,与加拿大汽车城温莎隔河相望,是美国密歇根州最大的城市,是世界闻名的汽车城和音乐之都。市区面积352 km^2,人口为886 675(2005)。大市区包括韦恩等6个郊县和附近中小城镇,面积1.04万km^2。

汽车制造业为底特律工业的核心部门,与汽车制造业有关的钢材、仪表、塑料、玻璃以及轮胎、发动机等零部件生产也相当发达,专业化、集约化程度很高。汽车年产量约占全国的 1/4;从业人员近 20 万,约占全市职工总数的 40% 以上。市内有福特、通用、克莱斯勒和阿美利加 4 家美国最大的汽车制造公司的总部及其所属企业。其他重要工业部门有钢铁、飞机和坦克制造、化学、金属加工、木材加工等。工厂企业主要分布在底特律河西岸,以及西南的迪尔伯恩、西北的庞蒂亚克和弗林特等卫星城镇。

底特律也是美国大湖区重要港口,与湖滨各大城市联系密切。五大湖—圣劳伦斯深水航道通航后,底特律成为远洋船只的主要起讫点,是对加拿大贸易的最重要口岸之一,有 10 条铁路和多条高速公路与其他城市联接,与温莎间有跨越底特律河的大桥以及河底公路隧道相联系。建有 3 个航空港 ,国际机场位于西南郊,辟有 19 条航线。市内有圆形塔式建筑群——73 层的文艺复兴大厦、通用汽车公司大楼(47 层)、退伍军人纪念馆等一系列建筑,及世界上最长的吊桥。设有底特律文化中心、博物馆、美术馆、亨利 · 福特—汽车博物馆及州立韦恩大学、东密歇根大学分校等文教设施和机构。有各种教堂达 1 000 多处,素称教堂城。市内的旅游胜地有大型综合性游乐场贝尔岛和帕尔默公园、美国最大的动物园之一的皇家橡树园及古老的教堂。

3. 日本太平洋沿岸城市群

日本城市群又称为“东海道太平洋沿岸城市群”,由东京、名古屋、大阪三大都市圈组成,大、中、小城市总数达 310 个,面积约 10 万 km^2,约占全国总面积的 20% ,人口近 7 000 万,占日本总人口的 63. 3% 。这是一个多核的城市群,一般分为以东京为中心的东京城市圈、以大阪为中心的大阪城市圈、以名古屋为中心南临辽阔的东京湾,北枕富饶的关东平原,从鹿岛起,经千叶、东京、横滨、静冈、名古屋到京都、大阪、神户、九州等城市,绵延长达 1 000 km,全日本 11 座人口在 100 万以上的大城市中有 10 座分布在该城市群区域内。日本太平洋沿岸城市群在日本国内具有非常重要的地位,是日本经济最发达的地带,它集中了日本工业企业和工业就业人数的 2/3,工业产值的 3/4 和国民收入的 2/3。这个城市群是全国政治、经济、文化、交通的中枢,分布着日本

80%以上的金融、教育、出版、信息和研究开发机构。三大城市群以及各主要城市各具特色,发挥着各自不同的功能。其中,作为东京城市群的中心城市,东京的城市功能是综合性的,是日本最大的金融、工业、商业、政治、文化中心,被认为是"纽约+华盛顿+硅谷+底特律"型的集多种功能于一身的世界大城市。

东京大都市圈,作为日本三大城市圈之首,是日本乃至世界上最大的城市聚集体。它的面积虽然只占国土面积的8.51%,却集中了全国31.6%(2000年)的人口,人口密度高达1 241人/km²,是全国平均水平的3倍之多。东京大都市圈是日本的政治、经济、文化中心,并逐步确立起全球三大金融中心的地位,同时也是日本最重要的交通与信息枢纽。该区域集中了国家立法、行政和司法机构,主要的政治党派总部、外国使领馆、地方政府办事部门以及民间企业的相应机构,发挥着政治、行政中枢的职能。它作为日本经济的核心地带,是日本各主导产业(制造业、服务业、商业、不动产业、运输通信业、金融保险业)的中心,其生产总值均占全国比重的1/3强,尤其是制造业、服务业,更是高达64.6%和78.9%(1997年)。作为金融中心,全日本30%以上的银行总部,50%销售额超过100亿日元的大公司总部都设在东京。它作为日本文化事业的核心区,集中了全国1/3以上的大学,其中有著名的东京大学、庆应大学、早稻田大学等;并拥有全国1/3的国家级文化机构,日本广播电台和三大报纸的总部均设在这里。作为交通中心,时速达200 km的新干线和地铁几乎能达到所有重要地区。铁路、公路、航空和海运组成了一个四通八达地交通网,通向日本全国及世界各地。该区域拥有日本最大的港口群体——东京湾港口群,东京(羽田)和新东京(成田)两大国际机场以及发达的陆路交通,并且信息基础设施发达,是全国信息处理中心,发挥着交通和信息中枢的职能。

4. 英国以伦敦为核心的大都市带

该都市带是以伦敦为核心,以伦敦—利物浦为轴线的地区,包括大伦敦地区、伯明翰、谢菲尔德、曼彻斯特、利物浦。面积约4.5万km²,约为全英国的1/5,人口有3 650万,约占全英国人口的一半。这里是产业革命后英国主要的生产基地。属大伦敦区、英格兰东南部和东部这三个区域政府所辖范围,在财富上已经大大超过整个不列颠的任何地区,而且近年来这种差距正在不断加大。

伦敦是英国的政治、经济、文化和交通中心,最大海港和首要工业城市,世界十大都市之一。它位于英格兰东南部,跨泰晤士河下游两岸,距河口 88 km。伦敦市城外的 12 个市区,称内伦敦,以外的 20 个市区,称外伦敦。伦敦城加上内外伦敦,合称大伦敦市,面积1 580 km^2。伦敦既是英国的经济中心也是世界三大金融中心之一,伦敦总就业人口中约 4/5 在金融保险业中。伦敦是世界最大的外汇市场,欧洲美元市场和国际保险中心。除了作为世界四大股票交易所之一的伦敦股票交易所外,伦敦还有众多的商品交易所,从事黄金、白银、有色金属、羊毛、橡胶、可可、棉花、油料、木材、食糖、茶叶和古玩等贵重或大宗的世界性商品买卖。伦敦是世界文化名城,大英博物馆建于 18 世纪,是世界上最大的博物馆,集中了英国和世界各国许多的古代文物。博物馆内的埃及文物馆,陈列着 7 万多件古埃及的各种文物;希腊和罗马文物馆,陈列着各种精美的铜器、陶器、瓷器、金币、绘画以及许多古希腊、古罗马的大型石雕;东方文物馆,陈列有大量来自中亚、南亚次大陆、东南亚和远东的文物。馆内还有西亚文物馆、英国文物馆、金币徽章馆、图书绘画馆等。除大英博物馆外,伦敦还有著名的科学博物馆、国家画廊等文化设施。伦敦大学、皇家舞蹈学校、皇家音乐学院、皇家艺术学院和帝国理工学院等是英国的著名院校。伦敦大学成立于 1836 年,现设有 60 多个学院。伦敦大学以医科闻名,英国每 3 名医生中,就有一名毕业于此。

伯明翰东南距伦敦 160 km,面积 209 km^2,人口 100.7 万。它邻近奔宁山南的煤铁富集区,位置优越,是英国唯一不在海滨或大河沿岸发展起来的大城市。附近人烟稠密,城镇众多,且又连成一片,形成大伯明翰。伯明翰是现代冶金和机器制造工业的创始地,同时也是全国主要铁路、公路干线和运河网的交汇点,交通十分便利。伯明翰远郊工厂林立,其工业产值占全国的 1/5。伯明翰城是英国近年来发展迅速的文化中心,其交响乐团及爵士乐队都在国际上享有盛名。更有说法流传为“伯明翰的树木比巴黎更多,河流比威尼斯更多”。另外,体育也是伯明翰人生活中的重要组成部分,1990 年伯明翰被正式命名为“欧洲体育之城”。

谢菲尔德市为英格兰第四大城市,位于环境优美且历史悠久的南约克夏郡,虽然在行政单位上属于英格兰北部,但其地理位置实际上位于整个英国的中心地带,距离伦敦 170 英里,车程约 2 h 40 min,旅行至英国其他地区交通亦相当方便。谢菲尔德市原属一座工业城市,以钢铁制造业而闻名于世。近年来,城市已趋向多元化的发展。1991 年世界学生运动会在这里举行时,带动了整个城市的体育风气及运动设施的进步,而英国政府也于 1997 年宣布将耗资 6 000 万英镑在此地成立英国运动协会。位于市郊的国家公园,除提供了一个训练运动员的良好自然环境之外,也是人们周末休闲及体会英国乡村风光的最佳去处。

曼彻斯特是英国最大的棉纺织和纺织机械制造中心,大曼彻斯特郡首府。有“工业革命故乡”之称。位于英格兰西北部。面积1 287 km^2。人口约 44.4 万。附近煤藏丰富。公元 1 世纪建为要塞。13 世纪兴建为城镇。18 世纪 80 年代首次出现棉纺织业。1830 年建成通往利物浦的第一条铁路线。1894 年开凿了通往默西河口的运河,成为当时英国的第三大港。19 世纪下半叶经济不断发展并多样化,成为商业金融中心。1974 年建立以曼彻斯特为中心,包括周围的索尔福德、斯托克波特、奥尔德姆、罗奇代尔等工业城镇的大都市集聚区。工业以纺织、机械、电器、造纸、化工、炼油、电子等为主。服务业发展较快,设有英国银行和北方证券交易所分部。英格兰重要的交通枢纽之一,有公路、铁路通往全国主要城市,曼彻斯特人工港是英国主要港口之一,城南 16 km 处建有国际机场。为英国新闻业第二中心,设有英格兰北部电视和广播总部。有曼彻斯特大学等高等学府和欧洲的第一个公共图书馆。

利物浦位于英格兰的西北部,乘火车到伦敦需 2 h 40 min,到曼彻斯特约需 45 min。是默西塞得郡的首府。是一个美丽的港口城市,酷似中国上海的外滩,利物浦是英国最佳旅游城市,每年都吸引数百万观光客来到海滨参观重建的阿尔伯特港。利物浦是英国著名的商业中心，尽管这几年出口有所下降(大型制造业)但它仍然是英国第二大港口，仅次于伦敦，进口的产品主要包括：谷物、木材、纺织品。城市本身的制造业包括制药、电子设备、制糖业、橡胶业。利物浦利物浦拥有悠久的历史，当选2008年“欧洲文化之都”。市内有利物浦博物馆，英国国教大教堂和19世纪末用红砖建造在伦敦以外的城市大学。利物浦博物馆，它是以考古学、民族学、自然史、天文学等主题为中心，收藏了来自世界各地的100余万件的文物资料，尤其是以日常生活用具为主的风俗历史馆，以及收藏各式各样的陶艺品展最受欢迎。

5. 欧洲西北部城市群

欧洲西北部城市群面积约14.5万km^2，人口约4 600万，由大巴黎地区城市群、莱茵—鲁尔城市群、荷兰比利时城市群构成，主要包括巴黎、阿姆斯特丹、鹿特丹、海牙、安特卫普、布鲁塞尔、科隆等城市。

人口10万以上的城市有40座。巴黎是法国的经济中心和最大的工商业城市，也是西欧重要的交通中心之一。巴黎主要工业区在城市近郊，以重工业为主，巴黎远郊的工业以轻工业占优势。巴黎的金融业也很发达，拥有外国银行231家，占国际借贷额的7.3%，外汇市场日均交易额的4.8%，名列世界第五。巴黎都市圈具有独特的优势，巴黎集中了众多的国际企业和高级研究机构，进行着频繁的国际商业活动，作为世界历史名城，巴黎有丰富的历史文化遗产，旅游胜地和丰富的都市文化生活。巴黎产业部门齐全，奢侈品生产是巴黎工业的一大特色，在工业生产中居第二位，产品有贵重金属器具、皮革制品、瓷器、服装等，巴黎的保险、商业、会议博览和旅游业都很发达，第三产业就业人口占巴黎就业人口的70%。巴黎市内水、陆、空交通发达，地铁与公交网覆盖全部市区。巴黎极为便利的交通，加上郊外的高速铁路系统，可以通达整个欧洲，使巴黎成为欧洲的交通枢纽，由巴黎至伦敦、布鲁塞尔、阿姆斯特丹、科隆及德国西部等地的航程均在1 h之内。

阿姆斯特丹是荷兰首都，荷兰最大的城市和第二大港口，人口约70万。阿姆斯特丹是一座奇特的城市。全市共有160多条大小水道，由1 000余座桥梁相连。漫游城中，桥梁交错，河渠纵横。从空中鸟瞰,波光如缎,状似蛛网。市内地势低于海平面1~5 m,被称为“北方威尼斯”。由于地少人多,河面上泊有近2万家“船屋”。过去,城市的建筑几乎均以涂了黑柏油的木桩打基,以防沉陷。王宫的地基使用了13 659根木桩。阿姆斯特丹是荷兰最大的工业城市和经济中心,拥有7 700余家工业企业,工业用钻石产量占世界总量的80%。此外,阿姆斯特丹还拥有世界上最古老的证券交易所。阿姆斯特丹是荷兰第二大港,港口完全实现了现代化,港内外交通运输十分发达。鲜花是荷兰重要的出口商品。位于阿姆斯特丹西南郊的阿斯梅尔花卉市场是世界上最大的花市,花卉销往100多个国家。阿姆斯特丹人居水上、水入城中,人水相依,景自天成。独特的景观使阿姆斯特丹的旅游业十分发达。阿姆斯特丹又是欧洲文化艺术的名城。全市有40家博物馆,国家博物馆收藏有各种艺术品100多万件,其中不乏蜚声全球的伦勃朗、哈尔斯和弗美尔等大师的杰作。市立现代艺术博物馆和梵·高美术馆以收藏17世纪荷兰艺术品而闻名,梵·高去世前两天完成的《乌鸦的麦田》和《吃马铃薯的农夫》就陈列在这里。

鹿特丹(Rotterdam)是荷兰第二大城市,世界最大的港口,位于欧洲莱茵河与马斯河汇合处。整座城市展布在马斯河两岸,距北海约25 km,有新水道与北海相连。港区水域深广,内河航船可通行无阻,外港深水码头可停泊巨型货轮和超级油轮。鹿特丹是连接欧、美、亚、非、澳五大洲的重要港口,素有“欧洲门户”之称。城市市区面积200多km^2,港区100多km^2。市区人口57万,包括周围卫星城共有102.4万。鹿特丹也是一座著名旅游城市,它每天要接待许多来自世界各地的游客。市内有许多博物馆、画廊、公园、图书馆、电影院和音乐厅。人民生活不仅有着浓郁的文化气息,而且还可以充分利用休闲时间去寻求生活的乐趣。

安特卫普是比利时的第二大城市,位于斯凯尔特河的下游,跨斯凯尔特河两岸,有两条河底隧道连通。北距北海86 km,优越的地理位置使安特卫普成为欧洲第二、比利时第一的港口城市。安特卫普拥有500多个泊位,与鹿特丹同为欧洲外贸中心。安特卫普是比利时的第二大经济中心,设有众多的商业机构、进出口贸易公司、银行、保险公司及近300家船运公司，有运河通马斯河。安特卫普13世纪建市，1460年成为欧洲第一个商业城市，并成为欧洲北部的商业和交通中心，16世纪是欧洲最繁荣的商业和艺术城。全国第二大工业中心，有炼油、化学、有色冶金、汽车、钢铁、机械、造船、医药等工业。

荷兰的鹿特丹和比利时的安特卫普构成新亚欧大陆桥的西端桥头堡。鹿特丹处在世界上最繁忙的两大运输线——大西洋海上运输线和莱茵水系运输线的交接口，素有“欧洲门户”之称。

2.6 国内大都市群概况

1. 我国大城市群形成趋势

目前，我国将形成十大城市群：京津冀、长三角、珠三角、山东半岛、辽中南、中原、长江中游、海峡西岸、川渝和关中城市群。

20世纪90年代，中国经济的显著特征是长江三角洲、珠江三角洲和京津冀三大城市群不仅发展速度快，而且经济规模占全国的比重越来越高，成为中国经济发展的引擎。未来20年，长三角的腹地将继续扩大，浙江大部、江苏大部、安徽一部分地区都将进入城市群的范围。珠三角地区将和香港、澳门实现区域经济一体化，其优势更大，辐射力更强。京津冀城市群中的各大城市特色和优势十分明显，互补作用强，北京具有政治、文化和高科技的优势、天津具有港口和制造业的优势，石家庄具有商贸业的优势。尤其是天津滨海新区的开发开放成为国家战略，对城市群发展的影响更大。一旦突破行政的藩篱，发展的潜力就会迅速释放出来。可以肯定，三大城市群在未来20年仍将主导中国经济的发展。

山东半岛城市群以济南、青岛为中心，包括烟台、潍坊、淄博、东营、威海、日照等城市。发挥临海和靠近日、韩的区位优势，制造业和农产品加工业发展势头很猛，带动了山东全省的发展。济南依托齐鲁软件园，发展以微电子、光电子和新型元器件为基础，计算机、通信产品和软件产品为主导，信息应用服务业协调发展的电子信息产业集群，同时充分发挥电子信息产业对于其他产业发展的带动和支持作用，从而增加其他产业的科学技术含量，为未来知识经济时代的产业发展奠定基础。青岛发挥在家电产业的优势，通过打造品牌企业，提高本区域在山东半岛的影响力，进一步吸引国内外相关产业来此集聚。日照在完善家电配套产业的同时，也逐渐培育出自己的家电品牌，从而形成山东半岛最具竞争力的产业发展带。随着山东半岛城市群对外辐射力的增强，该城市群的范围将不断扩大。

辽中南城市群以沈阳、大连为中心，包括鞍山、抚顺、本溪、丹东、辽阳、营口、盘锦、铁岭等城市。该地区城市高度密集、大城市所占比例最高。沈阳是东北和内蒙古东部的经济中心、交通和信息中心，全国最大的综合性重工业基地。大连是东北亚地区重要的国际航运中心，东北地区最大的港口城市和对外贸易口岸。辽中南地区工业化起步已70年，在工业化推动下形成了中部城市密集圈和沈大城市走廊。近年来，逐步形成了以沈阳、大连为中心，以长大、沈丹、沈山、沈吉和沈承5条交通干道为发展轴线的城镇布局体系，提高了地区城市化水平。

中原城市群以郑州、洛阳为中心，包括开封、新乡、焦作、许昌、平顶山、漯河、济源在内共9个省辖(管)市。中原城市群位于河南省中部地区，依托中原这块肥沃的土地，孕育了若干个中外闻名的大都市，如洛阳、开封、许昌等，几经兴废，其风韵犹存。郑州虽是后起的城市，由于其得天独厚的交通优势，得以后来居上，成为中原城市群的中心。区域内人口密度达665 人/km^2，是我国人口密度最大的区域之一。各城市发展势头强劲，经济联系日益紧密，基本形成了以郑州为中心、1.5 h可通达的交通网络，具备了一体化发展的基础和条件。

长江中游城市群以武汉为中心，还包括黄石、鄂州、黄冈、仙桃、潜江、孝感、咸宁、天门、随州、荆门和荆州和河南省的信阳、江西省的九江和湖南省的岳阳，其中，12个为地级城市，3个为省直辖县级市。目前区域内部已形成一定的经济联系，随着武汉市综合经济实力的增强，区域内的经济联系将更加紧密。武汉号称九省通衢，东西有长江黄金水道，南北有京广铁路，经济实力和辐射影响力都很强。长江中游城市群将是我国具有优越的区位条件、交通发达、产业具有相当基础、科技教育资源丰富的城市群之一,在我国未来空间开发格局中,具有举足轻重的战略地位和意义。

海峡西岸城市群以福州、厦门市为中心,包括漳州、泉州、莆田、宁德四市。福州是福建省的省会,厦门则是我国改革开放后中央确定的四大经济特区之一,吸引了大量台商的投资,经济总量迅速扩大。海峡西岸城市群与台湾隔海相对,既是开展对台合作,促进和平统一的基地,又可在合作中加快发展。加快海峡西岸经济区建设,将进一步促进海峡两岸经济紧密联系,互利共赢,推进祖国统一大业。鉴于海峡西岸特殊的地理位置,国家"十一五"规划纲要明确提出:"支持海峡西岸和其他台商投资相对集中地区的经济发展。"海峡西岸城市群是海峡经济区的核心地区,在国家政策的支持下,城市发展、经济合作、对台交流等都会取得更快更好的进展。

川渝城市群是以重庆、成都两市为中心,包括自贡市、泸州市、德阳市、绵阳市、遂宁市、内江市、乐山市、南充市、眉山市、宜宾市、广安市、雅安市、资阳市等四川的14个地级市和渝西经济走廊等县市。从城市等级体系来看,除了成都和重庆为特大城市以外,自贡、绵阳、南充为大城市,雅安、资阳为小城市,其他城市为中等城市。重庆市是全国四大直辖市之一,直辖后城市规模迅速扩大,经济实力不断增强,其对周边的辐射力也在增强。成都是四川省的省会城市,城市发展也很快。未来,要继续完善城市之间的交通体系建设,加大核心城市的辐射效应,使城市群的一体化程度进一步提高。

关中城市群是以西安为中心,包括咸阳、宝鸡、渭南、铜川、商州等地级城市。关中是中华民族的发祥地,周、秦、汉、唐均建都于此。关中城市群是陕西经济的核心区。经历新中国成立以来60余年的建设开发、改革开放,而今已成为我国西部地区唯一的高新技术产业开发带和星火科技产业带,是西北乃至西部地区的比较优势区域。新中国成立以来,关中一直是全国生产力布局的重点区域,在全国区域经济战略格局中定位为陕西乃至西北地区的重要生产科研基地。形成了高等院校、科研院所、国有大中型企业相对密集且能够辐射西北经济发展的产业密集区,在全国区域经济发展中占有重要地位。

据统计，上述十大城市群的土地面积占全国总面积的 9.99%，2005 年，人口所占比重为 35.02%，而 GDP 所占比重为 52.83%。也就是说，十大城市群以不到 1/10 的土地面积，承载了 1/3 以上的人口，创造了 1/2 以上的 GDP。从资源环境承载能力和未来发展潜力来看，十大城市群将聚集更多的人口，创造更多的 GDP。因此可以说：十大城市群将成为我国最有发展潜力的地区，将成为我国国民经济的十大支撑点。

除了上述十大城市群之外，以长株潭为中心的湖南中部、以长春和吉林为中心的吉林省中部、以哈尔滨为中心的黑龙江中北部、以南宁为中心的北部湾地区、以乌鲁木齐为中心的天山北坡地区等都有希望发展成为新的规模较大的城市群。

2. 我国重点城市带（群、圈）概况

(1) 长江三角洲城市群（带）。

长江三角洲城市群（带）主要分布在我国华东沿海的沪宁、沪杭、杭甬 3 条交通轴线上，形成“之”字形空间格局。沪（上海）、宁（南京）、杭（杭州）是三大节点城市，连接这三大节点城市的沪宁、沪杭、杭甬铁路、高速公路、江河沿线和沿海地带是产业集中和城市分布的主要轴线。

目前，长江三角洲地区是我国城市发育最密集、城市发育最完善、城市化水平最高的地区，江浙沪三省市的平均城市化水平已经达到了 52% 以上，上海更高达 77.6%。2005 年，长三角 16 个城市以全国 2.2% 的陆地面积、10.4% 的人口创造了 33 859 亿元生产总值，占全国的比重达 18.6%。16 个城市共计实现工业增加值 16 958 亿元，完成规模以上工业总产值 62 709 亿元。对外贸易继续呈现快速增长的特点，16 个城市进出口贸易达到 5 028 亿美元，占全国的 35.3%，其中出口总值 2 760 亿美元，占全国的 36.2%。长三角港口经济运行状况良好，水路货运量共完成 105 737 万 t，占全国总量的 48.14%。这里已经成为中国经济、科技、文化最发达的地区之一。

长三角地区拥有 200 多所高等院校和 1 000 余个科研机构，其中有著名的复旦大学、华东师范大学、上海交通大学、同济大学等，科研力量强大。该区科研开发机构的科技人才数，约为全国的1/7，科学家工程师数接近全国的1/6，而高中级技术人员约为全国的1/5。这对于消化吸收国外先进技术，推动技术创新和产业高度化十分有利。可见，长江三角洲已成为中国经济巨轮的领航者，而且极有可能成为世界经济下一轮复苏的“发动机”。

上海是长江三角洲城市群（带）的核心城市，全市面积6 340.5 km^2，人口1 700余万，2004年的工业总产值达14 594亿元，占全国的6.6%。货物吞吐量近2亿t，占全国比重18%以上；口岸进出口商品总额突破1863亿美元，占全国比重13%以上；2005年全市实现国内生产总值9 154亿元人民币，人均达到53 847美元，居全国之首。

上海是中国的重要工业城市，形成了汽车制造业、通信信息设备制造业、电站成套设备及大型机电设备制造业、石油化工及精细化工加工业、钢铁制造业、生物医药业等六大支柱产业。上海工业将继续发展以电子通信业、生物工程医药、新材料为代表的高新技术产业，加大东部的电子信息基地、西部的汽车基地、南部的上海化工区、北部的精品钢材基地的投资力度。

上海还是一个金融发达的城市。早在20世纪三四十年代，上海已是远东的金融中心。近几年来，一个以中央银行为领导、国有商业银行为主体、多种中外金融机构相互并存、共同发展的金融机构体系在上海形成。上海证券交易所成立于1990年11月26日，经过多年的持续发展，上海证券市场已成为中国内地首屈一指的市场，上市公司数、上市股票数、市价总值、流通市值、证券成交总额、股票成交金额和国债成交金额等各项指标均居首位。至2004年12月底，上证所拥有3 700多万投资者和837家上市公司，上市证券品种996个。上市股票市价总值26 014.34亿元；2004年，上市公司累计筹资达456.901亿元；一大批国民经济支柱企业、重点企业、基础行业企业和高新科技企业通过上市，既筹集了发展资金，又转换了经营机制。

近几年，上海的国际服务贸易伴随着上海进出口贸易飞速增长和外资大量涌入而得到迅猛发展。上海已同世界上170多个国家和地区建立了贸易关系，对外开放迅速扩大，上海直接利用外资协议金额连续3年超过100亿美元。世界上排名前100位的工业跨国公司已有半数以上投资上海。在沪开设的营业性外资金融机构和代表处已达200多家。上海的进出口贸易近年来平均每年增长20%以上。新兴的金融证券、期货交易、外汇和技术等全国性市场的建立，确立了上海作为全国资源配置中心的地位，同时也加快了上海经济与国际接轨的步伐。上海的其他涉外服务业，尤其在人力资源、咨询参谋、经济交流服务等方面也得到了飞速发展。经上海市人民政府批准设立的上海东浩国际服务贸易集团公司正式成立启动经营，标志着上海的国际服务贸易已步入全新的、加速融入世界经济之中的发展阶段，为外商驻沪机构、投资企业及往来客商的综合服务提供了更为便利和规范的服务。

上海作为一个国际化大都市，是世界著名的航空港。现已有通往世界60余个城市的国际航空线，并拥有2个国际机场，年旅客吞吐量为1 640万人次。浦东国际机场4条跑道全部建成后，年客运量将达1亿人次。浦东、虹桥两大国际机场则将上海与全国各大、中城市以及世界各国连成一片。

上海地处我国南北海岸线的中点，南接港澳，北连俄欧，西达中亚，是世界第三大港和我国水陆交通运输的枢纽，铁路有沪宁、沪杭线通往全国各地，5条国道和3条高速公路网连接内陆各省，水上航运溯长江而上可达武汉、重庆，沿近海而行，则又至青岛、大连、温州、福州、香港。另外，上海还与韩国、日本、美国、加拿大及东南亚、欧洲各国开辟了航运线，从上海港出发的客货轮，出海可抵达世界上400多个港口。每天从陆上、空中、水上进出上海的中外旅客达数百万人，充分显示了上海作为交通枢纽的地位与作用。

上海科技教育十分发达，有复旦大学、上海交通大学等58所高校，在校学生442 620人，投入的教育经费3 832 690.6万元。共有6 775个科技企业，45.6万科技人员，2005年筹集了950亿元科技经费，共受理32 741项专利。

上海是中国最大的城市，城市旅游十分发达，其中南京路、人民广场、外滩、东方明珠、经贸大厦、上海体育馆、黄浦江大桥等著名景点，招揽了大量的国内外游客。2005 年,共接待入境旅客 571.35 万,其中 380 万国外游客,旅游外汇收入 35.56 亿美元。接待国内游客9 011.94 万人,共创旅游收入 5 286 亿元。

南京是中国著名的古都,许多朝代在南京建都,太平天国也在南京定都,孙中山先生在南京成立国民政府,南京有着悠久的历史,是世界历史文化名城。其中有中山陵、明孝陵、总统府、夫子庙、太平天国博物馆等著名景区。2005 年南京接待游客 3 189 万人次,国内旅游收入达 328 亿元,南京 2005 年实现国内生产总值 2 411 亿元,人均地区生产总值 40 887 元,已经建成以石油化工、电子信息、汽车摩托车、机械仪表和生物医药等 5 大支柱产业为主导,拥有 36 个工业行业、200 多个工业门类、2 000 多个大类产品的综合性工业体系,其 2005 年的工业总产值为 4 063 亿元。南京电子、化工生产能力在全国城市中居第二位,汽车制造规模居第三位。南京市场发达,商贸流通活跃,金融机构发展迅速,同时铁路、公路、水运、航空和管道 5 种运输方式齐全,程控电话、移动通信、微波通信、光纤数字通信、互联网等构成了南京立体的现代化通信网络,是全国重要的综合性交通枢纽和华东地区重要的通信枢纽城市。南京目前拥有南京大学、东南大学等各类高等院校 48 所,各类自然科学研究和研发机构 571 家,为南京经济发展和城市建设提供了大量的优秀人才。

无锡地处江苏省南部,长江三角洲中中部,总面积为 4 650 km^2,总人口 452 万。2005 年,地区生产总值为 2 804 亿元,人均地区生产总值为 62 323 元,总财政收入 181 亿元,工业总产值为 5 718 亿元,工业增加值为 1 353 亿元,进出口总额 291 亿美元,其中出口额为 136 亿美元。近年无锡的工业结构得到优化,向集群化和高端延伸。国家(无锡)液晶显示产业园等先进制造业基地加快发展,集成电路、液晶显示、生物医药、新材料等产业集群初具规模,博世、TCL、清华同方、柯尼卡美能达等一批项目建成投产,新增国家级高新技术企业 19 家。30 家企业入选全省百强高新技术企业,居全省首位。规模工业增加值完成 1 353.1 亿元。无锡机场新辟航线 5 条,获准开通香港临时客运包机,全年进出港旅客 62 万人次。无锡港、江阴港区和夏港第二公共型港区建设力度加大，全市港口吞吐量达到 5 046 万 t。科教文化发展很快，全社会研究与开发费用投入占生产总值比重为 1.56%，有各类专业技术人员 36 万人，专利申请量达到 5 621 件。无锡是太湖之滨一颗璀璨的明珠城市。太湖、京杭古运河、鼋头渚、灵山胜境、二泉映月、蠡湖烟绿、梅园香雪、太湖仙岛等著名的旅游胜地，美不胜收。接待入境旅游者 65.9 万人，旅游总收入 301.6 亿元。

苏州位于长江三角洲中部，江苏省东南部，东邻上海，西傍无锡，南接浙江，北枕长江，全市总面积 8 488 km^2。苏州沿江地区依托港口，重点发展冶金、石化、建材、电力等重化工业。沿沪宁、虞苏嘉交通线，以各级各类开发区为载体，大力发展高新技术产业。沿上海、苏州市区周边地区，开展与城市大工业的配套协作，发展劳动密集与资本、技术密集相结合的加工制造业。按照这一布局，市区和各市（县）进一步提高产业的集聚度，形成鲜明的产业特色。市区依托园区、新区和其他开发区，重点发展电子信息、机电一体化、精细化工、新材料、生物医药和环保产业；古城区适当发展服装服饰、食品加工、印刷包装、工艺美术旅游品等都市型工业；2005 年，苏州市的生产总产值达 4 026 亿元，人均国民生产总值为 66 766 元，城市综合竞争力位居全国第五。拥有 5 个国家级开发区和 11 个省级开发区，还有苏州新区和新加坡工业园，其 2005 年的工业生产总值为 9 908 亿元。苏州交通十分发达，京沪铁路穿越苏州，年旅客发送量 700 多万人次，货物发送量 150 多万 t，货物到达量 600 多万 t。公路有 312、204、318 国道、沪宁高速公路，初步形成了高等级公路与二级公路相配套的“三横二竖”公路主骨架格局。长江、京杭运河水运主通道与各级疏港航道的沟通，形成了入江通海水运网，其中，长江航运可达安徽、江西、湖北、重庆等国内腹地沿江主要城市。苏州是著名的旅游城市，有“上有天堂，下有苏杭”的美誉。苏州的古园区里有沧浪亭、狮子林、拙政园和留园，以及虎丘、寒山寺等处。2005 年，苏州市接待的游客为 3 656 万人次，旅游收入为 380 亿元。

杭州是浙江省省会，全国历史文化名城和重点风景旅游城市。地处东南沿海和长江三角洲南翼，杭州湾西端，钱塘江下游，京杭大运河南端，全市总面积 1.66 万 km^2，全市总人口 636.81 万。杭州工业以加工工业为主,综合优势突出。支柱产业主要是食品加工行业、机械制造行业、电子通信行业以及纺织服装行业。2005 年,全市的国民生产总值为 2 492 亿元,人均生产总值 44 853 元,全市工业总值 5 441 亿元,工业增加值为 995 亿元。杭州科技教育事业发达,现有 30 余所高等院校,其中包括著名的浙江大学,还有众多的科研院所,为杭州经济的发展做出了巨大的贡献。杭州交通便捷,航空、铁路、公路、水运网络四通八达。杭州地处钱塘江下游和大运河南端,加上沪杭、浙赣等铁路先后建成通车和高速公路、航空等新型交通方式的兴起,水陆空交通便利。长期以来成为周围地区物资集散和商品交流的中心。杭州历来以风景秀丽著称于世,被誉为"人间天堂",旅游产业十分发达。杭州的西湖十景中的断桥残雪、三潭印月、雷锋夕照、钱塘江等十分优美的风景,吸引了许多的中外游客来观光。杭州市 2005 年共接待了游客 3 417 万人次,旅游总收入为 465 亿元。

宁波简称甬,位于长江三角洲南翼,东临东海,南枕三门湾,毗邻天台市;西接绍兴市;北濒杭州湾,与上海市、嘉兴市隔海湾相望,全市总面积 9 365 km^2,总人口 546.19 万。宁波是产业优势明显、配套能力强的新兴工业城市。拥有以纺织、服装、机械为代表的传统优势产业和以石化、钢铁、电力、造纸等为代表的临港型大工业以及电子信息、机电一体化、生物医药等高新技术产业为主体的工业体系。宁波是中国现代服装业的发祥地,全市年服装产量占全国服装总产量的 12%。宁波是中国内地最大的注塑机生产基地,年产量占大陆总产量的 50% 以上,是中国内地的模具之乡,年产值超过 40 亿元。电子信息业每年以平均 30% 以上的速度递增,现已成为宁波的新兴产业。宁波是华东电网重要的电力供应基地,同时石化、机械制造、纺织服装、轻工工艺、家用电器、电子信息等产品具有较强的配套能力。2005 年,全市实现生产总值 2 446.4 亿元,全市实现全部工业总产值 5 936.7 亿元。规模以上工业企业实现工业总产值 4 721.4 亿元,对外贸易发达。全年实现进出口总额 334.9 亿美元;其中出口 222.3 亿美元;进口 112.6 亿美元。城市综合竞争力位居全国第八。宁波科技教育发展迅速,文化体育事业较为发达。宁波大学、浙江水产学院宁波分院和宁波师范学院等 3 校合并成综合性的大学。市区具有舟山群岛、陶公岛、七塔寺等著名景点,2005 年旅游总收入 258.2 亿元,接待国内游客 2 352 万人次,接待入境游客 43.8 万人次,入境旅游外汇收入 2.5 亿美元。

绍兴地处长江三角洲南翼,浙江省中北部杭甬之间,面积8 256 km^2,人口 434 万。绍兴历史悠久,名人荟萃,素有水乡、桥乡、酒乡、书法之乡、名士之乡的美誉,是首批国家级历史文化名城、首批中国优秀旅游城市,是长江三角洲南翼重点开发开放城市,是蔡元培、鲁迅、周恩来的故乡,毛泽东主席称绍兴为"鉴湖越台名士乡"。绍兴的水资源十分丰富。绍兴境内河湖密布,主要河流有曹娥江、浦阳江水面 1.7 万 hm^2。绍兴的铁和铜的储量占浙江省 70% 以上,硅藻土储量为全国第一。2005 年全市 GDP 达1 440.48 亿元,财政收入稳步增长。2005 年绍兴市实现财政总收入 150.56 亿元。绍兴历来把发展教育、科技作为市策,并已结硕果。当代绍兴籍中科院、工程师院士就有 38 名,正教授级科技人员近千名。全市现有各类专业技术人员 12.3 万人,受良好教育的从业人员 266.7 万人,可为经济社会发展提供各类专业人才。绍兴的旅游资源非常丰富。绍兴以悠久的历史文化、秀丽的山水风光和独特的民俗风情闻名于世。全市现有对外开放的旅游景点近 200 处,著名的有鲁迅故居、大禹陵、蔡元培故居、周恩来祖居等。

(2)珠江三角洲城市群(带)。

珠江三角洲位于广东省的中南部,面向南中国海,为珠江出口处,毗邻港澳,是广东社会经济发展的先行地区,素有"鱼米之乡"之称。1994 年广东省委、省政府正式宣布建立的珠江三角洲经济区,由珠江沿岸广州、深圳、佛山、珠海、东莞、中山、惠州、江门、肇庆 9 个城市组成,面积为 24 437 km^2,占广东省国土面积的 14%,人口 4 283 万人,占广东省人口的 61%。它是我国第一个打破行政区划,按照经济区划原则建立的经济区,成为广东乃至全国商品经济最活跃和最具有发展潜力的地区之一。改革开放以来,珠江三角洲地区因开放程度大、经济发展快、收入水平高而成为全国改革开放的一个样板。

2005 年,珠三角完成生产总值 18 059.38 亿元,占全省 GDP 的 78.6%,全部工业增加值为 8 593.15 亿元,全部工业增加值占 GDP 的比重达47.6%。主营业务收入上千亿元的大类行业有7个,分别是:通信设备、计算机及其他电子设备制造业、电气机械器材制造业、电力、热力的生产和供应业、交通运输设备制造业、化学原料及化学制品制造业、金属制品业、塑料制品业;从产品产量看,2005年纳入统计的359种,主要产品产量中,珠三角有189种产品产量,占全省90%以上。其中84种产品全部在珠三角生产,如重大技术装备产品和主要高技术产品的汽车、环境保护专用设备、通信及电子网络用电缆、集成电路等。珠三角社会消费品零售总额5 630亿元。全省亿元市场有逾3/4落户珠三角,2005年珠三角共有亿元以上商品交易市场219个,占全省亿元市场个数(282个)的77.7%,比重比上年提高1.9个百分点。珠三角贸易进出口总额达4 107.07亿美元,占全省的96.0%。其中出口2 270.15亿美元,年均增长21.8%;占全省出口总额的95.3%。2001—2005年,珠三角累计吸收实际外商直接投资572.03亿元,占全省的89.3%。

珠江三角洲在全国的地位也很突出,人口只占全国的1.82%,第三产值增加值占全国的11.09%,而外贸出口额占全国的34.01%,实际利用外资占全国的21.13%,是全国对外开放程度最高的地区之一。事实上,长期以来,珠江三角洲地区的综合经济实力在广东省乃至全国范围内都一直保持着重要的地位。无疑,由于珠江三角洲经济的迅猛发展,其以外向型经济为主、快速实现工业化发展的模式,开辟了一条具有中国特色的沿海地区新工业化道路,对促进珠江三角洲产业结构由农业向工业和第三产业迅速转变,推动经济起飞并为增强我国综合实力做出贡献起了很大作用,成为我国较早实践邓小平理论,发展社会主义市场经济的典范之一。

珠江三角洲交通发达,公路通车里程达29 029 km,公路网密度达0.70 km/km^2。珠江有八大口入海,河网水系发达,港口众多,水上交通极为便利。京广、京九、广九、广茂和广梅汕铁路贯穿并交汇于三角洲内,还有广深准高速铁路。目前,以广州为中心以及珠江三角洲各中心城市为中心的高速公路网正逐步形成。以广州白云国际机场为核心的珠三角航空港与全国主要中心城市和众多国际城市通航。1997年、

1999 年香港、澳门分别回归祖国，珠江三角洲与港澳形成的大珠三角将成为我国交通最发达的区域。随着全国经济的发展，国家提出了“9+2 泛珠三角”经济区，为珠江三角洲的发展注入了新的活力。

中心城市广州，地处中国内地南部，广东省中部，珠江三角洲北缘。濒临南海，背靠白云山，珠江穿市而过，东江、西江、北江——珠江三大支流在此汇合流入南海。总面积 7 434. 4 km^2，人口为 750 万。2005 年，全市地区生产总值为 5 154 亿元，人均生产总值为 69 268 元。新增工业总产值 1 001. 27 亿元，再次越过 1 000 亿元大关。全市完成工业总产值和工业增加值分别为 6 767. 96 亿元和 1 843. 96 亿元。其中，规模以上工业企业完成工业总产值 6 032. 05 亿元，；实现工业增加值 1 622. 61亿元。工业对全市 GDP 的贡献率为 41. 4%，是推动全市经济增长的主导力量。其中，重工业发展势头迅猛。广州市工业继续走新型工业化发展道路，在汽车、石油化工、黑色金属冶炼及压延加工等行业的带动下，重工业发展势头迅猛。重工业完成工业总产值 3 896. 41 亿元。

广州是中国对外开放的沿海重要港口城市，中国古代“海上丝绸之路”的起点，2000 多年来延续至今，广州一直没有停止过对外商贸活动，是名副其实的国际商业城市。广州 2005 年水路货运合计 10 709 万 t，港口集装箱吞吐量达到 575 万箱，远远领先全国主要沿海港口，位列第一。货物吞吐量达到 27 283 万 t。“十一五”期间，广州港将再建 39 个深水泊位，预计到 2010 年广州港货物吞吐量将超过 4 亿 t、集装箱超过 1 400 万箱。广州地区口岸仅出口总值为 618 亿美元，外贸进出口总值 534 亿美元，其中出口总值为 266 亿美元，外国直接投资 366 155万美元，是“中国第一展”——中国出口商品交易会的举办地，每年吸引了世界无数客商。

广州市的旅游娱乐业也十分发达。冼星海音乐厅，白云山，越秀公园，中山纪念碑，珠江夜游等都是著名的景点。2005 年，广州城市接待游客总人数 9 398. 53 万人次，旅游业总收入 624. 68 亿元，旅游业增加值 203. 02 亿元，占全市国内生产总值的 3. 97%，占全市第三产业增加值的 6. 98%。

广州市科教文化事业发达，有中山大学、华南理工大学等30多所各类高等院校，在校学生554 327人，有180所科研机构，科技人员475 316人。新规划的广州大学城范围约43.3 km^2，可容纳学生18万~20万人，相当于一个中等规模的城市，估计总投资规模将达到200亿~300亿元。作为高层次人才培养基地、领先水平的科学研究基地和广州的文化胜地，广州大学城可以极大地推动广州市经济、科技和文化大发展。

深圳是中国内地经济实力最强、发展速度最快的经济特区城市之一。地处广东省南部滨海地区，珠江口东岸，东临大亚湾和大鹏湾；西濒珠江口和伶仃洋；南边深圳河与香港相联；北部与东莞、惠州两城市接壤。深圳海岸线全长230 km，海洋资源丰富，有优良的海湾港口，通海条件优越。深圳是一个移民城市，常住人口1 200万人。2005年深圳生产总值为4 926.90亿元。从产业结构看，第一产业增加值9.87亿元，第二产业增加值达2 580.82亿元。第三产业增加值为2 336.21亿元。全市地方财政一般预算收入达到412.38亿元，深圳居民人均可支配收入为21 494.40元。深圳以高新技术产业、先进制造业为基础，以现代服务业为支撑，建立适应现代化中心城市功能的新型产业体系。高新技术、现代物流和金融服务业得到快速发展。全市规模以上工业企业实现增加值2 272.90亿元。全市重工业增加值1630.78亿元。高新技术研发力度加大，形成研发聚集效应。新材料、新能源等新兴产业加快发展，高新技术产品出口470.95亿美元。全市外贸进出口总额为1 828.60亿美元。其中出口总额达到1 015.02亿美元。一般贸易和进料加工出口贸易比重上升，机电产品和高新技术产品快速增长，民营企业出口增长迅猛。深圳确立国际枢纽港地位，发展港口铁路联运，全年港口货物吞吐量15 351.36万t。其中，集装箱吞吐量1 619.68万箱，继续稳居全球四大集装箱港行列。全市货运量达9 806.79万t，完成货物运输周转量604.60万t·km。客运量和旅客周转量分别完成12 901.07万人和228.87亿人·km。民航货物吞吐量55.05万t。民航旅客吞吐量1 574.05万人次。城市旅游业发达，世界之窗、南湖景区等被列为全国旅游经典景区，桐乡乌镇被评为中国十大魅力名镇。

全年接待旅游过夜人数 2 142.83 万人。其中，海外游客 616.45 万人，国内游客 1 526.38 万人。全年外汇旅游收入 20.09 亿美元。

随着深圳的现代化、国际化建设，现代金融和新兴服务发展迅速，成为该市的支柱产业。深圳证券交易所（以下简称“深交所”）成立于 1990 年 12 月 1 日，截止 2006 年底，上市公司 579 家，证券数目 768 种，成交总额达 3.87 万亿。作为中国内地两大证券交易所之一，深交所与中国证券市场共同成长。16 年来，深交所借助现代技术条件，成功地在一个新兴城市建成了辐射全国的证券市场。15 年间，深交所累计为国民经济筹资 4 000 多亿元，对建立现代企业制度、推动经济结构调整、优化资源配置、传播市场经济知识，起到了十分重要的促进作用。新兴物流业迅速壮大，保税区向自由贸易区转型，六大物流园区基本建成，培育了一批骨干型第三方现代物流企业和国际货代市场，引进了一批国际国内知名大企业、大集团来深设立地区总部、采购中心、配送中心。深圳科技文化教育事业发展迅速，有力地推动了城市的现代化建设。新建了嘉兴科技城，有市级以上区域科技创新、创业服务中心 15 家，省级高新技术研发中心 8 家。企业自主创新能力得到增强，26 个项目列入国家火炬计划，11 个产品被认定为国家级新产品。教育体制改革步伐加快，深圳大学和各类民办学校教学改革成绩显著。

佛山位于广东省中南部，珠江三角洲腹地，东倚广州，西接肇庆，南连珠海，北通清远，毗邻港澳，地理位置十分优越。佛山市总面积 3 813.64 km^2，是著名的侨乡，祖籍佛山的华侨及港澳同胞有 130 多万人，其中港澳同胞 60 多万人。佛山水、陆、空交通便利，已形成一个公路、铁道、航空和河运齐备，辐射力强的现代交通网络。佛山全市设 5 个海关，4 个客运口岸，16 个对外口岸和 9 个集装箱码头。对外客货集散方便快捷。2005 年实现地区生产总值 454.8 亿元。市内工业发达，有陶瓷、建材、汽配等逐步成为新兴支柱产业，全区工业总产值 1 016.62亿元；产值超亿元的工业企业有 103 家。产业适度重型化、高级化趋势增强，汽配产业，高新技术产品产值占全区工业总产值的 33.2% 。市场流通发达，建有城南机动车交易中心、水产批发市场、石湾陶瓷建材批发市场等。加大培育扶持名牌产品、驰名商标的力度，成功注册“佛山陶瓷”区域品牌商标，开通全省第一个名牌网站“禅城名牌网”，组织陶瓷、童服等企业以区域品牌形象组团参加国内外大型展会，突出打造区域品牌。全区100多家企业与30多所高校及科研机构开展200多项技术合作，有14个研发项目列入国家级计划，获各类科技成果奖91项，全区专利授权1 796件。改革开放二十多年来，佛山充分发挥地处沿海、邻近港澳的优势，大力发展对外经济贸易，是全国第一个对外贸易出口商品生产基地。外贸出口逐年上升，利用外资不断扩大，逐步形成了全方位、多层次、宽领域的对外开放格局。2005年，出口总额为136亿美元。

(3)京津冀城市群(带)。

京津冀城市群以北京为中心，以京津为主轴，以石家庄、秦皇岛为两翼的城际轨道交通网络覆盖京津冀地区的主要城市。该城市群包括北京市、天津市和河北省的石家庄、唐山、保定、秦皇岛、廊坊、沧州、承德、张家口等8个城市及其所属区域。面积约18.34 km^2，占全国国土总面积的1.91%，人口约8 500万，占全国总人口6.5%，2007年GDP总量为27 887.98亿元，占全国经济总量的11.3%，人均GDP约27 000元。目前是我国最重要的以矿产资源加工、重型装备制造和轻纺加工为主导的综合型工业基地，是全国重要的能源、原材料生产基地。尤其是拥有中关村科技园区、天津新技术产业园区等国家级高新技术开发区。其中，中关村电子信息产业的科研、贸易、生产和天津开发区的电子通信设备、液晶显示器等均已经发展成为全国最大的产业基地。

北京是中国的政治中心、文化中心、科技中心、教育中心、交通中心，是世界历史文化名城和古都之一。北京作为中国的首都，具有得天独厚的发展条件和资源，在政治、经济、文化等诸多方面具有其他城市无法相比的优势。

北京的经济发展平稳较快。2006年生产总值达到7 720.3亿元，比上年增长12%，连续第8年实现两位数增长。地方财政收入1 117.2亿元。人民生活水平稳步提高，城镇居民人均可支配收入19 978元，农民人均纯收入8 620元。环境质量进一步改善。空气质量实现了控制目标，全市林木覆盖率达到51%。

北京具有丰富的旅游资源,对外开放的旅游景点达200多处,有世界上最大的皇宫紫禁城、祭天神庙天坛、皇家花园北海、皇家园林颐和园,还有八达岭、慕田峪、司马台长城以及世界上最大的四合院恭王府等名胜古迹。北京是全国最大的科学技术研究基地,有中国科学院等科学研究机构和号称中国硅谷的中关村科技园区,每年获国家奖励的成果占全国的1/3。北京拥有亚洲最大的图书馆在内的24家图书馆,门类众多的博物馆已超过百家。北京是全国高等院校的中心,聚集了清华、北大等全国乃至世界著名的高校。现有普通高等学校59所,成人高等学校61所,研究生培养机构177家,从事科技活动人员28.1万人。

北京也是全国最大的铁路枢纽、航空枢纽和交通枢纽之一,北京与全国大多数大中城市之间均开通有直达列车,2006年旅客周转量825亿人·km,比上年增长16.2%。其中,铁路89.1亿人·km,增长14.8%;公路79.2亿人·km,增长33.2%;民航656.7亿人·km,增长14.6%。铁路、公路、民航三种运输方式旅客周转量比重分别为10.8%、9.6%和79.6%。与上年相比,公路比重上升1.2个百分点,铁路、民航比重分别下降0.1个和1.1个百分点。公路交通方面有京广高速公路、京石高速公路、京沈高速公路、京哈高速公路、京开高速公路等高速公路和国道通往全国主要大中城市。

天津市简称津,地处华北平原东北部,渤海之滨,总面积11 919.7 km^2,总人口1 000万,素有渤海明珠之称。全市13个区、5个县,为中央直辖市和14个沿海开放城市之一。2006年,全市生产总值4 337.7亿元,人均生产总值突破5 000美元。全市财政收入925.6亿元,当年增收200亿元。财政支出654.2亿元。全社会固定资产投资1 850亿元。工业是拉动全市经济的重要力量,主导产业有装备制造业、电子、汽车、冶金和化工。新技术产业园区发展迅速,孵化带动作用较强。信息化综合指标居全国前列,具有先进的电信通信网和便利的邮政网。

天津是中国北方最大的沿海开放城市,海陆空交通便捷,铁路、公路四通八达。天津港是河、海兼备的港口,也是我国最大的人工港。天津港原是京杭大运河的一个内河港口。1860 年,被辟为五大通商口岸之一。长期以来,天津港与 170 多个国家和地区的 300 多个港口保持贸易往来,是连接亚欧大陆桥距离最近的东部起点。2005 年,天津港货物吞吐量达到 2.4 亿 t,位居世界港口前 10 位,集装箱吞吐量达到 480 万标准箱。

天津铁路枢纽位于京哈线与津沪线、津蓟线交汇处,衔接北京、山海关、济南、蓟县、霸州 5 个方向,是沟通关内外的咽喉,承担着关内外车流中转和天津港集疏运输的任务,是一个客货混合、路港联运的大型枢纽。全市铁路线路营业里程为 1 363km。枢纽年运量为 1.75 亿 t/年。

天津市公路网是以国道和部分市级干线为骨架,以放射状公路为主的网络系统,并以外环线沟通各条放射公路的联系。通过天津的国道主干线有 4 条:京津塘高速公路、正在建设的京福一级汽车专用公路、拉丹高速公路和拉丹高速公路津唐支线;国道 5 条:京哈、京塘、津同、津榆公路和正在建设的山广公路。

天津滨海国际机场为我国大型现代化国际机场之一。路道等级 4D,长 3 200 m,年起降能力 9 万架次,停机坪 19.75 万 m^2,可同时停放 20 多架大中型飞机;有较先进的航行管制、通信导航系统和地面保障设施。候机楼总面积 2 万 m^2,年旅客吞吐能力 200 万人次。货运中心建有 1 万 m^2 的货运仓库,设施先进,年货物吞吐能力 8 万 t。

天津市有输油管道 245 km。其中,南疆港区至石化炼油厂主管道 42 km,大港油田至各炼油厂主管道 92 km。全市管道设计输油能力 550 万 t。现正在建设天津港至北京机场航空油输油管道的一期工程——天津港至天津机场航空油输油管道。

天津是著名的历史文化名城。现有全国重点文物保护单位 15 处,包括独乐寺、大沽口炮台、望海楼教堂、义和团吕祖堂坛口遗址等。其中,独乐寺坐落在蓟县,始建于唐,重建于公元 984 年,是我国仅存的最古老的大型木结构楼阁建筑,楼阁中 16 m 高的观音菩萨,是我国现存最大的泥塑之一。被列为世界文化遗产的黄崖关古长城,有各种造型的烽火台 20 多座,盘旋于群山峻岭之中,四周风景优美如画。近年来,新建的周恩来邓颖超纪念馆、平津战役纪念馆、天津科技馆，已成为爱国主义教育基地和青少年科技教育场所。是我国著名的海滨游览城市。

张家口市地处河北省西北部，是一座有悠久历史和光荣传统的北方名城，张家口有优越的地理位置和区位优势。张家口地处京、晋、蒙交界处，东临首都北京、西连煤都大同、北靠内蒙古草原、南接华北腹地，面向沿海，背靠内陆，是沟通中原与北疆、连接中西部资源产区与东部经济带的重要纽带。

张家口是中国北方早期的工业城市，具有较好的工业基础和技术优势，现在全市有工业企业近万家，其中大中型企业 89 家，形成了门类齐全的工业体系，是河北省重要的工业城市。该市有十分便捷的交通、通信设施。京包铁路通过市区、大秦铁路从城市南部横贯东西；公路四通八达，110、112、207 国道穿过市区。该市还有独特的名胜古迹和旅游景点。黄帝战蚩尤战场、泥石湾旧石器时代遗址、长城关隘大境门、明代建筑清远楼驰名中外；塞外明珠官厅湖、坝上草原度假村、翠云山滑雪场一派北国风光。

唐山是一座具有百年历史的沿海重工业城市。地处环渤海湾中心地带，南临渤海，北依燕山，东与秦皇岛市接壤，西与北京、天津毗邻，是联接华北、东北两大地区的咽喉要地和走廊。唐山历史悠久，早在 4 万年前就有人类劳作生息。中国第一座近代煤井、第一条标准轨距铁路、第一台蒸汽机车、第一袋水泥、第一件卫生瓷均诞生在这里，被誉为“中国近代工业的摇篮”和“北方瓷都”。矿产资源品种多、储量大、质地优良、分布集中、易于采选。目前已发现并探明储量的矿藏有 47 种。煤炭保有量 62.5 亿 t，为全国焦煤主要产区；铁矿保有量 57.5 亿 t，是全国三大铁矿区之一。石油、天然气、石灰岩、黄金等储量也十分可观。工业已形成煤炭、钢铁、电力、建材、机械、化工、陶瓷、纺织、造纸等十大支柱产业，机电一体化、电子信息、生物工程、新材料四个高新技术产业群体扎实起步。作为全国重要的能源、原材料工业基地，唐山现有开滦、唐钢、冀东水泥、机车车辆、三友碱业、唐山陶瓷等一大批大型骨干优势企业。对外开放初步形成了全方位、多层次、宽领域格局。

唐山是中国评剧的发源地，评剧、皮影、乐亭大鼓被誉为“冀东三枝花”，在国内外有着广泛的影响。清东陵是我国现存规模最大、建筑体系最完整的皇家陵寝，被列为世界文化遗产。唐山交通四通八达。与北京联合建设的京唐港，已与国内外120多个港口实现通航，跻身全国港口20强；京哈、京秦、大秦3条干线铁路和京榆、唐秦、京唐3条国道穿境而过，京沈（唐山段）、唐津、唐港、西外环4条高速公路交织成网，环城立体互交，构成了现代化交通网络。

城际交通与城市群互动耦合的探讨

在第2章,我们论述了城市化是人类社会经济发展的客观规律,并分析了它在世界和我国的发展进程及其新的趋势,指出城市群或城市圈(带)的形成是当代世界各国城市化的共同特点。由此,我们可以从世界城市化发展的高度,认识发展城际交通是当代城市化尤其是城市群(圈、带)形成和发展的客观要求,它具有历史发展的必然性。同时,又体现了鲜明的时代特征,是历史与时代催生的新型交通方式。在本章,我们将对城际交通与城市群互动耦合及其机理和路径做较深入的探讨,从两者内在联系上剖析城际交通与城市群的互动耦合是通过哪些主要因素发生互动作用的,这些相互作用的路径又是怎样铺设的,以及城际交通的发展对城市群空间布局带来的影响,并进一步探讨其如何通过人们时空观念的改变,形成了当代人们空间一体化观念推动着城市群的形成和发展。从而为推动和优化城际交通与城市群互动耦合提出理论上的根据和实际运用途径供作参考。

3.1 交通与城市群互动耦合的探讨

城市群(圈、带)的出现是当代世界城市化的新趋势,这一世界城市化的新特征,引起了国内外理论界的关注,已成为空间科学的热门研究范畴。城市群的出现,客观上要求发展城际交通,但是,真正意义上的城际交通的发展还是近些年的事情。对于城际交通的研究更是凤毛麟角,才刚刚破题。至于类似本项目将城际交通与城市群结合起来进行系统研究的著述,据我们以题名为"城际交通与城市群互动理论"在中国知网、万方数据、维普中文科技期刊数据库，时间为1994年至2009年的检索，记录均为0条。以“the interaction theory between Inter-city traffic and urban agglomeration”为检索词在相关的主要国外数据库LexisNexis（学术大全）、Journal Citation Reports（JCR）、ProQuest Digital Dissertations（全文）中，时间为1994年至2009年的检索记录也均为0条。因此，可以说，对于城际交通与城市群互动理论的系统研究，基本上还是一个空白的领域。也正因为此，本节我们只能对这一问题的相关理论研究做一粗略的介绍。

1.“田园城市”形态理论

这一理论的创始人霍华德1898年在英国出版的《明日，一条通向真正改革的和平道路》一书中，提出了田园城市的概念，主张城市分散，由一系列同心圆城市形成田园城市结构。同心圆城市中有6条各36 m宽的大道从圆心放射出去，把城市分为6个相等部分，城市规模以人步行可到达城市的各个部分为依据，划定为1 140 m的半径的城市范围。铁路不进入市区，在外围布置换乘铁路和永久绿地，以此保持城市周边的田园风光，同时避免城市成片蔓延。这是最早涉及交通与城市空间形态的著作，它源于19世纪末英国花园城市的理论，其研究的出发点和归宿点是主张城市居民以单一步行为主要交通方式，实现均匀的出行需求，以此实现城市形态和用地的均匀布局之间的平衡，因此，还未认识到城市形态拓展与城市交通的关系，由于当时的城市规模还十分小，还未形成真正的城际交通，由此更谈不上它与城市群的互动联系，其本质还是一种城市分散主义的空间结构理论。

“田园城市”的分散规划思想对后来的学者产生了较大的影响。1924年在荷兰的阿姆斯特丹召开的国际城市会议上提出了“卫星城市”的城市规划设想，主张在大城市附近或郊区新建或扩建具有相对独立的城镇，其间通过较发达的交通干线联结起来，形成众星捧月式的城镇群空间演化结构，以分散大城市市区的人口和工业及其他功能。卫星城市理论“二战”以后在许多国家得到运用。

2. “带型城市”理论

这种城市群形态理论是由西班牙工程师马塔在1882年提出的，他设想由一条宽的可无限延长的道路作为城市的脊椎，沿着这条道路布置一条或多条电气铁路运输线，道路两侧每隔300 m开辟横向道路，形成一系列5万m^2的街区。由此，实现以交通干线为骨架，沿高速、大运量的交通走廊设置城市开发走廊，形成“节点——走廊”格局。并认为城市快速交通和对外交通是引起城市轴向扩张发展的主要原因。便利的交通条件降低了运输成本和时间成本，促进了城市公共交通的实现，为城市提供了内外交流的机会，引导和带动了沿道路两侧用地的建设和发展，满足了城市扩张的要求。

这种理论在北欧等地得到了运用，如北欧的哥本哈根、斯德哥尔摩已在城市外围形成沿城市对外主要交通轴线，形成“指状发展形态”。这种理论20世纪30年代在前苏联得到发展，米柳金（N. A. Milutin）提出了“连续功能分区”的方案，城市由狭长的、平等的居住和工业带组成，中间为绿化防护带，其中布置服务和交通设施，工业带外城修建铁路线，使工业带获得方便的双侧交通服务，从而保障城市连续发展的可能性，并使各功能区之间在任何时期都能保持相对稳定的关系。这种城市群空间结构理论虽然其主旨仍是城市扩散，但已注意到了交通轴线的作用，形成沿着交通轴线组团的带状扩散发展的形态。

3. 中心地理论

中心地理论又称“中心地学说”，产生于20世纪30年代初西欧工业化和城市化迅速发展时期，是由德国地理学家克里斯泰勒在1933年出版的《南德中心地》这一著作中首先提出。克里斯泰勒在对德国南部城市和中心聚落的大量调查研究后发现：一定区域内的中心地在职能、规模和空间形态上具有一定规律性。他认为中心地空间分布形态受市场、交通和行政三个原则的影响，由此形成不同的结构。并探讨了一定区域内城镇等级、规模、数量、职能间关系及其空间结构的规律性，采用六边形图式对城镇等级与规模关系加以概括，其中交通是作为运输成本——空间距离。由于空间距离是相对的,这种相对性是由交通便捷性决定的,而交通的便捷性又取决于交通方式或交通工具的革新及其效率的提高。

出于对运输成本的考虑,克氏认为在交通影响明显的地域,交通原则制约着中心地的等级系统,各级中心地都位于高一级中心地之间的交通线上,如果把中心地分为A\B\K三级,从均衡模式看,两个B级中心地间的连线不能包括K级中心地,因为这不符合交通原则,需要调整模式。从交通联系的便捷程度出发,克氏把六边形6个顶点的各级中心地都布局在六边形六条边的中点上,这样任何一级中心地之间的交通线都可以把低一级中心地连接起来,形成一个新的模式。该交通原则适合新开发区、交通过境地带或聚落呈线状分布区域,在文化水平高、工业人口多、人口密度高的区域,交通原则尤为重要。克氏还认为,高级中心地对远距离的交通要求大,高级中心地应按照交通原则布局。

中心地理论的提出已经注意到了交通对于城市空间组织和布局的重要作用。在这种理论中要求中心地的空间均衡具有统一的交通系统,可见,交通原则已成为规划中心地体系的重要依据。在实际生活中,中心地可以是城市,也可以是城市内的商业中心。如果中心地是城市的话,联结各城市统一的交通系统可以认为已是城际交通的萌芽形态,它的发展和便捷化,有力地推动了各个城市的发展。克氏的中心地理论20世纪50年代得到了德国学者廖什的进一步论证和发展,第二次世界大战后,中心地理论在美洲、西欧各国得到承认,并在居民点网和交通网规划中得到运用。1960年国际地理代表大会和国际城市地理讨论会上给予了高度评价。

4. 有机疏散理论

芬兰建筑师E·沙里宁在他1942年写的《城市,它的生长、衰退和将来》一书中提出了城市有机疏散理论。沙里宁认为城市作为一个机体,它的内部秩序实际上是和有生命的机体内部秩序相一致的。如果机体中的部分秩序遭到破坏,将导致整个机体的瘫痪和坏死,因此不能听任城市凝聚成乱七八糟的块体,而是要按照机体的功能要求,把城市的人口和就业岗位分散到可供合理发展的离开中心的地域。他主张把重工业、轻工业从城市中心疏散出去，而把许多事业部门和城市行政管理部门设置在城市中心位置，由于工业外迁而腾出的大面积用地，可用来增加绿地，也可以供必须在城市中心地区工作的技术人员、行政管理人员、商业人员居住，让他们就近享受家庭生活。挤在城市中心地区的日常生活供应部门和许多的家庭也应离开拥挤的中心地区，疏散到新区去，得到更适合的居住环境。这样对日常活动即个人日常的生活和工作做功能性的集中布置，并对这些集中点进行有机的分散。在交通的安排上，个人的日常生活应以步行为主，使日常生活需要的交通量减到最低程度，并且不必都使用机械化的交通工具。而把通畅的交通主干道设置在日常活动范围外围的绿地上，并使用较高的车速往返，由此把城市的主要部分联系起来，避免交通干线穿越或干扰住宅区等安静的场所。沙里宁通过对交通系统组织的研究，根据居住与工作关系、建筑与自然地关系的合理安排，把城市分解为一个既统一又分散的城市有机整体，各部分布置有住宅、商店、学校以及生产车间等，形成相对独立的单元，并用各自拥有绿化地带分开，成为用高速交通联系起来的各个功能中心。由此通过功能组织的分工和重构，将高度集中的单中心结构转化为若干功能相对完整、生活相对独立、空间相对分离的组团或多核结构。沙里宁设想的这种多核结构，用高速交通干线联系起来，以保持城市的统一性，这种城市多核之间的高速交通联系，可能是城际交通的初级形态。

5. 点轴系统理论

点轴系统理论是在增长极理论、中心地理论、生长轴理论和交通网络原理基础上归纳形成的区域空间组织理论。它由中国学者陆大道于1984 年提出，并在 1995 年出版的《区域发展及其空间结构》一书中，把点轴要素组合在同一空间开发范式中，形成了较完整的理论体系。

点轴系统理论中的“点”指区域内的各级中心城市，它们是一定区域空间范围内人口和产业的集中地。“轴”指在一定方向上联结若干不同级别中心城市而形成的相对密集的产业带或者人口带。而这种轴线一般是指重要的线状基础设施，包括交通干线、通信线路、能源和水源供应线等，其实质上是依托沿轴各级城镇形成的产业开发带。其中主要轴线方向的辐射强度最大，从而引起或加强产业在该方向上较大规模的集聚。

点轴系统理论是增长极理论的延伸，从区域经济发展的过程看，经济中心总是首先在少数条件较好的区位，成斑点状分布，这种经济中心既可称为区域增长极，也是点轴系统中的点。随着经济的发展，经济中心逐渐增加，点与点之间，由于生产要素交换需要交通线路、动力、水源以及能源供应线等，相互连接起来就形成了轴线。这种轴线首先是为区域增长极服务的，但轴线一经形成，对人口、产业也具有吸引力，吸引人口、产业向轴线两侧集聚，并产生新的增长点，点轴贯通，就形成了点轴系统。因此，点轴系统理论可以理解为从发达区域大大小小的经济中心（点）沿交通线路向不发达区域纵深地推移发展的理论。

在城市群空间结构的集中与分散、积聚与扩散的演化中，交通轴线作为一个极其重要的影响因素作用于城市群空间演化的始终。在城市群形成初期，高速公路、高速铁路、港口等交通基础设施建成后，原来处于低级平衡状态的区域经济系统受到了冲击，诱发了区域发展的不平衡。城市发展轴刚形成时带来的影响范围还比较有限，主要集中在与交通轴线连接的大中城市以及出入口附近的区域，在交通轴线的出入口以及交叉处，集聚作用加强，经济发展加快，“路口型”经济蓬勃发展。在城市群形成中期，这个时期城市发展轴对城市发展起到一定的指向作用，沿交通轴线的区域继续受交通轴线的影响，物流、人流、技术流和信息流以较高的速度向深处渗透。城市发展轴带来的经济效益也开始向农业、工业以及第三产业渗透。交通轴线对于城市发展轴范围内的整体经济发展、产业结构的提升、经济空间结构的演进起到了“组织者”的作用。在城市群形成后期，网络化的交通、信息系统构成了新的发展背景，这时城市发展轴上的城市空间结构表现为连绵带状，城市之间联系紧密，空间表现比较均衡，城乡差别明显缩小，城市郊区化逐渐明显。

可见，在市场经济条件下，城市群内任一节点都不是孤立的，都是相互促进、相互制约的。通过城际交通的发展,有利于生产要素在空间相互吸引而集聚,同时又向外(周边)辐射自己的作用力(物流、人流、信息流等)。这样就促进了生产要素在城市间的合理流动,向城镇增长点的聚集,或向周边区域的辐射。在这种集聚和辐射的相互作用中,形成了既分工又协作、规模不等、点轴结合的城镇空间结构形式。由此彰显了城际交通对于城市群空间结构演变的引导作用。

6. 网络化组织理论

20 世纪 80 年代以来,随着经济全球化、信息化的迅猛发展,发达国家的产业结构和组织结构发生了巨大的变化,这主要表现为产业的地域分工已扩大为城市之间产业的分工和协作,从而引起了城市群空间的演变,并由此形成城市的不同职能分工。这样,区域城市之间,跨区域城市之间的经济、技术、社会文化等方面的交流日益紧密,且日趋复杂化、网络化。这对于作为物质流、人流、资金流、信息流等要素流载体的交通需求不仅从量上而且从质上提出了更高的要求。这刺激了当代交通技术的革新和现代化,新的交通技术和交通方式不断出现,形成交通的网络化、智能化和快速化,有力地推动了空间上距离较近的城市形成城市群落、城市圈、城市带,以至城市连绵区。对于这一城市化的新趋势,最早给予关注的是法国地理学家戈特曼,他在 1961 年在美国出版的《城市群——城市化的美国东北海岸》一书中对这一城市空间网络化的现象作了深入的研究,引起了广泛的注意,使研究城市网络化已成为当代城市化研究的新热点。

在城市的网络化空间组织中,区域的城市以多中心或多核心的形式存在,每个城市或单核具有独立、相对完整的功能形式和各自的影响范围,核与核之间强有力的完整的联系呈网络结构,共同构成巨大的城市群落现象。多核网状结构有多种表现形式,这取决于结构组成的核的数目的多少、影响力的大小及核与核的相互关系,城市的效率取决于各核之间的联系方式和联系效率。这期间城市之间交通的网路化、智能化、快速化甚为关键。例如,在大东京圈就有多样化的城际交通方式,各种方式之间相互协调。仅从铁路方面说,大东京圈共有铁路

2 246.4 km，其中普通铁路占82.2%，地铁276.2 km，占12.3%，东京到周围城市就有很多条快速轨道线，来往十分方便。因此，东京很多上班族居住在周围的小城市，每天利用轨道交通上下班，通勤距离达50 km。使东京形成半径50 km的密集城市化地区，并为向半径100 km地区范围进行辐射提供了必不可少的条件。

这种区域快速、便捷的城际交通系统，在经济发达地区的大中城市间产生了“一日交通圈”、“同城效应”，不仅有利于实现区域经济一体化、促进生产要素的合理组织和经济社会的协调发展，使大中城市实现合理分工和协作，而且也改变了人们的社会生活选择自由度和观念的创新，提高了人们的生活质量。由此可见，网路化的交通及其优化运行，是网络化城市体系形成及其运行效益和效率提高的前提和基础，也为人们研究城际交通与城市群空间结构演变互动耦合关系提供了一个新的视角。

通过上述交通尤其是城际交通与城市群互动耦合关系的理论概述，我们可以清楚地看到，交通与城市群的关系非常紧密，它影响着城市的形成和发展，对城市规模、城市布局、城市形态起着重要的甚至是决定性的作用。在当代城市群的形成和发展中，城际交通已成为城市群中城市之间联系的桥梁和载体，引导着城市群空间结构的演变。当然城市群的发展对城际交通无论在量的方面还是质的方面又提出了紧迫的需求，呼唤着大能力、个性化、智能化、高速安全、舒适方便、节能环保的城际交通，并由此引发了新的交通技术与方式的诞生，促进了交通的现代化。

3.2 城际交通与大都市群互动耦合机理

1. 便捷的交通促成了工业在城市的聚集

众所周知，大都市带的形成并不仅仅是人类居住形式的变化，更重要的是它代表一种新型的生产力布局形式。从国外的大都市带形成过程来看，工业化在其中起着前提和基础作用。城市化是工业化的伴生物和孪生兄弟，而大城市带的形成则是后工业化发展的一个结果。英国是世界上最早开始工业化和城市化的国家。18 世纪下半叶，英国工业革命的展开，特别是蒸汽机的广泛运用，使工业生产摆脱了对以自然力为能源的布局束缚和限制，特别是运河、公路、铁路的修筑为工商业的集中创造了相应的物质条件。于是工业从乡村转移出来，工厂逐渐集中到城市和交通便捷之处。城市的发展也从对自然力的束缚中解放出来，尤其是城市工业部门的发展，增加了对城市经济内部商品货物和服务设施的需求，城市建筑、交通运输、商业活动、金融保险、文化医疗等各方面的服务业迅速发展，由此城市发展成为经济、文化和政治的中心。由于城市较之乡村具有更为优越的生产生活条件，交通带来的工业集聚、经济效应进一步促进了人口和生产要素在城市的集中，工业规模进一步扩大，人口大量集中，形成了众多的小城市和大中城市。尤其是大城市规模急剧扩大，有的成为特大城市，带动了周边中小城市的发展。于是在相对集中的区域内形成了以特大城市为领头军的形同金字塔式的城市等级体系的城市群落。这种体现新型的生产力布局形态的城市群落内的城市已不是孤立的城市，而是以城市作为磁极，而周围一大批中小城市起着配套作用，相互间进行职能分工和协作，形成一个如同“磁场”般的巨大的城市网络体系。例如，19 世纪英国工业革命结束后，就形成了以伦敦为核心的，包括大工业城市伯明翰、利物浦、曼彻斯特等城市聚集区域的英格兰城市群（带）。这种新的生产力布局形态在其他工业发达国家也相继出现。随着工业进步，铁路，公路等交通方式的发展，更促使了资源、工厂、人口向城市的迅速集中，在交通方便的德国鲁尔地区、法国北部地区、美国大西洋沿岸和五大湖沿岸等煤田和沿海沿湖地区，都在工业革命进程中形成了城市密集地区，出现了城市群（带）现象。在上世纪后半叶，随着工业化在亚洲等地区的兴起和发展，也出现了诸如以东京为核心的日本太平洋沿岸城市群（带），以中国华东上海为中心的长江三角洲城市群（带）。这些城市带大多数都在沿海、沿湖、沿河或铁路公路等交通沿线地区。可见，工业的集聚和扩散作用，不仅使特大城市成为汇集人口、物质、资金、观念、信息等生产要素的干道的十字路口，而且形成了区域内各种依托交通线形成的发展轴线的枢纽，甚至成为整个国家对内联系和对外联系相结合的枢纽，推动着大都市带的形成。

2. 便捷的城际交通实现了广泛的城乡联系和城市间的职能分工与协作，是大都市带形成的基础条件

戈特曼在考察美国东北海岸大都市带形成过程时，就认为该地区原有的多核心区域城市结构是形成大都市带的基础条件。如果我们把大都市带的基本组成单元看成是都市区的话，每一个都市圈内部又是由自然、人文、经济特征完全不同的多种成分构成的，从城市的用地类型到人口的种族、职能机构、产业结构都是如此。而且都市区的规模越大，其内部成分的多样性就越显著。而从宏观上来看，大都市带则是由各个各具特色的都市区镶嵌形成的自然、社会、经济、政治、文化等多方面的组合体(Agglomeration)。这种镶嵌绝非简单拼凑，而是存在着有机联系和一定程度的分工，而这种有机联系和分工程度就取决于都市区间和城市间交通的联结和纽带作用，促使人员和各种生产要素在都市区间或城市间的自由流动，进而实现经济和社会的各种联系和生产要素的优化组合，由此形成城市或城市群体，甚至成为某一区域或更大区域范围的中心枢纽或“磁场”，从而有力地推动着区域经济的一体化。这种巨大作用主要体现在 3 个方面：第一，在产业层面上，通过合理转换产业结构和布局，推动区域经济共同发展。大都市带内的中心城市以其科技、资本和产业优势，往往在产业结构调整中起着先导创新作用，通过合理的调整，形成既有分工又有协作的产业链体系，由此既成功地加强了中心城市产业的先进性和创新能力，提高其综合的实力和地位，又使周围城市和地区在产业化分工和协作中发展自己的产业特色和个性获得了发展的契机。第二，在城市层面上，通过核心城市的高能量的集聚和扩散作用，不同的城市按照各自的条件调整产业结构，在相互联系、相互作用中实现更广泛的规模经济和社会分工，由此，实现优势互补使大都市带城市在整合中形成既有城市职能分工，又相互协作的充满活力的大都市带整体功能。这种整体功能远大于单个城市功能的叠加，使都市带成为某一区域的经济中心枢纽，处于主导地位。

例如,日本东海道太平洋城市群,集中了日本全国 63.3% 的人口和 68.5% 的国民生产总值,是日本最大的金融、工业、商业、政治、文化中心,成为是"纽约 + 华盛顿 + 硅谷 + 底特律"型的集多功能于一身的世界大城市。第三,在全球层面上,大都市带能提高国家参与国际分工和竞争的能力和地位。大都市带由于综合了众多城市的特点和实力,形成了整体实力,使得其具有众多的多方面的国内外联系渠道,这样通过对内及对外的广泛深度的开放,在世界经济中发挥着枢纽作用。大都市带由于经济实力雄厚,内外联系频繁紧密,国内外多种要素和信息在这里汇集、交换、流动,大都市带集聚的产业、金融、贸易、科技、信息等力量,形成了集外贸门户功能、现代化工业功能、商业金融功能、科技文化先导功能等综合功能,成为地区甚至一国的产生新技术、新思想的"孵化器",对地区、国家乃至世界经济发展起着中枢的支配作用。如美国大西洋城市带是美国最重要的工商业区,其中华盛顿是美国首都,纽约是联合国总部所在地,表明这一核心区域不仅是美国的政治中心,也是世界政治活动的中心地,在全球经济活动中具有重大影响,甚至发挥着枢纽作用。由上述我们可以看到城市或城市群的这种枢纽作用也是依托现代的综合交通,尤其是城际交通来发挥纽带和带动作用的。没有发达的城际交通和现代的综合交通,城市就只能孤立地存在,无法发挥在各个层次上的联系,这样就形不成一个整体无法发挥枢纽作用。

3. 便捷的交通运输和通信网络形成的地域轴线决定了城市群空间形态的演变

如果说上述由交通尤其是城际交通通过工业集聚和城市职能分工协作作为中间环节与城市群的互动起着一种间接作用的话,那么,便捷的交通运输和通信网络形成的地域轴线则对城市群空间形态演变起着直接的引导作用。便捷的交通和通信网络是大城市带得以形成的依托,从世界大都市带形成的过程来看,大都市带是沿着多种运输方式重叠形成的综合交通走廊相连展布的空间形态。交通通信尤其是交通方式是形成城市布局形态的先决条件。从城市化的历程来看,城市形成发展与城市交通的形成发展之间有着非常密切的关系。城市交通自始至终贯彻在城市的形成与发展过程之中。城市交通是与城市同步形成的,城市的形成必然包含城市交通的因素。一般先有过境交通,再沿交通线形成城市。因此,可以说城市的布局形态,是由交通形态来决定的。交通形态形成了城市发展的地域轴线。最初的城市是沿河流布局的,那时水上交通是人们主要的交通方式,直至产业革命初期,工厂还是大多数沿河布局,水上交通对英、美、西欧的工业布局起了决定作用。英国以伦敦为中心的城市带最初沿泰晤士河和海岸形成;法国巴黎为中心的城市带是沿塞纳河下流布局的;德国的莱因——鲁尔城市带至今沿莱茵河沿岸布局,以及后来的美国东北部大西洋沿岸城市带、北美五大湖区域城市带、日本的东海道太平洋城市带、中国华东上海为中心的长江三角洲城市带等都是沿着河流、湖泊或海岸线布局的。蒸汽机的发明和工业的发展使得19世纪40年代世界上出现了狂热的建设铁道的热潮,如美、日、俄等国家的工业化都与铁路分不开,也不再单纯依赖水运,改变了城市沿河道单一扩展布局。城市发展的地域轴线出现江河、铁路两种,城市布局有了新的形态。据统计,自1876年修建第一条铁路至1937年,在当时5万人以上的193个城市中,拥有铁路的城市78个,占城市总量的40%,有很多城市在外围车站附近形成新的建设区并以若干车站为用地发展起点,在长距离范围内将城市用地连成一片,引导着城市用地定向发展,使城市的布局由圈层结构向沿铁路成跳跃式布局形成星座状或放射状结构。由于铁路运输的快捷和大运量、低成本等优势,对产业和城市的扩展具有很强的吸引作用,不少城市开始由沿河发展转向沿铁路线发展。20世纪50年代以后,汽车工业快速发展,公路的发展与铁路、水运相结合,使城市空间扩展更具灵活性,空间形态更具有多样性,城市沿河、沿铁路、沿公路呈多方位扩展。城市发展可依托的轴线更多,从而使城市向多中心星云状结构演变。在当代由于航空业、管道运输、高速公路、高速铁路、轨道交通等新型交通工具的发展,使交通进入了综合运输的现代交通阶段。现代交通实现了高速、大型、远程化,不同交通方式相互结合,又弥补了单一交通工具的不足,发挥了多种交通方式的长处,极大地提高了运输效率,大大地降低了运输费用,使城市之间的联系更为快捷,相对地缩短了城市的时空距离,促进了城市规模的扩大和逆城市化趋势,特大城市的形成和周围大中小城市的配套,发展更为迅速,形成了城市群落和城市带的新的空间布局形态。

4. 科学的规划使城际交通与城市群(带)的互动更为协调和均衡

城际交通与大城市带的互动耦合固然有其内在的规律性,但是这种规律性是可以被人们认识的,人们掌握了其发展的内在规律,可以通过规划和立法指导其更快地合理发展,避免大城市可能带来的负面影响,因此,工业化国家十分注意规划和立法在大城市带形成中的作用。

英国是最早实现工业化和城市化的国家,在工业化和城市化过程中,英国早在 1937 年政府就成立了“巴罗委员会”,1942 年,该委员会遵循“调查—分析—规划”方案的方法开始编制伦敦规划。1944 年完成轮廓性规划报告,其后又陆续制定了伦敦市和伦敦群规划。当时规划方案是在距伦敦中心半径约为 48 km 的范围内建设 4 个同心圈:第一圈是城市内环;第二圈是郊区圈;第三圈是绿带环;第四圈是乡村外环。相应,英国议会在 1944 年通过了《绿带法》、1946 年通过了《新城法》,推动了规划的实施。在 20 世纪 50 年代末离伦敦市中心 50 km 的半径内建成 8 个被称为伦敦新城的卫星城。60 年代末期,大伦敦发展规划编制,改变同心圆封闭布局模式,使城市沿 3 条主要快速交通干线向外扩展,形成 3 条长廊地带,在长廊终端分别建设 3 座具有“反磁力吸引中心”作用的城市,以解决伦敦及周围地区经济、人口和城市的合理均衡发展问题。70 年代,英国政府调整了疏散大城市及建设卫星城的有关政策,1978 年通过《内城法》,开始注重旧城改建和保护。1992 年,伦敦战略规划委员会提出了伦敦战略规划白皮书,其指导思想体现了规划的现代化要求:第一,重视经济的重新振兴;第二,深化交通与开发方向的关联性;第三,重视构筑更有活力的都市结构;第四,重视环境、经济和社会可持续发展能力的建设。

1994 年,该委员会又发表了新的伦敦战略规划建议书,又明确强调了强化伦敦作为世界城市的作用和地位,指出伦敦大都市圈和东南部地方规划圈之间的关系和发展战略。1997 年民间规划组织"伦敦规划咨询委员会"发表了为大伦敦做的战略规划,该规划涵盖伦敦经济、社会、空间和环境发展,提出建设强大的经济、高水准的生活质量、可持续发展的未来、为所有人提供机遇等四方面目标。由此可见,规划和立法不断克服了在大都市带(圈)形成中涉及的经济、社会、环境和生态等方面出现的新问题,推动了伦敦大都市带(圈)的健康发展和现代化,使其成为世界上最具特色和影响力的大都市带之一。

其他国家如法国也早在 1932 年第一次通过法律打破行政区域壁垒,对城市发展实行统一的区域规划,1956 年完成了《巴黎地区国土开发规划》,提出了降低巴黎中心区密度,提升郊区密度,促进地区的均衡发展的新观点,1960 年通过了《巴黎地区整治规划管理纲要》,1989 年又对该纲要进行了修订并予 1998 年获议会批准为《巴黎大区总体规划》。总体规划强调了巴黎都市带的均衡发展,城市之间应合理竞争,大区内各中心城市之间,各大区之间应保持协调发展,明确将大区内划分为建设空间、农业空间和自然空间,三者兼顾、相互协调、均衡发展,并提出政府要对重大项目的决策负责,如大型基础设施建设、建筑产业政策、城市开发组织、环境保护与巴黎各地区的协调等,这些规划和以后的建设,有效促进了巴黎都市带和法国的经济发展。

美国波士华都市带的形成过程中,亦十分注重规划和立法,并使城市规划尊重经济社会发展的客观规律。纽约城市规划起始于 1929 年,由非官方和非营利性组织纽约区域规划协会(RPA)编制。迄今为止,RPA 共进行过 3 次纽约区域规划。规划不仅强调纽约作为世界一流城市的地位,占据发展的制高点,而且还特别考虑城市与区域的可持续发展,依托该城市带所在 3 个州综合安排区域的发展,使纽约与周围城市形成合理地域分工格局和产业链的形成,既成功地增强了都市带中心城市的科技、贸易、产业的优势，起着创新孵化作用，又促进周围地区获得良好的发展契机，成为都市带持续发展的基础和保障。

日本的城市规划始于20世纪50年代，1958年编制了第一次首都圈建设规划，1968年发布了第二次首都圈建设规划，1976年出台了第三次首都圈建设规划，1986年制定了第四次首都圈建设规划。这些规划尤其第四次规划对周围核心城市进行了调整，进一步深化了中心区的国际金融职能和高层级中枢管理职能。1998年日本在对东京都市圈的形成以及所带来的问题在学界、政界讨论的基础上，提出了日本第五次全国综合开发规划，即《21世纪国土的总体设计》，该次规划体现了以产业、居住、交通、环境等为主题的规划理念，并制定出了相应的行动纲领，要求最终形成"区域多核心功能分散"的都市圈结构。值得注意的是，由于东京包括土地在内的各种自然资源均有限，东京的发展有别于欧美国家城市在发展过程中低密度、粗放式的扩张模式，而是采取了以便利的完善的基础设施为基础形成疏密相间、适度集中、集约化发展的模式。

以上通过对世界上最有影响力的四大都市带规划和立法对大都市带形成作用的简述，可见规划和立法在协调和均衡城际交通与大都市带互动耦合中的重要作用。世界上其他都市带的形成中，规划和立法对协调和均衡城际交通与大都市带发展都同样起到至关重要的指导作用。

5. 科学技术的发展是城际交通与大都市带互动耦合的动力源

都市带的形成虽是城际交通与都市带互动耦合中多种机制的共同作用，但是其内在多种形成机制的动力源泉还是科学技术进步。城市化是工业化的伴生物，但是工业化的策动力却是科学技术的进步。18世纪下半叶瓦特发明蒸汽机使英国的工业化摆脱了对自然力的依赖，兴起了工业革命，使世界开始了工业文明和城市化时期，继而电的发明和冶金技术的进步，使交通方式和交通工具实现了变革，促使世界兴起了钢铁工业和机器制造业，工业得到快速的发展，规模壮大，工业的集聚规律导致了城市规模扩张，大城市和特大城市由此形成。近代更由于交通通信等基础产业快速发展和现代化，使得大城市和特大城市为克服过度工业集聚带来的人口膨胀、交通拥挤、住宅紧张、教育卫生等社区服务设施的不足，以及失业、贫困和犯罪率的增长和管理方面的混乱等城市病，逐步郊区化，工业、商业等服务业和人口依托便捷的交通和通信方式逐渐向新建的郊外卫星城迁移，形成了所谓逆城市化现象。这样中心城市的某些职能开始向郊区、卫星城和邻近的城市转移和分散，由此带动了郊区、卫星城和邻近城市的发展，逐渐成为次中心城市，甚至大中城市。这一过程不仅在原中心城市开展，尔后，又在后来形成的次中心城市和大中城市中呈第二梯级出现和发展，由此，又形成了众多第三梯级的大中小城市。如此一波一波地继续下去，逐步形成某一地区的城市群落和大都市带。在这个过程中，便捷的外向型交通路网设施使城市集聚和扩散功能进一步发挥，形成城市化和逆城市化的先决条件和依托。尤其在当代，交通设施的高速化、大运量化、综合化、复合交通轴的形成以及微电子和通信信息技术的高速化、大容量化，使城市之间的人口、资源、生产要素快速流动，各种经济社会联系更为便捷和经济，大大降低了企业和城市的各种交通费用，使得当代世界大城市群和大都市带整体效益和效率提高，由此推动了大都市带(圈)成为当代生产力布局的一种新型的空间组织方式和当代世界城市化的一个新特点。

可见，城际交通与大都市带互动耦合的动力源还是科学技术的进步和工业的发展，引起不同交通方式和交通工具的进步和现代化，并促使了生产方式、产业结构和生产布局的变革，由此形成的城市产业链是城市职能分工和协作、大都市带(圈)形成的最深刻的根源。考察世界已出现的各大都市带，其核心城市无一不是科学技术创新中心和新技术、新产业的“孵化器”。纽约、巴黎、东京、伦敦等大都市带核心城市都是该国大学和研究机构云集，最具创新能力的城市，其科学技术创新的辐射能力不仅决定了该大都市带的产业结构调整和城市产业链的形成，甚至影响到世界产业结构的调整和国际城市产业链的形成。

3.3 城际交通与城市群互动耦合路径

1. 城际交通使要素流动更为便捷、运费低廉,大大加快了区域内城市群产业的一体化,由此形成城市集群

随着工业化的发展,产业集群使得城市规模扩大,城市职能加强,城市对内外的交通需求增大,要求交通设施变革和网络化,以适应城市化的发展。

美国地理学家诺瑟姆在对城市化的研究中建立了如下模型:

$$Y = \frac{1}{1 + ce^{-k(t)}};k(t) = f(\alpha,\beta,\cdots\cdots)$$

式中,Y 为城市建设,在积分常数 c 一定的条件下,主要取决于 k 值大小;k 值即农村人口向城市流动规模和速度,这又取决于经济因素、政策因素等相关因素。经济的发展与交通的发展是成正比的。根据有关学者对上海经济发展与交通客运量作的回归分析显示:工农业总产值每增加 100 亿元,公共交通客运量增加 1 亿人次。国民经济发展的实践也反复证明了这个问题。交通运输若滞后于经济发展就会成为"瓶颈"卡了经济发展的脖子,只有当交通运输与经济发展相适应时,交通运输才能对经济发展起到促进作用,并由此推动城市化的发展。

上述理论分析和实证结论对城际交通与城市群(带)的互动耦合发展也是适用的。城际交通对城市群(带)的经济发展和城市化的推动,主要是通过下述路径形成的。

(1)城际交通的发展推动了区域城市群内外要素流动,有利于区域城市群内外资源的优化配置。城际交通发达能消除很多壁垒,有利于区域内城市与乡村、城市与城市以及区域城市的对外联系,加大区域城市的可达性,提高交通运输的速度和运量,促进区域城市的人流、物流、信息流、资金流等生产要素流的流量和流速,降低生产成本和形成"大市场"效应,使区域城市可在更大的范围内对区内外资源进行整合和优化配置,由此使区域各城市产业分工更合理化,提高资源配置效率和效益,带动区域城市和区域经济的发展。从这个意义上说,城际交通是区域城市群经济发展的"牛鼻子"。

(2)城际交通的发展,把区域内分散的城市连成一个整体,可提高区域城市群经济的整体竞争力。便捷的城际交通可以强化区域城市之间的联系与分工协作,增强区域城市之间的配套能力和协作能力,不仅能提高经济质量,节约成本,有利于产业群向中心城市集结,充分发挥中心城市的辐射功能和各城市间的互补功能,而且能产生新的生产力,由此从两个方面提高了区域城市群经济的整体竞争力。

(3)城际交通是基础性的纽带产业,可通过产业的前后向联系带动其他产业发展和区域城市群经济的发展。交通运输是国民经济基础产业,它与各个部门间有着广泛的联系,成为国民经济的纽带。而且这种广泛的产业关联效应的大小会受到经济发展的变化而不同。交通运输的前向联系效应主要表现为运输费用的降低对扩大商品市场的影响,后向联系效应则是指运输业发展产生的对国民经济其他产业的需求影响。从交通运输的后向联系效应来看,铁路、港口、公路和机场的大规模修建,促进了建筑业的崛起;交通运输业的巨大能源消耗,促进了煤炭和石油工业的兴旺;铁路和各种运输机械对金属的需求,是采矿和冶金工业取得迅猛发展的基本动力;各种现代化运输工具的需求更有力地带动了机车、车辆、汽车、飞机、船舶等机器制造业的发展。例如,在轨道交通线的投资成本构成中,土木工程占50%,其余主要是轨道、车辆、通信信号、牵引供电等方面的投资。这些投资对于利用建材和建筑业企业的过剩生产能力,对于创造就业机会,对于机电设备的国产化及机电产业的结构调整和升级,对于扩大机电设备所用钢铁等中间产品需求,无疑具有极大的带动作用,由此后向联系带动国民经济的发展。从目前我国的经济发展阶段看,交通运输的作用更重要的是还体现在其前向联系效应中。交通运输业的作用更多的表现在它满足制造业原材料和产品流通以及人们各种出行的快速移动的需求上。它促进城乡间、城市间、国民经济各部门间联结成一个严密的有机整体。尤其现代化生产和市场经济越发达,生产对流通的依赖性越大,交通运输的现代化和可达性促进区域间乃至国内外统一市场的形成。促进人流、物流、资金流、信息流,从而对国民经济发展的推动作用更是不可估量。有关资料表明,交通运输投资每增加 1% ,可带动国民生产总值增长 2.63% 。可以说,离开了交通运输社会生产和交往就无法进行。

2. 城际交通加强了区域城市的职能分工和协作,促进了城市群(带)的形成

城市是工业积聚的伴生物,由于现代工业的发展,在规模经济、范围经济的作用下,城市的工业、人口的集聚十分迅速,尤其是市中心达到极点。城市出现了过度的拥挤、交通阻塞、环境恶化、贫穷和失业人口的大量拥向城市,城市的社会问题也日益严重。于是,城市开始向四周扩展,郊区不断城区化,城区的面积像“摊大饼”一样快速膨胀。但是,随着城市工业和人口的继续集聚,扩大的城区仍然不能解决上述城市过度集中形成的“大城市病”。为了解决城市过度膨胀,人们开始在大城市周边规划一些卫星城镇,或叫“卧城”。将部分工厂和人口疏散到卫星城镇,形成以原大城市为母城和以周边卫星城镇为子城的母子城市格局。但是,由于这些新城(子城),开始仅仅为了疏散母城工厂和拥挤的城市人口,成为职能单一的工业城镇或“卧城”,由于没有自己完善、独立的功能,这些新城(子城)只能过分依赖母城,对人口并没有吸引力,反而因为职住分离,造成与母城之间的钟摆式交通,加剧了交通压力。大多数卫星城是单一的工业区,缺少配套的市政设施和服务设施,与母城之间的交通联系又不够便捷,文化教育欠发达,休闲娱乐功能匮乏。因此,工厂的职工每天宁愿花费大量的时间往返于母城和工厂之间也不愿意住在卫星城,从而使卫星城缺乏生气,难与发展,反而加剧了大城市的交通拥挤和阻塞。后来城市交通和私人汽车的发展,虽然对沟通城市内部各组团间的联系,推动城市空间结构的发展具有十分重要的意义,增强了新城与母城之间的交通可达性,尤其是私人汽车的发展,为中产阶级打开了通向郊区的大门。然而,随着产业、就业和住宅郊区化的发展,人们的出行越来越多地从公共交通转向私人小汽车。对小汽车的过分依赖,带来了母子城之间的新的交通拥挤,出行成本(环境成本和个人出行成本)上升,大量占用土地等一系列问题,更严重地加剧了母子城的外延性蔓延。

为了解决多中心构筑过程中出现的这一新问题,西方国家经过一系列的摸索之后,在实践的比较中发现,发展公共交通,尤其是综合性的交通是解决这一难题的有效途径。不少国家将土地利用和交通规划综合纳入环境发展战略,根据土地利用的不同,配合不同的交通方式,形成综合性的交通土地使用规划。并通过交通站点的控制,促进城市地域结构结节状发展,带动城市跳跃、组团式的扩充。对相邻的城市根据距离远近和城市经济实力、客货流量、密度以及地理状况,发展高速公路或轨道交通形成快速的大流量的城际交通,往返城市的时间距离大大缩短,运输成本下降,生产要素的流通更为方便,促进了城市间要素合理分工和产业布局优化,由此推动了区域中心城市和次级城市的职能分工和协作,并形成了区域城市群落的整体功能,城市群由此形成和发展。

城际交通发展引导着城市群的空间布局的演变。城市群的空间格局与城际交通系统是相互影响,相互制约的,两者的相互循环作用,形成一个互动反馈作用环。城市群的土地利用,是城际交通需求的根源,决定了城际交通源、城际交通供需总量与空间分布特征。因此,城市群空间格局变化就客观地影响了城际交通系统的空间布局。其表现在:①不同的城市群空间格局有着不同的交通需求特征,必然要求相应的交通系统与之适应。如团状城市群的交通系统布局一般采用“环形+放射”,或者“环形+棋盘+放射”型;带状城市群一般呈“带形”,组团城市群则一般是“放射状网中网”型,因此城市群空间格局的变化将引起城际交通系统空间布局的重新选择。②城市群空间格局的变化将引起交通产业和交通吸引特征的变化。由此改变城际交通需求的总量水平和空间分布特征,从而影响改变城际交通设施的供给和城际交通线网的布局,引起新一轮的城际交通系统发展,即改变城际交通系统的特征。

但是,城际交通系统与城市群空间格局之间的作用过程并不是单向静态的,而是双向反馈的。城际交通系统的发展又可以反过来引导城市群空间格局的演化，尤其是城际交通方式和城际交通线网的现代化变革，其对城市群空间格局演化的导向机理作用更为明显。表现在：①城际交通的发展形成了交通轴线和区域指向性。由于城市土地的开发利用一般是沿交通线展开，各种社会基础设施也大都集中于交通干线两侧，交通线网的建设，势必引起城市土地利用格局的变化，形成新的城市发展轴线，导致新的交通优势区域的出现，会带动新城市或城市功能区的产生。由此改变着城市群的形态。②新的城际交通工具和交通方式对城市群空间格局演化的导向。城际交通工具和交通方式的改进及交通线网的建设，提高了城际交通速度，节约了交通时间，改变了出行可达性的大小，引起整个城市群空间可达性的变化，进而引起人们各种生产、生活活动的重新区位选择，并直接表现在城市群土地利用上，引起土地价格、土地区位、空间分布等土地利用特征变化，导致人口和产业分布的变化，产生新的集聚。使整个城市群土地利用格局发生变化。受此两方面的影响，城市群土地布局的变化投影到城市群空间上便带来了城市群空间格局的变化。随着城市群空间重构日益平稳，便逐渐形成了稳定的城市群空间格局，又开始孕育下轮城市群空间格局的演化。③城际交通提高区域城市之间的可达性，使城市群地域空间结构由极化向扩散转变。尤其是轨道交通的出现，使得城市群结构由单中心同心圆向轴线、多中心模式演变。由于轨道交通的可通达性高的特点，促使区域经济活动被吸引到交通走廊上来，改变城市群空间布局，形成了新的城市群发展轴。同时，又由于轨道交通沿线土地开发的走廊及辐射效应，延展了城市群空间范围，形成了城市群用地沿轨道交通走廊向城市区域外延布局，以轨道交通车站及节点为中心、线路为发展轴、路网为覆盖区的分级土地利用结构布局构成了城市群新的空间形态。尤其是现代轨道交通干线网状地联结了中心城市周边的中小城市。城市的各种设施会在线路两侧集中，特别是以车站为中心依次布局商业、办公、住宅、休闲娱乐业用地，在发挥土地效益最大化的同时，让大量人流迅速通达城市的各个主要功能区域，吸引各种生活、商务、文化、娱乐设施向轨道站点集中，刺激站点周围土地的高密度开发，形成以居住为主，商业、服务、办公、娱乐、体育等配套齐全的多个新城市中心。新城市中心的形成又带来了轨道交通客流量的增加,使得轨道交通的运能得到有效的发挥,从而实现高利润回报。轨道交通与新城市中心的良性互动促进了新城市中心规模的扩大和发展形成了次级中心城市,由此形成原中心城市向多中心结构发展的布局。这样不仅可以避免传统的中心城市以同心圆向外扩展模式,也就是“摊大饼”式蔓延带来的中心交通压力过大,无法输送人流向圆环发散,导致交通阻塞,资源浪费,外围功能不足等弊端,而且,由轨道交通引导的多中心发展,还可使轨道交通沿线土地上下空间得到合理化利用,并形成多个城市区域的共同繁荣。④城际交通使中小城市能便捷地联结区域中心城市。从而促进产业、要素由中心城市向中小城市和周边地区的扩散和转移,并强化了中心城市与中小城市网之间的经济联系,由此,不仅加强了中心城市在更大区域内的集聚作用,中心城市大型化,向特大城市和巨型城市发展,而且,由于中心城市的扩散作用加强,同时又加速了区域其他大中小城市的发展和规模扩大,由此逐渐形成一个或几个特大城市、巨型城市为中心的(一般为多中心)大中小城市配套的城市群落或城市连绵地带,即城市带形成。

城际交通改变了人们的时空观念,使人们形成了空间一体化观念,推动了城市群的形成和发展。社会经济一体化和空间一体化是城市群的两个基本特征。这两个基本特征都是通过区域性城际交通系统的发展而形成的。在一定的意义上说,人们日常对城市体系和感知距离的认识,是建立在时空观念之上的,但是,人们的时空观念的形成又受交通方式发展的影响。因为交通方式以及运输工具的时空效能决定着城市间的时间距离。在交通工具不发达,交通不便的情况下,城市之间的地理距离越大,交通通达性越差,城市间的经济社会等各种联系就越少,城市处于分散孤立的状态,形成了人们分散化的时空观,由此影响了企业的区位选择和居民区的布点。企业和居民点紧密相结合,形成生产和生活等功能混合布局的城市空间形态,阻碍了城市智能的地域分工。由此也减弱了城市的功能效应。现代快速乃至高速的交通工具的出现和发展,其构成的高速、大流量、便捷的城际交通网络,大大地提高了交通的可达性和快速性,从时空上拉近了城市各组团和区域城市间的距离,形成了空间一体化形态。由此使人们的生产和生活观念发生了根本性的变化,于是产生了“1 h 交通圈”、“3 h 交通圈”等这样通勤的时空观念。城市间时间距离的缩短,引起了区位的改变,促使企业出于对降低生产成本的考虑,越来越青睐在便捷的交通和运输费用降低、要素成本低的地方布点设厂;城乡交通越方便,越能吸引大量的农村劳动力进入城镇,推动城镇化的发展和农村的现代化;城市间交通的便捷。使大城市和中小城市间房地产开发日渐同质化;由于时空观念的改变,人们的居住观念也会相应改变,在“1 h 交通圈”内,人们可以选择生活成本和时间成本低的城市或郊区居住,也可以考虑在生态良好、风光美丽的风景宜人的地方居住以提高生活质量。这样大城市的购房人群得到分散。区域内城市的功能将进行重新整合。于是,上海和杭州人民产生了“上海有西湖,杭州有外滩”的美好设想;成都人民将把乐山作为后花园;南京与上海之间的苏州、无锡等城市的高速铁路黄金线及其整合开发,使人们获得更美好的生活享受;中原人民从郑州到洛阳、驻马店、新乡、安阳、漯河等省内主要城市最多不超过 40 min 远的愿望的实现,郑州与开封的同城化,也使一个生气勃勃的中原城市群跃然在祖国的版图上。城际交通尤其是城际铁路带给人民的美好生活和观念上的改变的事例不胜枚举。可见,城际交通产生的这种空间一体化是城市群形成的一个重要标志。

开发城际铁路客运市场的重要性

中国目前有 13 亿人口，是世界上人口最多的国家，尤其是东部经济发达地区人口不仅多而且密度大。改革开放后，中国经济持续快速发展，大量农村人口向城市流动，城市化水平提高很快，全国已出现了 7 个城市密集的区域。随着社会主义市场经济的深入发展，生产力在城市空间分工表现为城际间人流、物流等生产要素大流通和大协作的需要，不仅流量大，而且要求流速快。这从客观上要求提高城际交通供给，尤其是城际客运供给。这一发展趋势已从目前铁路客运创造的收入快速大幅度增长这一事实得到证实。在这种新的形势下，城际客运市场已成为铁路的科学发展的新契机。因此，本章将从城际客运是客流主要发生地和主导市场，是铁路客运科学发展的首选目标市场；城际铁路客运与客流之间的良性互动因素，可以从供给和需求两个方面促进铁路客运科学发展；开发城际客运市场是铁路参与运输市场竞争的关键性决策；开发城际客运市场是铁路提高经济、社会效益和生态效益的重大举措等方面，论述开发城际铁路客运市场对铁路科学发展的重要性和紧迫性。

4.1　城际客运市场是首选目标市场

1. 城市化水平提高大城市群涌现，成为城际客流剧增的客观基础

改革开放以来，随着我国经济持续、迅速地发展，特别是沿海地区经济的快速发展，工业化进程加快，吸引了大量的农村人口进入城市，

我国城市化水平迅速提高。城镇人口比重从1978年的17.9%上升至2005年的43.0%,提高了25.1个百分点(见表4－1)。在这个过程中,我国城市数量也快速增长,从1979年的193个,上升至2005年的661个,而且大城市的数量上升快,2005年全国人口超过50万的大城市已达到511个,人口超过100万的特大城市有185个,人口超过200万的超大城市已达到38个,而且这一趋势方兴未艾,尤其是特大城市发展快(见表4－2)。在经济发达地区涌现出一批城市群、城市带。目前主要有三大巨型城市群,即珠江三角洲城市群、长江三角洲城市群和京津冀城市群。珠江三角洲地区主要是在我国广东省境内,面积41 698 km^2,全部人口为4 520万人(2005年底),人口密度为1 084人/km^2。城市群主要包括副省级城市广州、深圳2座,地级市珠海、佛山、江门、东莞以及惠州和肇庆的部分地区共计6座。长江三角洲城市群以上海为中心,南京、杭州和宁波为次级中心,由上海市,江苏省的苏州、无锡、常州、扬州、镇江、南京、南通,浙江省的杭州、嘉兴、湖州、宁波、绍兴、舟山等两省一市的15个地级以上城市构成。在长江三角洲所属的70个县或县级市中,已有40个成为都市外围县。2005年,长江三角洲城市群中总人口有13 212多万。京津冀城市群跨越北京市、天津市和河北省的唐山、秦皇岛、廊坊、保定、石家庄、沧州、张家口、承德、遵化、丰南、迁安、定州、涿州、安国、高碑店、任丘、泊头、黄骅、河间、霸州、三河等共计36个城市,面积21.8万km^2,占全国的2.27%;人口9 464万,占全国的7.17%。2005年,这三大城市群的超大城市、特大城市、大城市数分别为全国的48.5%、32.2%、28.5%。

表4－1 1980—2005年我国城市化水平分布

年份	1980	1985	1990	1995	2000	2001	2002	2003	2004	2005
城市人口数量(万人)	19 140	25 094	30 195	35 174	45 906	48 064	50 212	52 376	54 283	56 212
全国城镇人口比重(%)	19.4	23.7	26.4	29	36.2	37.7	39.1	40.5	41.8	43.0

[注]资料来源:中国统计年鉴2006,中国统计出版社。

表4－2　1978—2005年我国城镇规模分布

单位:座

年份	1978	1980	1985	1990	1995	2000	2001	2002	2003	2004	2005
全国城市数	170	223	324	467	640	663	662	660	660	661	661
>200万超大城市数									33	36	38
>100万特大城市数									174	177	185
>50万大城市数									448	452	511

[注]资料来源:中国统计年鉴2006,中国统计出版社。

在未来20年间,中国城市群将处于快速发展阶段,其发展将呈现出以下三大明显趋势。一是城市群的数量快速增长。长江三角洲、珠江三角洲、京津冀地区三大城市群将发展成为主导中国经济发展的超大型城市群,成为推动中国经济发展的“三大发动机”,并有望成为对亚太经济乃至世界经济有巨大影响力的超级都市区。此外,福厦城市群、哈尔滨城市群、郑州城市群、武汉城市群、长株潭城市群、关中城市群、成渝城市群等进一步发展壮大成为中型城市群。二是城市群的空间等级结构特征日益凸显。以全国性中心城市(国家大都市)为核心和依托的珠江三角洲城市群、长江三角洲城市群、京津冀地区城市群以及成渝城市群将发展成为国家级城市群;以区域性中心城市为核心和依托的哈尔滨城市群、郑州城市群、武汉城市群、长株潭城市群、关中城市群、福厦城市群将发展成为地区级城市群;以地方性中心城市为核心和依托的环洞庭湖城市群、昌九城市群、石太城市群等将发展成为地方级城市群。三是城市群的区域分化特征日趋显著。东部地区三大城市群发展将进入成熟期,区域一体化进程基本完成;中部地区城市群发展将进入成长中期,形成若干个规模不断扩大的区域性城市群;西部地区除关中城市群、成渝城市群将进入成长中期之外,其他地区在大、中城市密集发展的基础上将初步兴起若干个小城市群。

从旅客调查来看,我国旅客构成主要是以城镇居民为主,城镇人口的数量直接影响客运需求量。从我国各城市人均出行的规律来看,城镇化水平越高,人均出行的次数也越多,城市化率与人均出行率呈正相关关系。因此,城镇化水平的提高是旅客运输需求增长的强劲动力。主要原因是:在城市化进程向着都市圈和都市带的发展过程中,第二产业的外迁和郊区化,第三产业成为城市的主导产业使得城郊客流增大,并且随着中心城市功能的大置换和城郊住宅的大规模建设,中心城市过密的人口迅速向边缘城区扩散乃至形成都市圈内的卫星城市。在中心城市也聚集着密集的客流,但是那大多只是过往人口,即城际的通勤客流。

城市的发展,城市化水平的提高,产生巨大的城市间客流,成为城际客流剧增的客观基础。

2. 城市经济增长迅速联系紧密,产生巨大的城际客运需求

我国城市经济增长很快,使中国经济集中在城市。2006 年我国城市总数为 661 个,其中地级及以上城市 287 个,比 2002 年增加 8 个;地级及以上城市(不包括市辖县)年末总人口 36 764 万人,比 2002 年末增加 3 840 万人,增长 11.7%。2006 年我国地级及以上城市(不包括市辖县)地区生产总值由 2002 年的 64 292 亿元增加到 132 272 亿元,增长 1.1 倍,年均增长 20.4%;占全国 GDP 的比重由 2002 年的 53.4% 上升到 2006 年的 63.2%,提高了 9.8 个百分点。地级及以上城市(不包括市辖县)地区生产总值超过 1 000 亿元的城市由 2002 年的 12 个增加到 2006 年的 30 个,其中 12 个城市超 2 000 亿元,依次为上海、北京、深圳、广州、天津、佛山、杭州、东莞、南京、重庆、沈阳和武汉。2006 年我国地级及以上城市(不包括市辖县)地方财政预算内收入 10 862 亿元,比 2002 年增长 1.1 倍,年均增长 20.4%,占全国地方财政收入的 59.3%。中国目前的三大城市群(长江三角洲、珠江三角洲、京津冀地区)的国内生产总值已占到全国的 40%。

但是,从全世界城市群来看,目前美国三大城市群(大纽约区、五大湖区、大洛杉矶区)的 GDP 占全美国的份额为 67%,日本三大城市群(大东京区、坂神区、名古屋区)的 GDP 占全日本的份额则达到 70%,远远高于中国三大城市群 40% 的贡献率。说明中国三大城市群其聚集和创造财富的作用还没有得到充分发挥，还蕴藏着巨大的生产潜力，应当采取有力的对策加以推动。因为，从城市单一发展向组团式城市群发展，这种战略转变是中国实现新一轮财富积聚的必然选择，有利于各城市在经济上取得互补效应，加速消除城乡二元结构，在生态上可缓解城市的热岛效应，在文化上便于多样性的充分交融。今后中国必须加速发展具有世界竞争力的组团式大城市集群，使之成为国家新一轮财富聚集的"火车头"。

目前作为中国新一轮财富聚集中心的珠江三角洲、长江三角洲和京津冀地区三大城市群，发展程度不一，其中珠江三角洲地区发展已趋向成熟，长江三角洲地区则基本形成规模，而发展最慢的京津冀地区还只是具备雏形。要实现更快的发展，还需要国家城市化整体战略设计中有一套明确的大城市区、大城市群的政策作为支撑。中国城市发展报告经过科学分析指出，未来中国城市发展将呈"三维分布"，即培育三大城市群(面)、创建七大城市带(线)、发展中心城市(点)。这一格局形成后，将有全国人口的55%、全国GDP的75%、全国工业总产值的85%，以及全国进出口总额的95%在这些地域产生。同时，三大城市群对国民经济的贡献率也将由现在占全国GDP的40%提升到2010年的50%和2020年的65%。根据国外的经验，处于经济高速增长的阶段，客运需求增长基本上与国民经济增长同步，可以估计我国城市群的发展及其对城市客运增长的需求的深刻影响在今后数十年内必将更明显地表现出来。同时由于城市经济的发展，城际间经济技术、科教文化、社会交往日趋频繁，这些因素都使城市和城市间产生巨大的客运需求。

3. 城镇家庭消费水平提高和消费结构高级化，对城际交通运输的消费需求迅速增长

随着我国经济尤其是城市经济的快速发展，我国人民生活水平正由"温饱型"向"小康型"和"富裕型"转变，社会消费及其构成也将呈现出许多新的特点，生存型消费明显降低，非商品性支出逐年增长。根据对近几年我国城镇居民不同家庭消费结构进行的调查，我国居民收入与消费呈现如下变化:家庭人均收入从6 000元提高到1万元时,其食品支出比重呈下降趋势,衣着、文教娱乐支出比重基本保持不变,而交通、通信比重由5.83%上升到9.22%;当人均收入从1万元增加到1.5万元时,食品支出比重大幅度下降,衣着支出比重下降缓慢,但仍占较大比例,而交通、通信和医疗保健支出比重将会有较大幅度上升,其中交通、通信支出比重将由9.22%上升到11.89%;当人均收入从1.5万元增加到2万元时,食品、衣着和文教娱乐支出比重略有下降,交通、通信支出比重仍是上升的趋势,由11.89%将上升到12.35%。由此可以看出,随着家庭人均收入的增加,居民社会交往、旅游、求学等方面需求迅速上升,用于交通通信的支出所占比重将是不断增加的趋势,居民交通出行的目的已从单纯的探亲访友型向消费性需求方向转变。从发达国家发展的历程来看,随着人们收入的不断增加,居民用于交通方面的支出是不断增加的趋势,美国近些年居民用于交通方面的支出所占比重已经达到18.8%。因此,随着我国经济的快速发展,城镇居民的恩格尔系数将不断下降,城镇居民用于交通通信等方面的需求将迅速增长,已成为产生城际客流的又一主要方面。

4. 随着城市客运量的快速增长,铁路的城际客运量上升趋势明显

随着我国城乡经济的快速发展,全社会客运量迅速增长,由1996年124.47亿人次上升到2006年的202.4亿人次,年均增长6.26%;尤其是城市客运量增长更快,从1998年的109.8亿人次上升到2006年201.7亿人次,比重也由95.81%增加到99.65%,其中铁路的客运量也显著上升,(因目前我国铁路不担负城市内客运,其客运量一般发生在城镇之间,故可视为城际客运量)从1996年的9.479 6亿人次上升至2006年12.6亿人次,年均增长3.29%。我国地级以上城市客运量增长更快,从1996年的111.1亿人次,上升到2006年的201.7亿人次,增加了81.5%,从占全国客运量的89.24%上升至99.65%,增加了10.41个百分点。而铁路城市客运量增长也呈现上升趋势,从1996年的9.3亿人次增加到2006年的12.6亿人次,增长了35.5%(见表4-3)。尤其是我国京津冀、长江三角洲和珠江三角洲,这三大城市群落

的铁路客运量占全国铁路客运总量的1/3以上。就是城市体系还处于初期的京津冀城市群,其2000年铁路客运量已达7 368万人次,占该城市群社会客运量4.27亿人次的17.26%。可见铁路的城市客运量还有增长的巨大空间。

表4-3 我国地级以上城市客运量分布

年份	全国客运量	城市客运量		公路客运量		铁路客运量	
		总量(亿人次)	占全国比重(%)	总量(亿人次)	占城市比重(%)	总量(亿人次)	占城市比重(%)
2006	202.4	201.7	99.65	186.04	92.23	12.6	6.24
2005	184.7	183.5	99.35	169.7	85.48	11.5	6.26
2004	176.7	171.6	97.11	157.0	91.49	11.17	6.70
2003	158.7	158.1	99.62	146.6	92.72	10	6.82
2002	160.8	160.1	99.57	148.7	92.87	10.6	7.12
2000	147.9	141.7	95.81	128.9	90.97	10.2	7.91
1998	137.9	109.8	79.62	98.8	89.96	8.7	8.76
1996	124.5	111.1	89.24	97	87.31	9.3	9.59

[注]资料来源:中国城市统计年鉴1997—2007,中国统计出版社。

综合以上对我国城市化快速发展、城市经济迅速增长,尤其是三大城市群经济贡献的增长,以及由此引发的城市本原性和诱发客流迅速增长趋势的论述,我们可以看到城际客运市场是我国客流的主要发生地和主导市场。据有关方面预测,到2020年,我国城市化率将达到50%以上,全国城市人口达到17亿以上,特别是长江三角洲、珠江三角洲、京津冀地区城市化率将达到70%以上,城市人口达到5亿以上。届时,我国的经济、社会、科教、文化等活动和人口将更集中在城市,城际间的各种交流更为频繁,城际的客流量将空前增长。这种城市化发展趋势要求铁路清醒地认识到:城际客运应是铁路客运科学发展的首选目标市场。只有快速紧紧抓住发展城际客运发展的机遇,超前规划和发展铁路城际客运,铁路客运才能适应我国城市化和经济社会发展的需要。

4.2 从供需促进铁路客运科学发展

铁路城际客运与客流之间存在良性互动的正相关因素。铁路城际客运发展了，不仅可以增加直接客流、转移客流，还可以大大增加诱发客流，由此增加铁路城际客流量。而铁路城际客流量的增加势必又要求尽快扩大铁路城际客运能力，发展城际客运。可见，铁路城际客运与客流二者之间存在着良性的相互促进的关系，由此从运力供给和旅客需求两个方面可以持久地带动铁路客运的科学发展。

1. 铁路城际客运与客流之间的良性互动因果关系模型

根据城市化和城市经济增长导致城际客运与客流之间的良性互动关系，我们可以运用 SD 建模原理建立铁路城际客运体系供需因果关系模型，用来说明其对铁路城际客运发展的良性互动作用如图 4－1 所示。

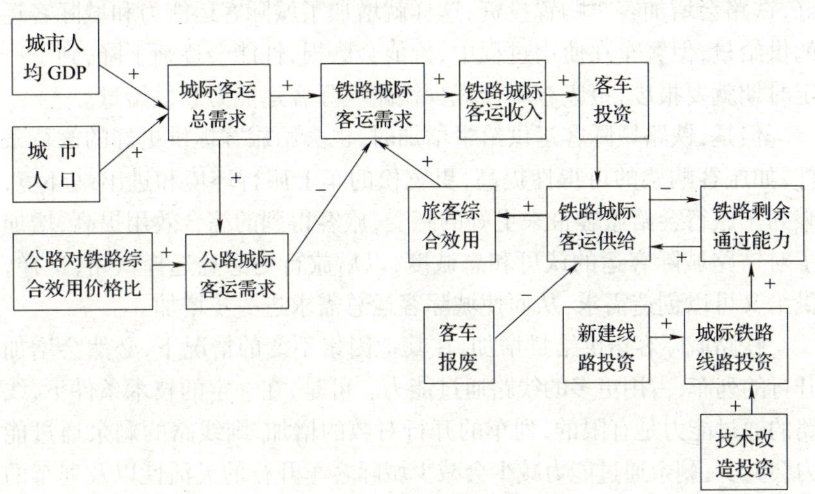

图 4－1　铁路城际客运体系供需因果关系

从上述因果关系模型图，我们可以看到，随着城市人均 GDP 提高，人们生活质量提高，恩格尔系数的降低，人们出行的需求快速增加，加之，随着经济发展水平的提高，城市化水平更快速提高，城市用于交通费用支出增加，于是城际客运总需求增加。根据我国国情，由于城际交通范围大体在500 km左右，担当城际交通的运输方式主要是铁路城际客运和城际公路客运（一般不可能每个相邻城市都有航运和民航，即使有民航，但由于价格高，分流的客流量也很少，故可以忽略不记）。因此，与铁路城际客运竞争的主要对手是公路城际客运。当公路城际运输提供更好的服务水平，如良好的服务态度，舒适的候车环境和乘车条件，快捷方便的购票以及提供赠品等营销手段和附加服务，使旅客得到的综合效用增加，有一个更好的效用价格之比，这样，公路城际客运就会在总客运量中占有更多的份额，使铁路城际客运需求减少，反之，则会使它增加。

当铁路城际客运需求增加时，需求可以拉动供给，铁路的城际客运量便会增加，如果国家的政策允许，还可以适当地提价，两者加在一起，会使铁路城际客运收入增加，铁路城际客运收入增加，加之市场前景看好，铁路会增加客车购置投资，这样就增加了城际客运能力和城际客运的供给量，但客车在使用过程中，价值会磨损，性能会逐渐下降，到了一定时期就要报废，报废客车会减少铁路城际客运能力和供给量。

但是，铁路城际客运供给量增加时，也会给旅客提供更好的旅行条件，如旅客购票的可得性提高，更宽松的车上旅行环境和进出站环境，乘列车旅行会给旅客带来更好的感受，旅客得到的综合效用提高，增加了对铁路城际客运的认可和忠诚度，以后旅行更愿意选择铁路，这样，供给又可以创造需求，从而使城际客运总需求进一步增加。

铁路城际客运供给量增加，在其他因素不变的情况下，必然会增加开行的列车，占用更多的线路通过能力。可是，在一定的技术条件下，线路的通过能力是有限的，列车的开行对数的增加，则线路的剩余通过能力会减少，剩余通过能力减少会减少城际客车开行的灵活性以及列车的对数。当剩余通过能力为零时，城际客运供给能力不再增加。如要增加铁路的通过能力，一是增加投资进行线路的技术改造，如改进路径，、钢轨以及通信信号等电子控制系统，提高线路整体技术性能以增加通过能力;二是增加新增线路投资,增建新线,使通过能力大幅度提高。

总之,我国经济社会在稳定发展,人均 GDP 逐步提高,城市化进程在加快,城际客运需求必然会增加,从而带动铁路城际客运能力和供给量提高。但是,铁路城际客运供给量受制于客车投资量和线路通过能力,因此铁路应及时掌握此种发展规律,尤其是在我国铁路运营密度和技术水平偏低的情况下,国家和社会更应大力支持铁路科学发展,加速路网等基础设施的建设,适时作出技术改造或新建线路的投资决策,以适应城际客运需求的增长。

2. 铁路城际客运与客流之间良性互动的动力因素

世界发达国家在发展阶段都具有城市交通与客运量同步高速增长的特点。2003 年,我国的人均 GDP 超过 1 000 美元,在今后一个时期我国经济将继续高速发展,处于走向中等发达水平的发展阶段,城市经济的发展与客流量的增长呈现正相关的互动状况将更为突出。这是因为其具有下列动力因素。

(1)城市经济发展产生巨大的生产性客运需求。

经济发展过程是一个工业化和城市化的过程,我国总体上进入了工业化中期,城市化的进程在加快,尤其是城市群城市化水平较高,经济发达,城市配套设施齐全,是国民经济增长的重要的动力源。由于城市生产力的快速发展,城市生产分工更为细化,促使经济活动的空间分离,同时经济一体化要求城市生产协作更为紧密,这两种趋势使得城际间的物流、资金流、人流、信息流更为频繁。尤其是城际各种人员大量高密度的流动,必然产生对城际客运不断增长的紧迫需求。

首先,城市群内部城市地理位置、经济基础和资源条件等方面的不同,在一定的空间范围内分布着各类产业和企业,产业和产业之间以及企业和企业之间存在着密切的经济技术联系,企业人员需要外出进行采购、推销等经营活动。城市产业规模越大,则活动越频繁,对城际客运的需求越大。

其次,生产活动对环境的影响以及人们对不同地方的偏好,是城际客运需求产生的又一根源。现代社会人们的经济活动的空间和居住空间日益分离，在一个城市群中，一个人居住在A城市而工作在B城市是通常的情况，经济越发达，这种情况越普遍。由此使城际客运需求不断增长。

由此看来，随着城市空间的扩展和经济总量的提高，城市之间生产性的人员交流会随之增加。

(2)城市产业结构变化，城际人员流动量加大。

从事不同职业的人，出行需求也不同。职业的变化，对客运量影响也很大。根据多年的历史资料分析，国家机关、事业单位及二、三产业职工流动量较大，所以，职工人数的增长是客运量增长的直接因素。我国是发展中国家，产业结构正在朝着合理的方向发展。当前劳动力的分布极不合理，国民生产总值的顺序是二、三、一产业，而在劳动力的分布方面，第一产业占一半以上，就是说大量劳动力从事低产值劳动。随着经济体制改革力度的加大，劳动力的投向将会发生很大的变化。劳动力的变化趋势是第一产业人数下降，第二产业稳步上升，第三产业大幅度增长。这就是说越来越多的农业剩余劳动力转向第二、第三产业。我国改革开放后产生的民工潮就是这种变化的有力佐证。以上种种分析表明，随着产业结构的变化，我国的城际旅客运输需求正处于迅猛发展时期。这为铁路发展城际客运提供了绝好的机遇。我们通过对1990年到2004年相关统计数据的分析，可以计算出我国近十四年总客运量和客运周转量的平均增长速度分别为6.7%和8.1%，这主要发生在城市。由此可见铁路在我国交通运输体系中的地位决定了铁路的城际旅客运输需求必将高速增长。

(3)城市经济的发展产生大量的城际消费性客运需求。

城市经济的发展使人们收入水平提高，收入的提高导致消费结构的变化，人们对于旅游、体育、交往、娱乐等方面的需求增加，更多人外出旅游观光、探亲访友和休闲，对城际交通的需求数量增加，对质量的要求提高。这从我国在节假日、“黄金周”的城际客流火爆的状况可见一斑。

另外，经济的发达对人们的知识和技能提出了更高的要求，使得人们更注意人力资本的投资，主动接受各种教育，除了正规的小学、中学和大学教育，还有函授等成人教育和在职培训，教育的规模在急剧地扩大，由于居住地和学校的分离，日常的通学人流和假期的学生流规模日益增大，由此产生了大量的城际客运需求。

上述城市经济发展导致城际客运与客流的正相关互动关系，是铁路发展城际客运的一般动力因素。因为铁路城际客运本身就是城际交通的一种重要形式。但是，由于我国国情和铁路具有与其他交通方式不同的经济技术特点，使得铁路发展城际交通更具有特殊的动力因素。

(1)铁路城际客运具有用地省、环境影响小、环保性能好的特点，是符合与环境友好的可持续发展的主要交通方式。

我国虽然幅员辽阔，但是拥有13亿人口，从人均资源看比较匮乏。例如，人均土地面积0.8 hm^2，为世界人均值的29%，人均耕地0.11 hm^2，为世界人均值的2/5。近几年由于经济发展和土地的粗放利用，每年占用和灾毁耕地数百万公顷。例如，2005全年实际建设占用耕地13.9万 hm^2，比上年减少4.1%。灾毁耕地5.4万 hm^2。土地整理复垦开发补充耕地30.7万 hm^2。当年净减少耕地36.2万 hm^2，因此土地在我国是一种稀缺的珍贵资源。轨道交通具有用地省、运能大的特点，可以有效利用空间。一条复线轨道交通线路与一条16车道的公路具有大体相同的运输能力，而轨道交通线路占地省，仅为公路的1/8，我国城际高速铁路普遍采用以桥代路，更有效地节约了土地。而且轨道交通对环境污染少。轨道交通系统通常以电力作为动力，比城市路面交通污染排放量少，而且噪声少，轨道交通所产生的噪声是一种"集中型噪声"，人均噪声少，且易于治理。例如，采用超长无缝钢轨可以消除列车运行过程中的冲击噪声；采用橡胶型轮胎，可以减少摩擦噪声；通过城市规划和必要遮挡也可以降低噪声的危害。因此，轨道交通比汽车等"分散型噪声"更易于治理，能有效减少噪声污染，对人类生活环境而言，是很出色的绿色交通工具。

(2)铁路城际客运具有高速度、大流量、全天候、安全性能好的技术特点，符合城市经济快节奏、交流密度大形成的城际交通流量大、集散集中，和旅客对快捷、舒适、安全等方面的要求。

我国城市人口绝对量大，尤其是特大城市和大城市人口密度大，随着经济发展和城市化水平的提高，城市间的经济、社会、文化、科技等方面联系更为紧密。城市群中的中心城市和卫星城市之间、卫星城市和卫星城市之间的客运需求巨大。航空和水运由于自身的特点难以担负城际客运任务，也不能主要靠公路解决，因为城市的土地空间有限。目前城市和城际交通拥挤及严重不足已经显现，尤其是在节假日，城际交通阻塞已经是屡见不鲜的现象了。因此，需要选择发展一种大流量的交通方式才能适应我国城市化的发展。而城际铁路客运具有高速度、大流量、全天候且安全性能好的特点。特别是在世界各国交通事故日益频繁的今天，轨道交通事故极为罕见。这是由于轨道交通考虑到运输环境，采用了更高的技术标准和更严格的管理措施，因而也就更可靠，是最适于担当城际交通任务的新型运输方式。

(3)从能源结构看，铁路城际客运采用以电力为动力的动车组，不使用石油，可节省能源，能有效规避国内外石油市场的高价和波动风险。

目前世界正处在“石油时代”，石油已成为主要能源。但是，由于世界工业化的快速发展和人类对能源的粗放利用，使得人类正面临着能源危机。据国际权威组织估计，世界已探明开采的石油大约可供人类41年的需要。近几年国际油价的跌宕牵动着世界各国的神经，尤其是近几年国际石油价格飞涨，从20美元一桶已上升突破150美元的大关，且居高不下。我国是石油进口大国，近几年进口石油占国内石油消耗的1/3。2010年估计对进口石油的依赖度将达到60%。因此，节省能源尤其是石油消费已成为我国经济可持续发展的最突出问题之一。在这个问题上，铁路较之公路具有独特优势。公路客运依赖石油，而铁路城际客运采用以电力为能源的动车组，不用石油。而且轨道交通的能源利用率高，在降低能耗方面优于其他运输方式，每一单位运输量的能源消耗量，轨道交通系统只有公路汽车的3/5，私人用车的1/6。

(4)铁路城际客运具有规模经济效应，较其他交通方式可实现低成本经营，既有利于本身发展和提高经济效益，又可以向社会提供低价产品，具有广泛的社会效益。

据有关专家测算，高速铁路的单向运输能力是高速公路的5倍，运送单位旅客能耗仅是高速公路的40%。铁路由于在固定轨道上运行，又有一整套安全控制设备和相应的管理办法，安全运输有保障。铁路客运严格按运行图行车，能准点运行，而且基本上不受天气的影响，能进行大流量的旅客运输，形成整体规模经济效应。而公路经营分散，且受道路条件限制，尤其是公路消耗石油，国内外石油的价格飞涨，使公路客运的社会成本居高不下，制约了公路的发展。尤其是 2005 年 10 月 8 日召开的十六届五中全会明确提出“加快建设资源节约型、环境友好型社会”，把资源节约和环境友好作为基本国策，因此发展铁路城际客运又是建设两型社会的一项重要的举措。可见，铁路城际客运具有经济社会、综合性能好的特点，市场竞争力更强，符合可持续发展的客观要求，应当成为城际交通的主要方式。

由于轨道交通具有上述特殊优越性，近年来世界各国为实现可持续发展战略在寻求建设高效、节能、低污染的城际客运交通体系时，纷纷把目光投向轨道交通。轨道交通方式虽然在门到门运输方面不如公路灵活，但只要选择好换乘点，并搞好与其他运输方式的衔接，就能充分发挥轨道交通在用地、运能、节能、环保、安全等方面所具有的其他交通方式所无法比拟的优越性。因此城际轨道交通这种绿色的交通新方式越来越受到人们的青睐，成为大多数城际客流的首选交通方式，这是城际轨道交通在各国快速发展的深刻原因。

通过对上述对铁路城际客运与客流互动的一般动力因素和特殊动力因素的分析，我们可以看到，城市经济的发展尤其是城市群的发展，可以为铁路城际客运与客流的良性互动提供长期的保障。

3. 城际客运需求促进城际铁路客运发展，又进一步创造了新的客运需求

(1)城际客运需求促进铁路城际客运供给。

由于城市经济发展，产生了对城际客运的强烈需求，为铁路城际客运的发展提供了新的机遇，铁路部门抓住这个机遇纷纷在既有线上开行铁路城际客运列车，进行列车人员的培训，建立计算机管理系统，进行广告宣传等，铁路为社会提供合适的新型城际客运产品和服务。在此过程中，铁路部门积累了经验，开发出更多更好的城际客运产品。

当既有铁路线不适合城际列车运行，铁路部门对其进行技术改造；当既有线通过能力不够，就投资新建城际客运专线，为城际列车的开行创造更好的条件。由此，城际列车的开行为铁路部门开辟了新的经济增长点，在满足城际客运的需求中，促进了铁路本身的发展，取得良好的经济效益和社会效益。

（2）铁路城际客运发展进一步直接创造了新的客运需求。

铁路城际客运的开发和城际客运产品供给的增加，旅客出行更加方便，使得潜在的客运需求转化为现实的客运需求。客运市场的竞争促使铁路推出更好的产品，价格的降低或性能价格比的提高，使选择铁路城际客运的旅客增加了，也使得原来选择公路的旅客转向铁路，进一步为铁路城际客运创造了新的更大的需求。而且由于铁路城际客运具有较强的规模经济性，铁路城际客运供给量越多，只要需求量足够，单位产品成本就较低，在价格可以浮动的情况下，降价空间就越大，更能增加对城际旅客的吸引力，刺激城际客运需求的增加。例如，1964 年 10 月 1 日东海道新干线的开通运营，使东京—大阪间的铁路旅客运营由新干线开业前的 330 万人，猛增到 14 年后的 830 万人。2000 年东海道新干线日开行列车 285 对，高峰时段每小时开行列车 11 对，最短间隔 5 min。进一步扩大了新干线的客运需求。

（3）铁路城际客运的发展还能间接增加城际客运需求。

城际铁路客运发展，交通条件的改善，使得城际间人员和信息交流更加方便和快速，促进了地区的投资环境进一步优化，导致区域经济总量持续增长，城市间产业结构升级，铁路沿线会有更多的产业和企业的分布，吸引更多的人口。城市经济繁荣，促使城市规模扩大和新的城市区域或新的城市出现，这些反过来又会间接增加对铁路城际客运的需求。

再者，城际客运的发展，使得铁路客运的优势充分显示，可通过铁路旅客的“口碑”传播，增加铁路城际客运的潜在需求者，而这些正是未来城际客流增长的一个重要源泉。

4.3 开发城际客运市场是关键性决策

1. 世界各国十分注重城际客流开发

目前世界许多国家铁路旅客平均行程一般比我国要小：日本约为

28 km,几乎只为我国的1/16;德国等国的铁路旅客平均运距和英国相近,均为45~50 km;即使是幅员辽阔的俄罗斯,其铁路旅客平均行程最高的2000年度,也不足180 km(见图4-2)。

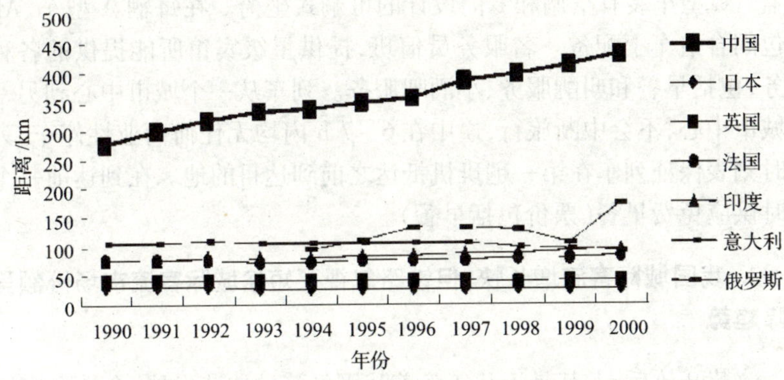

图4-2 世界主要国家铁路旅客平均行程

由上可见,世界主要国家铁路是以短途客运为主的;日本、德国等则更是以大城市的市郊运输为主;在国土面积、人口数量等方面与中国极具可比性的印度,其旅客周转量和中国相当,但旅客平均行程仅为90 km(只有我国的1/5)。所以,世界各国都非常注重城际客流的开发。

不仅如此,欧洲铁路随着高速列车的发展,成功地满足了城间日间列车的运营要求后,为了挖掘客运市场的潜力,适应现代旅客更高的旅行要求与期望,1989年德国联邦铁路、奥地利联邦铁路和瑞士联邦铁路决定实施开发城间夜间客运市场的合作投资计划。1992年在欧洲开办了夜间客运的行政管理单位,由三家铁路的代表组成董事会,合资公司总部设立在伯尔尼附近,初期投资4 560万瑞士法郎,于1995年5月推出了名为"城间夜间号"的列车,在苏黎世—维也纳和维也纳—科隆两条线路上投入运营。为避免打扰熟睡的旅客,"城间夜间号"列车全部车辆为深蓝色外形,有三个等级车辆,内部虽然装饰图案有所不同,但设计上协调一致,体现了共同的风格和良好的形象。在三种车辆中,一种设有A、B型卧铺间,一种只设B型卧铺间,另一种是C型卧铺车。此外,还有服务车。A、B型包间合造车和B型卧车都属于新造的双层客车,设有空气弹簧转向架。A 型豪华包间内有一个小套间,内设一个或两个铺位,一张桌子和两把椅子,还有私人厕所、淋浴和洗手盆。B 型车设舒适性包间,内设单人、双人或四人卧铺,房间内带有一个洗手盆。C 型车装有空调和专门设计的可躺式坐椅。在每辆 A 型车、AB 型包间合造车上配备一名服务员值班,提供星级宾馆所能提供的各种服务,包括早餐和叫醒服务、小酒吧服务。列车从一个城市中心到另一个城市中心,不会中断旅行,途中在 6 ~ 7 h 内均无任何商业性停车,列车时刻表保证列车在第一趟班机抵达之前到达目的地。在到达前一个小时供应免费早餐(票价包括早餐)。

2. 我国城际客流增长快,但铁路忽视了短途城际客流市场份额呈下降趋势

改革开放后,尤其是近几年随着我国经济的快速发展,全社会客流量剧增。铁路客流总量虽然也有上升,但主要表现为旅客周转量在上升。铁路旅客周转量从 1980 年 1 383.2 亿人·km 上升至 2005 年的 6 062.0亿人·km,虽然如此,铁路旅客周转量占全国的比例却在下降,由 1980 年的 60.63%,下降到 2005 年的 34.17%。其主要原因是:近十几年来,由于运输能力的制约,铁路运输发展的目标市场方向在于中长途直达客流,而忽视了短途城际客流,导致旅客平均行程逐步提高,也引起铁路在短途客流的市场份额快速下降,最终导致铁路旅客市场份额的下降(见表4-4)。

表 4-4 中国主要年份旅客周转量统计分布

年份	1985	1990	1995	2000	2001	2002	2003	2004	2005
中国(亿人·km)	4 436.4	5 628.3	9 001.9	12 261	13 155.1	14 125.7	13 810.5	16 309.1	17 466.7
铁路(亿人·km)	2 416.1	2 612.6	3 545.7	4 532.6	4 766.8	4 969.4	4 788.6	5 712.2	6 062.0
比重(%)	54.46	46.42	39.39	36.97	36.24	35.18	34.67	35.02	34.71

[注]资料来源:中国统计年鉴2006。

3. 开发城际客运是提高铁路市场占有率的关键

随着我国经济发展和城市化进程加快，尤其是三大城市群的快速发展，城际客流量增长迅速，为城际客运提供了持续、广泛的客流。目前，公路、民航、水运等其他运输方式都已瞄准城际客运市场，加快城际客运新产品开发，如公路部门大力发展高速公路和高等级公路，引进和自产豪华大巴和卧铺车，抢占城际客运市场；民航大力建设支线机场，引进和自产支线飞机，迅速发展城际客运；水运则疏通和开辟城际航线，引进和自产快速豪华客轮，大力发展城际客运和旅游航线。铁路客运已走向市场，其科学发展是在激烈的市场竞争中实现的。然而，由于运能紧张，铁路部门把过多注意力集中在中长途旅客市场，一度对城际客运市场开发不够，没有有效抓住城际旅客运输市场大发展的机遇，导致铁路在与公路竞争中处于劣势，市场份额不断下降，竞争力也在削弱。

城际客流要求快速、准时、便捷、安全舒适和低成本。而铁路客运，尤其是高速铁路、地铁客运具有大流量、高速度、安全、正点、舒服、经济、占地少、污染小、全天候等多方面的综合优势，符合我国国情，非常适合于城际旅客交通，深受都市人们的喜爱，应不失时机地开发城际客运市场。国外在大都市圈、城市群和城市带都有十分发达的轨道交通网络，而且所占都市社会客流量的市场份额较高，且有上升趋势，特别是在日本、法国、德国等表现尤为明显，国外铁路的成功经验值得借鉴。

因此，调整铁路旅客市场发展目标，大力发展铁路城际交通，开发铁路城际客运市场，可以有效地提高铁路的市场份额，推动铁路事业的快速发展。这一决策具有深远的、重大的意义，也是铁路事业发展进程中的一项极为关键的决策。

4.4 开发城际客运是提高经济社会效益的重大举措

1. 开发城际客运是铁路提高经济效益的新增长点

城市的经济发展水平高,人民生活水平提高快,城际客运市场是高附加值、高效益的客运市场。目前世界铁路,尤其是发达国家的铁路都十分青睐城际客运,大力开发城际客运市场振兴铁路。据国外铁路的实践来看,城际客运具有效益高、资金回收快、盈利率高的特点。例如,英国早在20世纪60年代中期就着手开发城际客运市场,英国国营铁路自1982年1月起就设立了城市间铁路经营部(简称IC),开行了城间列车,提供城市间旅客快捷运送服务,主要以优质的服务和廉价往返优惠票价政策吸引客流,与长途公共汽车和私人汽车争夺城间客运市场,取得了很大的成功。1988年统计结果表明,IC的运量增长45%,营业收入增长10%,均为历史最高水平,同时首次赢利5 740万英镑。政府首次未向IC提供补给。日本新干线开发城际客运已证明具有很好的收益。日本新干线的运输量约占日本铁路运输量的30%,而营业收入则占了45%,东海道和山阳新干线营业收入与支出之比分别达到100:42及100:66,显示了高收益性。东京至大阪的东海道新干线仅用8年就全部收回了投资。法国的TGV巴黎至里昂城际客运迅速夺取了航空公司的市场,迫使巴黎至里昂的航班停飞,成为法国盈利最快的铁路客运,10年内就赚回了成本。

2. 开发铁路城际客运能有效满足人们对高质量运输的需求

我国既有铁路沿线经过大量中小城镇,特别是城市密集的经济发达地区,既有铁路经过的城镇更多,但是受铁路能力限制,目前我国特快旅客列车经过这些城镇时只停大站和技术作业站,普通旅客列车也只是在地区中心城市停车,如沪宁杭地区,跨区快速旅客列车只停南京、常州、苏州、上海、嘉兴、杭州等站,站间距离多数在100 km以上,沿途中小城镇大量的旅客出行必须通过公路等其他交通方式换乘，铁路的这种旅客列车运输组织方式已不适应中小城镇旅客出行需要，不利于区域间中小城镇和广大农村腹地的人们出行，尤其是不适于新农村的建设对于铁路交通运输的要求。

同时，随着人民生活质量的提高，人们对"行"的观念也发生了深刻的变化，对交通运输方式的需求不再仅限于数量上的满足，对运输质量也提出了更高的要求。未来对城市交通运输的需求将是多层次、全方位的，即追求快速、方便、舒适、安全，旅行时间、旅行环境、便捷程度等将成为影响交通方式选择的重要因素。随着生活质量的提高、生活节奏的加快以及出行距离的延长，将注重增强出行舒适度和缩短出行时间，人们对车辆旅行速度要求更高。而靠现有的交通结构很难满足上述发展的需求，既有铁路即使不受能力的限制，也不能满足旅客方便换乘和便捷出行的需要，急需一种新的交通方式。轨道交通具有全天候、运能大、用地省、节约能源、安全性好、环境污染小等优点，快速轨道交通是现代化的重要标志。建设速度快、安全性好、运能大的城际快速轨道交通系统可实现改善交通结构，发展多层次、多结构的综合运输方式的目的。发达国家铁路车站与市内轨道交通是通过大型换乘枢纽来实现换乘的，为方便旅客换乘，将市内交通与区域铁路很好地衔接起来，实现了立体换乘甚至是零换乘。我国城市密集地区随着经济和社会的不断发展，迫切需要发展快速、便捷的城际快速铁路，以满足人们对高质量运输方式的选择。

3. 开发铁路城际客运是完善综合交通运输结构、适应交通量增长的重要举措

目前在我国城市群地区城际交通方式比较单一，大多数城市间仅有铁路和公路连接。目前虽然铁路提速，并建设了一些城际高速公路，但是铁路和公路既有能力紧张，且不适应城际交通对高速度、大密度的要求。从国外城市群交通建设来看，在我国城市群建设城际轨道交通，对于完善城市群综合运输体系有着十分重要的意义。以长江三角洲地区为例，其区域范围包括上海市，江苏省的苏州、无锡、常州、南京、镇江、扬州、泰州、南通等8市和浙江省的杭州、嘉兴、湖州、宁波、绍兴、舟山等6市，区域面积10.01万km^2，人口1.35亿，改革开放以来，长江三角洲在较短的时间内成为全国发展速度最快、开放程度最高、投资环境最佳、经济内在素质最好的地区，形成了梯度发展的多层次的城镇体系，是我国最具实力与竞争力的经济区域之一，也是世界上公认的第六大都市群。

长三角区域经济协调发展、社会全面进步，与现代化综合运输体系的支撑作用密切相关。但是我们也要看到，目前长江三角洲地区交通设施发展规模严重不足，铁路网络和公路网络密度不高，能力不足，难以适应未来发展要求。长三角地区现有公路里程约2.8万km，其中上海高速公路里程超过700 km，江苏全省超过2 000 km，浙江达到1 438 km，公路网密度高出全国水平1倍多；但每万人拥有的公路里程3.73 km，仅为全国水平的40.8%。铁路方面，营运里程约1 200 km，铁路密度每平方公里1.2 km，比全国平均铁路网密度高出1倍多；但每万人拥有的铁路里程仅为0.16 km，只有全国水平的1/3。同时，铁路技术装备落后，列车运行速度慢，难以适应长江三角洲城市间日益频繁、快速的物流、人流的需要。此外，在港口水运方面，也存在着能力不足、结构不合理、长江口航道水深不足、深水岸线资源分布不均衡等缺陷。

按照以上海为龙头、江浙为两翼，共同推进长三角区域经济一体化的发展战略，加强对长三角地区公路、铁路、港口、机场的整合，形成快速便捷、功能完备的交通体系，已迫在眉睫。轨道交通因其固有的安全快速、方便舒适和大运量、低能耗、用地省、污染少、全天候等方面的特点，在完善区域综合运输体系中具有重要的作用。通过建设区域城际轨道交通网络，首先把沪宁杭甬连为一体，进而使长三角大小城市联网畅通，实现“同城效应”。除了满足区域内城际出行要求，减轻对既有公路网、铁路网的压力，也可以以此为契机，进一步优化和完善长三角地区综合运输体系。这对于其他两大城市群经济区和次级经济区来说也具有借鉴意义。

4. 城际铁路能有力支撑我国城市化的进程

城市化是反映社会现代化的标志,中国城市化进程较慢,低于工业发展水平,一定程度上阻碍了中国经济的发展。发展以中心城市为核心的城市群经济,使生产要素得到更合理的配置,从而进一步加强其综合竞争能力,目前 我国城市化已呈现以单极点拉动到城市群组团式发展的特征。我国珠江三角洲、长江三角洲、京津冀城市群经济区正是这种组团式发展模式。然而,城市群、城市带的发展需要物质条件支撑,良好的、结构合理的交通基础设施是城市群发展的重要保证。改革开放后,尽管我国加大对基础设施的投入,在交通基础设施的建设上已经取得了显著的成绩,已初步形成全国范围内的公路、铁路、航空和水运的综合现代化运输网络,一定程度上解决了我国现代化进程中交通约束问题,有利于实现生产要素配置,优化产业结构。但是,我们也应该认识到,随着现代化、城市化进程的加快,更需要扩大交通基础设施规模,提高其技术水平和服务质量。但是,目前无论是在运网规模、运输能力,还是技术水平和服务品质方面,我国交通网络还不能适应我国经济的快速协调发展的需求,尤其是不能满足三大城市群组团式发展模式的需要。因此有必要在这三大城市群建成与其经济发展水平相匹配的交通基础设施网络。在发达国家,城市群大多拥有由高速公路、高速铁路、航道、通信干线、运输管道、电力输送网和给、排水管网体系所构成的区域性基础设施网络,其中发达的铁路、公路设施构成了城市群空间结构的骨架。纵观国外城市群的发展,不论城市群的空间结构形态如何,城市群总是有一条产业和城镇密集分布的走廊,通过发达的交通、通信网络相连。这些经验值得我们借鉴。

区域交通网的建设和运营是一个复杂的系统工程,采取何种运输方式受其自身的历史、地理、经济、人文、资源以及技术水平等诸多因素影响. 根据欧洲和日本的经验,在发达的巨大城市群间发展轨道交通是一项行之有效的、节约社会成本、有利于持续发展的正确选择。由于轨道交通的发展改变了大都市地区的发展形态,使城市沿着轨道交通轴向伸展,对大城市人口疏解的引导作用十分显著,同时交通投资被认为是形成促进经济增长的轴线。因此建设和发展城际铁路是实施大都市区和城镇化发展战略的需要,世界主要大城市密集地区随着经济和社会的不断发展,都加大了城际快速轨道交通的分担率(见表4-5)。

表4-5 世界大城市公共交通方式的分担率

单位:%

运输方式	伦敦(1982年)	莫斯科(1986年)	东京(1990年)	纽约(1984年)	巴黎(1984年)	柏林(1986年)	维也纳(1982年)	首尔(1995年)
轨道交通	89	49	94	68	65	54	88	43
公共汽车、电车	1	51	6	32	35	46	12	57

在我国,汽车工业已得到长足的发展,汽车的保有量和汽油的消耗量已十分巨大,这已经使我国成为石油进口的大国,适当调整交通产业的运输方式结构已成为当务之急。根据可持续发展的战略要求和我国经济发展阶段的特征及需要,从近年我国城际铁路的运营实际情况看,大力发展城际铁路是符合我国城市化进程的正确选择。

5. 发展铁路城际客运是促进城市密集地区经济快速增长的基础条件

随着世界贸易的增加和新的国际劳动地域分工的逐步形成,跨国公司对各国经济的不断渗透,经济全球化的进程正在加快,一些全球信息节点城市发展成为世界城市或国际性城市,逐渐控制和主宰着全球的经济命脉。世界城市的形成和发展使全球城市体系出现了新等级体系结构,即世界级城市、跨国级城市、国家级城市、区域级城市和地方级城市。而且城市在全球经济中所扮演的角色也由于相互间联系的广泛性而愈益重要,大地区(大都市圈)也将成为一国国际地位和国际综合实力的象征。

受全球经济一体化影响,在向市场经济体制转变过程中,中国城市发展将出现如下趋势:城市化过程空前加速,涌现出更多的新城市;大城市继续快速发展,大地区的形成速度加快;几个世界性城市将进入全球城市体系网络。据统计,2006 年三大城市带土地面积约占全国的 6. 3% ,人口占 24. 2% ,而它所创造的国内生产总值却占全国的 37. 4% 左右。我国城镇空间结构由原来的单中心的发展模式向多极、多核乃至轴带状发展,大城市郊区化的倾向日益明显,这就要求有高效率和高效益的交通系统,将城市群有机地连成一个整体。

交通运输是物质生产过程在流通领域内的继续。交通运输对区域经济的形成发展、地区生产力的合理布局具有十分重大作用,它既将国民经济所有部门联系起来,又将生产领域(包括原料、材料、燃料产地与生产地之间)和消费领域联系起来,既把工业和农业之间联系起来,又把地区内各部门之间及地区与地区之间联系起来,因此,它是发展工农业生产和组织城乡经济生活的重要纽带,也是保证各地区有可能实行专业化生产、实行合理劳动地理分工和协作的重要条件。优越的交通地理位置,往往是形成工业大量聚集和人口大量聚集的重要因素。交通运输是影响区域经济发展的最积极最活跃的因素,它与其他部门的经济发展密切联系,相互依赖,区域交通运输网的完善对国民经济发展具有重要意义。

交通建设要先于城市带发展,交通必须引导城市带发展。作为城市带交通骨干的城际快速轨道交通系统,它的发展直接影响城市带的整体布局和功能的发挥,对城市带的未来会产生深远的影响,因此,交通基础设施建设及城市间轨道交通的建设应适度超前于城市经济发展。

开发城际铁路客运市场的条件研究

开发城际铁路客运市场具有重大的意义和紧迫性,但是目前我国大中城市有数百座,且现代城际铁路的建设需要大量的资金,由于国力有限,国家投资难以包揽,加之,我国铁路的体制又在改革,逐步走向了市场,在一般的情况下还必须讲究投资的效益,还不可能在所有城市之间都修建城际铁路和开行城际列车,城际列车的开行还要受到一定条件的约束。为此,本章将着重研究我国开发城际铁路客运市场的必备条件。一般地说,一个有开发前景的城际客运市场必须具备一些基本条件,如有较充足的城际客流量、城际铁路自身具有比较优势和相应的客运承载能力、具有较好的经营效益和较高的社会效益及生态效益等,并须对这些条件进行综合的考量和评估,区分先后缓急,有序地发展城际铁路客运,使之符合国家和经济区及城市群的社会经济发展的紧迫需要。

5.1 具有较充足的城际客流量

能否形成充足的城际客流,主要从下列一些方面进行考量。

1. 城市与区域经济发展水平

城市经济发展水平和综合实力是区域客流发生的基础,它影响着客流的总量和强度。城市经济发展水平越高综合实力越强,对外界的集聚与辐射作用就越强烈,产生和吸引的客流量越大强度越高。由于生产性出行占旅行出行的大部分,因此区域生产发展水平和增长速度快慢,直接影响着客运的需求。在经济发达或比较发达地区,经济规模达到一定水平之后,人们因生产联系、供销和商务、工作、旅游、探亲等原因出行的需求大大增加,贸易往来增多,各种人员流动频繁,运量随之大幅增加;同时,在经济相对发达地区,人均国内生产总值明显高于全国平均水平,随着人们收入水平的提高、物质生活条件的改善、生活观念改变之后,人们对于出行的需求和相关要求大大增加,客观上要求铁路运输更为便捷、快速、舒适。因此,这类地区人们出行需求在"量"和"质"这两个层面都有较高要求。在经济发达地区,应有发达、完备的交通网络及运输管理来支撑经济的发展,同时,经济的发展又能为交通运输网络的形成提供更多的建设资金与客货流基础。因此,经济发展与交通运输的发展呈正相关函数关系。以珠三角和长三角为例,珠三角发挥毗邻港澳、华侨众多优势,通过大量吸引港资、台资和外资,实现腾飞;长三角则以浦东开发为契机,通过上海浦东的龙头带动,迅速崛起。在发展中,珠三角和长三角产业结构实现了升级,两个"三角"的区域经济发展是广深城际铁路和沪宁杭城际铁路开工建设的前提和保障。2005 年珠三角和长三角地区生产总值(GDP)达到 52 022 亿元,占全国国内生产总值(183 085 亿元)的 28.4%,比上年的 27.8% 提高了 0.6 个百分点。其中,长三角地区生产总值突破 30 000 亿元大关,达到 33 963 亿元,继 2003 年突破 20 000 亿元后,再迈上新的台阶。珠三角地区生产总值 18 059 亿元,比上年增加 2 730 亿元。区域内城市经济发展水平的提高,迅速增加了城际客流的总量和强度,迫切要求发展铁路城际交通。

2. 城市与区域的产业结构及其产业关联度

区域短途客流主要以生产性出行为主,因而,区域的产业结构和城市之间的产业关联是影响短途客流的重要因素之一。区域内部的产业关联,一种是纵向的关联,即产业之间的上下结构关系,相互之间依赖性强,联系密切。如纺织业与服装业;石油开采业与石油加工业等,他们是直接上下游的关系,纵向关联性大。另一种是水平关联,即同类企业的生产技术和经济联系。区域内部的产业关联度大,则区域经济凝聚力强,相互往来多,客运需求量大,强度高。目前我国尚处于工业化进程中,尤其是东部地区第二、三产业发达,而中西部地区梯级次之。二、三产业的产业关联较一产业要复杂,尤其是二产业是物质生产部门,其紧密的投入产出经济技术关联分布在多个城市,要求相互配套和衔接,因此,城市间有着大量的物质交流、经济交流、科技交流和人员交流,对形成交通流影响巨大。当前我国工业化快速发展,对城际交通的需求巨大,使城市间的客流量大大提高。尤其是我国三大城市群城际客流量更大,增长更快。例如在珠江三角洲,随着2004年1月1日《内地与香港关于建立更紧密经贸关系的安排》(CEPA)的正式实施,一个“大珠三角”已形成,其城市间的产业联系将更为广泛和紧密,以再造新优势,这将推动广深、广珠等城际铁路的更快建设和发展。

3. 城市与区域居民消费结构变化

在我国由于东、中、西地区经济发展水平差距较大,尤其是城市间的经济发展水平差距更大,在经济发展水平高的城市,人们的收入水平也高,反映在恩格尔系数上,不同城市之间的恩格尔系数的差别也较大。调查显示,2003年,长三角15个城市的恩格尔系数继续走低,全部降到35%至43%之间,其中有10个城市恩格尔系数降到40%以下。长三角15个城市居民家庭人均可支配收入比上年均呈现较高增长势头,增幅在9%到17%之间。增幅居前三位的城市是无锡、苏州和镇江。15个城市居民家庭交通和通信类支出均呈增长态势,居民家庭人均教育文化娱乐服务支出也有不同程度的增长。在经济发展水平高、收入高的城市,人们在交通通信方面的支出增长大,人们的旅游、探亲、观光、求学等社会文化活动频繁,产生的客流量大,且对交通运输有较高的要求,即不仅要求走得了,还要求走得好,对城际交通的要求强烈。可见,随着城市经济发展居民收入增长,城市的消费结构也在不断升级、消费性旅行需求不断增长,刺激旅客运输量快速增长,非公务性旅客比例将逐渐增大,对城际客运的要求也不断增大。

4. 城市与区域人口变化

我国的城市化水平滞后于工业化发展水平,城市化水平需快速提高。目前,我国的城市化尤其是“十一五”期间城市化水平将达到47%

左右,将有上亿农村人口转化为城市人口。同时,随着农村产业结构调整,劳动生产效率提高,将有数千万的农民进城务工,来往城乡的"民工潮"将成为一个长期的人口流动现象,加之,高校扩招,数千万学生在城乡和城市间流动,这种种人口在城乡和城市间大规模流动现象将使城镇人口持续增长,促使城际旅客运输发生数量的飞跃和质量的提高。北京市统计局人口处的调查数据显示,2000 年以来,生活在北京的外来人口总量增长较快,比重明显上升,集中程度进一步提高。根据北京市 1% 人口抽样调查资料,2005 年底北京市外来人口总量达到 357. 3 万人,近 5 年平均每年增加 20. 2 万人,增长 39. 5% 。这种城市与区域人口变化的状况在我国的城市尤其是大中城市已成为一种普遍现象,这是我国经济发展和经济转型的伴生的特征。可见我国人口的迁徙性提高,外来移民(流动)人口大量增加占城市人口的比重越来越大,这是城市与区域人口变化的一个新的趋势。

5. 城市与区域人口稠密度

城际铁路要选择在人口稠密的城市间开建,不仅出发站和终点站所在城市人口稠密,甚至沿线人口也有相当的密集度。《铁路主要技术政策》明确指出:"运输紧张的繁忙干线修建四线或多线,实行客货分线运输。在大中城市间发展客运专线,在人口稠密地区发展城际铁路,加快形成覆盖我国主要城市的快速客运网。"例如,我国长江三角洲人口密度达 973 人/km^2,珠江三角洲达 591 人/km^2,京津唐地区达 1 055 人/km^2。尤其是我国长江三角洲的沪宁杭地区具有得天独厚的地理优势,人口众多,中小城镇密集,新兴工业发展迅速,经济比较发达,旅游资源丰富,随着经济的发展、旅游业的兴起和农村城镇化进程的加快,这些都为三地间带来大量的客流,因而修建城际铁路就具备了人口稠密的条件。

6. 城市与区域人口出行频率

在满足了城市及沿线人口稠密条件的同时,还要满足城市及沿线人口出行频率高的条件。对铁路城际客流出行目的分类调查显示,出行的类别有:出差(公务)、旅游、探亲、务工、经商、通勤、通学等。各种类别的客流出行频率高,多次乘坐城际铁路的旅客占有相当比重也是建设城际铁路和开行城际列车的必要的基本前提。以沪宁杭城际铁路为例,对铁路城际客流出行频率调查结果表明:年出行 1~5 次的旅客占 41.7%;6~10 次的旅客占 14.67%;11~20 次的旅客占 21.49%;21~50 次的旅客占 16.47%;超过 50 次的旅客占 5.67%。从平均值看,城际旅客年均出行次数高达 12 次,说明该地区城际旅客出行频率高,多次乘坐的旅客占有相当比重。这为沪宁杭城际铁路的持续正常运营提供了必备条件。

7. 城市与区域旅游资源丰富程度

居民人均收入提高之后,人们追求高品质的生活,回归大自然和外出观光、休闲等旅游方面的需求强烈,而且注重旅行时间价值和质量,因此,区域旅游业的发展程度以及区域内城市旅游资源的丰富和具有的特色直接影响着周边城市的客运需求量。例如,沪宁杭地区由于上海、南京、杭州、苏州、无锡等地丰富的高品位的各具特色的旅游资源,吸引了周围城市大批的旅游者和国内外游客,对区域短途客运需求的影响很大。随着沪宁杭旅游一体化的不断完善,特别是在"五一"、"十一"和春节等旅游黄金时期,旅游对区域短途客运量的增长有很大影响。因而,区域内旅游资源丰富和特色也为沪宁杭修建城际铁路提供了必要条件。再如,福厦城际铁路沿线著名景点多,有蜚声海内外的鼓山、九鲤湖、清源山、清净寺、开元寺、龙山寺、南普陀寺、集美鳌园、鼓浪屿等景点和景区。厦门是著名侨乡,也是港澳台胞重点观光地。2005 年,福建全省国际旅游外汇收入 13.05 亿美元,占全国的 4.5%;接待国内外游客 5 683.92 万人,旅游收入 578 亿元,其中福厦城际铁路沿线接待国内外游客占全省 70%。可见,福厦城际铁路沿线旅游资源的丰富性,为福厦城际列车的开行提供了客流基础。

5.2 城际旅客列车要具有比较优势

城际间具备了充足的城际客流量,那么这些城际客流就成为了城际列车的潜在客流。承担这些城际间客流的交通运输方式有水路、航空、公路和铁路。换句话说，上述四种运输交通工具共同争夺城际间的客流量。那么，铁路推出的城际列车最终能拥有多少客流量，就得由城际列车的竞争力来决定了，为此就要考量城际列车的比较优势。城际列车的比较优势可从如下几个方面来打造。第一，高时效性。随着人们时间价值观念的增强，旅客要求尽可能缩短整个旅程的在途时间。调查表明，城际旅客最希望缩短的旅行时间依次为：买票时间、候车时间、乘车时间。例如拿乘车时间来说，城际轨道交通主要应用于中心城市、次中心城市、部分地方性城市和城镇（主要是中心镇）相互之间的交通联系，目的是将它们之间用较高的速度互相联系起来，缩短时空距离，方便联系。如果没有较高的速度（一般是指最高时速为 200 km 左右），城际轨道交通将会失去吸引力。城际列车除了提高列车的运行速度外，还要注意旅客买票时间和候车时间的缩短，从而在整体上提高旅客出行的时效性。列车运行速度有最高速度、技术速度、旅行速度之分。其中，旅客最关心的是旅行速度，它决定了旅行中所耗费的总时间——在途时间（出行时间），它是由辅助旅行时间和纯旅行时间两部分组成。前者由旅客从驻地出发到车站（机场）所耗费的时间、候车（机）时间、办理手续时间等组成；后者指旅客乘坐运载工具“从点到点（车站/机场）”的时间。当城际距离较近时，辅助旅行时间对旅行总时间的影响较大；当城际距离较远时，（纯）旅行速度则成为决定旅行总时间长短的主要因素。对铁路客运而言，辅助旅行时间主要是候车时间。提高线路列车运行速度、压缩列车停站时间、减少列车停站次数等，只是压缩了列车在途时间。而压缩旅客在站候车时间，则是目前提速方案中所重视不够的。只有同时压缩旅客候车时间，才能从根本上压缩短途城际旅客的在途时间。第二，票价合理和购票途径多样化。城际列车的票价要合理。其合理性主要体现在两个方面：其一，性价比好。即城际旅客所享受到的和所付出的要对等，甚至所享受到的大大超出其所付出的。其二，城际铁路的票价与其他交通运输方式的票价要有可比性，并有一定的优势。以成渝城际列车为例，成渝城际列车每天早晚两地对开两班，列车运行时间 4 h45 min 左右，与乘坐成渝高速大巴所花费的时间相当。票价却相对便宜，硬座票价 52 元，软座票价 81 元，而大巴的票价为 121 元，铁路票价远远低于目前大巴价格。成渝城际动车组列车开通后，显著分流高速公路大巴和民航客流。另外，要创建多渠道售票系统。除了做好现有的到站购票、电话购票外，还可以加大车上售票、网络售票的力度，同时还可以进一步扩大售票网点，从而减轻车站售票厅压力，使旅客购票更加便捷。随着铁路客运能力的提高和客运组织方案的改善，城际旅客选择随到随走的城轨模式将凸显出来。第三，树立以旅客为中心的服务理念。在市场经济条件下，不同交通工具间的竞争主要是通过产品竞争来实现的，产品竞争不仅是企业竞争的主要手段，而且是市场竞争的焦点，谁能够首先开发满足顾客(旅客)需求的产品，谁就抢占了市场竞争的制高点。对客运而言，因为只有适销对路的产品才是满足用户需求的第一载体，所以必须确立以旅客为中心的服务新理念。在市场经济条件下，随着社会经济的发展，产品的竞争更多表现为服务的竞争。城际铁路客运的消费者所追求的已远不是空间上简单的位移，而是由对位移这一基本需求所延伸的服务需求的总和，包括周到、愉快、准时、舒适、便捷及其他特定的需求。城际轨道交通需要充分考虑其与各相关城市市内交通系统的衔接，城市铁路客运站要形成立体的换乘枢纽，实现零换乘，便于旅客换乘，从而提高综合交通系统的使用效率。由于短途旅客对于便捷程度的敏感度大大高于长途旅客，而换乘是否方便是便捷程度的重要体现，因此，城际轨道交通要充分考虑换乘问题，才能吸引更多的客流，极大地增加干线铁路客流量，提高铁路的市场竞争力。只有做好客流的衔接工作，乘客才能便捷地从出发地到达目的地，从而获得最大的时间效益。第四，需要提高铁路客运的科技含量。城际轨道交通要以人为本，通过实现智能化、信息化和自动化等运输管理手段的现代化来提高服务水平，降低运营成本，形成更有效、更安全、更快速、更方便的具有智能化功能的运输体系；要依靠科技创新将各种交通方式整合在一起，为人们提供方便快捷的优质服务；要充分利用现代化信息科学技术，建立各种旅客信息服务系统，使旅客在旅行过程中享有咨询、预定客票、了解列车运行情况、预定旅馆和机票、获取公共汽车信息等全方位的服务。总之,铁路城际客运要从上述四个方面打造优于公路、民航、水运等其他方式的综合优势,才能在城际客运市场竞争中发挥自己的比较优势,取得相应的城际客运份额,在城际综合交通体系中发挥铁路城际客运应有的主导作用。

5.3 城际铁路自身有相应的客运承载能力

客运承载能力是在一定运营组织条件下,单位时间内所能运送的旅客人数。就每一运载单元的载客人数而言,铁路列车的运能最大。对于人口稠密、客流量大的地区,城际列车是满足客运需求、解决客运拥挤的最优途径。由于城际列车开行对数有一定的数量要求,其运行区段必须有足够的车站通过能力、线路通过能力、车底供应能力。因此,目前我国城际列车一般运行在设备先进、自动化程度高的干线铁路上。由于我国大多数繁忙干线都是客货混运,通过能力的利用程度都已接近饱和,这为城际列车的增开造成一定的困难。要提高城际铁路自身的客运承载能力,可采取如下措施:

1. 要提高城际列车硬件设施的先进性

这是城际列车的发展方向。城际列车的机车车辆等设施,应具备一定的先进性,要对机车车辆的某些方面作必要的改进,这既是提高旅行舒适度的要求,也是缩短列车停站时间和提高城际客运能力的需要。

(1)要做到舒适性较好。目前运载工具空调化已成为客运服务的必要条件。从公交行业空调车比例的增加、出租车空调必须良好等现象看,旅客列车空调化已成为必然。这既有助于减少沿线污染、保持车内整洁,也有助于提高列车服务的环境质量。另外,还要根据运行时间提供必要的餐饮、信息、娱乐、文化等方面的服务。

(2)车底采用动车组。列车两端有动力,可实现双向牵引,一方面可以节省列车改变运行方向时机车换挂等作业时间,另一方面,必要时可实现重联运行,提高列车载客能力。

(3)车门数量及其宽度要适应城际客流快速乘降得需要。为缩短旅客乘降时间,应增加同时上下的车门数量,扩大车门宽度,从而实现快速作业。传统客车的端门较窄,只能“先下后上”,且一般只开启一扇;城际列车应能同时开启 2 扇以上,且能保证旅客同时上下的大开门(宽 1.2 m 以上)。据有关方面测试,车门数量的增加、宽度的扩大,可压缩停站时间 3/4 以上。为实现车门的同时开启,必须解决以下两个问题:①车门的自动开启,采用地铁车门技术,由司机室统一开启;②站台与车厢间隙要小,保证旅客乘降的安全,一般应控制在标准范围内(不超过 0.1 m)。

2. 要从多方面综合提高列车的运行速度

机车车辆方面,在既有线路上,短途快速列车可采用内燃或电动车组,可使列车速度提高,另外,采用摆式列车也是既有线路上提速的有效办法;在线路方面,有条件的地区(如广深线等)可建设客运专线,这使得列车速度大幅度提高。近年来,国家加大基础设施的投入,新线的修建和既有线的改造同时进行,这些使得连接大城市的铁路线有足够的条件开行快速列车;在通信信号方面,要加速改造的进展,区间信号应由三显示改进为四显示,日本高速铁路采用的五显示我国也可借鉴,使列车发车时间间隔缩短。

3. 城际列车线路通过能力要有保障

列车密度要以线路通过能力来保障。当线路通过能力足以开行大量城际列车,甚至达到“公交化”程度时,乘坐列车如同乘坐公共汽车,可不受交通工具到发时刻的限制,旅客无需查阅列车时刻表,可以随时乘车、随到随走,从而缩短旅客候车时间,最大限度地吸引客流;当达到了如下 3 个条件就有必要实施公交化客运组织方式。

(1)客流量大。例如,广深线就有条件和必要实施公交化运输方式。广深公司自 1996 年实施“高速度、高密度、小编组”的客车开行方案后,广深线的客流开始从底谷回升,逐年递增,2000 年完成旅客发送量达 2 574 万人次,其中广深间客流占 65%,广九间客流占 8%,跨广深线客流占 27%。

(2)旅客层次高。例如,乘坐广深线的旅客,以港客、高中层管理人员、商务人员为主体,并有相当一部分国际旅客。因此,旅客整体素质较高,经济承受能力强。

(3)客流集中稳定。例如,广深地区的客流分布以深圳、广州(东)、石龙、东莞和樟木头五大站为旅客的主要集散地,这是由区域经济发展特点所决定的。以 2000 年 11—12 月的日均客流为例:广深线旅客发送量为46 518 人次,其中五大站间客流达43 492人次,占93.5%。根据抽样调查,乘坐广深线列车每周平均1次以上的旅客占总客运量的30%以上,有的旅客甚至每周乘坐4次以上,这说明广深城际铁路客流市场是稳定的。高密度与短编组可以满足客流面广量大的需要。只有实施公交化运输方式,才能使列车密度大幅度上升。另外,列车密度的提高,将导致客流由原来的集中型向分散型转移,客流在时间轴上的分布值(单位密度)减小,当一定间隔内的客流量较小时,运载工具不必有很大的运能,即列车编组辆数可相应减少。

5.4 城际客运要具有较好的经营效益

城际列车作为铁路运输企业的拳头产品,在其设计和推向市场的过程中,运输企业应对城际列车的经营效果进行预测并作相应控制,从而实现企业的经营效益目标。

1. 铁路城际客运产品及其质量描述

从市场营销学的观点出发,旅客在城际的位移是城际客运产品,城际列车是城际客运产品的具体形式或载体。城际列车的经营效果主要取决于在城际客运产品运输市场中的竞争力,取决于城际运输产品的综合质量性能。因为,不同的产品质量对运输企业来讲意味着不同的投入和成本,在市场中也将有不同的竞争力,由此产生不同的经营效果和经济回报。在一定的技术和组织管理水平下,城际列车的经营效果取决于城际客运产品的质量性能。影响铁路城际列车竞争力的直接因素可归纳为速度、密度、票价和舒适度 4 个方面。速度(旅行时间)——随着人们时间观念的增强,旅客对快速性的要求越来越高。列车速度的提高,旅行时间的缩短,是激发旅客旅行需求,吸引客流的首要因素。在激烈的城际旅客运输市场竞争中,旅行速度和旅行时间成为影响铁路吸引客流的重要因素之一。密度(列车开行间隔)——旅客列车的发车密度是铁路客运产品便捷性的重要体现,也是影响铁路城际列车竞争力和客运量的重要因素。票价——旅客选择出行方式的一个重要因素。不同消费水平的旅客对于"合理的票价"有着不同的衡量标准。铁路客运票价可选性强,且较为便宜,在客流竞争上起到稳定客流的作用。舒适度——旅行舒适度是影响铁路客流的重要因素之一。采用高等级的车型、增加旅客在车厢内的活动空间、提高列车运行平稳性等都是提高列车舒适度的重要手段。城际客运产品质量性能的控制主要是通过调整城际列车的开行方案来实现。因此,铁路运输企业在确定城际列车开行方案时,必须从企业经营和营销策略出发,选择最佳的开行方案,控制和把握城际列车的市场竞争力,为企业带来长期的、更大的经济效益。

2. 直接影响城际列车经营效益的四因素

直接影响城际列车经营效益的四因素为:开行方案、票价、列车编组及定员和列车上座率。

(1)城际列车开行方案确定的原则。在确定城际旅客列车开行方案时应遵循提高竞争力和效益的原则。

列车开行方案对客流量影响很大,科学合理、符合旅客出行要求的开行方案,不但能吸引固有客流,还能达到诱发潜在客流的作用。在市场经济条件下,列车的开行时间、频率、线路等因素的确定要能使旅客在选择出行方式时达到效用最大化,从而使城际列车的竞争力大大提高。

在市场经济条件下,企业要生存和扩大再生产,企业运作必须要保证效益,城际交通系统也一样要遵循这一原则。在开行方案确定时,要保证社会效益、生态效益,同时也要保证城际列车运输企业的经济效益。

(2)票价的确定。铁路运价一般由国家铁路主管部门统一制定。随着市场经济的发展,为提高铁路在市场中的竞争力,在某些地区、某些线路(主要为短途)上,实行区域浮动运价。因而运输企业可以随着市场的需求变化而自行定价。运输价格基本由运距决定,即运价随运输距离的延长而增加,一般运价取值递远而递减。在具体制定票价时可使用如下几种方法:成本加成法、盈亏平衡法和“哈森”定价法。在如上三种方法中,城际列车票价确定最常用和最适用的为盈亏平衡定价法。

(3)列车上座率。国外城际列车上座率呈逐年上升的趋势。日本的“回声”号上座率为60%,而“光号”和“希望”号已达到80%以上;法国城际列车的上座率由1983年的54%增长到1994年的73%。我国短途城际列车如广深线上座率可达88%。在一般情况下,城际列车的上座率要保证在60%以上。

(4)发车频率的确定。发车频率越高,运输市场占有率越高,但运输成本也越高,因而城际列车发车频率的确定要以效益为前提,并适当考虑具体旅客的供需情况。

另外,短途列车旅客出行时间性很强,晚上乘车的旅客很少,白天时段性也很强,所以发车频率也要符合这种规律。

因此,城际列车的开行,必须综合考虑上述影响经济效益的四因素,使综合的经济效益较高。一般地说,在补偿开车成本支出的基础上,应有一定的盈利,以保证铁路城际客运的再生产循环的顺利进行,并能积累一定的资金以利于自身的发展。

3. 铁路城际列车经营效果评价方法

城际列车经营效益包括经济效益和经营风险两个方面。经济效益即运输企业开行该列车可获利润的多少,与运输收入和运输成本有关;经营风险是指运输企业为避免开行该列车出现亏损而承担的风险程度,通过列车的盈亏平衡点(上座率)来表示。

(1)城际列车经济效益。城际列车的经济效益可通过城际列车的运输收入和运输成本来计算。

① 城际列车开行方案运输收入。

运输企业开行城际列车所获年运输收入为：

$$I = \sum_{t-1}^{n} P_t \times Q_t \times R$$

式中 I——表示城际列车开行方案的运输收入；

P_t——表示不同席别列车的票价；

Q_t——表示不同类型列车的定员人数；

R——表示城际列车开行方案的平均上座率。

② 城际列车开行方案运输成本。

按作业成本法计算城际列车的运输成本，计算公式为：

$$C = VQR + F$$

式中 C——表示城际列车开行方案的运输成本；

V——表示旅客发送人数的单位变动成本（车站旅客服务费用）；

Q——表示开行方案的客车定员总人数；

F——表示城际列车开行方案应分摊的固定成本。

③ 城际列车开行方案利润。

当不考虑所得税时，运输利润等于运输收入减去运输成本，再减去运输税金及附加。即：

$$L_1 = P(1 - t_1)QR - VQR - F = [P(1 - t_1) - V]QR - F$$

式中 t_1——表示运输税金及附加率，包括营业税、城建税和教育费附加，为运输收入的3.24%；

L_1——表示运输利润。

（2）城际列车经营风险。城际列车的经营风险可以通过盈亏平衡条件下城际列车的上座率（盈亏平衡点）来表示。当运输收入等于运输成本时，处于盈亏平衡状态。根据以上公式可以得出盈亏平衡时上座率的数学模型（未考虑所得税），即：

$$R = \frac{F}{[P(1 - t_1) - V] \times Q}$$

盈亏平衡点越高,表明运输企业经营该城际列车时,达到盈亏平衡所需的上座率越高(低于此点就亏损),企业的经营风险也就越高。

总之,在决定是否开行某一线路城际列车时,要综合考虑和权衡经济效益和经营风险两个方面。只有论证了该线路开行城际列车具有较好的经营效益后,才能进一步决定开行的方案等具体内容。

5.5 城际客运要具有较高的社会效益和生态效益

建设城际轨道交通有利于落实十六届五中全会提出的建立资源节约型、环境友好型社会的目标,城际轨道交通在用地、运能、节能、环保、安全等方面,具有其他运输方式无法比拟的优越性,是"以人为本"、对环境友好的"绿色交通",能有效降低能源消耗、遏制生态环境恶化趋势和有效控制耕地过多减少状况。城际铁路快速轨道是综合运输系统现代化的一个重要标志。在带来较好的经济效益同时,也能够带来良好的社会效益和生态效益。

现代国际经济发展的实践证明城市群是经济社会发展的"引擎","大都市"才是真正的"大战略"。但是,城市发展与交通发展密不可分。交通运输是区域经济发展的基础,是城市群内部联系的纽带和桥梁。无论是城际铁路还是高速公路,都对促进区域经济带内部的经济往来和人员流动以及城镇的发展发挥了重要作用。

城际交通的发展有利于改变城市群内城镇的布局。城际交通有利于提高沿线土地价值。有专家分析,城际轨道交通建设势必促进沿线房地产开发,引起沿线土地的升值,有利于形成合理宜居城市社区。升值区域为沿线车站的 1 km 半径圈,其价值可上升 50% ~200% 。如果沿线综合开发做得好,会形成新的城市副中心,从而拉动当地经济和社会的全面发展,同时也可增加市政府的一级土地市场收入。

城际交通有利于拉动沿线城市和区域经济增长。发展城际轨道交通将形成轨道经济,会在较长时期内带动一批产业发展,并拉动沿线城市经济增长。有关专家研究认为,每投资 1 亿元轨道交通项目,可以带动 GDP 增长大约是 2.6 亿元,另外还可能提供 4 000 个以上的就业岗位。土建工程、设备、各类广告业、绿化、建材等各行各业都将从中寻找到众多的商业机会。另外,交通上的便利无疑会带动附近地区经济的发展,而且还会促使大城市居民向周边的邻近城市疏散。这样,不但解决了大城市人口密度过大的问题,也能推动周边城市的发展,并将带来一连串的商机。公路建设带来的是“马路经济”效应,使城市建设呈现一种“摊大饼式”的发展模式,这种发展模式与发达国家在发展初期相类似。城际轨道交通的发展改变了大都市地区的发展形态,使城市沿轨道交通走廊轴向伸展。在大城市的疏散过程中,交通系统在诱导城市结构方面的作用是十分显著的。它能诱导和优化城市体系的空间地域结构,而且能带动卫星城镇和小城镇建设,对于缩小城乡差距、地区差距,促进区域城乡一体化,具有十分重要的意义。随着城乡一体化的建设与完善,在经济较为发达的区域,城乡客流成为区域内短途客运十分重要的组成部分。因此,城际交通对于促进新农村的建设也具有重要意义。

城际轨道交通具有较好的生态效益:第一,用地省,运能大。例如,规划中的珠三角城际快速轨道交通网,铺设方式以高架和地面为主,其占地仅为同等运量高速公路的1/8。珠三角人口密度大,人均用地少,城际快速轨道交通系统将为珠三角节省大量的土地。第二,速度高,能耗低。我国城际快速轨道的运行时速一般达到160~200 km,是地铁时速的2倍。与公路、航空等交通运输方式相比,铁路运输等量换算周转量占用的资源最少。资料表明,在各种运输方式中,铁路所消耗的能源最少。据测算,在运量相等的条件下,铁路、公路、民航耗油量之比为1∶9.3∶18.6。在各种运输方式中,航空、汽车、水运、铁路内燃机车都依靠石油资源,铁路电力机车则可以使用煤炭和其他的能源。城际列车可使用电力内燃两用车,一般使用电动车组,以电力为能源,更能节省能源,这在石油能源的约束下,具有极好的发展前景。第三,噪声低,事故率低。城际轨道交通对环境污染少,据监测,公路上大卡车的噪声达到94 dB,而轻轨列车能将运行噪声减低至70 dB左右。另外,城际轨道交通所产生的噪声易于治理,通过采取技术措施,可以减少摩擦噪声。据有关部门研究,客运(人·km)所造成的单位污染强度,公路运输是空运的1至2倍，是铁路运输的10倍左右。在安全性方面，据统计，我国一年内道路发生交通事故60余万次，死亡人数达10多万人，直接经济损失达30亿元左右；而铁路交通事故伤亡人数非常少，不足百人，行车事故损失金额几千万元，仅相当于公路损失额的1%左右，尤其是城际轨道交通，线路采用全封闭，基本可以杜绝伤亡事故。同时铁路对气候和地理等条件适应性强，几乎可以全天候运营，而汽车、飞机和轮船等受气候和地理条件影响较大，遇到风、雾、雪时，运营安全系数大大下降。第四，社会总成本低。世界许多国家正在受大交通的污染、交通堵塞和交通事故等的困扰，其原因就是在运输项目决定时对运输方式的社会成本未能综合评估。交通运输方式的社会成本包括：生产成本、使用者成本和外部成本。以京沪走廊的交通运输工具的具体情况来比较运输方式的社会成本，见表5－1。

表5－1　各种运输方式的社会成本

年　份	高速铁路	高速公路	普通公路
2005	0.266 8	0.543 4	0.306 2
2010	0.294 9	0.601 4	0.364 1
2015	0.323 9	0.659 4	0.422 1

由表5－1可见，高速铁路的社会总成本都要低于普通公路和高速公路。城际铁路在社会效益和生态效益两方面都具有较大的优势。

因此，城际轨道交通是资源和能源节约型、环境友好型社会的一种新型交通运输方式，是优化运输结构的必然选择。

城际铁路客运空间布局及其重点规划

开发城际客运市场、建设城际铁路是发展区域经济的客观需要，它是为了满足区域城市群间频繁的大流量的人流、物流对交通的紧迫需求。这是从需求方面看，建设城际铁路必须要有一定规模和强度的经济和社会需求。从供给方面来看，城际铁路尤其是现代化的城际高速铁路的建设需要巨大的投资和先进的技术，只有经济发达的地区其财力才能承担巨大的投资建设和运营费用。因此，无论从需求方面还是从供给方面来考察，建设城际高速铁路不能遍地开花，尤其是我国幅员辽阔，目前还是发展中国家，国家财力有限，因此，在我国建设和发展城际铁路还必须从我国的国情和国家四个现代化建设的大局出发，统筹考虑区域的需求和供给，从实际出发，有步骤、有重点、有效率地规划和建设城际铁路。为此，本章将探讨我国城际铁路客运的空间布局及其重点规划问题，提出我国城际铁路客运布局的原则、定位，重点区域的确定及其需求量预测，为使城际铁路客运的需求预测方法更具科学性，预测结果更拟合未来的需求，我们采用了组合模型法。首先，用实证说明了组合模型法比单一方法预测的结果更可靠，值得信赖。然后，再运用组合模型法对广深城际铁路、沪宁城际铁路、京津城际铁路 2006—2010 年的客流量进行了预测。这种研究方法的意义不仅在于对这三条铁路的未来一定时期的客流量给出了较为可靠的数据，更在于为铁路各部门今后对客流量的预测提供了一种较为有效的方法，可供铁路各部门参考。

6.1 城际铁路客运市场开发的区域布局选择

1. 铁路城际客运布局的原则

(1)要以国家宏观经济布局及客流流向、流量、流程的分布为基础,并与地区经济和社会发展规划目标协调一致或适当超前。

(2)统筹考虑各种交通运输方式的合理分工和布局,同时有利于发挥铁路客运的经济技术优势。

(3)线网布局要最大程度地连接区域内主要城镇,满足沿线城镇密集客流的需求。

(4)因地制宜,适合于城市及区域的地形结构条件,采取合理的技术制式方案、技术标准和运行组织模式,实现快速度、高密度、公交化、大容量运输。

(5)以人为本,与城市轨道交通和其他运输方式保持有机衔接,实现零距离或最短距离换乘,方便旅客出行。

(6)重视科技创新、大力引进和消化国外先进的铁路技术,加快铁路现代装备的国产化的步伐,提高城际轨道交通装备的先进水平。

(7)重视土地集约利用和环境保护,实现与城市和生态的和谐。

2. 铁路城际客运的布局定位

我国长江三角洲城市群、珠江三角洲城市群和京津冀城市群等三大城市群的经济社会发展水平在国内处于领先水平,预计未来 20 年中,中国三大城市群的产出对于国家 GDP 的整体贡献率将由现在的 35% ~38% 上升到 65% ~70%,与美国、日本世界经济大国著名大城市群(圈)的产出水平大致相当。其标志将体现为:①人口密度从现在的 750 人/km^2 上升到 2 000 人/km^2;②经济密度从现在的 3 000 万元/km^{2}递增为 1.2 亿元/km^2;③资本密度将达到现在投资额的 2.5 倍以上;④消费密度将达到现有社会零售总额的 3 倍以上;⑤各类网络密度如快速交通、管道设施和通信光纤等将实现 5 ~10 倍跃增。

为了实现上述发展目标,国家在“十一五”规划中把这三大城市群作为我国经济发展的重点地区。三大城市群的发展对于我国经济社会发展具有举足轻重的作用,是我国率先实现四个现代化的发达地区。城际铁路主要是为发展区域经济服务的,是发展区域经济的先导部门,因此,我们必须根据国家经济发展的总体规划目标和重点,并根据上述城际客运布局的原则来规划我国城际铁路的建设定位。一般地说铁路城际客运的布局应优先考虑在经济发达、人口稠密的城市群(带)地区,修建便捷、快速、运力大且与城市交通和其他客运方式紧密衔接的合理的客运轨道交通。并采用“高密度、小编组、公交化”的运输组织模式,以满足沿线主要城市和中心城镇间中短途旅客交流需求,同时兼顾城市组团、次中心城镇之间的客流。其布局定位的具体要求如下所述。

(1)区域定位:应布局在经济发达的区域或城市群内部的大城市之间,有利于吸引客流,促进城市群经济一体化进程。

(2)客源定位:主要承担区域内大城市之间的公务、商务、旅游、探亲访友和通勤通学等多类中短途旅客运输。

(3)运输模式定位:采取“高密度、小编组、公交化、航空服务化”的运输组织模式。

(4)速度定位:平均时速在200~300 km之间,满足城市间快捷交通的需求。

(5)竞争对手定位:高速公路,而非普通公路和民航。

3. 铁路城际客运布局的重点区域

依据铁路城际客运特点、定位和布局原则,结合我国国民经济和区域经济发展的情况及紧迫需要,在“十一五”期间,应在长江三角洲城市群、珠江三角洲城市群和京津冀城市群建设城际铁路,作为我国铁路城际客运市场开发的重点区域。其根据有如下几个方面。

(1)长江三角洲城市群、珠江三角洲城市群和京津冀城市群是我国经济最发达和人口最密集的地区。

① 长江三角洲城市群是我国经济最发达的地区,已成为世界第六大城市群。它位于长江入海口,自然条件优越,区位优势明显。该城市群以

上海为中心，包括江苏省沿长江的南京、镇江、扬州、泰州、常州、无锡、苏州、南通8市，浙江省的杭州、嘉兴、湖州以及杭州湾以南的绍兴、宁波、舟山16个地级以上城市，其中，有2个超大城市，2个特大城市，5个大城市，23个中等城市以及21个小城市，是我国城市最密集的地区，每隔约30 km就拥有一座经济发达城市。该城市群国土面积为10.96万km^2，人口为8 212.12万人，分别占全国的1.1%和6.3%。2005年长江三角洲地区城市化率大约为49%，而且城市体系较完备，目前已有许多城市的郊区事实上已经连成一片，形成都市连绵带，在世界各个大三角洲中，长江三角洲是人口数量最多、密度最大和城镇数量最多的地区。

该城市群经济基础良好，科技和文化教育事业发达，是我国最发达的经济区域之一。2005年长三角16个地级以上城市实现地区生产总值突破25 000亿元大关，达到28 775亿元，占全国的比重为21.1%，人均GDP超过全国平均数的2.33倍。上海是该城市群年均国内生产总值超7 000亿元的"超级巨人"；苏州、杭州、无锡、宁波、南京等5大城市是年国内生产总值在2 000亿元以上的"巨人"，绍兴、南通、常州、嘉兴、镇江等5个城市是年国内生产总值在1 000亿元以上的"小巨人"。其中，上海市2005年的地区生产总值位居全国第一，而杭州、苏州、无锡均名列全国前10位。从1990年到2005年，这个城市群地区的产业结构发生了很大的变化：第一产业占GDP的比重大幅下降，从15.8%下降到4.6%，下降了11.2个百分点；第三产业所占比重上升幅度最大，从27.2%上升到39.6%，上升了12.4个百分点，2005年长江三角洲城市群三次产业的结构为4.6∶55.9∶39.5，已处在向工业化后期发展的阶段。

长江三角洲城市群地区经济的快速发展进一步推动了城市规模的扩大和城市体系的完善，目前大城市各类开发区建设已成为原有城市外延扩张的主要标志，而且带动了中小城市和乡村的小城镇建设。上海浦东、南京高新区、苏州新区和工业园、杭州高新区、宁波经济技术开发区等成为了所在城市经济发展最快、市政建设最好的地区，在市场、技术、人力、城市化水平四个方面都非常具有后发优势和发展潜力，投资环境优良，成为国内外投资者关注的"热土"。目前，除了在上海有近200家跨国公司的地区总部和中国总部，还有很多现代物流中心、销售中心、国际贸易性公司。这些机构都有一个共同的特点：把上海作为“总部”所在地，而把目光投向长江三角洲城市群地区乃至长江流域，在那里建立生产基地、出口基地与分支机构，并将其作为未来的投资重地。在吸引外资方面，长江三角洲城市群地区2005年吸引外商直接投资为209.9亿美元，比2000年增长87.4%，占全国的比重由27.5%上升到34.6%。2005年出口贸易为4012.3亿美元，占全国比重为34.8%。

在经济全球化的大趋势下，随着“十一五”新一轮经济增长的启动，长江三角洲城市群以宽广的全球视野和敏锐的战略思维，以信息化为基础，以金融业、现代物流业为重点，以建设现代服务业集聚区为突破口，经济分工协作更加紧密，产业结构更趋合理，逐步建设为世界新的制造业基地和亚太地区经济最发达地区之一。

② 珠江三角洲城市群是我国最具活力的城市群和改革开放的前沿地带。广义的珠江三角洲包括广东省大部分以及香港与澳门，总面积约4.5万km^2，户籍人口2 700万。如果不计港澳，整个区域由24个城市组成，包括两个特大城市广州和深圳，以及珠海、佛山、江门、中山、东莞、番禺、顺德、南海、新会、肇庆、台山、三水等12个中等城市和花都、从化、增城、惠阳、开平、鹤山、四会、恩平、高明、高要等10个小城市，总面积4.16万km^2，2 000多万人，分别占全国的0.4%和1.9%。这一城市群区域毗邻港澳，是我国改革开放以来外向型经济发展最快的地区，城市化速度快，非农业人口比重已经达到42%。2005年珠江三角洲城市群生产总值达13394亿元，占全国比重的9.8%，珠江三角洲城市群人均地区生产总值为54 639元，是全国人均国内生产总值的5.17倍。2000年至2005年，珠江三角洲城市群GDP增长速度均保持在两位数以上，年平均增长为13.6%，高于全国8.6%的年平均增长水平。2005年出口贸易额达到了3 417.8亿美元，占全国比重为29.6%。2005年珠江三角洲城市群吸引外商直接投资为100.1亿美元占全国的比重为16.5%。从1990年到2005年，该城市群地区产业结构也发生了很大的变化：第一产业占GDP的比重下降幅度最大，从

14.4% 下降到 3.8%，下降了 10.6 个百分点。

经过 20 世纪 90 年代的高速发展，珠江三角洲城市群现在已经成为我国最大的制造业基地之一。其中，电子信息产业等高科技制造业发展迅猛。珠江三角洲城市群的电子信息产业产值已占广东省电子信息产业的 96.8%；电子及通信设备制造业和电气机械及器材制造业的产值在全国的比重分别达 32.1% 和 25.1%，居全国第一位，初步形成了现代的 IT 企业群和家电企业群。珠江三角洲城市群 IT 类和家电主要产品产量均占全国的 19% 以上。经过上个世纪末的迅速发展，珠江三角洲城市群已形成为一个高密集、连绵成网络的大都市区。其龙头城市香港是国际金融中心，有十分发达的物流网络，广州、深圳是我国最具活力的综合性城市，它们引领着珠江三角洲，迅速成为中国经济国际化或外向化程度最高的地区。近年又提出了“泛珠三角”理念(9 + 2)，为其发展提供了新的机遇。

③ 京津冀城市群是我国北方经济发展最活跃的区域，交通运输发达，工业及科技实力突出，对外开放程度高，成为我国发展潜力最大的经济增长中心，在我国经济格局中占据着相当重要的地位。京津冀城市群包括北京、天津两个直辖市和河北省的唐山、保定、廊坊、秦皇岛、张家口、承德、沧州等地级市，2005 年人口总量为 7 389.01 万人，占全国人口的 5.73%。2005 年，京津冀城市群 GDP 总量为 14 095.9 亿元，人均 GDP 为 19 077 元。北京、天津的综合实力最强，成为区域发展的增长极，其余城市的经济实力相对薄弱。其中，北京 GDP 为 4 283 亿元，人均 GDP 为 28 695 元；天津 GDP 为 2 932 亿元，人均 GDP 为 28 641元；河北 8 市 GDP 为 6 881 亿元，人均 GDP 为 14 121 元。

该城市群地区利用煤、铁、石油等资源丰富的优势以及要素禀赋互补性很强的特点，以机械、电子、石化、汽车、建筑业等支柱产业的发展和能源基地、运输信道建设为动力，成为我国北方最重要的交通枢纽地带，也是沟通欧洲、联结亚太的主要交通要道；同时也是我国北方最大的产业密集区，将在新一轮产业结构向重化工业、知识经济升级调整的进程中起到至关重要的作用；另外该城市群地区又是发展与包括日、韩、俄、东北亚在内的跨国区域合作与产业分工的最佳区域。未来，京津冀城市群地区将成为我国北方最重要、最发达的经济区,成为北方地区的经济、贸易、金融中心。

在全球产业转移的良好契机下,京津冀城市群地区将充分发挥其地理位置佳、工业基础好、科技力量强等多方面的优势,迅速成为中国经济发展的中心。京津冀城市群地区由于其在经济、技术上的优先地位,在产业转移中相对属于转移方,北京实施产业向第三产业、高新技术产业集中就是其产业梯度转移的具体表现;河北等地则相对处于接收方的地位,这些腹地城市应充分利用京津冀城市群进行新一轮产业结构调整和向外转移部分产业的机会,主动参与京津冀城市群的产业梯度转移,抓住机会发展高新技术产业、改造传统产业,提高产业素质和产业层次。

此外,京津冀城市群地区应充分发挥北京作为首都的优势,不仅要成为全国政治、经济、文化的中心,还要成为亚太地区乃至全球的政治、经济、文化和科学中心。为此,京津冀城市群区域要实现区域经济一体化合作,以北京、天津为增长核心极,以河北为腹地。实现交通一体化打造 1 h 都市圈,这对于京津冀城市群的发展尤为重要。

(2)长江三角洲城市群、珠江三角洲城市群和京津冀城市群既有铁路总体能力紧张,不适应交通运输发展需要。

① 长江三角洲城市群地区既有铁路沪宁线、沪杭线运输能力与客货运输需求间矛盾十分突出,无法适应客货运输数量的增加和质量提高的需要。

——沪宁线:自上海经苏州、无锡、常州至南京,全长 202 km。除上海、南京两个超大城市外,还覆盖了3 个 50 万人以上的大城市,是我国“八纵八横”铁路运输通道中京沪通道的重要组成部分。该线是我国目前技术装备水平最高的既有铁路,全线均为复线、自动闭塞、内燃 DF8B 机车牵引,既是客运快速线路,也是货运重载线路,区段客车最高运行速度达 160 km/h,货运牵引定数为 4 000 t,部分达 5 300 t。线路能力利用率已达 100%,能力严重不足,乘车难、运货难以成为严重的社会问题,制约着沿线经济的发展,为增加客货运输量,只能吃储备、拼设备,难以为继。

——沪杭线:起自上海、经嘉兴、至杭州,连接着一个超大城市和一个特大城市,既有线路长度 190 km,是沪昆铁路通道的重要组成部分。该线为 I 级双线铁路,限制坡度 4‰,最小曲线半径 800 m,内燃机车牵引,重车方向牵引定数 3 500 t,线路允许时速 140 km。沪杭铁路连接京沪铁路和浙赣铁路,既是浙江省重要的北部通道又是上海与苏南的南部通道。既有沪杭铁路能力已接近饱和,能力利用率达 88%。

② 珠江三角洲城市群地区既有铁路京广线、京九线、广深线、广三线运输能力都比较紧张。

——广深线为三线铁路,全长 91 km。双线为时速 160 km 的准高速线路,第三线为时速 120 km 的 I 级线路,全线为自动闭塞、电力机车牵引,重车方向牵引定数 3 500 t。2001 年,控制区间开行客车 66 对,货车 1 对,双线能力利用率为 87%,三线开行客车 20 对,货车 23 对,通过能力利用率为 94%。

——京九线东莞至惠州段,全长 54 km,为单线,半自动闭塞,内燃机车牵引,牵引定数为 3 500 万 t, 2001 年,开行客车 22 对,货车 14 对,通过能力利用率为 98%,目前,即将建成复线铁路。

——广茂线广州至肇庆段,途径佛山、三水,全长 113 km,全线为单线、内燃机车牵引、半自动闭塞,重车方向牵引定数 3 500 t。2001 年,控制区间开行客车 15 对,货车 22 对,通过能力利用率 88%。

③ 京津冀城市群地区既有铁路京山线北京—天津—唐山段运输能力与旅客运输在数量和质量上的需求,尚存在较大差距,京山复线能力已基本饱和,京山线北京至天津第三线由于各种原因,难以发挥作用。

——京山线北京—天津—唐山段线路营业里程为 256.7 km。北京至天津间现为三线,其中京山双线为自动闭塞,线路全长约 137 km,内燃机车牵引 4 000 t,通过能力利用率为 100%;京津第三线现为半自动闭塞,线路全长 105.4 km,内燃机车牵引 4 000 t,由于京山线的运营干扰及枢纽咽喉能力控制等问题,能力难以充分发挥,能力利用率仅为 33%;天津至唐山能力利用率均大于 74%。沿线地区市场潜力大,各种运输方式竞争激烈,铁路既有线能力无法满足运输数量增长和质量进一步提高的需要。

从以上3个城市群地区既有铁路分析可见,在我国城市密集地区,本应作为城市间客货运输交流主要方式的铁路运输能力均十分紧张,尚不适应现有运输需求,更无法满足今后客货运输数量增长和运输质量提高的要求。

(3)长江三角洲城市群、珠江三角洲城市群和京津冀城市群既有铁路不适应高速度、大密度的要求。

我国铁路旅客运输主要包括市郊、管内和直通运输,市郊运输基本在大城市周围100 km以内;而区域城际旅客运输一般指铁路局管内地方性的距离在100~500 km间、旅行时间不超过4 h的两个相邻城市间的旅客运输,两者均属铁路短途客运范畴。

1998年以来,区域性城际旅客列车有了较大幅度的增长,而铁路市郊客运的发展呈萎缩趋势,目前除哈尔滨、沈阳、上海、南京、北京等城市还有少量的市郊运输业务外,大部分城市的市郊运输列车已被取消。从客运量变化情况看,铁路短途旅客减少、长途旅客增加的现象十分明显。

铁路短途客运量的下降,是多种因素共同作用的结果,除了其他交通运输方式的快速发展、市场竞争更加激烈,造成短途客运市场的重新分割外,既有铁路受能力等条件限制,不适应高速度、大密度的要求是其最根本的原因。

首先,运输能力紧张制约了短途客运的市场开拓。经济发达地区的短途客运需求较大,但是这些经济发达地区基本都是我国铁路干线能力紧张的地区,一些铁路干线,如沪宁线、京广线、京山线等运能紧张,长短途及客货运输争能力、主要通道进出口不畅等矛盾突出,使市郊及城际客车的开行受到影响,短途客流流失。

其次,从运营情况看,铁路既有短途客运市场总体竞争力不强。除管内开行的城际列车外,其他短途列车特别是管内慢车开行的班次少、运行速度低、到发点不好、硬件条件差,从开行车次、时间和密集程度上,均不能满足短途旅客需求,在与公路竞争中处于劣势。

(4)长江三角洲城市群、珠江三角洲城市群和京津冀城市群铁路能力的强化也仅能满足中长距离和大城市间旅客运输的需要。

根据铁路发展规划，长江三角洲城市群地区将建成京沪高速铁路、沪杭客运专线及对既有京沪、沪杭线进行电气化改造，项目建成投产后，沪宁通道客运通过能力可达275对，货运能力上亿吨，沪杭通道客运能力可达121对，货运能力可达8 000万t以上；珠江三角洲城市群地区将建设广深四线和广州至新塘市郊客运线等工程；京津冀地区将建成京沪高速铁路和京沪、津山电化改造工程。毫无疑问，这些项目的建设，将极大地强化城市密集地区铁路运输能力，实现旅客运输高速度、大密度运输，满足中长距离和大城市间客货运输数量增长和质量提高的需要。

但从运营组织来看，高速铁路、客运专线及既有常规铁路旅客运输停站间平均距离大，均在40～100 km，而京津冀城市群、长江三角洲城市群和珠江三角洲城市群城市密集地区中小城镇密布，中小城镇间平均距离一般在10 km左右，如珠江三角洲地区约为8 km。我国未来以大城市为中心的城市密集群体和城市带还将逐步增多，规模逐渐扩大，城市之间的距离将进一步缩短，联系更加密切。由此看来，尽管能力改造后旅客运输可以实现高速度、大密度运输，满足中长距离和大城市间客货运输数量增长和质量提高的需要，但无法满足中小城镇旅客运输出行的便捷要求，不适应我国城市化发展和新农村建设的需要。

此外，在城市密集地区，仍然存在铁路密度低、覆盖面小，影响地区经济的发展等问题。以珠江三角洲为例，该地区铁路网密度每百平方公里为1.4 km，每万人拥有铁路长度0.22 km，低于发达国家水平。铁路支线偏少，属于发展地方经济的港口支线只有黄埔、平南及盐田支线。枢纽站没有得到相应扩建，消化能力不足。铁路主要分布在北部和东部。位于珠江三角洲西翼地区的珠海特区及被誉为广东"四小虎"中的顺德市、中山市至今未修建铁路，投资环境得不到改善，经济发展受到制约。

国家"十一五"规划对长江三角洲城市群、珠江三角洲城市群和京津冀城市群的发展要求，急迫需要这3个城市群率先发展城际铁路。

国家"十一五"规划提出要促进城镇化健康发展形成合理的城镇

化空间格局，要求已形成城市群发展格局的京津冀、长江三角洲和珠江三角洲等区域，要继续发挥带动和辐射作用，加强城市群内各城市的分工协作和优势互补，增强城市群的整体竞争力。为此，必须统筹规划、合理布局这三个城市群的交通基础设施，做好各种运输方式相互衔接，发挥组合效率和整体优势，建设便捷、通畅、高效、安全的综合运输体系，以适应三大城市群发展的需要。规划中还具体指出要加快发展铁路运输。重点建设客运专线、城际轨道交通，初步形成快速客运网络。要建设北京至上海、北京至广州至深圳、哈尔滨至大连、上海至宁波至深圳、南京至武汉至成都等客运专线，北京至天津、上海至南京、上海至杭州、南京至杭州、广州至珠海等城际轨道交通。

建设部"十一五"城乡规划管理中也明确提出"十一五"期间，重点做好京津冀、长江三角洲、珠江三角洲等城镇密集地区等城镇协调发展规划，加强对资源节约利用、生态建设与保护、重大基础设施建设等的规划指导，促进城镇密集地区的城市分工协作和优势互补，增强整体竞争力，充分发挥其带动和辐射作用。

为贯彻落实国家"十一五"规划对三大城市群发展的要求，铁路"十一五"规划在铁路发展重点任务中已确定建设长江三角洲、珠江三角洲、环渤海经济圈以及其他城镇密集地区城际轨道交通。在三大城市群和沿海地区主要建设北京—天津、上海—南京、南京—杭州、南京—芜湖—安庆、广州—珠海、青岛—烟台—威海等城际轨道交通系统以及沪杭磁悬浮交通。并结合快速客运网建设，新建和改建北京南、上海虹桥等一批大型客运站，形成干线铁路、城际铁路、公路运输、城市地铁、公交系统等紧密衔接的现代化客运中心。铁路"十一五"规划还要求加强对城际、市域市郊及其他短途旅客运输市场的开发和培育。结合客运专线和城际客运铁路建设及既有线提速改造，加强运输经营管理，优化产品结构，改善服务设施，创新服务方式，不断提高运输服务水平和运输效率。优化调整客车开行方案，增加直达特快、夕发朝至、朝发夕归、一日到达及旅游列车，积极开发适应不同旅客需求的新产品，提高铁路客运市场占有率。

目前三大城市群各城市间的旅客交流主要是由公路承担的。虽然各城市间公路较为发达,但受市内交通影响,汽车出入城市时间较长;沿途公路、桥梁等设施收费站点多,造成旅客出行费用升高,在一定程度上制约了旅客运输的发展。在已有铁路的城市间,铁路运输虽然在城际短途客运中发挥了一定的作用,但由于主要是为了适应长途旅客运输的需要,列车开行密度、停靠站距离及时间都不能满足城际客运的需求,已严重制约了城际间旅客运输的发展,更不能适应未来城际旅客运输发展的需要。因此,在三大城市群发展城际轨道交通这一新型的客运方式已迫在眉睫,是完善地区综合交通运输结构、适应交通量增长的重要措施,应当成为我国铁路城际客运开发的重点地区。

6.2 城际客运市场需求量预测

1. 预测方法选择及其根据

本文先采取两种预测方法(即灰色模型法和重力模型法)分别计算出2006—2010年的社会需求量,然后,利用组合模型法进行加权平均求得最佳结果,最后,通过计算铁路分担率求出铁路客流量。这种做法基于以下理由。

(1)灰色模型法和重力模型法是经典模型。

灰色模型法和重力模型法已被广泛用于客流量预测,包括预测社会总客流量和单种运输方式的客流量,如公路客流、铁路客流等,是比较经典的预测方法。

灰色模型法、重力模型法在缺乏大量的历史数据条件下,其预测精度较高,结果比较符合实际。特别是重力模型法被认为是符合客流形成机理的预测方法,目前在国际上普遍使用。

(2)灰色模型法、重力模型法及组合模型法经试验可以用于我国客流预测。

为了检验这两种方法是否可以用于我国铁路客流的预测,本项目先收集长沙至衡阳的公路和铁路一定时期的年度客流量,然后分别运用灰色模型法、重力模型法计算出未来五年的客流总量,并计算出模型预测精度,以判断模型实用性。在此基础上,再预测未来铁路分担率,最后求出长沙至衡阳的铁路客流量。

① 收集原始数据。长沙至衡阳的客流数据见表6-1;长沙和衡阳两市的GDP见表6-2;长沙和衡阳两市的人口数据见表6-3;长沙和衡阳两市的运输阻力测算结果见表6-4。

表6-1 长沙—衡阳年度客流原始数据(1999—2005年)

单位:人

年　份	1998年	1999年	2000年	2001年	2002年	2003年	2004年	2005年
公路客流量	73954	101767	114423	108188	98522	124198	134430	139598
铁路客流量	692762	788514	1005722	1292475	1355192	1676903	1647703	1563947
社会客流总量	766716	890281	1120145	1400663	1453714	1801101	1782133	1703545
铁路分担率	0.904	0.886	0.898	0.923	0.932	0.931	0.925	0.918

[注]:资料来源于广铁(集团)公司和湖南省公路局。

表6-2 长沙、衡阳两市GDP现状数据和预测数据表

单位:亿元

现　状	1998年	1999年	2000年	2001年	2002年	2003年	2004年	2005年
长沙	542.85	588.44	656.41	728.08	812.85	928.22	1133.9	1519.9
衡阳	300.01	326.32	353.08	386.22	419	444.18	542.17	590.14
预测	2006年	2007年	2008年	2009年	2010年			
长沙	1717.487	1940.76	2193.059	2478.157	2800.317			
衡阳	660.957	740.272	829.104	928.597	1040.028			

[注]:资料来源于1999—2006年湖南统计年鉴和长沙市及衡阳市“十一”五规划。

表6-3 长沙、衡阳两市人口现状数据和预测数据表

单位:万人

现　状	1998年	1999年	2000年	2001年	2002年	2003年	2004年	2005年
长沙	582.47	583.19	587.1	595.5	610.38	620.92	582.47	583.19
衡阳	702.12	707.01	705.74	709.64	718.95	722.61	702.12	707.01

续上表

现　状	1998 年	1999 年	2000 年	2001 年	2002 年	2003 年	2004 年	2005 年
预测	2006 年	2007 年	2008 年	2009 年	2010 年			
长沙	628.247	635.660	643.161	650.750	658.429			
衡阳	726.873	731.162	735.476	739.812	744.180			

［注］:资料来源于1999—2006 年湖南统计年鉴和长沙市及衡阳市“十一”五规划。

表 6－4　长沙、衡阳两市运输阻力的测算表

年份	长沙市						衡阳市					
	c_{ij}（元）	v_{ij}（元/h）	t_1（h）	t_2（h）	t_3（h）	运输阻力（万人）	c_{ij}（元）	v_{ij}（元/h）	t_1（h）	t_2（h）	t_3（h）	运输阻力（万人）
2006	29.8	9.11	2.45	1.17	0.5	7.39	55.48	9.11	2.0	0.58	0.17	8.84
2007	29.8	10.16	2.45	1.17	0.5	7.05	55.48	10.16	2.0	0.58	0.17	8.21
2008	29.8	11.34	2.45	1.17	0.5	6.75	55.48	11.34	2.0	0.58	0.17	7.64
2009	29.8	12.66	2.45	1.17	0.5	6.47	55.48	12.66	2.0	0.58	0.17	7.13
2010	29.8	14.13	2.45	1.17	0.5	6.23	55.48	14.13	2.0	0.58	0.17	6.68

［注］:c_{ij}为两地之间的旅行的总成本,v_{ij}为两地旅客的平均时间价值,t_1 为两地旅客间的旅行时间,t_2 为两地从出发地到车站以及从车站到目的地所花费的时间,t_3 为旅客的候车时间。

② 灰色模型法、重力模型法的预测结果。将表 6－1 至表 6－4 的原始数据代入两模型,求得 2006—2010 年长沙至衡阳的社会客流总量,见表 6－5。采用灰色模型预测,对其残差进行检验,得出灰色模型本身精度为 94.8%,通过曲线模拟得出模拟相关系数 $R^2=0.92$,$\alpha=0.016$。采用重力模型预测,对其残差进行检验,得出重力模型本身精度为 $R^2=0.89$,$\alpha=0.02$,通过曲线模拟得出模拟相关系数 $R^2=0.912$,$\alpha=0.011$。

由此可见,这两种模型本身精度很高,预测结果模拟精度也较高,并且这两种方法预测值很接近,相关系数达到 $R^2=0.996$,$\alpha=0.001$。所以,可以认为这两种方法计算结果是比较可靠的、有效的。

表 6-5 长沙—衡阳年度社会客流量预测数据(2006—2010 年)

单位:人

模　型	2006 年	2007 年	2008 年	2009 年	2010 年
灰色模型法 y_1	2 329 176	2 603 321	2 909 734	3 252 212	3 634 999
重力模型法 y_2	2 325 073	2 524 466	2 725 161	2 926 612	3 128 401
组合模型法 y	2 325 894	2 540 237	2 762 076	2 991 732	3 229 721

[注]:组合法计算公式为:$y = 0.7 \times y_1 + 0.3 \times y_2$;组合系数是通过最优模拟和专家咨询比较得出的。

③ 组合方法预测结果精度更高。通过采用对上述两种方法预测结果进行最优模拟线性组合,得出组合法计算的预测结果。这样可以避免单一方法带来的误差,使得预测结果的系统误差减少,预测结果更为可靠。利用组合法对长沙至衡阳社会客流量预测结果见表 6-5,通过模拟分析,得出组合模型法的预测精度 $R^2 = 94.8\%$,$\alpha = 0.001$,说明组合预测的方法精度更高,预测结果比单一方法更为可靠,据此,本项目运用灰色模型与重力模型组合的方法对城际铁路客流量进行预测。

通过估算时间价值计算公路、铁路的运输阻力,采用 LOGIT 模型,求出铁路占社会客流量的分摊率。然后计算铁路客流量,见表 6-6。

表 6-6 长沙—衡阳年度铁路客流量预测数据(2006—2010 年)

年　份	2006 年	2007 年	2008 年	2009 年	2010 年
社会客流量(人)	2 325 894	2 540 237	2 762 076	2 991 732	3 229 721
铁路分担率(%)	0.884 9	0.851 5	0.815 2	0.777 1	0.738 4
铁路客流量(人)	2 059 999	2 196 584	2 326 876	2 451 387	2 571 862

2. 灰色模型法原理和计算步骤

利用上述时间序列做 GM(1,1) 建模。原始序列为:

$$\boldsymbol{x} = (x(1), x(2), L, x(n))$$

步骤一　级比检验

$$\sigma(k) = \frac{x(k-1)}{x(k)}$$

(1)求级比。

$$\boldsymbol{\sigma}=(\sigma(2),\sigma(3),L,\sigma(n))$$

(2)级比判断。

判断原序列数据各点的级比是否落入 $\sigma(k)$ 的覆盖区间,决定是否采用原序列作 GM(1,1)建模。

步骤二　GM(1,1)建模

(1)$x^{(0)}(1),x^{(0)}(2),L,x^{(0)}(n)$。

(2)$\boldsymbol{x}^{(0)}$ 的 AGO 序列 $\boldsymbol{x}^{(1)}$。

由 $\boldsymbol{x}^{(1)}(k)=\sum\limits_{m-1}^{k}x^{(0)}(m)$得:

$$\boldsymbol{x}^{(1)}=(x^{(1)}(1),x^{(1)}(2),L,x^{(1)}(m))$$

(3)$\boldsymbol{x}^{(1)}$的 MEAN 序列 $\boldsymbol{z}^{(1)}$。

由 $z^{(1)}(k)=0.5(x^{(1)}(k)+x^{(1)}(k-1))$得:

$$\boldsymbol{z}^{(1)}=(z^{(1)}(2),z^{(1)}(3),L,z^{(1)}(m))$$

(4)求参数 a,b。

$$\boldsymbol{y}_n=[x^{(0)}(2),x^{(0)}(3),L,x^{(0)}(n)]^{\mathrm{T}}$$

$$\boldsymbol{B}=\begin{bmatrix}-z^{(1)}(2) & 1\\ -z^{(1)}(3) & 1\\ M & M\\ -z^{(1)}(n) & 1\end{bmatrix}$$

$$\boldsymbol{P}=\begin{pmatrix}a\\ b\end{pmatrix}=(\boldsymbol{B}^{\mathrm{T}}\boldsymbol{B})^{-1}\boldsymbol{B}^{\mathrm{T}}\boldsymbol{y}_n$$

求得 a,b。

(5)模型选定。

GM(1,1)定义型:

$$x^{(0)}(k)+az^{(1)}(k)=b$$

GM(1,1)白化响应式:

$$\hat{x}^{(1)}(k+1)=\left(x^{(0)}(1)-\frac{b}{a}\right)e^{-ak}+\frac{b}{a}$$

求得:$\hat{x}^{(1)}=(\hat{x}^{(1)}(1),\hat{x}^{(1)}(2),\Lambda,\hat{x}^{(1)}(n))$

由 $\hat{x}^{(0)}(k+1)=\hat{x}^{(1)}(k+1)-\hat{x}^{(1)}(k)$得:

$$\hat{\boldsymbol{x}}^{(0)}=(\hat{x}^{(0)}(1),\hat{x}^{(0)}(2),\Lambda,\hat{x}^{(0)}(n))$$

步骤三 残差检验

残差绝对值: $\Delta(k)=x^{(0)}(k)-\hat{x}^{(0)}(k)$

$$\xi(k)=\frac{x^{(0)}(k)-\hat{x}^{(0)}(k)}{x^{(0)}(k)}\%$$

残差相对值:

$$\xi(\text{avg})=\frac{1}{n-1}\sum_{k=2}^{n}|\xi(k)|100\%$$

模型精度:$p^0=(1-\xi(\text{avg}))100\%$

步骤四 预测

基于白化响应式进行预测。

3. 重力模型法原理和计算步骤

(1)模型的基本形式。

$$T_{ij}=K\cdot\frac{(P_iP_j)^{\alpha}\cdot(E_iE_j)^{\beta}}{\exp(\gamma\cdot R_{ij})}$$

其中:T_{ij}为两地旅客交流量(双向),P_i,P_j 为两地人口数量,E_i,E_j 为两地人均国民收入,R_{ij}为两地运输阻力,K,α,β,γ 为模型的参数。

(2)模型参数测算。

模型参数利用时间序列或不同地点横截面数据,采用 SPSS 或 Eviews 等软件估算。

(3)运输阻力 R_{ij}计算。

$$R_{ij}=\frac{C_{ij}}{V_{ij}}+t_1+t_2+t_3$$

其中 C_{ij}为两地之间的旅行的总成本,V_{ij}为两地旅客的平均时间价值,t_1 为两地旅客间的旅行时间,t_2 为两地从出发地到车站以及从车站到目的地所花费的时间,t_3 为旅客的候车时间,如果两地之间存在多种运输方式,那么其中运输阻力最小的运输方式最能代表两地的运输条件。那么这时:

$$R_{ij}=\min\{R_{ij}^1,\dot{R}_{ij}^2,\Lambda,R_{ij}^n\}$$

4. 组合法原理和计算步骤

(1)模型的基本形式。

$$y=\alpha\cdot y_1+\beta\cdot y_2$$

其中,y 代表社会客流预测量,y_1 代表用灰色模型预测社会客流量,y_2 代表用重力模型预测社会铁路客流量,α、β 代表权重。

(2)权重。

根据专家咨询结果和最优模拟法综合确定模型中权重 α、β 的值。

5. 铁路客流分担率计算步骤

(1)LOGIT 模型。

第 i 种运输方式所占的市场份额为:$P_i=\dfrac{\exp(U_i)}{\sum\exp(-U_j)}$

(2)铁路客流量计算。

$$y_t = p\,y$$

y_t 代表铁路客流量,p 代表铁路市场分担率,y 为社会客流量。

6.3 原始数据

见附录。

6.4 城际客流量预测结果

1. 广深线城际铁路客流量预测结果

(1)运用灰色模型和重力模型计算社会总客流量。

分别运用灰色模型法和重力模型法预测出 2006—2010 年广深线的社会客流总量和预测精度,见表 6-7。

采用灰色模型预测,对其残差进行检验,得出灰色模型本身精度为

94.75%；通过曲线模拟得出模拟相关系数 $R^2=0.894$，$\alpha=0.001$。

采用重力模型预测，对其残差进行检验，得出重力模型本身精度为 $R^2=0.815$，$\alpha=0.02$；通过曲线模拟得出模拟相关系数 $R^2=0.903$，$\alpha=0.01$。

表 6-7 广深社会客流预测数据(2006—2010 年)

单位:万人

预测方法	2006 年	2007 年	2008 年	2009 年	2010 年	模拟精度
灰色模型法 y_1	5 990.0	6 333.6	6 697.0	7 081.1	7 487.3	0.894
重力模型法 y_2	5 962.0	6 453.6	6 979.7	7 542.1	8 149.9	0.903
组合模型法 y	5 973.2	6 405.6	6 866.62	7 357.7	7 884.86	0.925

[注]:组合法计算公式为:$y=0.4\times y_1+0.6\times y_2$；组合系数是通过最佳模拟和专家咨询比较得出的。

由此可见，灰色模型和重力模型这两种模型本身精度高，预测结果模拟精度也较高，并且这两种方法预测值十分接近，相关系数达到 $R^2=0.999$，$\alpha=0.001$。所以，可以认为这两种方法计算结果是比较可靠的、有效的。

(2)运用组合方法预测计算社会客流量。

利用组合法对广州至深圳社会客流量预测结果见表 6-8，通过模拟分析，得出组合模型法的预测精度 $R^2=0.925$，$\alpha=0.01$，说明组合预测的方法十分有效，比单一方法预测结果更为可靠，值得信赖。

(3)计算广深城际铁路客流量。

通过估算时间价值计算公路、铁路的运输阻力，采用 LOGIT 模型，求出城际铁路占社会客流量的分摊率，然后计算铁路客流量，见表6-8。

表 6-8 广深线铁路客流预测数据(2006—2010 年)

年 份	2006 年	2007 年	2008 年	2009 年	2010 年	模型精度
社会客流量(万人)	5 973.2	6 405.6	6 866.62	7 357.7	7 884.86	0.925
铁路分担率(%)	0.591 2	0.594 1	0.596 7	0.599 1	0.601 2	0.978
铁路客流量(万人)	3 531.58	3 805.61	4 097.40	4 407.84	4 740.76	0.905

2. 沪宁城际铁路客流量预测结果

(1)运用重力模型计算社会总客流量。

运用重力模型法预测出2006—2010年沪宁线的社会客流总量和预测精度,见表6-9。对其残差进行检验,得出重力模型本身精度为$R^2=0.891,\alpha=0.05$。

表6-9 2006—2010年沪宁线社会客流量OD预测表(重力模型法)

单位:万人

OD	2006年	2007年	2008年	2009年	2010年
南京—镇江	795.21	909.48	951.82	997.24	1040.03
南京—常州	664.01	783.16	849.52	923.54	996.16
南京—无锡	729.43	864.30	945.52	1 026.68	1 109.37
南京—苏州	794.42	959.03	1 059.31	1 161.10	1 261.00
南京—上海	687.90	823.84	915.13	1 013.31	1 116.59
镇江—常州	443.48	459.39	476.15	493.83	510.75
镇江—无锡	416.32	435.21	452.89	471.26	486.08
镇江—苏州	399.85	433.58	468.00	500.49	533.02
镇江—上海	500.35	538.24	579.03	619.96	657.99
常州—无锡	1 042.23	1 074.22	1 169.31	1 201.68	1 242.26
常州—苏州	1 037.61	1 099.41	1 219.22	1 281.96	1 344.00
常州—上海	987.32	1037.82	1147.07	1 196.72	1 250.33
无锡—苏州	1 936.14	2 015.22	2 203.83	2 273.27	2 345.01
无锡—上海	2 051.92	2 375.42	2 340.65	2 417.26	2 496.15
苏州—上海	4 604.45	4 800.60	5 283.08	5 482.82	5 665.09

(2)计算沪宁线城际铁路客流量。

通过估算时间价值计算公路、城际铁路的运输阻力,采用LOGIT模型,求出城际铁路占社会客流量的分担率,见表6-10;然后计算铁路客流量,见表6-11。

表 6-10　2006—2010 年沪宁线铁路客流的分担率

单位:%

OD	2006 年	2007 年	2008 年	2009 年	2010 年
南京—镇江	55.69	55.95	56.06	56.73	57.42
南京—常州	38.74	38.75	38.51	38.85	39.26
南京—无锡	32.96	32.92	32.69	33.04	33.46
南京—苏州	33.63	33.16	32.55	32.58	32.73
南京—上海	40.54	40.04	39.11	38.82	38.66
镇江—常州	57.56	57.34	57.20	57.63	58.11
镇江—无锡	50.24	49.87	49.58	49.89	50.25
镇江—苏州	47.07	45.91	44.94	44.66	44.53
镇江—上海	37.75	37.07	36.50	36.55	36.67
常州—无锡	39.52	40.04	40.61	41.21	41.86
常州—苏州	28.98	29.34	29.78	30.29	30.86
常州—上海	38.64	38.78	38.99	39.27	39.60
无锡—苏州	29.88	30.58	31.32	32.09	32.89
无锡—上海	35.51	35.97	36.48	37.02	37.61
苏州—上海	26.72	27.28	27.88	28.52	29.20

表 6-11　2006—2010 年沪宁线铁路客流量 OD 预测表(重力模型法)

单位:万人

OD	2006 年	2007 年	2008 年	2009 年	2010 年
南京—镇江	442.85	508.85	533.59	565.73	597.19
南京—常州	257.24	303.47	327.15	358.80	391.09
南京—无锡	240.42	284.53	309.09	339.22	371.20
南京—苏州	267.16	318.01	344.81	378.29	412.73
南京—上海	278.87	329.87	357.91	393.37	431.67
镇江—常州	255.27	263.41	272.36	284.59	296.80
镇江—无锡	209.16	217.04	224.54	235.11	244.26
镇江—苏州	188.21	199.06	210.32	223.52	237.35

续上表

OD	2006 年	2007 年	2008 年	2009 年	2010 年
镇江—上海	188.88	199.53	211.35	226.60	241.28
常州—无锡	411.89	430.12	474.86	495.21	520.01
常州—苏州	300.70	322.57	363.08	388.31	414.76
常州—上海	381.50	402.47	447.24	469.95	495.13
无锡—苏州	578.52	616.25	690.24	729.49	771.27
无锡—上海	728.64	854.44	853.87	894.87	938.80
苏州—上海	1 230.31	1 309.60	1 472.92	1 563.70	1 654.21

(3)运用灰色模型法计算铁路客流密度。

由于缺乏各站点之间 OD 时间序列数据，只能运用灰色模型法预测出 2006—2010 年沪宁线南京—常州、常州—上海两区段的铁路客流密度和预测精度，见表 6－12。

表 6－12　2006—2010 年沪宁线铁路客流密度预测表(灰色模型)

单位：万人

区　段	2006 年	2007 年	2008 年	2009 年	2010 年	模型精度
南京—常州	6 358.29	6 810.09	7 293.99	7 812.28	8 367.40	96.40%
常州—上海	6 506.32	6 950.36	7 424.71	7 931.43	8 472.73	95.88%

(4)重力模型与灰色模型结果比较分析。

首先，将重力模型 OD 数据转化为区段的客流密度，再加上长途客流量换算出沪宁线铁路客流密度，见表 6－13。然后，将其数据与灰色模型数据对比，发现两者结果比较接近。

其次，对南京—常州的两个预测结果做相关分析得出相关系数 $R^2=0.994$，$\alpha=0.001$；对常州—上海的两个预测结果做相关分析得出相关系数 $R^2=0.998$，$\alpha=0.001$，说明这两种方法计算结果是比较可靠的、有效的。

表 6－13 2006—2010 年沪宁线铁路客流密度预测表(重力模型)

单位:万人

区段	2006 年	2007 年	2008 年	2009 年	2010 年	模型精度
南京—常州	6 069.64	6 918.93	7 402.71	8 019.63	8 655.32	0.994
常州—上海	6 478.87	6 964.32	7 525.77	8 027.42	8 549.82	0.998

注:根据上海铁路局的调查分析,得出长途客流比重南京—常州段为 25%,常州－上海段为 44%。

将表 6－12 和表 6－13 的预测数据运用组合法,便可求得 2006—2010 年南京—常州、常州—上海的铁路客流密度,见表 6－14、6－15。

表 6－14 2006—2010 年南京至常州段的铁路客流密度预测表

单位:万人

模型	2006 年	2007 年	2008 年	2009 年	2010 年	模型精度
灰色模型法 y_1	6 358.29	6 810.09	7 293.99	7 812.28	8 367.40	0.964
重力模型法 y_2	6 069.64	6 918.93	7 402.71	8 019.63	8 655.32	0.994
组合模型法 y	6 185.10	6 875.39	7 359.22	7 936.69	8 540.15	0.996

表 6－15 2006—2010 年常州至上海段的铁路客流密度预测表

单位:万人

模型	2006 年	2007 年	2008 年	2009 年	2010 年	模型精度
灰色模型法 y_1	6 506.32	6 950.36	7 424.71	7 931.43	8 472.73	0.958
重力模型法 y_2	6 478.87	6 964.32	7 525.77	8 027.42	8 549.82	0.998
组合模型法 y	6 489.85	6 958.74	7 485.35	7 989.02	8 518.98	0.999

[注]:组合法计算公式为:$y = 0.4 \times y_1 + 0.6 \times y_2$;组合系数是通过最佳模拟和专家咨询比较得出的。

3. 京津城际铁路客流量预测结果

(1)运用灰色模型和重力模型法计算社会总客流量。

分别运用灰色模型法和重力模型法预测出 2006—2010 年京津线的社会客流总量和预测精度,见表 6－16。

采用灰色模型预测,对其残差进行检验,得出灰色模型本身精度为

91.85%；通过曲线模拟得出模拟相关系数 $R^2=0.728$，$\alpha=0.04$。

采用重力模型预测，对其残差进行检验，得出重力模型本身精度为 $R^2=0.855$，$\alpha=0.05$；通过曲线模拟得出模拟相关系数 $R^2=0.925$，$\alpha=0.01$。

由此可见，这两种模型本身精度较高，预测结果模拟精度也较高，并且这两种方法预测值十分接近，相关系数达到 $R^2=0.962$，$\alpha=0.009$。所以，可以认为这两种方法计算结果是比较可靠的、有效的。

表 6－16　京津线社会客流预测数据表（2006—2010 年）

单位：万人（单向）

预测方法	2006 年	2007 年	2008 年	2009 年	2010 年	模拟精度
灰色模型法 y_1	917.07	955.48	995.49	1 037.19	1 080.62	0.728
重力模型法 y_2	942.80	970.32	1 097.90	1 130.76	1161.73	0.925
组合模型法 y	932.51	964.38	1 056.94	1 093.33	1 129.29	0.933

［注］：组合法计算公式为：$y=0.4\times y_1+0.6\times y_2$；组合系数是通过最佳模拟和专家咨询比较得出的。

（2）运用组合方法预测计算社会客流量。利用组合法对北京至天津社会客流量预测结果见表 6－16，通过模拟分析，得出组合模型法的预测精度 $R^2=0.936$，$\alpha=0.01$，说明组合预测的方法更为有效。

（3）计算京津线城际铁路客流量。通过估算时间价值计算公路、城际铁路的运输阻力，采用 LOGIT 模型，求出城际铁路占社会客流量的分摊率，然后计算铁路客流量，见表 6－17。

表 6－17　京津线铁路客流预测数据（2006—2010 年）

年　份	2006 年	2007 年	2008 年	2009 年	2010 年	模型精度
社会客流量（万人，单向）	932.51	964.38	1 056.94	1 093.33	1 129.29	0.962
铁路分担率（%）	0.782 5	0.782 5	0.800 3	0.802 8	0.805 1	0.951
铁路客流量（万人，单向）	729.69	754.63	845.87	877.73	909.19	0.915

城际铁路国外发展经验

当代世界经济社会的发展和城市化出现的城市群(圈、带)的城市空间布局新特点,促使各国纷纷发展城际铁路这一新兴的轨道交通运输方式。由此世界铁路再次迎来了新的发展机遇。但是,由于各国的经济社会发展水平、自然地理状况,以及经济制度等国情因素存在差异,形成了发展城际铁路的多种模式。本章运用比较研究和层次研究的方法,分别从城际铁路的投融资模式、建设模式、运输组织模式、管理模式、营销模式等层面,概述和总结了国外的一些较为成熟的城际铁路发展经验,供铁路部门和其他交通部门及基础设施建设部门借鉴和参考。

7.1 国外城际铁路投融资模式

目前世界上有 9 个国家建成并开通了城际高速铁路,日本早在 1964 年就建成了世界上第一条运行时速在 200 km 以上的东海道新干线(东京—新大阪),随后法国借鉴日本的经验,于 1983 年开通了欧洲第一条城际高速铁路:巴黎—里昂线;德国等欧洲其他国家也相继建成一系列城际高速铁路。纵观国外城际高速铁路建设,以资本市场融资为主、政府援助为辅、适度利用外资是国外铁路投融资的普遍方式。尤其对于较大规模的铁路系统建设,在资本市场上通过股票、债券融资这些融资方式更为重要。下面我们分别介绍国外城际铁路的各种投融资模式。

1. 股票市场融资

股票发行是许多建设项目常用的一种融资工具，它具有永久性资金来源、没有到期期限、稳定安全；没有固定的股利负担、财务负担小、融资风险低；比债务融资更容易吸收资金等特点。由于高速铁路建成后，运营收益稳定、经营风险小，因而国外铁路建设都选择适当时机在国内外资本市场上发行股票进行融资。绝大多数发达国家的早期铁路建设依靠发行股票和债券在资本市场上筹得大量资金，获得了飞速的发展。在铁路管制及国有化盛行的时期，铁路股票曾一度处于低迷状态，但在20世纪80年代的铁路管理体制改革后，铁路股票重新获得大众的青睐，从1991—1996年，美国铁路通过发行股票从资本市场上融资61.055亿美元，其中1993—1996年融资41.722亿美元。1994年，东日本铁路公司上市，政府出售62.5%的股份，募集资金91.9亿美元。

2. 债务融资

债务融资也是国外铁路建设重要的融资方式，如日本东海道新干线建设投资资金，从大藏省资金运用部获得资金低息贷款，并由政府担保发行债券，占30%多；铁路自行发行的铁路债券，占50%多；从国际复兴银行(世界银行)获得低息贷款288亿日元，约占7.6%。

(1) 国内银行贷款。国内银行贷款的主要优点为：资金来源稳定，利率较低，期限长，操作成本低，所有贷款均设计了无条件提前还款、取消未提款项等条款，为项目以后优化财务结构创造了条件。国内银行贷款是铁路项目建设资金的最主要来源之一。

(2) 企业债券。企业债券是指企业依照法定程序发行、约定在一定期限内还本付息的有价证券。企业债券比银行资金的运用更有自主性，可以根据资金运用的长短需求，确定债券的期限；比股票市场融资更容易操作，更快地筹集资金。融资成本低，可以锁定资金成本，优化财务结构。美国从1993—1996年，通过发行债券融资101.808亿美元，是同期铁路股票融资的2.44倍。可以看出，发行铁路债券是比发行股票应用更广泛、更有效和更容易操作的一种融资方式。

(3)国外贷款。国外贷款按贷款性质可以分为外国政府贷款、国际金融组织贷款、国际商业贷款。外国政府贷款偿还期长,一般为20~30年,利率低,年利率只有1%~3%。世界银行贷款包括国际开发协会(IDA)贷款(称为“软贷款”)和国际复兴开发银行(1BDR)贷款(称为“硬贷款”)。贷款期限为20~35年,不收利息或利率较低,收取手续费或承诺费,一般对项目放贷。国际商业贷款在我国是对除国际金融组织贷款和外国政府贷款以外的在国际金融市场上以借贷方式筹集的各种资金的总称,包括国外商业银行和其他金融机构贷款、出口信贷、境外发行债券转贷款等。其特点是:筹资方式灵活多样、资金投向限制性小、手续简便、附加条件少,但融资成本较高、风险较大。

3. 项目融资

项目融资是一种新兴的融资方式,是以某一项目为主体安排融资,主要是以该项目建成后的收益和资产作为资信保证来融集资金,目前国际上比较常用的项目融资方式有:

(1)BOT模式。BOT(Build - Operate - Transfer)是以政府特许权换取非公共机构融资建设经营公共设施的一种投融资方式。政府与项目公司签订合同,组建项目公司融资和建设基础设施项目。项目建成以后,项目公司在协议期内拥有、运营和维护这项设施,通过收取使用费用和服务费用回收投资,并取得合理利润。在协议期满后将这项设施的所有权无偿移交给政府。横贯英法的英吉利海峡隧道、泰国曼谷的高架铁路等都采用了BOT方式。

(2) TOT模式。TOT(Transfer - Operate - Transfer)即融资方(政府)把已经投产运行的基础设施项目在一定期限内移交给投资商(外资或内资)经营,以项目在该期限内的现金流量为标的,一次性地从投资商那里融得一笔资金,用于建设新的基础设施项目。约定期届满,投资商再将该项目的所有权及经营权无偿移交给政府。瑞典于1988年开始铁路业务特许权经营(TOT)的试点并取得较好效果。

(3)ABS模式。ABS(Asset - Backed Securities)是指资产的原始权

益人把目标项目所拥有的资产,或虽然缺乏流动性但可预见能在未来某个确定时期内产生稳定现金流量的已有资产或资产组合,从原始权益人的资产负债表中剥离出来并“真实出售”给一个特设机构SPV,将其中的风险与收益要素分离并重新组合为资产池,特设机构以其预期获得的未来现金收益为担保,进行信用升级,发行高档证券,以证券发行收入支付购买证券化资产的价款,以证券化资产产生的现金流向证券投资者支付本息。其主要特点是:通过证券市场上发行债券筹集资金,利率一般较低,从而降低了融资成本,特别适合大规模融资。

(4)PPP模式。PPP(Public - Private - Partnership)指政府通过给予私营公司长期的特许经营权和收益权来换取基础设施加快建设及有效运营。政府部门通过政府采购形式与中标单位组成的特殊目的公司签订特许合同,由特殊目的公司负责筹资、建设及经营。政府通常与提供贷款的金融机构达成一个直接协议,这个协议不是对项目进行担保,而是一个向借贷机构承诺将按与特殊目的公司签订的合同支付有关费用,这个协议使特殊目的公司能比较顺利地获得金融机构的贷款。1992年英国最早应用PPP模式。

除上述4种方式外,还有BTO方式(建设—转让—经营方式)、BT方式(建设—转让方式)、BO模式(建设—运营模式)、BOO(建设—拥有—运营模式)等。

4. 融资租赁

融资租赁是指企业或项目实体需要设备时,不是通过筹资自行购买而是以付租金的方式向租赁公司借入设备。与其他融资方式相比,融资租赁方式的筹资成本较高,但审批较快,期限和规模灵活,通过采用分期付款方式,可避免资金的集中支付。融资租赁在欧美铁路行业、国内大型运输设备,如飞机的融资租赁得到广泛的应用。

5. 政府投入

几乎所有国外政府都给予铁路建设者一定的优惠政策,如无偿赠与土地、减免税收等。这些优惠政策能刺激私人投资的热情,保证私人投资的安全,加快铁路网络的建设速度。对于公益性运输,政府的资助尤为重要。如德国各城市的地铁、轻轨建设资金60%出于联邦政府,其余由州、市政府承担。意大利从拿波里经罗马、佛罗伦萨到米兰的高速铁路建设资本构成中政府投资占40%。

7.2 国外城际铁路建设模式

1. 城际铁路建设的条件

城际高速铁路的建设主要受城市间距与分布类型、运输能力需求、人口密度等因素影响。城际高速铁路对于中距离旅客运输的效益最大,当城市间距离过短或过长时,城际高速铁路在旅行时间上的优势并不明显,从门到门旅行时间角度来说,当城市间距离处于180~945 km时,城际高速铁路最具竞争力。国外主要城际高速铁路建设国家的城市绝大多数处于该范围以内,如法国的巴黎—里昂城际高速铁路可以到达洛桑、日内瓦、马赛、尼斯、蒙彼利埃等城市,该线路还开行去往布鲁塞尔和伦敦的列车。不论是世界第一条城际高速铁路(东京—新大阪),还是欧洲第一条城际高速铁路(巴黎—里昂),建设时考虑的最主要因素就是能提供较大运输能力。日本东海道新干线高峰期发车间隔为3~5 min,每天通过的列车达283列,每列车可载客1 200~1 300人,年均输送旅客达113亿人次。因此,修建城际高速铁路应选取对运能需求较大的线路。城际高速铁路沿线城市人口密度与城际高速铁路的修建关系更为密切。法国、西班牙、日本这类具有高密度城市人口的国家城际高速铁路在运输市场占有较高份额,而在美国、澳大利亚、加拿大这类城市人口密度小、城市分布分散的国家,兴建城际高速铁路的费用高、争议大,操作起来难度较大,这也是这些国家城际高速铁路发展滞后的主要原因。

2. 国外城际铁路建设模式

国外城际高速铁路建设按照不同的方法可分为多种情况。按照建设与运营的关系分,可分为工程建设指挥部模式、"建运合一"模式、"建运分离"模式;按照铁路项目建设的不同管理方式,可分为DBB等多种模式。

(1)按照建设与运营的关系分:

①工程建设指挥部模式。工程建设指挥部模式是指由铁道主管部门组建城际铁路工程建设指挥部,负责工程建设管理,建成后整体或分段移交给沿线路局运营管理。该模式的特点有:铁路工程建设管理主体一般为临时机构;建设主体与运营主体之间的关系是行政关系,工程建成后移交给有关铁路局负责运营管理,即铁路局被动地接收管辖内的城际高速铁路。印度采用此模式建设与运营城际高速铁路。印度铁路一直是政企合一的国营单位,受印度铁道部领导。印度铁路在经营上实行3级管理体制:管制委员会、路局和分局。印度铁路的投资主体一直是中央政府,政府投资占铁路建设投资的绝大部分。印度铁路直属企业之一是印度铁路建设施工国际有限公司(IR2CON),负责铁路的建设,建设完毕后由印度铁路局负责接收。

②"建运合一"模式。"建运合一"模式是指由一个项目法人负责城际高速铁路筹资、建设,又负责线路维护、运营和还贷。该模式的特点有:按照项目法人责任制组建项目法人;项目法人既负责城际高速铁路的筹资、建设及城际高速列车的采购,又负责线路维护、运营和还贷;对城际高速铁路的经营管理具有完整性。该模式的主要优点有:由项目法人负责城际高速铁路建设和运营,能形成项目筹资、建设、运营、还贷等责任一贯到底的完整、科学的项目管理体制和机制,尤其是对建设成本产生预算硬约束;由项目法人负责城际高速铁路建设和运营,有利于采用统一的生产技术标准与更新标准,有利于保证城际高速铁路运输组织、设备配置、车底周转运用、线路维护的完整性,以及线路维护技术标准的统一性,确保满足运营的技术需要,有利于运输效率的提高。该模式的主要缺点有:如果没有政府大比例投资的有力支持,对于城际高速铁路项目法人来说,巨额建设和运营资金的筹集有较大的难度;巨额的沉淀成本会给城际高速铁路项目法人带来巨大的财务压力和经营风险。韩国采用该模式建设与运营城际高速铁路。

③"建运分离"模式。建设与运营分离模式是指由一个项目法人负责城际高速铁路筹资和建设,项目建成后转让或租赁给城际高速铁路运营公司,城际高速铁路运营公司负责城际高速铁路运营。该模式的特点:一是城际高速铁路的建设与运营分属两个不同的法人,二是建设法人与运营法人之间的关系是契约关系。该模式的主要优点有:建设与运营分离,项目建设公司只负责建设资金的筹集,难度相对减小;城际高速铁路项目建设公司是具有非营利性质的公益法人,具有双重属性。作为法人具有对建设成本控制的内在激励动力,同时公司不以营利为目标,有利于提高工程建设质量,公司的经营收入优先偿还建设贷款,若有富余,可用于其他高速铁路建设,有利于城际铁路高速化建设规划和发展;城际铁路运营公司可根据自身的经济情况和市场情况,在决定是否承担巨额的城际高速线路沉淀成本上具有充分的主动权,从而减少公司财务压力、经营风险。该模式的主要缺点有:需要完善的专门法规作保障;由于建设和运营职能分属两个法人,而且它们之间不可避免地存在一定程度的经济利益矛盾,如果没有完善的协调机构和机制,可能会增加交易费用。根据是否负责城际高速铁路的维护,可以将城际高速铁路运营公司的职能进一步细分成两类:城际高速铁路运营公司既负责运营又负责维护。在这种"建运分离"模式下,城际高速铁路运营公司同时负责城际高速铁路维护,这样的国家有日本和法国;城际高速铁路运营公司不负责城际高速铁路维护。在这种"建运分离"模式下,负责城际高速铁路运营的公司不负责城际高速铁路维护,这样的国家有韩国、德国、意大利。

进一步考察,采用"建运分离"模式的国家铁路体制全部已经是或将来是"网运分离"体制。这种现象绝对不是偶然的。在不考虑其他因素的基础上,实行"网运分离"铁路体制的国家在选择城际高速铁路建设与运营模式时,必然的选择是"建运分离"模式,因为城际路网公司现实存在,城际高速铁路建设及(或)维护责任自然而然落在城际路网公司的身上,便于将来实行"网运分离"。因为采用这种模式建设的城际高速铁路与将来"网运分离"的铁路改革衔接性好。至于城际高速铁路的维护业务是由运营公司负责还是不由运营公司负责,主要是由各国铁路体制的具体情况决定。

(2)按照铁路项目建设的不同管理方式分:

① 传统的设计—招标—建造模式(DBB)。又称通用模式。世界银行、亚洲开发银行贷款项目以及采用FIDIC土木工程施工合同条件的项目都采用这种模式。这种模式最突出的特点有两个:一是施工总承包,业主与施工总承包商签订施工承包合同,二是工程项目的实施必须按设计—招标—建造的顺序方式进行,只有一个阶段结束后另一个阶段才能开始。这种模式已经在世界各地长期广泛使用,程序和方法都很成熟,业主可自由选择咨询设计人员,可按要求控制设计,可采用各方熟悉的标准合同文本,利于合同管理和减少合同纠纷,施工采用竞争性招标,利于降低报价。这种模式的缺点是项目周期较长,业主管理费较高,设计与施工脱节,变更和索赔较多。此种模式在铁路中广泛得到应用,但由于铁路建设项目投资巨大和建设周期较长,使得项目的投资很难得到有效的控制。

② 工程总承包模式。工程总承包是指从事工程总承包的企业受业主委托,按照合同约定对工程项目的勘察、设计、采购、施工、试运行(竣工验收)等实行全过程或若干阶段的承包。工程总承包企业按照合同约定对工程项目的质量、工期、造价等向业主负责。工程总承包企业可依法将所承包工程中的部分工作发包给具有相应资质的分包企业;分包企业按照分包合同的约定对总承包企业负责。工程总承包主要有设计—施工总承包(DB)、设计建造总承包、设计采购施工总承包(EPC)和交钥匙总承包等主要方式,根据工程项目的不同规模、类型和业主要求,工程总承包还可采用设计—采购总承包(EP)、采购—施工总承包(PC)等方式。工程总承包模式具有以下优点:充分利用工程总承包商先进的技术和经验,克服了业主经验不足和非专业机构实施项目管理的弊端;实现设计、采购、施工、试运行等环节的内部协调,减少外部协调环节,保证项目顺利实施,按时交付使用:实现设计、采购、施工、试运行等环节的深度合理交叉,利于采用快速建造方式,缩短建设周期;实现早期确定项目成本,利于业主的投资控制。

③ 建筑管理模式(CM)。建筑管理模式(Construction Management),其核心是以CM经理为核心的工程项目管理。在这种模式下,业主在项目开始阶段就雇佣施工经验丰富的咨询人员即CM经理,参与到项目中来,负责对设计和施工整个过程的管理。这种模式常常采用设计一块,招标一块,施工一块的快速建筑方式,从而有利于缩短工期和业主收回投资。根据合同规定的CM经理的工作范围和角色,可分为代理型CM模式(Agency CM)和风险型CM模式(At - risk CM)。a. 代理型CM:在这种模式中,CM经理按固定酬金加管理费的办法与业主签订服务合同,担任业主的咨询和代理;业主在各个施工阶段与各专业分包商签订工程承包合同。这种模式的主要缺点是CM经理不对进度和成本做出保证,业主的风险较大。b. 风险型CM:所谓风险型CM,就是由CM经理向业主保证一个最高成本限额(Guaranteed Maximum Price)的CM模式。有了这个GMP,业主的风险减少了。风险型CM中,各方的关系基本上介于传统模式与代理型CM之间,风险型CM经理的地位实际上相当于一个总承包商,他与各专业承包商之间有着直接的合同关系,并负责使工程以不高于GMP的成本竣工,这就使得他所关心的问题与代理型CM经理有很大不同,尤其随着工程成本越接近GMP上限,他的风险就越大,他对利润问题的关注也就越强烈。CM模式特别适用于那些实施周期长、工期要求紧迫的大型、特大型复杂工程项目建设,对于常规中小型建设项目不宜采用CM模式。CM模式适用于设计变更可能性较大的建设工程、时间因素最为重要的建设工程、生产产品急于占领市场的建设工程、因总的范围和规模不确定而无法准确定价的建设工程。应用CM模式的关键条件,一是要有具备丰富施工经验的高水平的CM公司;二是基本(初步)设计已经完成并已批准;三是详细(施工图)设计已按施工顺序分期逐步实施。

④ 设计—管理模式(Design - Manage)。这是一种类似CM的,但其组织较CM模式更为复杂的模式。它是由同一实体向业主提供设计和管理服务的工程管理模式,这一实体常常是设计机构与施工管理企业的联合体。设计—管理模式可以有两种形式,一是业主与设计—管理公司和施工总承包商分别签订合同,由设计—管理公司负责设计并对项目实施进行管理;另一种是业主只与设计—管理公司签订合同,而

由设计—管理公司与各个单独的分包商和供应商签订合同,可以看作是 CM 模式与设计—施工总承包模式相结合的产物。

⑤ 建造—运营—移交模式(BOT)。这种模式是 20 世纪 80 年代在国外兴起的依靠外国私人资本进行基础设施建设的一种融资和建造的项目管理模式,或者说是国有项目民营化的一种方式。它是指东道国政府开放本国基础设施建设与运营市场,吸收国外资金,授给项目公司特许权,由该公司负责融资和组织建设,建成后负责运营及偿还贷款,在特许期满时将项目移交给东道国政府。BOT 模式又可演变为 BOOT(建设—拥有—运营—移交)、BOO(建设—拥有—运营)、BOS(建设—运营—出售)、ROT(修复—运营—移交)等。此外,还有 TOT(移交—运营—移交),指东道国把已经投产的项目在一定期限内交给外资经营,一次性从外商那里融得一笔资金用于建设新项目,外资经营期满后,再把原来的项目移交给东道国,这也是 BOT 的一种演变方式。

⑥ Partnering 模式。Partnering 模式最早出现于美国,至今也没有一个准确的定义,Partnering 模式意味着业主与建设工程参与各方在相互信任、资源共享的基础上达成一种短期或长期的协议:在充分考虑参与各方利益的基础上确定建设工程共同的目标;建立工作小组,及时沟通以避免争议和诉讼的产生,相互合作,共同解决建设工程实施过程中出现的问题,共同分担工程风险和有关费用,以保证参与各方目标和利益的实现。Partnering 模式的特征主要表现在参与各方的自愿性;参与各方高层的介入;Partnering 的协议区别于法律意义上的合同;信息的开放性。Partnering 模式总是与建设工程组织管理模式中的某一种模式结合使用,较为常见的是与总分包模式、项目总承包模式、CM 管理模式结合使用。这表明,Partnering 模式并不是作为一种独立存在的模式。一般使用来说,它适用于下面几种工程:业主长期有投资活动的建设工程;不宜采取公开招标或邀请招标的建设工程;复杂的不确定因素较多的建设工程;国际金融组织贷款的建设工程。

⑦ 项目法人责任制。项目法人责任制是一种项目管理组织制度,也是建设项目决策和实施的有效组织形式和经营机制。项目法人是指由项目投资者代表组成的对建设项目全面负责并承担投资风险的项目

法人机构,他是一个拥有独立法人财产的经济组织。项目法人责任制源于业主责任制,业主是西方国家对建设项目投资人的称谓。项目法人责任制的核心内容是明确了由项目法人承担投资风险,项目法人要对工程项目的建设及建成后的生产经营实行一条龙管理和全面负责。实行建设项目法人(业主)责任制是一种国际惯例。在西方国家中,无论是民间投资的建设项目,还是国家投资的建设项目,都要在建设前期组建项目法人,做到先有公司法人,后有建设项目,由项目法人对建设项目的策划、融资、建设实施直至建成后的生产经营、维修和债务偿还等实行全过程负责,并承担相应的投资风险。

7.3 国外城际铁路运输组织模式

1. 国外城际铁路运输组织模式

世界各国已建成投入运营的高速铁路,都是根据自己的铁路运输特点和实际需要,采用适宜、可行的运输组织方式组织列车运行,以取得最理想的社会和经济效益。国外高速铁路主要采用以下5种运输组织模式:

(1)全部开行高速旅客列车模式。

在高速线上只运行高速旅客列车,无跨线列车运行,直通客流大,跨线旅客采用换乘办法解决,这种模式只适用于自成系统的高速客运专线。其优点是列车运行速度高,可达到200~300 km/h以上;列车追踪间隔短,最小为2~3 min;通过能力大,平行运行图能力一昼夜可以达到400~600列,因而可以输送更多的高速客流。由于只有一种速度的列车运行,运输组织工作简便。日本新干线铁路,主要有东海道新干线、山阳新干线、东北新干线、上越新干线、北陆新干线,多为自成体系的高速客运线。其运输组织模式采取高速客运的方式进行旅客运输,高速线上只运行高速列车,无跨线列车运行,直通客流大,跨线旅客采用换乘的方式。

(2)高速列车下高速线模式。

在高速铁路上既运行本线的高速列车，又运行跨线的高速旅客列车，跨线的高速旅客列车在高速线上按高速运行，下高速线后按普通线路允许速度运行，这种模式适用于与普通线路相衔接的高速客运专线。其优点是可按照一种速度的列车平行运行图运行，通过能力大，跨线旅客不必换乘，方便了旅客，扩大了高速列车的服务范围，能够更多地吸引客流，提高高速线的利用率。缺点是占用的高速列车车底数较多。法国的高速铁路便采用这种运输组织模式。如巴黎东南线高速铁路长454 km，TGV 列车运行里程达 2 640 km，通达法国南部各主要城市，运行距离延长近 5 倍。从整体上讲法国高速铁路可以归结为“全高速—双线运行”的运输方式，高速线仅运行高速列车但高速列车不仅在高速线上运行而且还可以在与高速线相衔接的线路上运行。这样，一方面使新线运力得到最佳发挥，另一方面能充分利用既有的基础设施，尽量减少在高度都市化地区进行困难和昂贵的工程建设，列车可以方便地进入如巴黎、里昂这样的大城市。

(3)客、货列车混跑模式。

高速线上不仅运行高速旅客列车，还运行速度较低的货物列车，多适用于改造既有线为高速线的线路上，其优点是线路的工程投资省，缺点是客货列车的速度差较大(客运列车为 200 km/h，货运列车为 100 km/h)，客车扣除系数大，通过能力较小，列车运行组织复杂，客车的最高速度也受到限制，从而延长了旅客的旅行时间。这种模式世界上最具代表性的是德国的高速铁路。德国铁路的高速网是由改造的旧线(最高速度 200 km/h)和新建高速线(最高速度 250～300 km/h)混合组成的。德国高速铁路的建设特别强调扩大货物运输能力，改善运输质量和消除运输瓶颈地段，所以采用“客货混运”的运输方式，在高速线路上既要运行 ICE 列车，也要运行货物列车，还要开行地区和短途旅客列车，因而，高速线路运输任务很繁忙。德国的 ICE 动车组实行节拍运输，采取基于运输能力的运输模式，这种运输模式以固定的时间间隔组织运行。例如，在德国的许多大城市每隔 1 小时就发一列 ICE 高速列车。这种运输方式能为大多数旅客全天提供均衡的列车，节拍时间容易记忆，便于旅客对车次的选择。这样对铁路经营者来说，所需列车的数量比较少,有规律的运行使运营人员的工作井然有序,从而减少运营过程中的不规则性。此外,优化的检修程序减少了列车回空,固定发车间隔的列车运行图使得其他交通工具易于与之衔接,这样就便于旅客换乘,缩短了旅客在站停留时间。这种运输模式的缺点是:运行速度必须与列车运行图相适应,结果是平均列车运行速度降低,在间隔较小的情况下不可能客货共线运行。

(4)中速列车上高速线模式。

在高速铁路上既运行本线的高速列车,又运行跨线的中速旅客列车,这种模式适用于与普通线路相衔接的高速客运专线。其优点是多数旅客不必换乘,但由于在高速线上有两种不同速度的旅客列车运行,会影响高速线的通过能力,增加列车行车组织工作的复杂性。意大利的高速铁路是按高速旅客列车、常速旅客列车及高速货物列车客货混运设计施工运营的,其高速铁路运输组织模式属于"混合运输"模式。主要行驶中、长途高速列车。在这些高速列车中,有些列车只在高速线上行驶,而另外一些高速列车则要下高速线,延伸到一些不在高速线上的大城市。非高速旅客列车也可上高速线,普通货物列车不上高速线,一些运送鲜活、易腐货物的快速货物列车也可在高速线上行驶。此外,在高速线上,白天还可以开行非高速的IC(城际)列车、EC(欧洲城际)列车。西班牙的马德里—塞韦利亚高速铁路也是按满足高、中速旅客列车混跑的运营需要设计的。到2002年,在马德里—塞韦利亚高速铁路线上每天往返开行的高速列车已达74列。其中38列AVE型高速列车以300 km/h速度在马德里—塞韦利亚间运营,18列AVE型高速列车在马德里—雷阿尔城—布拉萨托尔塔斯作区间运输,另有18列Talgo快速摆式列车以200 km/h速度从马德里运行到塞韦利亚,然后进入宽轨线到马拉加、加的斯、韦尔瓦等城市。

(5)公交化运输组织模式。

"公交化"的概念源于城市公共交通,是指在运输能力超大的通道内,以较大的行车密度、较小的单位运输能力、较少的候车时间,实现旅客便捷、快速出行的运输组织模式。其运输组织的两大特点是:①运输能力充足:a. 客运通道能力有保证。规范的道路一经建成,若在运营管理上能保证其畅通,则公交车开行数量的多少,对道路能力并不构成影响。b. 交通工具班次多。因而旅客候车时间短,可以随时乘车。②运输组织简便:a. 公交乘车买票手续简单。可以使用月票、预售票,也可以先上车后买票,从而大大简化了旅客旅行手续。b. 车票不对号。由此可见,公交化运输是在较大能力基础上,售票手续简便、交通工具行车密度较高的旅客运输;而"公交化"列车,是铁路为实现公交化运输而组织开行的列车,是具有一定运能保证、售票手续简便化、实现城际客流的"快节奏"的旅客列车。法国、日本等发达国家的城际高速列车都采取了"公交化"运行的模式,欧洲国家开行列车数多在每天50~100列,日本的开行对数较多,可以达到每天200列以上。其原因在于日本人口密度大,经济发达,交通的便利诱发了地区间大量的交通量。

2. 国外城际铁路运输组织模式的特点

(1)减少旅客换乘。

法国采取高速列车下高速线的方法,延长TGV高速列车的运行距离,拓展其通达范围,从而减少旅客换乘次数,扩大客流吸引范围,取得明显效果。大西洋高速铁路长282 km,TGV列车运行里程达2 380 km,通达法国西部和西南部各主要城市,运行距离延长近8倍。自1989年9月开通以来,运量持续增长,1992年达到1 811万人/年,比1991年增长9%,使飞机运量下降了20%左右,铁路财务内部收益率为12%,国民经济内部收益率为23%。

德国、日本在高速铁路的客流组织上,尽管旅客换乘条件很好,但仍致力于创造更多的直达条件。德国采取了大量的ICE列车和IC列车下高速线的办法。日本国铁民营化后,划片管理,新干线和既有线归同一公司经营,为吸引更多的客流,已开始设法减少旅客的换乘。东北新干线上已运行二合一的组合列车,由上野开出以240 km/h的速度运行至福岛,在福岛站一分为二,一部分(约6辆组成)下高速线,以140 km/h的速度运行至山阳;另一部分(约10辆)继续以240 km/h的速度运行至盛冈。返回后在福岛站二合一,回上野。为此,山阳线已改造成既能运行窄轨列车,又能运行准轨列车的线路。

(2)高速线上运行多种不同速度等级的城际列车。

德国自1971年起在50个城市间每小时开行1列IC城间快速列车,最高时速可达200 km。1991年开始在新建(汉诺威—维尔茨堡327 km,曼海姆—斯图加特99 km)和改建的约2 400 km的线路上,每小时开行一列最高时速达250 km的ICE高速列车。无论是新建还是改建的高速铁路,目前仍是白天运行旅客列车,其中单向每小时一列ICE高速列车和若干列最高时速为200 km的IC城间快速列车以及EC欧洲城间特快列车。

日本的高速铁路都是客运专线。东海道新干线历史最长,也最具代表性。该线(连同山阳新干线)运行3种不同速度的列车。其中"望号"270 km/h,"光号"240 km/h,"声号"220 km/h。双向列车密度为282列/日(东北新干线约210列/日,上越新干线约180列/日);每小时单向最多运行11列,其中"望号"1列,"光号"7列,"声号"3列。能力主要受限于东京站,在新开设平川站后,每小时可增加到15列。

从德国和日本两国的运营经验看,多种不同速度等级的城际列车混跑在技术上是可行的,两国高速铁路上都运行多种速度的列车,只不过旅客列车间的速差比较小。无论是德国还是日本也有部分专家不主张在同一时间带里多种不同速度等级的城际列车混跑,其理由是会降低运输能力。德、日两国的经验还说明高速铁路没有因既有线开来的列车"技术状态不好"、"运行晚点"等因素的影响而降低其安全性和准时性。

(3)高速铁路客货混跑。

为了提高高速铁路的利用率,获得范围经济效益,有些国家在高速铁路上也实行客货混跑的运输组织模式。其中一种方式是白天运行城际旅客列车,夜间全部运行货物列车,其中快运列车最高时速160 km,一般货物列车最高时速为120 km。上高速线的货物列车一般不超过2 500 t。德国专家认为,客、货列车混跑中货物列车(轴重22.5 t)对线路加重破坏的现象不明显。联邦铁路(DB)副主席Peter Reinhardt说:过去一些专家认为客、货列车混跑不行,事实证明是可行的,技术上没有问题。德国铁路的运输组织管理大部分集中在路网公司,由路网公司负责运行列车的调度指挥,编组站的到达、解体、编组及出发作业,并按照运行图的规定,将旅客与货物送达目的地。二是客货共线行驶。除了上述德国高速铁路为了扩大货物运输能力,采用客货混跑方式外,意大利罗马—佛罗伦萨高速铁路实行客货共线行驶,客运时速为250 km,货运时速为120 km。意大利国铁的高速铁路计划是世界上第一条客货混合的高速新双线。英国、德国、前苏联国家的高速铁路便采用这种运输组织模式。瑞典铁路的线路状态比较好,线路等级比较高。瑞典主要是通过对既有铁路线的局部改造,采用瑞典 ABB 公司与瑞典铁路合作研究多年的 X2000 型摆式列车提高运行速度到 200 km/h,以便缩短旅行时间。其运输组织模式也是采用"客货混合"的高速铁路运输组织模式。

7.4 国外城际铁路的管理模式

由于世界各个城市发展城际铁路的历史条件和经营环境不同,形成了各种各样的城际铁路的管理模式。按资产属性及运营企业性质划分,世界城际铁路的运营管理模式主要可分为以下 7 种。

1. 国有国营模式

国有国营模式又可分两种类型,一种是有竞争的国有国营模式,另一种是无竞争的国有国营模式。

(1)有竞争的国有国营模式的特点是:线路为政府所有,两家或两家以上的运营单位通过招标方式获得经营权。采用这种模式的代表城市有首尔等。

首尔的轨道交通网络包括地铁和铁路系统两部分,分别由地下铁路公司(SMSC)、快速轨道交通公司(SMRT)和韩国国家铁路公司(KNR)等三家国有公司运营。地铁从运输税务系统得到补助金,但每年仍有亏损。燃料税是运输税务系统资金的主要来源。为弥补亏损,市政府不得不注入额外的资金发行债券。地铁系统获得不动产和注册方面是免税的,也不用缴纳公司所得税、城市建设税和营业税。

有竞争条件下的官办官营模式是一种带有计划性质的市场竞争模式。在此模式下,政府作为业主给企业的补助较为优厚;官办性质的企业不能过分重视盈利,所以票价带有福利性;但是由于创造了一定的竞争环境,客观上提高了企业的主观能动性。

(2)无竞争的国有国营模式的特点是:线路为政府所有,一家单位独家经营,或两家以上单位按行政区域划分经营范围,城市轨道交通的运营者由政府指定,政府给予相应的费用。伦敦、纽约、柏林、巴黎的地铁运营管理都是属于这种模式。

纽约的地铁系统在纽约市运输局(Metropotan Transportation Authority,以下简称 MTA)的管理之下。MTA 是纽约州政府的下属机构,负责管理纽约市内的公共交通系统。MTA 的董事会成员基本都由纽约州政府指定,其余部分由纽约市市长或郊区各县的官员指定。自1950 年以来,纽约的所有轨道交通系统的资金补助都来自于市政府、州政府和联邦政府的拨款;运营费用便占了总拨款 65%,不足的部分由州和联邦政府补贴;税收收入用以补贴运营所需的资金。欧美国家多是采用国有国营、无竞争形式的管理模式。这有多种原因:主要是因为欧美国家的轨道交通系统客流密度比较低,系统少有赢利的可能性;这些城市一般由非盈利性的公共团体代表政府管理城市轨道交通(该团体指定其下属公司或自身经营线路,该公共团体的主要任务是为轨道交通运营企业争取补助金);票价带有极大的福利性运营收入不能抵偿运营成本,完全靠补助金支持日常开销。

2. 国有民营模式

国有民营模式按民营的程度不同也可以分为国有半民营和国有民营两种模式。

(1)国有半民营模式的特点:线路为政府所有,交由政府股份占主导地位的上市公司经营。其代表有德国的梅前州、图林根州等地的短途客运专线。

德国的短途铁路客运线路实行招标运营。在梅前州,图林根州,法国铁路公司通过竞标获得了短途客运经营权。现在已有200多个公司使用联邦铁路线。目前,德国铁路短途客运的市场份额中92.4%为DB所有,7.6%由其他公司获得。随着短途客运招标范围的进一步扩大,预计未来10年其他公司所占份额将增加到15%~25%。

(2)国有民营模式的特点:线路为政府所有,交由民间股份占主导地位的上市公司经营。新加坡的地铁运营管理属于这种模式。

新加坡快速轨道交通公司负责新加坡地铁的运营。公司的最大股东为一家私人企业。公司没有建设部门。新加坡国土运输局拥有轨道交通的所有权和建设权并承担建设费用。因此新加坡地铁是典型的官办民营的模式。国土运输局(Land Transport Authority 以下简称LTA)是新加坡轨道交通系统的建设者和所有者,同时还是运输规则的制定者。它制定规则确保系统的正常运营和养护维修等工作。LTA通过与新加坡快速轨道交通公司(SMRT)签订租借合同授予SMRT地铁线路的经营权,并对SMRT的运输行为进行约束。

新加坡地铁是把建设和运营分开的一种管理模式,所有线路都在国土运输局(LTA)建设完成以后交付运营公司使用。其具体运作方式是:a. 地铁作为福利由政府背负建设费用;b. 淡化运营公司的职能,运营公司无线路的所有权,政府不干涉运营收入也不对运营开支进行补贴;c. 运营公司完全民营,第一大股东为私人投资公司;d. 由政府指定运营水平和规则,以此保证轨道交通的公共福利性质。

在这样的模式下,政府拥有车站、轨道等基础设施,私有部门的投资相对较少,从而使具备投资能力的投资者较多,因此可以通过竞标的方式来获得执照并取得投资的商业回报。竞争机制的引入,有利于运营效率和服务质量的提高。

3. 委托经营模式

委托经营模式不转移资产的所有权,只转移资产的经营权。委托经营减少了企业为购买铁路资产所需的巨额资本,给企业带来了收益。铁路运输企业必须按合同要求维护其经营的资产,并对铁路经营再投资。委托经营以多轮竞标的形式将独立的经营权转移出去,竞争者对政府提出的多年利润分成和投资计划提出建议,政府保留机车车辆、铁路线路和设施的所有权。中标者赢得使用铁路国有资产的权利,承担提供服务的义务,并对铁路运营和铁路资产的保全负责。

这种经营模式在英国运用颇多。英国铁路国有资产实际上归国家所有,其代表是国会,而铁路监管办是监管机构,对作为所有者代表的国会负责,但作为监管者的监管办并不具体经营国有资产,而是以契约形式的委托代理制将国有资产交由国家路网公司、客运公司等公司具体经营。所有者不直接监管,监管者不干预经营,经营者按契约规定而自负盈亏,从而实现了所有权、监管权、经营权的相互制衡。

4. 公私合营模式

这种模式的特点是:线路归政府和地方公共团体所共有,同样由政府和地方公共团体共同组织人员经营。其代表城市有东京等。

东京的轨道交通系统很早就引入了多种经济成分。例如有政府投资、商业贷款、民间投资、交通债券等多种形式,充分开拓了融资渠道。以帝都高速交通营团(TRTA)为例,它的资本金由日本政府和东京都政府分摊,运营补助金50%以上来自地方公共团体,贷款来源于政府的公共基金、运输设备整备事业团的无息贷款、民间借入金和交通债券等。政府对帝都高速交通营团的控制在于高层人员的任免(董事长由东京都政府任命)。帝都高速交通营团的管理委员会是真正的实权机构,它决定收支预算、营业计划和资金计划等。管理委员会共有5名成员,其中4名由国土交通局任命,1人由出资的地方公共团体推荐。

这种多种经济成分构成的模式与官办半民营的模式有些相似,但又有所不同。不同之处在于:①地方公共团体投入的资金不同于股民投入的资金(前者可以看作是一种民间集资的补助金,出于非赢利的目的投入轨道交通企业,后者的投入是为了赢利);②帝都高速交通营团不是一个上市公司,不存在未来被私人收购的可能性;③相对于官办半民营模式,帝都高速交通营团的自主性较小,政府行为较多。

5. 私有私营模式

该模式的特点是:线路由私人集团投资兴建,并由私人集团经营。其代表城市有曼谷等。

曼谷城市轨道交通建设运营模式是典型的私人投资建设并运营的典范,私人企业通过与政府签订特许权协议,取得轨道交通的建设与运营管理的权利,政府无权干预私人轨道交通企业的建设与运营管理,但是泰国政府通过合同形式对轻轨建设和运营以及 BTS 的股本结构进行约束,如特许经营协议规定,票价范围在 10~40 泰铢之间,等等。

负责曼谷城市轨道交通建设和运营的是一家在泰国注册、由私人家族企业控股的公司,叫曼谷大众交通系统公共有限公司(Bangkok Mass Transit SystemPublic Company Limited,以下简称 BTS),其母公司是他拿勇公共有限公司(Tanayong Public Company Limited)——该公司归 Kanjianapas 家族所有,主要从事房地产投资业务。他拿勇公司占 BTS 公司 61.56% 的股份,第二大股东则是另一家公共有限公司——意大利 · 泰国发展公共有限公司(Italian - Thai Development Public Company Limited),该公司占 BTS 公司 12.71% 的股份。

根据泰国 1996 年颁布的《公共有限公司法案》,泰国的公共有限公司并不是国家所有,这一点可以从 BTS 可以看出,该公司泰国政府并没有参股其中,它应该属于私人所有,也就是说泰国政府对这家公司不存在任何的影响和控制力,政府只是在投资项目和投资者的资质方面进行控制,投资项目和投资者的资质必须得到政府确认,同时曼谷轻轨的建设和运营受到政府的监管。

泰国政府通过合同的形式对轨道交通的建设、运营以及 BTS 公司的股本结构进行约束,曼谷城市建设委员会(BMA)和 BTS 签订了为期 30 年的特许运营协议,其中规定工程建设完成后的轻轨的人力资源部分采取 BTO 方式转让,而运营的电子和机械部分在运营期满后采用 BOT 方式转让。同时协议还规定在整个项目期内,他拿勇公司的持股比例不得低于 51% 。

由此可知,曼谷轨道交通采取的是私人投资建设运营、政府监管的

BOT 模式,这种模式可以私人资本的引入来解决基础设施建设的资金短缺问题。

在这种模式下能最大程度地激发私人投资者的兴趣,但在票价、线路走向等敏感问题上政府与私人投资者不可避免地发生冲突;政府难以保证轨道交通作为公共福利事业的本质;轨道交通的投资回收期长,私人投资者要有在头几年亏损的情况下偿还贷款利息的心理准备;这种模式会激发私人投资者严格控制建设和运营成本。

6. 私有国营模式

这种模式的特点是:政府不进行投资,但对债务融资进行担保来吸收社会资本。建成后投资人将其租赁给政府经营并获得一定的租金,租期结束后将资产转让给政府。采用这种模式的有菲律宾等国。

菲律宾地铁采取的这种独特模式。在建设初期,政府完全不用进行投资,但要对债务融资进行担保,从而保证 MTR - tU 能够融到足够的建设资金。同时,吸收社会上的私人投资者,他们以股权的形式进入,构成资本金,这是进行债务融资的必要保证。建设完成后,MTR - LLI 将全部的资产,包括基础设施和运营资产租赁给政府部门进行运营,相应地交通部需要向 MTR - LLI 支付租金,整个的租赁期限为 25 年。在租赁期结束后,MTR - LLI 将资产转让给政府部门。

对于以股权投资者身份进入的私人资本,在运营期限内可以获得每年 25% 的收益。相对于其他的投资方式来说,私人资本所获得的收益是比较稳定并且可观的。因此,吸引了私人资本的投入。

与其他模式不同的是,政府不参加资产的建设,但对其进行运营。因此,政府需要负责运营、系统的维护、票价的制定等工作。由于不用负担建设初期巨额的资金支出,在运营期限内每年以一定的金额支付租金和股票收益,从本质上来看,这类似于融资租赁的融资方式,缓解了政府前期的资金压力。

7. 租赁经营模式

租赁经营模式在俄罗斯的小型铁路公司使用的比较普遍。小公司常常租赁大公司的设备甚至铁路线进行运输经营活动。租赁经营对铁路盘活资产,提高经济效益作用显著。

需要指出的是,绝大多数国家铁路改革都兼用多种改革模式,而几乎所有的国家铁路都不同程度地使用了租赁经营模式。

7.5 国外城际铁路的营销模式

1. 国外城际铁路的服务营销

服务营销是从西方引进的,是适应新经济时代服务业在国民经济中占据主导地位而产生的新的理论和方法,是对市场营销的延伸与拓展。在发达国家,服务业已经成为国民经济的主导产业,由于服务的特殊性,传统基于消费品的营销理论不能照搬到服务行业,服务营销需要自己的概念体系与理论框架。因此,“服务营销”应运而生。城际铁路客运属于现代服务业,其产品是客运服务。因此其营销必须学习和运用服务营销的理论和方法,才能在城际客运市场中提高竞争力,提高铁路城际客运的份额。

(1)服务营销的含义。

服务在《辞海》中是这样解释的:“①为集体或为别人工作。如为人民服务,服务勤勉。②亦称‘劳务’,不以实物形式而以活劳动的形式满足他人某种需求的活动。”菲利普·科特勒把服务定义为,“一方提供给另一方的不可感知且不会导致任何所有权转移的活动或利益。”又如,美国市场营销学会将其定义为,“主要为不可感知,却使欲望获得满足的活动,而这种活动并不需要与其他的产品或服务的出售联系在一起。生产服务时可能会或不会利用实物,而且即使需要借助某些实物协助生产服务,这些实物的所有权将不涉及转移的问题。”

服务营销是一种营销理念,企业营销的是服务,而传统的营销方式只是一种销售手段,企业营销的是具体的产品。在传统的营销方式下,消费者购买了产品意味着一桩买卖的完成,虽然它也有产品的售后服务,但那只是一种解决产品售后维修的职能。而服务营销认为,消费者购买了产品仅仅意味着销售工作的开始而不是结束,企业关心的不仅仅是产品的成功售出,更注重的是消费者在享受企业通过产品所提供的服务的全过程的感受。这一点也可以从马斯洛的需求层次理论上理解:人最高的需求是尊重需求和自我实现需求,服务营销正是为消费者提供了这种需求。而传统的营销方式只是提供了简单的满足消费者在生理或安全方面的需求。随着社会的进步,人民收入的提高,消费者需要的不仅仅是一个产品,更需要的是产品所能带来的特定或个性化的服务,从而有一种被尊重和自我价值实现的感觉,而这种感觉所带来的就是旅客的忠诚度,它不同于传统的市场营销。

(2)服务营销的产生与发展。

20 世纪初,营销学作为一门独立的学科,实体产品的营销一直作为主流学派主宰着理论界和实务界。而在 20 世纪中叶,随着西方发达国家陆续迈入服务经济时代,人们对一直作为非主流学派的服务营销的关注开始不断增强。20 世纪 80 年代,服务营销走出了产品营销的窠臼,为营销学的发展开拓了新视野,其发展经历了下述阶段。

① 萌芽探索期(20 世纪 80 年代以前)。20 世纪 60 年代,美国市场营销杂志刊登了三篇有关服务营销的文章。尽管这些文章仅是描述性的研究。但对后来学术思想的形成与发展有着深远的影响。其中 Regal1 针对美国服务业的产值在 GDP 中的比重和服务业在总就业人口中的比例超过 GDP 的现象,指出“服务革命”时代的到来;Judd 指出应重新定义服务,并开创了服务分类研究的先河;肖斯塔克时服务易逝性特征做了深入研究。20 世纪 70 年代肖斯塔克里程碑式的《从产品营销中解放出来》一文的发表,改变了服务营销的发展历史。这一阶段主要研究的问题是:服务与有形实物产品的异同、服务的特征、服务营销学与市场营销学研究角度的差异。

② 初步发展阶段(1980—1985 年)。从 1981 年开始,营销学者开始将服务营销的研究重点转移到服务的特征对消费者购买行为的影响方面。其中,西斯姆 1981 年在美国市场营销协会学术会议上发表的《旅客评估服务如何有别于评估有形产品》一文为代表之作。由于研究中肯定了服务特征对消费者购买行为的影响,营销学者普遍形成了

一个服务营销不同于传统的市场营销的共识，它需要新的市场营销理论的支持。尽管对服务有不同的分类，但营销学者一般认为，针对不同类型的服务，营销人员需要采用不同的服务营销战略和战术。这一阶段具有代表性的学术观点主要是：旅客评估服务如何有别于评估有形产品；如何依据服务的特征将服务划分为不同的种类；可感知性与不可感知性差异序列理论；旅客卷入服务生产过程的高卷入与低卷入模式。

③ 稳步发展阶段（1986—1992 年）。这一阶段研究服务营销的学者大量涌现，相关学术性会议和学术性刊物也在不断增加。与初期概念性讨论或争论不同，此时的研究更加注重实证研究和理论导向，更加关注服务特征产生的实际问题研究。营销学者逐步认识到了“人”在服务的生产和推广过程中所具有的作用，并由此衍生出了两大领域的研究。即关系市场营销和服务系统设计。尤其服务质量和服务接触研究取得了突破性进展，帕拉舒曼在克里斯丁·格罗鲁可感知质量的基础之上，提出了服务缺口模型与服务质量的五项测定标准；贝特森等在服务接触方面的研究开创了互动营销的先河。

④ 系统深化阶段（1993 年至今）。进入 20 世纪 90 年代，正如克里斯丁·格罗普所言：旅客购买的不是传统意义上的商品或服务，而是可以给旅客创造价值的服务中的效用，因而传统意义上的商品和服务的区分方法早已过时。这一阶段关于“服务质量”和“服务接触”两个方面的研究也更富成果。感知质量、技术质量、功能质量等概念以及服务质量差距理论的提出。都为后来的服务质量问题研究奠定了重要的基础。这一阶段提出了服务接触的系列观点，包括服务员工与旅客相互之间沟通时的行为心理变化，服务接触对整顿服务感受的影响，如何利用服务员工及旅客双方的“控制欲”、“角色”和对投入服务生产过程的期望等因素来提高服务质量问题。

（3）服务营销在国外城际铁路中的运用。

铁路运输属于服务业，铁路运输产品是服务产品，尤其是客运直接为旅客服务。在实现旅客位移服务的过程中还提供附加服务和利益，包括位移前的服务、位移中的服务和位移后的服务。城际客运由于旅客流量更大、更为密集、层次也较高，对服务要求更高，更需要做好服务营销工作。

① 位移前服务。为旅客提供便捷的购票服务,如计算机联网售票、磁卡售票、流动售票、发行计名与不计名月票等。同时,要增加售票功能,开展电话订票、网上订票、自动售票业务,发售各种预售票、联程票、往返票。可以使用网上订票系统,并对部分地区实行自动售票,根据客流的变化预售票期可以为10 d,在寒暑假可实行预售返程票业务。为旅客提供整洁、舒适的候车环境和通畅的进站路线。在候车过程中,根据不同消费层次旅客的需求为旅客提供购物、餐饮、文化、娱乐的条件,为广大旅客提供文化和娱乐活动,打造温馨、舒适的乘车环境。

为了扩大车票的售票网点,更方便旅客购买车票,可以将城市铁路客运站的售票网络延伸到银行、邮电所,使银行、邮电所能在售票网络上代售车票。城际铁路与银行、邮电所联网出售火车票、实质上是增加了车票的出售点,扩大了售票的面,极大地方便了旅客的购票。

进入21世纪,城际铁路客票发售和预订系统还会向纵深发展,如开展Internet家庭订票,送票服务和查询服务。更为重要的是要使城际铁路和民航、水运、公路、旅馆业等实行联运售票及其他服务,提高综合旅行服务质量。

② 位移中的附加服务。列车是一个流动的大市场,其中蕴藏着无穷的商机。有些城际列车的行程跨及几个城市,旅客来自四面八方,旅客在车上的需求很多,有购物的需求、娱乐的需求、学习的需求、商务的需求、通信的需求、餐饮的需求、延伸服务的需求等。为满足旅客购物的需求,可在车内销售各地的土特产品,举办“列车超市”,既满足了旅客的需求,也为企业增加了收入。此外,城际列车还可提供小件贵重物品寄存、上网浏览、报刊杂志、理发美容、阅览室、歌舞厅、酒吧、磁卡电话和医务室等方面的设施和服务,代办饭店住宿、交通地图发售、旅游景点门票发售等等,丰富旅客的乘车生活,消除旅客的旅行疲劳,为吸引客流创造条件。

③ 位移后服务。旅客到站后为旅客提供住宿服务、导游服务、购物服务、出租车服务以及为旅客返程或继续旅行提供购票服务。城际铁路客运产品的延伸服务与旅客出门旅行密切相关,直接关系到旅客

的基本权益,集中力量解决好这些问题,就能使旅客的旅行生活环境和城际铁路的社会形象得到切实改善。

国外城际铁路在做好上述服务营销中,还采取了一些先进的服务营销策略。例如,德国城际铁路在站车服务上实行的是差异化策略,努力满足不同旅客的需求,注重在旅客心目中塑造一种与众不同的良好形象。

a. 方便的售票服务。德国铁路的城际客车尽管由不同的公司经营,但均采用自动售票机售票。在铁路车站的入口处、站台上、列车车厢里(长途车)都设有自动售票机。同时,大力发展售票代理、网上售票和流动售票业务,形成了一个覆盖全国、辐射周边国家的销售网络。旅客到窗口买票时,如果难以决定行程方案,计算机系统会根据旅客的乘车日期、到站、返回日期等信息自动生成多种行程方案组合(包含相应的票价)供旅客选择。快车组合票价较贵,快慢车组合则相对便宜。

b. 便捷的出入站和换乘服务。一是开放式的乘降。列车车厢门在列车到站停稳后自动解锁,旅客自己开关门,客流上下车、进出站疏散非常迅速。二是旅客可免费获得旅客列车时刻表。该时刻表的内容包括本次列车所有到站的换乘列车时刻,以及每个到站所能提供的诸如汽车、自行车出租、行李搬运、旅游咨询等各种服务提示,为旅客合理安排行程提供了很大的方便。三是实用的硬件设施。站台上设有电话、自动售货机、推送行李的小车、SOS 求助设施等随时为旅客提供服务。一些车站还配备了行李自动寄存系统、铁路出租汽车服务。四是为了旅客方便,车站不设检票口,旅客自由出入(但偶尔有检查,一旦发现逃票者则重罚)。这种做法不仅便利了旅客,还节省了大量的人力和物力,降低了企业运营成本。

c. 周到的人性化服务。长途列车座椅按人体工程学设计,头枕左右侧有突起的支撑,旅客打盹时不会影响身边的其他旅客。车站在醒目位置设有垂直电梯,所有台阶处均有坡道或自动扶梯。列车车厢过道、通过台地面平整,残疾人厕所空间宽敞,极大地方便了残障人士、年老体弱者、携带孩子和笨重行李旅客的出行。德铁城际客车管理较宽松。它的车厢设计也很特别,在舒适的座位之外,还留有相当大的空间,旅客可携带自行车、宠物上车,为携带自行车去旅游和饲养宠物的旅客提供了方便,尊重了个人爱好,也吸引了部分客流。此外,三等车厢中还有专门为婴儿准备的设施,如换尿布用的小方台。车内卫生间采用航空厕所设备,洗手冲厕均是远红外线控制,厕所洁净无异味。

d. 先进的信息服务。一是车站都装有醒目的引导揭示,为旅客提供城市交通、售票、列车编组.列车时刻等各种详细的服务信息,使乘坐城际列车的旅客能最大限度地利用好各种运力资源。二是在站台上端显示屏上及时显示将要或目前正在办理的列车信息,包含车次、始发终到站、本站到发时间、列车正晚点情况等,如晚点会显示晚点时间数。三是列车有醒目的席位使用显示。ICE 城际列车车窗上方都有小屏幕,显示对应座位已在某个区间被预订,不显示则表示没有被预订,可供未预订席位的旅客使用,避免了旅客之间因座位而引起的纠纷。四是在 ICE 高速车及摆式车的头等车厢里,每个座椅背上都有微型电视机和可供选收的音响节目,并装有进行商务办公和保障旅客使用无线手机进行无障碍通信的设置。车门侧壁上设有电子显示屏,随时标出列车前进方向、时速、到站时间等信息,让旅客一目了然。

法国巴黎北站、Magenta 车站的功能设计充分体现了以人为本,进出站通道采用吸音材料,上部通风;站台顶棚充分采光,方便找人;站内候车椅上部由乘客自控的阅读灯;车站各层主要部位有标示方位、距地面高度的圆盘,方便旅客辨别方位。重视保持环境清洁,为旅客提供安全舒适的候车和乘车环境。现在,DB 在保持车站环境清洁方面取得了很大的进步。DB 在提高高速列车服务质量的同时,也在逐步改善城际慢车的服务设施和质量,他们认为城际旅客也需要咖啡、软椅。

日本的车站售票、进出站和服务系统自动化程度相当高,与强大的接发列车能力相匹配。适应了大流量、高密度、客流快速集散的需要。日本新干线全部采用了计算机联网售票,车站售票以自动售票为主,人工为辅。通过自动售票机,旅客可以方便地查询各次列车的售票情况,选择乘坐车次、座别、吸烟车和禁烟车等。车票全部使用电子车票。使进站、出站的检票、验票工作全部实现自动化和无人化。车上补售票由列车长完成。利用无线售票设备与地面售票系统实现动态的信息对接传输,使每个车站都能实时准确地掌握每一列车各种席位发售情况和现员情况。在东京站售票大厅,尽管东日本与东海公司是不同的公司且有不同的开行方向,但他们的售票点都相互代售对方车票,并通过售出车票取得对方的代售费用,方便了旅客。

东京站旅客引导服务系统也十分健全。在各个进站口、交换大厅、售票大厅,地上地下电梯处,各种固定引导标记和电子显示十分醒目、清晰。各公司各种线路的列车分别采用不同的颜色标记进行区分,指导换乘十分方便。站台地面上设有明显的各种车型车门位置标记。引导乘客排队上车。在东京站每个进站、出站闸口,设有多部摄像机,密切监视着乘客的情况。所以,尽管车站工作人员很少,一旦发现异情,工作人员也能立即出动,快速处置。因此,虽然东京站客流密度十分巨大,但由于引导系统和各项服务设施功能的完备,车站服务能做到密而不乱,忙而有序,流程简洁,衔接顺畅。

2. 国外城际铁路的绿色营销

(1)绿色营销的含义。

绿色是充满希望的颜色,绿色代表和平、安全、节能和环保,绿色代表生命、青春、健康和活力。根据 WEKIPEDIA 的定义,绿色营销是指企业为了迎合消费者绿色消费的习惯,将绿色环保主义作为企业生产产品的价值观念导向,以绿色文化为其生产理念,力求满足消费者对绿色产品的需求所做的营销活动。

绿色营销内容包括树立绿色营销观念、搜集绿色信息、制定绿色战略、研发绿色产品、进行绿色生产、推行绿色包装、确定绿色价格、选择绿色渠道、开展绿色促销、强化绿色销售服务、引导绿色消费、实施绿色管理等全过程。绿色营销的实质,就是强调企业在进行市场营销的同时,努力把企业的经济效益和社会效益、环境效益结合起来,尽量保持人与社会环境、自然环境的和谐,不断改善人类的生存环境。绿色营销的焦点是如何使企业市场营销活动更加顾及环境的保护。

企业实施绿色营销是时代发展的必然要求。1978 年,德国率先提出“蓝色天使”计划,向达到一定生态环境标准的产品颁发“蓝色天使”

标签。随后，美国、加拿大也开始实施环境标志制度。进入20世纪90年代，法国、瑞士、荷兰、新加坡等国相继推行环境标志制度，风起云涌的“绿色运动”推动着“绿色产业”的发展和“绿色消费观”的形成，为“绿色产品”开辟了广阔的市场。国外企业的实践表明，绿色营销顺应了人们的绿色需求，保护了地球的生态资源，增强了企业的环保意识，为经济的可持续发展开辟了新的途径。

制定绿色战略是企业成败的核心因素，是指企业在总结历史经验、调查现状、预测未来的基础上，为谋求生存和发展而做出具有绿色性、全局性、长远性的营销谋划或方案。

研发绿色产品是企业实施绿色营销的支撑点，谁拥有绿色产品，谁就会拥有市场。研发绿色产品，要从产品设计开始，包括原材料的选择，产品结构、功能和制造过程的确定，包装与运输方式，产品的使用和废弃物的处理等都要考虑对生态环境的影响。绿色产品设计是研发阶段的关键，应强调对资源的有效利用和对生态环境的保护，不但要杜绝浪费，而且要考虑废弃物的回收和处理。企业给产品命名和选择品牌时，要符合绿色标志的要求，使顾客在接触该产品时，会联想到优美的环境和生态的平衡。包装设计应突出环保意识，要充分考虑包装废弃物的处理。

进行绿色生产包括产品设计、原材料使用、生产加工过程、包装等各个环节的绿色化。生产过程的绿色化是绿色营销过程中最为重要的内容，只有生产过程绿色化了，才能生产出绿色产品，才会有绿色流通和绿色消费。

加强绿色销售服务能对市场的高速有效运作起着重要的促进作用。要建立良好的绿色销售服务网络，将绿色销售服务贯穿于整个销售过程，尤其是售后服务，既要满足消费者的绿色消费需求，也要节约能源和资源、回收利用和循环再生、减少污染和二次污染。绿色营销也有利于消费者选择绿色产品；绿色公共关系是树立企业及产品绿色形象、提高品牌美誉度和知名度的重要途径；人员推销或营业推广的过程中如果能掌握和引导消费者的绿色需求、突出企业和产品的绿色特色，会有事半功倍的效果。

要实现绿色营销必须实施绿色营销管理，就要使自己的环保体系达到国际水准，即通过 ISO 4000《环境管理系列标准》的认证。绿色营销涉及企业的方方面面，需要全体员工的积极参与，进行全员绿色教育和培训必不可少。

(2)绿色营销理论的产生与发展。

绿色营销理论的萌芽可以追溯到20 世纪60 年代末和70 年代初，但绿色营销作为一个完整的概念则是在 20 世纪 80 年代才在欧洲提出来的。由于人们对绿色营销的认识是一个发展和完善的过程，其内涵也在不断发展与丰富，从最初的“生态要素”发展到今天的“可持续性要素”，从“产品中心论”演进到今天的“发展中心论”。

英国学者肯·皮·迪将其发展过程归纳为以下 3 个阶段。

第一阶段为生态性绿色营销阶段。在 20 世纪 60 年代末，许多西方的营销学者开始从社会角度思考企业营销对生态环境的影响，发现当时许多生态环境问题，特别是污染和资源问题与企业的传统营销模式有关，于是提出了“生态营销”概念，即企业以社会和环境价值为中心，把绿色市场作为自己的主要市场，但这种观念的转变不是消费者需求和其他的营销压力所致。

第二阶段为环境性绿色营销阶段。20 世纪 80 年代末期，由于人们对环境破坏的忧虑，大量的研究和环境事件表明，商业活动和环境密不可分，于是出现了“环境性绿色营销”观念，其内涵已经包括了可持续、绿色消费者需求、竞争优势、经济效果和环境质量等要素。但是，这一阶段的企业发现，要形成真正的竞争优势，产品的绿化和营销的绿色化是非常困难的，很容易与企业的文化、策略和利益发生冲突。

第三阶段为持续性绿色营销阶段。20 世纪 90 年代末期，彼特租弗勒雷从环境和持续性需求出发，把持续性绿色营销定义为：用一种有利和持续性的方法区分、预测和满足消费者及社会需要的过程，并对其进行相应的管理，最终实现企业营销活动与生态系统相协调。

总之，绿色营销发展的阶段表明，人类满足社会需要的资源和条件是有限的，如何使人类的需要得到持续性的满足，企业的营销活动得以持续，社会经济发展实现可持续性，是人类社会今后面临的重大问题。

从目前的技术手段和现实条件来看，各级政府认真落实科学发展观，全面推进可持续发展战略十分必要，绿色营销可以在宏观与微观层面使这一问题得到较好的解决。

(3)绿色营销是国外城际铁路发展的一个重要趋势。

发达国家的城际铁路十分重视环境保护问题，并通过 ISO 4000《国际环境管理标准》认证，来推动铁路的绿色营销。日本城际铁路就十分重视提倡绿色服务。

东日本铁道公司的运输服务实行社长、支社长负责制。日常组织工作由本部所属的营业部全面负责。本部和各支社设有绿色管理委员会，定期召开委员会会议，研究分析绿色服务质量状况，制定绿色服务战略和对策措施，处理解决乘客反映的重要问题。东日本铁道公司十分重视发挥全体员工在服务中贯彻绿色营销的能动作用。公司坚持以企业绿色理念，培养和教育员工牢固树立“绿色环保主义”的观点，并使每个人都明确“提供诚心诚意的绿色服务”直接关系到乘客对公司绿色形象的评价，关系到公司的效益和职工待遇。为使绿色服务规范标准化，公司编印绿色服务手册，人手一册，共同遵守。手册以图文并茂的形式，详细说明企业绿色营销观念、方针、服务用语、举止仪表等规定，并采用有效的激励约束机制，使之成为每个员工的自觉行动。公司在不断满足乘客对购票、候车、进出站、上下车方便等要求的同时，努力创造优美的绿色环保环境和绿色文化氛围，以此来改进服务工作。

3. 国外城际铁路的关系营销

(1)关系营销的含义。

关系营销，又称为顾问式营销，指企业在赢利的基础上，建立、维持和促进与顾客和其他伙伴之间的关系，以实现参与各方的目标，从而形成一种兼顾各方利益的长期关系。关系营销把营销活动看成是一个企业与顾客、供应商、分销商、竞争者、政府机构及其他公众发生互动作用的过程，正确处理企业与这些组织及个人的关系是企业营销的核心，是企业经营成败的关键。它从根本上改变了传统营销将交易视作营销活动关键和终结的狭隘认识。企业应在主动沟通、互惠互利、承诺信任的关系营销原则的指导下，利用亲缘关系、地缘关系、业缘关系、文化习惯关系、偶发性关系等关系与顾客、分销商及其他组织和个人建立、保持并加强关系，通过互利交换及共同履行诺言，使有关各方实现各自的目的。面对日益残酷的竞争挑战，许多企业逐步认识到：保住老顾客比吸引新顾客收益要高；随着顾客的日趋大型化和数目不断减少，每一客户显得越发重要；对交叉销售的机会日益增多；更多的大型公司正在形成战略伙伴关系来对付全球性竞争，而熟练的关系管理技术正是必不可少的；购买大型复杂产品的顾客正在不断增加，销售只是这种关系的开端，而任何善于与主要顾客建立和维持牢固关系的企业，都将从这些顾客中得到许多未来的销售机会。由此可见，关系营销对企业生存和发展的重要性。

关系营销的本质特征可以概括为以下几个方面：①双向沟通。在关系营销中，沟通应该是双向而非单向的。只有广泛的信息交流和信息共享，才可能使铁路企业赢得各个利益相关者的支持与合作。②合作。一般而言，关系有两种基本状态，即对立和合作。只有通过合作才能实现协同，因此合作是“双赢”的基础。③双赢。即关系营销旨在通过合作增加关系各方的利益，而不是通过损害其中一方或多方的利益来增加其他各方的利益。④亲密。关系能否得到稳定和发展，情感因素也起着重要作用。因此关系营销不只是要实现物质利益的互惠，还必须让参与各方能从关系中获得情感的需求满足。⑤控制。关系营销要求建立专门的部门，用以跟踪顾客、分销商、供应商及营销系统中其他参与者的态度，由此了解关系的动态变化，及时采取措施消除关系中的不稳定因素和不利于关系各方利益共同增长因素。此外，通过有效的信息反馈，也有利于企业及时改进产品和服务，更好地满足市场的需求。

关系营销是一项系统工程，它有机地整合了企业所面对的众多因素，通过建立与各方面良好的关系，为企业提供了健康稳定的长期发展环境。

(2)关系营销对城际铁路的重要性。

实行关系营销是城际铁路培养旅客忠诚的需要。美国哈佛商业研究报告表明:多次光临的顾客比初次登门者多为企业带来20% ~80%的利润,固定的顾客每增加5%,企业的利润则相应增加25%左右。对强烈依赖旅客消费的城际铁路企业而言,稳定而忠诚的旅客群无疑是企业宝贵的财富。这就需要在传统的面对面服务、一次性交易的基础上,对城际铁路服务的内涵加以开发和延伸,将原本分散无序的旅客加以整体管理,如对旅客期望的引导、旅客消费行为管理、旅客档案管理、旅客意见追踪调查、旅客间的社会关系管理等。使分散的旅客结成与企业保持紧密联系的社会网络,不断强化其品牌忠诚度,最终赢得运输市场中宝贵的旅客资源。

实行关系营销也是城际铁路客运本质特征的要求。城际铁路客运作为一种服务,它具有自身的特征。首先,城际铁路客运服务不像买卖商品,服务本身具有无形的特征。旅客对城际铁路客运服务满意与否往往取决于旅客主观的感受。因此,为了争取旅客就必需处理好旅客关系,获得旅客主观上的认同。其次,城际铁路客运服务,具有生产和消费同时进行、不可分离的特征。旅客只有加入到服务的生产过程中才能最终消费到服务。因此,城际客运服务和旅客的消费结为一体。城际铁路客运企业的管理人员要有效地引导旅客正确扮演他们的角色,鼓励和支持他们参与生产过程;为他们提供所期望的质量水平。再次,城际铁路客运服务具有不可储存性的特征,这要求城际铁路客运企业必须解决客运服务的供求不平衡问题,制定适当的分销战略和选择分销渠道,有弹性地引导旅客需求以均衡客运服务供求。最后,城际铁路客运服务具有缺乏所有权的特征。服务过程中不涉及任何东西的所有权转移。这往往会使旅客购买这种服务时感受到较大的风险,因此,与顾客建立长期良好关系是规避旅客风险的需要。

(3)国外城际铁路关系营销情况和做法。

发达国家的城际铁路十分重视关系营销,既竞争又合作兼顾各个方面的利益。一是与相关者开展战略合作。当代企业间不仅具有竞争的一面,而且还具有合作的一面。既竞争又合作才能实现双赢。开展战略合作是世界城际铁路向外扩张核心能力的一种有效方法。德铁积极和航空、地铁、巴士等竞争对手以及旅馆业开展合作,持机票的旅客可以免费乘坐本地到乘机地的火车,持通票的旅客可以在国铁、地铁、巴士间直接换乘,旅客住店期间,可持酒店签发的凭证免费乘坐巴士、地铁和城铁,实现了客流的互通,既大大方便了旅客,也通过清算增加了收入。法铁与法国各大旅馆、出租车公司及旅游景点建立合作伙伴关系,车站可以为乘客预订旅店、租赁汽车,提供各类旅游线路及开放时间等信息,游客可在购买火车票的同时将旅程规划得当。这既方便了旅客,又能提高合作各方的利益。二是采取灵活的票价政策吸引和维系顾客。国外由于很多人家庭和工作地在不同的城市,周末需往返乘车,所以城际铁路周一、周五、周日的客流量非常大,车厢基本满员,而平时车厢则很空。德铁在非高峰期实行非常优惠的票价,促使部分旅客调整出行日期,缓解高峰期的客流压力。旅客乘坐德铁列车次数累计到一定数量时还会获得优惠卡,在任何地方买票可以打折,并且可在国内40多个城市免费乘坐当地的公共交通。三是建设立体式的综合交通换乘枢纽。德国铁路现有的车站和未来建设的车站都力求使各种交通方式的衔接越来越方便,在法兰克福机场修建的铁路车站成为集散民航客流的重要交通工具,与民航实现了双赢。德国柏林车站通过立交方式,很好地将铁路高速线和候机楼、地铁、城铁、机场公路连接起来,实现了铁路、公路、航空立体交通的配合,极大地方便了旅客的出行。

法国高速城际铁路提供全方位服务的销售网点,其中有车站窗口、自动售票机、代售点、互联网、电话预订等多种形式。另外,还与法国各大旅馆、出租车公司及旅游景点建立合作伙伴关系,车站可以为乘客预定旅店、租赁汽车,提供各类旅游线路及开放时间等信息,游客可在购买火车票的同时将旅程规划得当。

4. 国外城际铁路的网络营销

(1)网络营销的含义。

网络营销是通过互联网贩卖产品或服务的策略和执行行为的统称。网络营销包括搜索引擎优化和搜索引擎内容提交、吸引和鼓励网站的访问者采取行动的文案撰写、网站设计、视觉创意设计、创意发布安排、交换链接和邮件营销等的策略和执行行为。网络经营者不断地设计出新的网络营销策略,希望驱动更多的流量到他们的网站上,实现更多的销售,正如我们现在可以看到的日渐流行的博客、电子杂志等都是网络营销的具体形式。网络营销具有以下特征:①网络营销市场的全球性。网络的连通性,决定了网络营销的跨国性;网络的开放性,决定了网络营销市场的全球性。在此以前,任何一种营销理念和营销方式,都是在一定的范围内去寻找目标客户。而网络营销,是在一种无国界的、开放的、全球的范围内去寻找目标客户。这种市场的全球性带来的是更大范围成交的可能性。②资源的整合性。在网络营销的过程中,可以对多种资源进行整合,包括对多种营销手段和营销方法进行整合;对有形资产和无形资产的交叉运作和交叉延伸进行整合。尤其是营销商务软件在这种多维整合中发挥了重要作用,扮演了重要角色。无形资产在营销实践中的整合能力和在多种资源,多种手段整合中也将产生增值效应。③明显的经济性。由于网络营销具有快捷性、资源的广域性、地域价格的差异性、交易双方的最短连接性、市场开拓费用的锐减性、无形资产在网络中的延伸增值性等特点,并由此使网络营销提高了效率、降低了营销成本、增多了商业机会、累加了新信息量,实现了无形资产的增值,因此,将极大地降低企业的经营成本,提高企业利润。④市场的冲击性。网络的进击能力是独有的。网络营销的这种冲击性及由此带来的市场穿透能力,明显的挑战了4P和4C理论。无论是搜索价格、获取新产品信息、寻找新的渠道、进行客户关系管理,网络营销在进击时都是主动的、清醒的、自觉地创造一种竞争优势,争取现实客户,获取显在商机,扩大着既有优势的范围,由此构成了一种“进击效益观”。

(2)网络营销对城际铁路的重要性。

实行网络营销是城际铁路发展的内在要求。城际铁路具有基础性和公益性的特点,城际铁路客运营销不仅要在经济发达、人口流动性较大的地区进行,而且随着城市化和城市群的发展,也要适时向新的区域发展。这就决定了客运市场营销在地域上的广延性。同时,在时间性上,随经济增长越来越大,城际铁路的客运需求也越来越大。城际铁路发展的这一时空特征内在地要求具有跨时空性的网络营销。而且,城际铁路客运市场具有整体性。旅客在选择运输方式时往往把城际铁路运输作为一个整体来评价,而不是某个铁路局、车站的服务如何。同一个旅客在不同时期、不同地点也会有不同的需求。旅客的这种需求特点要求各个城际铁路企业之间在进行市场营销时应该互相配合。利用网络营销,各城际铁路企业之间及时沟通,互通有无,有效调配资源,可以最大程度地减少由于运输产品的不可储存性而造成的损失。而实行网络营销又将对城际铁路企业的发展产生重要的作用。

① 可以扩大城际铁路影响。网络营销不仅能给城际铁路带来直接的销售增长,而且还能给城际铁路带来或多或少的直接或是潜在的效益。如通过网络信息的发布,提高城际铁路的知名度,利用城际铁路企业内部管理信息,满足旅客对乘坐时信息服务的需要,强化城际铁路与旅客的关系,提高城际铁路的吸引力。

② 可以提高客票发售与客运商务交易的效率。网上交易克服了传统方式费用高、易出错、处理速度慢等缺点,极大地缩短了信息交流与交易时间,“无纸化”的电子商务有利于城际铁路降低经营成本,建立高效的业务流程,争取更大的利润。

③ 可以拓宽信息收集渠道。在市场运作的模式下,市场信息是城际铁路运输方案制定的重要依据。通过电子化、数字化的网络营销方式,建立用户意见或建议信箱,可使城际铁路掌握更多的市场反馈信息,为自身运输方案的调整和发展规划提供较为科学的依据。

④ 可以提高城际铁路竞争能力。通过网络上有效信息的发布与服务范围扩大、营销手段更新,有利于城际铁路在竞争日趋激烈的运输市场中提高竞争能力,扩大市场份额。

(3)国外城际铁路网络营销情况和做法。

发达国家城际铁路运用网络营销发展很快,已有一些成功的做法。一是运用网络在线订、售票。法国国营铁路公司在 2002 年就已建立了公司售票网站 www. voyeges - sncf. com,其销售业绩一直呈上升之势,目前已创造了每秒钟销售一张以上火车票的业绩。为鼓励旅客网络购票,在网上订购可以享受打折,而且部分特价、优惠车次的票只在网上出售,以刺激网络经营。目前,网上售票数已经超过公司售票总数的1/4。对于巴黎—马赛和巴黎—蒙特利尔等线路,这一比例高达40%。2007上半年,该网站共售车票1 600万张。目前,该网站为法国第一网络销售商,在线交易额为1 080万欧元,与“地中海俱乐部”的业绩相当。一位年轻母亲表示,“我通过 http://www. voyeges - sncf. com 定购周末出行的火车票,不仅足不出户就可以立刻订票,还可以了解各种优惠信息,非常方便。”

二是运用网络建立了用户在线服务中心。美国联合太平洋铁路公司(UP)于20世纪90年代初建立了用户在线服务中心,将用户请求处理、运输计划安排、车辆调配、列车编组计划制订、列车运行路径选择等一系列运输技术问题的处理和决策集中于一体。通过中心与运输现场之间的数据交换和信息共享,用户呼叫可在26 s内得到答复,在办理货物托运手续时即可得到货物送达日期等信息,大大提高了铁路的应时服务水平和市场竞争能力。

三是利用网络开展电子商务。近年来,随着因特网应用的迅速扩展,发达国家铁路开始进入电子商务时代。伯林顿北方圣太菲铁路公司(BNSF)于1997年开通了实时运价信息系统,用户可以在因特网上查询2万多种运价组合,为网上交易打下了基础。目前,美国I级铁路都开通了网上服务,如车辆预约、货车特性信息、货车追踪、货运单下载、运价查询、运费支付及查询、线路里程查询、线路维护数据以及合同信息等,用户可以利用通用上网工具随时随地地查询信息和办理业务。德国铁路同样把信息服务作为货运标准化服务内容,并根据信息物流学原理,利用电子商务技术在杜依斯堡建设了旅客服务中心,旅客可通过传真、因特网、电子数据交换(EDI)以直接的数据通信或电话在中心办理运输合同。合同一经办理,即可启动运输过程。依靠覆盖全路的计算机辅助调度监督系统和运营管理自动化信息系统,中心可以追踪监督整个运输过程,为旅客提供货物运输过程的各种动态信息。

5. 国外城际铁路的营销道德

(1)营销道德的含义。

道德是一定社会、一定阶级向人们提出的处理人与人之间、人与社会之间、人与自然之间各种关系的一种特殊的行为规范。一般来说,道德具有一定的规范力量,它适用于广泛的个人和组织行为,能让人对有关的行为和行为主体产生某种看法和态度。同法律相比较,道德是一种非强制性的力量,具有广泛的社会认同性和感召力、约束着人们的社会行为。

营销道德是市场营销主体在从事市场营销活动中所应具有的基本的道德准则,要求企业的营销活动自觉地接受道德规范的约束,符合社会道德标准。其实质是解决企业如何承担好社会责任,妥善解决企业利益同顾客利益、自然环境以及社会利益的关系,强调营利与道德的双重标准,杜绝损害社会和公众利益的营销行为,在谋取利润的同时,也要满足消费、引导消费,传递新的生活标准和新的价值准则,引导社会道德风尚,推动整个社会的文明进步。市场营销是以顾客为中心,通过满足顾客和社会需要来实现赢利目的的经济活动,交换关系则是市场营销活动中最基本的关系。这种交换关系虽然在表面上是物与物的交换,商品与货币的交换,但本质上却体现了人与人之间的关系。企业与顾客打交道必然要通过一定的方式并表现为一定的行为,然而企业的这种方式和行为是否道德必须要经受社会公众的评价。营销道德就为这种评价提供了标准。企业实施市场营销的直接目的在于赢利和发展,而对利润和发展的追求需要在人际关系尤其是人与人之间的物质利益关系的协调中才能实现。这种协调受道德规范的影响和制约。事实上,营销活动中的任何一个环节如市场调研、产品开发、广告促销以及目标市场选择等,无不体现一定的价值观念和道德规范。任何一项营销活动都包含技术性和道德性两方面的内容,相应地对它的评价也应当将经济指标和道德标准结合起来。因此,市场营销活动是内在地包含着伦理道德意义的活动。

(2)营销道德对城际铁路企业的重要性。

城际铁路企业每天都要向大量的顾客提供服务,其中最主要的是客运服务。由于客运服务是以“人”为中心而具有特殊性,城际铁路企业职工营销道德素质的高低直接决定服务的质量和效果。因而提高城际铁路企业职工营销道德素质具有重要的意义。

① 提高城际铁路企业职工营销道德素质是贯彻企业服务宗旨的首要任务。城际铁路具有社会性和公益性，面向亿万旅客。只有树立良好的营销道德才能在目标市场选择、产品开发、价格制定、渠道选择、促销手段等方面坚持“以人为本”、讲究道德、服务旅客的宗旨。要坚决反对提供不利于旅客健康和安全的低质运输产品和服务。坚持“旅客至上”的营销理念，建设文明的站车环境。这些都需要城际铁路企业树立良好的营销道德观和价值观。

② 提高城际铁路企业职工营销道德素质是加快城际铁路企业发展的需要。在知识经济时代，科学技术的快速发展和激烈的市场竞争使得城际铁路运输装备水平将会不断提高。随着高科技含量设备的不断投入使用，城际铁路新产品对职工的综合素质也提出了更高的要求，只有职工对旅客服务的责任心和事业心提高了，爱岗敬业才能熟练地驾驭这些先进设备提供优质服务，更好地满足旅客不断提高的服务需求。由此提高城际铁路劳动生产效率，使城际铁路具有更强的竞争力。

③ 提高城际铁路企业职工营销道德素质是铁路树立新形象走向市场的重要保证。市场是你的，也是我的，谁有高素质的职工队伍，谁就能满足市场的需要，谁有优质的服务，谁就会得到社会的承认，就会占领较大的市场份额。市场竞争的实质是争夺顾客。随着国民经济的发展和人民生活水平的提高，人们对城际铁路客运服务质量的要求越来越高。只有安全快捷的运输、方便舒适的环境、优质周到的服务才能满足广大旅客的需要。尤其是城际铁路客运直接为亿万旅客服务，城际铁路职工的道德风貌对树立城际铁路企业新形象尤其重要。只有具有营销道德的职工才能为旅客提供满意的服务，培养忠诚的顾客，并通过他们的口碑传播效应，维系现有顾客和挖掘潜在顾客，有效地稳定和提高城际铁路客运在运输市场中的地位和占有率。

(3) 国外城际铁路营销道德情况和做法。

在客运营销道德方面，国外城际铁路的主要措施有：

① 提供方便的预定和购票服务，为顾客创造时间价值。发达国家的城际铁路十分注重方便旅客订票、购票，减轻旅客预定和购买车票的

劳累，为旅客节省时间。他们运用网络实现了便捷的售票方式和灵活、简便的票价制度。为顾客创造了额外价值提高服务质量。在法国，旅客通过电话订票和 Minitel 终端付款后，可获得免费送票服务，对拥有 Carrissmo、Vermeil、Kiwi3 种乘车卡的乘客，在乘坐长途列车时，最大可享受 50% 的优惠。法国国家铁路公司根据年龄段与职业等因素，按老人、儿童、青年、残障人士、军人等不同群体，提供了人性化的优惠票价。各国城际铁路对此都十分重视。在德国，对老人、儿童、团体旅客给予一定的优惠折扣；购买双人往返票，其中 1 人可享受半价优惠；周末优惠票（短途车）1 张票可 5 人同时乘坐，并在 24 h 内不计次数任意乘坐；短途城际旅客下车后可凭火车票任意搭乘市郊的公共交通工具，等等。

② 保证城际列车正点率和对乘坐晚点过多城际列车的乘客实行经济赔偿。城际列车正点率是城际客运服务质量的重要标志。在欧洲，几家铁路公司对晚点过多的城际列车还给旅客经济赔偿。在法国，如果城际列车晚点 30 min ~ 1 h 和 1 h 以上，将向乘客退还所有票款；在西班牙，AVE 列车如果晚点 5 min 以上，将向乘客退还所有票款；在英国、德国和意大利，如果城际列车晚点，将发给乘客一张凭据，旅客下次乘车凭此据可购打折车票。在城际列车运行中如果旅客行李有了损坏，城际列车则及时给予赔偿。德铁还主动修改规章，规定城际列车一旦因为铁路的原因晚点超过 1 h，德铁将向旅客提供一张相当于原票价 20% 的“优惠券”作为补偿。旅客或者是在城际列车上直接得到优惠券，或者是在下车后两天内到各地车站的服务中心领取优惠券。凭着这张优惠券和相关的车票，旅客在一个月之内再次到车站或德铁指定的售票点购买车票时，可以得到相当于优惠券面值的减价优惠。如果旅客在城际列车晚点后一个月内没有再次乘车出行的计划，则可以要求德铁提供一张一年有效的优惠券，以便下一次购票时使用。如果旅客因上一趟城际列车晚点而错过换乘下一趟城际列车，并且到当天晚上 12:00 以前等不到合适的车次时，德铁有责任提供不超过 80 欧元的出租车费或酒店住宿费。此外，德铁对退票也很讲理，城际客票在有效期内，全额退款；在有效期间，收取 17 马克的退票费。这些营销道德措

施的实行,吸引了大量的客流。

③ 主动收集旅客意见,不断提高服务质量。JR 东日本公司建立了收集旅客意见的网络,一年收集约八万多条旅客意见,其中一万多条是批评性意见,他们逐条整改,并将情况及时反馈给旅客。JR 东日本公司每年聘请独立的社会中介机构,对包括城际铁路在内的运输业服务质量进行打分、评价,以此作为改进工作的依据。东日本铁路公司于1992 年组建了生态委员会来处理环保问题,推出了如分类收集车站和列车上的垃圾、回收利用车票、节能、减少废气排放、城际铁路沿线植树造林和减少城际铁路噪声等具体行动措施。

城际列车及其相关问题

城际列车是铁路开发城际客运市场的载体和移动设备。城际列车是当代一种新的交通形式，国外修建城际铁路开行城际列车已有几十年的历史，取得良好的经济效益、社会效益和生态效益，使铁路与时俱进获得了新的发展。但是由于各国的实际情况不同，对城际列车的认识也不尽相同，目前尚无一个公认的权威的定义。因此，我们在研究城际列车时，有必要追溯城际列车产生和发展的历史渊源。在了解国外的有关城际列车情况的基础上，分析有关城际列车的一些相关概念，并结合我国目前的实际情况，给出适合我国国情的城际列车的相对定义和相关概念。

8.1 国外城际列车开行情况

英国是城际快速列车的发源地，20 世纪 60 年代初开行城际特快旅客列车，还专门成立了铁路城际客运部。1974 年完成了伦敦至西海岸各大城市铁路的电气化，后逐步扩大了运行范围，并于 70 年代将最高运行速度提高到 200 km/h，1982 年实现了伦敦至舍菲而德的 HST 高速内燃列车的运输，也称 IC125 高速列车，为城际列车的运行插上了高速的翅膀。1964 年 10 月日本东海道新干线的诞生，标志着世界铁路开始进入高速化时代。高速铁路首创于日本，发展于西欧，出现了新干线、TGV（Train a Grade Vitesse），ICE（Inter City Express），摆式列车（Tilting Train）等多种高速铁路模式（见表 8－1）。

表 8－1　世界高速铁路主要模式

序　号	高速铁路运营模式	特　　征
1	新干线	全部新建,客运专线
2	TGV	部分新建,客运专线
3	ICE	部分新建,客货混运
4	摆式列车	部分改建,客货混运

高速铁路由于通过能力大、运行速度高,为大量开行城际列车创造了条件。城际列车虽不一定是高速列车,但高速铁路代表着铁路客运的发展方向,其开行目的、效果等对我国城际列车的运行,具有重要的参考价值。我们通过分析国外城际列车开行状况及其经验,将有助于对城际列车概念的界定。

1. 日本新干线

日本是高速铁路——新干线实际应用的发源地。日本是在 20 世纪 60 年代开始计划修筑新干线高速铁路的。其中有 4 条新干线非常有名。1959 年,日本国铁开始建造东京至大阪的高速铁路,并在 1964 年开通,全长 515 km,时速 210 km,称为东海道新干线。于 1975 年东海道新干线向西延伸,开通至冈山。同年开通至终点站博多。大阪至博多称为山阳新干线,全长 1 069 km;1982 年,大宫至盛冈间 465 km 的东北新干线开通;同年 11 月,大宫至新潟间的上越新干线也开通运营。再加之 1972 年日本运输省又规划了五条分支新干线即北陆新干线(东京—大阪—富山)、东北新干线(盛冈—青森)、九洲新干线(博多—鹿儿岛)、长崎新干线(博多—长崎)、北海道新干线(青森—札幌)从而使新干线高速铁路成为贯穿日本列岛的主要轨道交通干线。

新干线机车车厢宽敞、整齐、清洁,窗户密封极好。在高速行驶下,不仅车身平稳,噪声很低,车内现代化设备完善,加上它高水平的运营管理,准确安全的运营服务,深受世人的青睐。

新干线城际列车的开行,大大减轻了城际运输压力,增强了铁路的竞争力。主要措施是同步提高列车的速度和密度。新干线开通时列车最高速度为 210 km/h，运行时间缩短为原来的 40 %；1986 年最高速度提高到 220 km/h，运行时间又缩短了 10 %；目前最高速度已达 270 km/h。1964 年日开行 60 列，1975 年随着山阳新干线的开通增加到 275 列，1986 年增加到 310 列。2002 年 12 月投入新干线运营的 E2－1000 型于 2003 年 4 月 6 日曾创造 362 km/h 的记录。其特点是：车身采用双层结构；25kV、50Hz 牵引设备；动车及头等车采用柔性悬挂装置，速度可达 275 km/h，中间车采用半柔性悬挂；采用 VVVF（调频调压）牵引控制装置及三相交流电机。日本动车组编组为 10 辆，有 2 辆带驾驶室的拖车，8 辆动车，共 814 座席。

1987 年的新干线建设体制发挥了政府参与和市场机制两个方面的作用，取得了较好的经济效果和政策效果。以东海道新干线为代表的日本高速铁路网络不断得以完善和发展。目前，东海道新干线的营运收入占该公司全部收入的 83%，成为名副其实的"金轨"。1999 年 JR 东海客运公司与 JR 西日本客运公司首先联手共同开发了最高时速达 285 km 的新干线 700 系机车，2005 年 JR 东海开发的 N700 新干线以乘坐舒适、耗电量比同类车低 10% 赢得市场青睐，而 JR 东日本开发的 FASTECH360 型新干线运营速度最高达 360 km/h，为世界历史最高速度。最先进的技术和经营管理使日本火车的市场份额提高到 85%。不仅方便了人们出行，还推动了日本经济的发展。

2. 法国 TGV

法国 1/6 的人口集中于首都巴黎及其附近地区，呈放射型分布；重要的政府机关、组织机构及大企业的管理部门均集中在巴黎周围。每周工作日人口由外部向巴黎集中，周末假日则反向通向巴黎外围区域，这种城际人流集中的特点使法国 TGV 应运而生。1981 年 9 月 TGV 开通时，用比东海道新干线更快的 260 km/h 的速度在巴黎东南线上运行，当时曾引起轰动。此后，法国国铁以大西洋线、北欧线和巴黎为中心，呈辐射状地建设高速铁路网，在这些线路上运行着 300 km/h 的世界最高速度的列车，以"欧洲之星"及泰里斯为代表的国际高速列车也在运行，成为引领世界高速铁路的主力军。1990 年 5 月 18 日，两端挂有机车的 TGV 大西洋线，首先采用第二代车辆（TGV – A）创造了轮/轨方式世界最高时速 515.3 km 的运行记录。2000 法国制造出的 CORADIALINT 为轻型、创新型的柴油动车组，适于城际间运行，时速可达 120 km。该车装备了粒子过滤器的柴油动车组，大大减少了颗粒物的排放。发动机的设计结合使用粒子过滤器的同时，也考虑到在不久的将来，欧洲还会推出更加严格的尾气排放标准等因素。因此，CORADIALINT 成为欧洲最环保的新型柴油动车组。除了考虑环保，另一个非常重要的设计是列车舒适性。轮椅坡道以及其他控制系统，例如独立的求助按钮，紧急对讲设备以及车内额外的目的地显示器和在门外专为视觉有障碍的乘客设立引导路标等，以方便乘客。这些列车装有现代化的暖气、通风及空调系统。另一项创新是列车内部的监视控制系统，司机在驾驶室里就可以通过监视屏直接看到车厢内部。自从第一列 CORADIALINT 列车于 2000 年问世以来，这种列车在北欧已经成为最流行的城际列车，德国、荷兰以及丹麦等国已经相继购买 307 列 CORADIALINT 列车。

法国的高速铁路在不同线路上采用不同的车辆系统，堪称一绝。在法国的东南线采用了 TGV – PSE 型列车，在大西洋线上则采用 TGV – A 型列车，最高车速为 330 km/h 。在巴黎到阿姆斯特丹线上，全部采用 TGV – N 型列车，列车最高时速可达 330 km，衔接 TGV 北极及大西洋线为 TGV – R 型列车。此外还有 TGV – 2N 型双层列车，车厢高度为 1.93 m，10 节车厢座位数可达 520 个，是可供各条高速线上的通用客车。

法国 TGV 运行速度起点高、运营范围广、竞争能力强，因而运营效益好。客运量平均每年递增 140 万人次，TGV 东南线的客运量占巴黎—里昂间铁路客运总量 80% 以上。现在，巴黎—斯特拉斯堡的 TGV 东线用 350 km/h 的速度运行。法国的 TGV 系统在海外高速铁路扩展计划中，已成为日本新干线的强大竞争对手。西班牙的 AVE，比利时的高速新线，英国的 CTRL，以及 2004 年 4 月开通的韩国高速铁路等都采用了 TGV 系统，它在世界上产生了深远的影响。

3. 德国 ICE

自 1979 年以来,德国采用了两个等级的城际特快网,口号是“每小时提供有不同等级的列车服务”。在一些主要干线上,目前的城际特快线已发生变化,部分区段变为 0.5 h 一趟列车,另一些运量小的区段,改变为 2 h 一趟。1982 年德国确定了高速铁路发展的规划,决定先在 3 条线路上开行城际特快列车 ICE,其最高旅行速度达到 280 km/h。1991 年 ICE 列车正式在 4 线和 6 线上投入运营。汉堡—慕尼黑的旅行时间分别(经由 4 线或 6 线) 比原先缩短 21.4 %、16.7 %。ICE 列车具有舒适便利、安全准时、缩短旅时等优点。客运量的增加既提高了列车满载率,也增加了运输收入,而旅行时间的缩短则加快了车底的周转,减少了车底数,降低了运输成本。

1991 年 6 月,汉诺威—比勒土布卢库(HW 线,新线总长 326 km)、曼海姆—斯图加特(MS 线,新线总长 99 km)两条高速铁路以280 km/h 的运行。此后,连接汉诺威—柏林(总长 264 km)的高速铁路也已于 1998 年 9 月开通了。这些高速新线与日本的新干线及法国的 TGV 不同,都不是高速旅客列车专用线路,而是设计成能同时运行既有线车辆(货物列车)的线路。运行在这些线路上的第一代 ICE1 采用两端编挂机车(动车)牵引方式;第二代 ICE2 是可解体编组的推—拉方式。为满足德国城际高速运输网扩张和国际间运行的需要,由西门子、德国交通系统和 Adtrant 公司联合推出了第三代 ICE 型列车 - ICE3,ICE3 列车的最大设计速度达 330 km/h。列车外形较窄,首批生产的 3 电流制 ICE3 列车于 1999 年夏季投入运营,服务于阿姆斯特丹与科隆之间。9 台 4 电流制 ICE3 于 1999 年底投入运营,服务于德国与布鲁塞尔和巴黎之间。ICE3 为动力分散的动车组,其牵引装置遍布整列列车,具有客座容量大、重量分配均匀、单座重量低、牵引性能好等优点,并采用倾斜式车体,以适应城间运行频繁启停,加速快的要求。德国城际高速列车为旅客提供完善的服务设施。列车全部为空调列车。列车上的专门会议室内装有天线电话,一、二级车厢均有电话、打字机、字处理器、邮箱、传真机和复印机等。自 1997 年年中,城际高速列车上甚至装备印刷机，出版印刷专供旅客阅读的日报。日报报道最新新闻、股票消息、体育运动及天气预报等。城际列车的一级车厢为宽敞舒适的每排3座布局，二级车厢则为每排4座布局。第一节车厢与驾驶室之间为全透明隔屏，乘客可以在车厢内欣赏列车疾速行驶时列车前的无限风光。德国的城际铁路也于1998年就引进了摆式列车，该列车主要运行于德国至捷克的山区铁路上，最高时速可达230 km。值得一提的是，法兰克福—科隆高速铁路是德国的南北大通道，连接德国两个重要经济区域—鲁尔区和莱茵河流域。这两个区域人口分别为1 000万和300万，该线已于2001初开通，全程226 km，列车运行58 min，两城市之间每小时开行10对列车，这对德国的交通结构和区域发展产生了重大的影响。该铁路一直铺到法兰克福机场，德国国家航空公司将取消科隆—法兰克福的航班，航空旅客在机场便可转乘高速列车。这是航空与铁路联运的一个典型范例。

此后，2002年8月1日，成为德国第4线路的科隆—莱茵河高速新线开通，采用最高速度300 km/h的电动车组运行。该高速新线作为德国第一条客运专用线，采用40‰的最大坡度线路运行。在这条新线上的第三代ICE3（最高速度330 km/h，允许列车晚点时用此速度赶点运行）和新干线一样，采用动力分散方式，这是除日本之外最早的高速电动车组。由此，德国列车的运营最高速度也是300 km/h，跻身于世界最高速运输集团的成员。2003年，德国联邦交通网计划确定修建连接南北的柏林—慕尼黑的高速线（高速新线+既有线改造），现在已经开始施工。

德国的ICE在投入运营后，运营效益不断提高，不仅推动了国内高速新线的建设，而且参与了国外高速铁路的发展计划。

4. 意大利新ETR

意大利1983年5月，在罗马—那不勒斯线路上实行了称为固定列车运行时间的新时刻表，保证所有车站在每小时内都有旅客列车通过，现在已在其他城市间如都灵—威尼斯、罗马—佛罗伦萨、博洛尼亚—米兰等线推广。列车速度已提高到200～250 km/h。

2005 年 12 月,在罗马—佛罗伦萨等城际高速铁路多年安全运营并取得经验的基础上,又建设和开通了罗马—那不勒斯城际高速铁路,到 2011 年,将形成 T 形高速铁路网。

罗马—那不勒斯城际高速铁路全长 204.6 km,是意大利第一条由欧洲铁路运输管理系统(ERTMS)控制的铁路线,也是意大利第一条 25 kV交流电气化铁路线(既有铁路网的供电是直流 3 kV)。该线路车辆由 15 列 ETR 480 潘多力诺型列车改装,并由新的双流制动车组来替换 30 列 ETR500 型动车组,所有这些新车都将涂上新的统一颜色。这些列车都是双流制,并装有欧洲铁路运输管理系统,试运行的最高速度达 348 km/h,列车的设计运行速度为 300 km/h,正式运营后运行时间将比原运行时间缩减 18 min,降至 1 h 27 min。开通后的前 2 ~ 3 个月每天运行 4 对列车,然后再增加为每天 8 对。位于那不勒斯北部的阿佛拉戈拉枢纽车站 2008 年 12 月竣工,使罗马—那不勒斯的行程时间进一步缩减为 1 h 10 min。

2006 年 2 月在都灵冬季奥运会的开幕期间开通都灵—米兰—威尼斯的线路。都灵—米兰—威尼斯城际高速铁路作为东西铁路走廊的一部分,在阿尔卑斯山南部将法国与巴尔干半岛连接起来。目前米兰—里昂高速线正在进行隧道试掘进。目前有 2 个在建地下车站。一个是位于既有车站之下的博洛尼亚地下车站,它预计与连接佛罗伦萨的线路同时开通。另一地下车站建在佛罗伦萨的比菲奥区,位于既有圣·玛丽亚·诺维拉(缩写为 SMN)车站以北。佛罗伦萨新车站的建成,将避开在 SMN 车站换乘不便。该车站将于 2011 年 12 月开通。

2005 年启动了米兰—热那亚城际高速铁路南部的前期工作,这条线将从热那亚向北延伸至托托那,并将连接通往米兰—博洛尼亚的既有线。另外还有一条到达诺佛利格的支线,与通住都灵方向的铁路连接。这段长达 54 km 的线路包括了 36 km 的隧道,项目计划 2012 年建成。

都灵—米兰—罗马—那不勒斯高速铁路走廊的项目实施将花费约 300 亿欧元,到目前为止,已投入了 180 亿欧元。到 2010 年,建成后的都灵—米兰—那不勒斯铁路走廊沿线,预期每天将有 16.5 万名乘客乘坐城际高速列车,而到 2015 年,每天的乘客人数将增加至 19 万人。

5. 西班牙的 AVE

1992 年,西班牙为举办巴塞罗那夏季奥林匹克运动会和塞维利亚万国博览会,建成连接首都马德里和塞维利亚间的 471 km 的高速新线,开始运行最高速度为 250 km/h(现在 300 km/h)的高速城际列车。西班牙这条高速城际铁路,其车辆采用法国的 TGV(大西洋线用),信号方式采用德国的 LZB(交差感应线)技术。此外,这条高速城际铁路采用和西班牙国铁既有线轨距(1 668 mm)不同的标准轨距(1 435 mm),这样,将来可以直接连通于法国的欧洲高速铁路网。

马德里—塞维利亚高速新线开通后,其高速性和准时性促进了物流、人流的增长,获得了很大的成功。继这条高速新线之后,马德里—巴塞罗那高速新线总长 651 km,设计最高速度 350 km/h,2003 年 10 月 11 日开始运营,由于这条高速新线的运营最高速度暂定使用原有的信号系统,所以目前仅限定 200 km 的时速,但在今后,假如高速新信号系统(采用固定闭塞方式)成功,采用最高速度 350 km/h 的 ValerO 和 Talgo 350 运行的话,那么西班牙将跻身于世界铁路最高运行速度的行列。

现在,西班牙还在规划修建以马德里为中心的辐射状高速新线和连接葡萄牙的高速新线。

6. 比利时的 M6

比利时国土幅员较小,但开行的城际列车却不少,每天约开行 3500 列旅客列车和动车组。20 世纪 70 年代后半期,首先在奥斯坦德—布鲁塞尔—列日、克诺克—布鲁塞尔—那慕尔—阿尔隆、安特卫普—布鲁塞尔—沙勒罗瓦三大干线开始,实现 1 h 1 列的城际特快列车。1987 年加入了 12 国欧洲共同体城际特快列车运输网。

比利时投入运行的 M6 城际列车由 6 辆编组构成,每列车有 4 辆二等车 140 个座席和 1 辆多功能车。多功能车的上层有 55 个吸烟座席,下层是行李架和列车员办公室,设有轮椅存放处和残疾人用厕所,且有能折叠的座椅,可以为存放自行车留下空间。该多功能车不仅在距轨面 1 190 mm 处的标准高度端部设一车门，而且在下层也有一个车门，双扇门的开度为 1 880 mm。总的载客量为每列 786 人。车内外有大型数字显示屏（LED），向乘客提供信息显示。

近年，比利时的高速铁路以首都布鲁塞尔为中心，对西向（经由里尔到巴黎和伦敦方向）、北向（经由安特卫普到阿姆斯特丹方向）和东向（经由列日到科隆方向）的 3 条主线路（3 条轴线）进行高速干线的建设和既有线的改造。高速新线预定建设 200 km。其中，由里尔到布鲁塞尔的城际高速新线在 1997 年 12 月已开通。通向德国科隆到列日的城际高速线在 2002 年 12 月也已开通运营。

7. 英国的 HST

英国是城际快速列车的发源地，20 世纪 60 年代初开行城际特快旅客列车，还专门成立了铁路城际客运部。1974 年完成了从伦敦至西海岸大城市铁路的电气化，使列车最高时速达到了 176 km；1982 年实现了伦敦至舍菲尔德的 HST 高速内燃列车的运输，也称 IC125 高速列车。最高时速达 200 km。这样，伦敦至各个主要城市间的旅客运输形成了高速列车网。目前 HST 列车每天开行达 180 列。

2003 年 9 月 16 日开通的 CTRL（连接英伦海峡的隧道铁路）第一区间（74 km），由于最高速度达 300 km/h，所以这成为“英国最早的高速新线”。这时是距世界最早的曼彻斯特—利物浦城间铁路开业 173 年后的第一天，也是距离高速铁路史上表明高速旅客列车具有强大生命的东海道新干线开通后的 39 年，还是距法国最早的 TGV 东南线完工后的 20 年。CTRL 的高速铁路技术虽然仍是引进法国的 TGV 技术，但这一点也决定了英国成为进入高速铁路拥有国行列的成员。

通往因站房漂亮而负盛名的伦敦圣潘库兰斯站的第二区间（39 km），目前已全线开通运营。

8. 美国的“美国飞人”（特别快车）

在美国铁路城际旅客运输曾经辉煌一时，后因汽车和航空的竞争，使之退居到次要地位。美国的城际客运按其业务范围和客流特点可分为四类:第一类为走廊客运线。它位于人口密集、工商业发达的中心城市之间,旅客列车速度高、车次多、运距较短。如华盛顿—纽约—波士顿。第二类为长途客运线,形成运行时间超过 24 h,以娱乐、旅游为目的的城际客运线。第三类为行程在 1 000 km 以上的卧铺列车。第四类为地方客运列车线,以通学、通勤、经商为主。

连接美国东海岸的波士顿和纽约、华盛顿的东北走廊是年客流量最大的美国交通走廊。号称汽车大国的美国,只有这个走廊发挥着铁路的优势,在纽约—华盛顿之间,飞机占 25% 运输份额,铁路占有 16% 的运输份额。

这条波士顿—华盛顿间的铁路(735 km)除了局部区间之外,是 Amtrak(即“美国全国铁路客运公司”的通称)拥有的唯一线路,成为以商务客运为中心的城间铁路运输线。

美国全国铁路客运公司为了将这条黄金线路高速化,进而扩大铁路的市场份额,从 2000 年 12 月 11 日起“美国飞人”开始了最高速度 241 km/h 的运营。“美国飞人”高速电动车组长约 203 m,由 2 节位于端部的动车、5 节中间拖车和 1 节带酒吧间的服务车组成,总定员 345 人,车体由不锈钢制成。这种动车组将装备交流牵引电力传动装置、再生制动机和由微机控制的主动倾摆系统。此外,还设计了可变形的区域用来吸收冲击能量,保证旅客和乘务人员的安全。另外,将在庞巴迪公司为加拿大 VIA Rail 客运公司 LRC 列车研制的车体倾摆系统的基础上,开发研制更加完善的倾摆系统。“美国飞人”列车还将在许多方面采用 GEC 阿尔斯通公司在法国 TGV 列车上使用的技术方案。根据 Amtrak 公司与 LTK 工程技术咨询公司制定的列车技术任务书,纽约—波士顿间列车运行时间将不超过 3 h。

9. 加拿大的 C2008

加拿大铁路以横贯东西,联系大西洋与温哥华的两条铁路为干线,以连接各大港口与大中城市的铁路为支线,构成铁路运输网络。铁路营业里程 5. 2 万 km,由国家铁路公司和太平洋铁路公司管理并经营干线。此外,还有部分支线铁路公司。

目前在加拿大城际运行的主要是 C2008 型客车，该客车设计是目前在瑞典广泛应用的宽体 Regina 型动车组的改进型。动车组分 3 个单元：两端单元共 6 辆车（每单元各有 1 辆有驾驶室的动车 +1 辆受电弓拖车 +1 辆不带驾驶室的动车）；中间单元为两辆车，包括 1 辆动车 +1 辆拖车。全列 32 根轴中有 20 根动力轴。车体宽度为3 328 mm。二等车座席布置为 2 +3；头等车为 2 +2，全列座席达 760 个。座位布置有的是面对式，中间置一小桌；有的是航空座椅式（面对背）。车厢中部为一宽敞通道，两端有洗手间及其他设备。

以上国家铁路城际客运有以下几个特点：几乎都以首都为中心，运距一般在 500 km 以内（美国除外）；城际客运量约占铁路客运总量的 30% ~50% ，小于市郊客运量；城际列车速度不断提高，有的已实现高速化，如日本的新干线、法国的 TGV、德国 ICE、意大利 ETR、西班牙 AVE 等城际高速列车已誉满全球；列车的开行多实行钟摆式的节拍运输，1 小时 1 趟车，极大地方便旅客；对发行的团体票、家庭票、通勤票、往返票、定期票等实行优惠票价，以招揽旅客。

8.2 我国城际列车开行情况

我国的铁路旅客运输以城际为主、市郊为辅，这可以从旅客发送量、周转量、旅客列车开行数量看出。我国的市郊客运量约占 10% ，城际客运量约占 90% ；市郊旅客周转量约占 1% ，城际客运周转量约占 99% 。

我国的铁路城际旅客运输的密度和强度又随地域经济的发展而由东向西呈减弱趋势，京广线以东地区铁路客运量占 47. 6% ，中部地区占 29. 9% ，西部地区占 22. 5% 。即使在东部地区的城际客运量分布也是不均衡的，在京津冀、长江三角洲、珠江三角洲 3 个经济带，它们的铁路城际客运量分别占全国的 19. 7% 、7. 8% 、5. 5% ，合计占到 33% ，正好为全国的 1/3。尤其在我国经济比较发达、距离较近的一些大城市间，每天有大量往返的旅客，不仅数量大，而且往返率高，大部分当天来回。这类旅客不仅对旅行有安全、舒适的要求，更追求方便、快捷的乘车条件。具有这些客流特征的线路有京津、沪宁、沪杭、广深、沈大、胶济、武广、南昆、成渝、陇海等线。在这些地区的某些城市间已经初步开行了环境舒适、服务周到、快速便捷的城际列车，吸引了很多本线短途客流。但目前开行城际列车的重点地区在京津唐、沪宁杭、广深地区。

近年来，我国城际旅客运输有了新的进展。铁路第五次大提速之后，城际快速列车在长江三角洲城市群、珠江三角洲城市群和京津冀城市间发挥着积极作用。由于城际列车是一个性价比很高的客运品种，得到各城市群的追捧，已经成为城市化和区域经济一体化的“加速器”，成为城市群经济发展的交通保障之一。铁路第六次大面积提速，又推出416列城际快速客车，这些列车主要集中在京津冀、长三角、珠三角三大城市群，以及以郑州、武汉为中心的中原城市群，以沈阳、长春、哈尔滨为中心的东北城市群，以西安为中心的西北城市群。现在重点介绍我国东部三大城市群地区城际列车开行情况。

这三大城市群的总人口占全国人口的7.53%，土地占全国的1.24%，但GDP却占全国总额的30%多，利用外资额更高达73%。在中国科学院可持续发展战略研究组编写的《2004中国可持续发展战略报告》中提出：未来20年，中国三大城市群“发展红利”效应倘若得以实现，将使得他们对于国家GDP的整体贡献率由现在的35%～38%上升到65%～70%，可大大减轻国家其他地区的发展压力，与世界经济大国著名大城市群的产出大致相当。这样不仅可以提高城市化的整体水平，还能促使珠江三角洲、长江三角洲、京津环渤海城市群和城市带迅速形成经济发展的整体优势，也有利于国际化城市的形成。由此可见，我国东部三大城市群率先开行城际列车具有重大意义。

1. 京津唐地区

京津唐地区位于渤海湾，北京是政治、经济、文化中心及旅游胜地，吸引了国内外大量的客流，本地区也有相对稳定的客流量。京津城际列车开通后天津站短途旅客增达3万人。京津城际轨道交通是连接北京市与天津市的铁路客运专线，是规划环渤海地区城际铁路网的重要组成部分。京津城际轨道交通的始发站是北京市的北京南站，终点站是天津市的天津站，1998 年京津城际快速列车在既有线上开通，设亦庄、永乐、武清 3 个中间站。开行城际列车 12 对，运营时间内平均每小时 1 对。京津间列车运行距离为 137 km，因既有线尚不属于客运专线，影响了城际列车的行驶速度（每小时为 140 km 左右），旅时 75 ~ 80 min。当时京津间城际总客运量为 9 000 人次/日，铁路城际客运占 77.8% 的市场份额。2005 年 7 月 4 日，京津城际轨道交通工程正式开工建设，该线为客运专线，全线长 120 km，2008 年 8 月 1 日京津城际高速铁路建成通车，列车行驶速度达 350 km/h，最小行车间隔为 5 min，京津两地直达的运行时间仅为 30 min。

2. 广深地区

广深地区作为我国对外窗口，吸引着港澳台及国外的大量商人、游人。广深间列车运距 147 km。1994 年 12 月，在广深线上开行了我国第一列准高速旅客列车“新时速”，最高行驶速度160 km/h，用时 80 min左右。当时广州东—深圳开行城际高速列车 67 对，广州—深圳间 16 对。广州东与深圳间平均每 14 min 开出一对列车。客流高峰时段达到平均 10 min 一趟。

今天的广深线，CRH1 型“和谐号”动车组以平均 5 min 一列的追踪时间穿梭其间，而广州东与深圳间一站直达列车运行时间仅有 52 min，时空距离的缩短令旅客直接受益。

从 2007 年 4 月 18 日开始，广深铁路实行客货分线运行，广深Ⅰ、Ⅱ线成为专门为旅客服务的公交化城际列车专用线路。广州、广州东、深圳站以及广深线沿线的石龙、东莞、樟木头等站均实行专窗售票、开辟专用候车室和专用进出站通道；列车始发、中途停靠和终到均固定站台、固定径路、固定位置，旅客可在站台地面看到自己所在车厢的位置，乘车更便捷。

3. 沪宁杭地区

从 2002 年 4 月底开始，沪宁线 3 组城际列车投入运行，上海站集中在 8:00、9:00、10:00 三个整点时间发车，沪宁线运距 302 km，运行

170 min 左右。尤其是最近投入的双层新型“铁路巴士”城际列车，车厢宽敞，座位间距 1.665 m，旅客更为舒适。城际列车开行后沪宁杭间的短途列车增加至 32 列，如加上长途直通列车，白天沪宁线平均每 20 min发出一趟列车，沪杭线每 28 min 发出一趟列车。沪宁特快城际列车采用国内最先进的“庞巴迪”车底，宁波到上海只需 3 h 30 min。

2007 年 4 月 18 日第六次大提速以后，上海铁路局安排了 34 对动车组在上海、南京、无锡、苏州、杭州等长三角城市中运营。根据最新的提速调图，每天早晨 6:10 至晚上 8:30，上海至南京方向平均 11.6 min 开行一趟列车，上海南至杭州方向平均 14.8 min 开行一趟列车。如果乘坐最早一班列车从上海出发，早上 8 点就可以到达南京。

另外，上午 10 时至 11 时，上海站出发客车 7 列，到达客车 9 列，平均 3.7 min 到发 1 列客车，密集程度世界罕见。在上午、下午多个黄金时间段，上海铁路局方面还将安排客车密集连发，每 5 min 始发一趟客车。这样，乘客滞留在车站内等车的时间将大大缩短，商务旅客需在异地住宿的情况也将减少，这无疑为长三角区域商务出行的旅客节约了时间和住宿消费成本。

上海铁路局透露，未来还将专门为经常来往于长三角城市的旅客提供购票卡，乘客凭卡可赴快速专窗购票，同时，享受卡内充值购票折扣。待时机成熟，长三角有可能实现刷卡乘火车，届时，沪宁杭城际列车将真正实现公交化。

8.3 有关城际列车的相关概念

1. 关于城际轨道交通的概念

区域性城际轨道交通在国外又称为区域性轨道交通系统（Regional Rail System），指在经济发达、人口稠密的城市之间修建的便捷、快速、运力大且衔接合理的客运轨道交通。有别于干线铁路和城市轨道交通。城际轨道交通突破了一个城市的行政区划，可跨越几个省市。但与干线铁路相比，城际铁路的跨度并不大，而凸显其网络化、公交化的特征;客流结构以"一日交流圈"内相对固定的通勤、学生、商务、公务、休闲、旅游客流为主,距离一般不超过400 km,一般人一次出行不超过2 h就可到达目的地。它主要穿越城市的中心区,采用"高密度、小编组、公交化"的运输组织模式,发车的密度比较紧密,接近"公交化",以满足沿线各城市与主要中心城镇间短途旅客交通需求,兼顾城市组团、次中心城镇之间的客流。它的功能特征是介于城市轨道交通及干线铁路之间的一种新的轨道交通方式,根本目的在于通过城际铁路紧密区域内城市的有机联系,促进城市化进程的发展和区域经济一体化的实现。

与其他轨道交通方式相比,城际轨道交通在功能、服务对象、建设标准上有所不同。城际轨道交通服务于区域内城际公务、商务和探亲访友等多类旅客运输,铁路客运专线主要担当区域对外中长途及区域内部分点到点的旅客交流,城市轨道交通主要承担城市内部公交客流。因此,城际轨道交通的速度目标值介于铁路客运专线(最高时速350 km)和城市轨道交通(一般时速为80 km)之间,根据线路在城际轨道交通网中的地位和作用,选择不同的速度目标值。城际轨道交通的站间距比客运专线短、比城市轨道交通长,车站设置尽可能覆盖沿线主要城镇,充分满足城镇间日益增长的客运需求。与高速公路相比,城际轨道交通的服务对象也是以中短途客流为主,但在服务方式和服务对象的层次等方面存在一定差异。城际轨道交通主要提供大能力、大众化、全天候的公交式服务。二者既竞争又协作,共同承担城际旅客运输任务。

2. 关于城际客流特征的内涵

(1)出行目的:城际客流出行目的主要是公务出行、商务贸易、平日通勤、旅游探亲等,尤其是随着经济和综合交通的发展,异地就业、异地居住使城市居民由城市内向整个城市群发展,城际客流的出行将会逐渐增多,尤其节假日居民出行较多。

(2)时间要求:在当代,生活节奏加快,时间就是金钱,人们时间观念的增强,对运输产品的速度要求更高。速度的提高,旅行时间的缩短,是激发旅客旅行需求,吸引客流的首要因素。由于乘坐城际列车的旅客生活水平相对较高,其时间观念更强,城际客流对速度的要求更高。这也表现在对列车开行间隔及到发时刻要求更高。一般来讲,缩短发车间隔,可以减少旅客在站的平均候车时间,提高车站接待能力,增加旅客选择出行时间的机会,方便旅客。和一般铁路客流相比,城际客流对密度的要求更高。

(3)旅行距离:城际客流出行是在区域城市之间、城市与其所辖郊区之间、城市郊区与相邻城市之间的出行。城市与其所辖郊区之间的出行率大于城市与无隶属关系的城市和郊区。以京津冀地区为例,其城际客流出行距离较长,城际间可达200 km以上。

(4)出行花费:合理的票价是旅客选择出行方式的一个重要因素。票价对旅客的影响很大,票价的影响与旅客的经济收入直接相关。对于同一种运输服务,不同的票价,对不同的旅客就会产生不同的影响。消费水平不同的旅客对于“合理的票价”有着不同的衡量标准。对于城际客流,其生活水平相对较高,对于其中占大多数的中、高收入者来说,票价的影响并不十分突出,只要和公路的票价大致相当,就可以稳定客流。沪宁线和广州至佛山地区的区域客流调查显示,城际客流人均出行次数较少,对票价的承受能力较强,能够承受高于公路交通的费用。

(5)旅行舒适:随着人民生活水平的提高,旅客对出行工具的舒适度有愈来愈高的要求。旅客不仅仅满足于能实现位移的需要,而且要求在接受运输服务的过程中感到舒适,舒适度是影响城际客流的一个重要因素。提高铁路站、车服务质量,采用高等级的客车体使旅客在车厢内有较为宽松的活动空间,以及提高列车运行平稳性等都是提高列车舒适度的重要内容。

3. 关于铁路城际短途旅客快运的概念

近年来,全社会及公路客运量大幅增长,铁路的旅客发送量虽有增加,但短途发送量却大幅下降。据统计,200 km以内的发送量2000年比1990年减少了1.2亿人次。由于我国客运市场以短途为主,行程

200 km 以下的客流占社会总客运量的95%，铁路短途发送量的持续下降，不仅制约了铁路客运总量的增长，也会影响铁路在综合运输体系中的地位。

目前尚没有公认的短途客运的概念和划分标准，相关的定义多因讨论的问题不同而异。一般认为，短途客流具有如下特征：消费频率高、时间性强、特别注重方便快捷并兼顾舒适，价格往往不是影响交通方式选择的主要因素，出行范围具有明显的地区性。短途客运市场，可以认为是那些具有以上交通需求特征或者以这些特征为主的客流。根据这个原则和思路，确定铁路短途快运的内涵时主要考虑以下因素：①表现出明显的"城市组团"区域集群性，即从全国范围来看，呈现的是具有层次结构的组块式分布。这样，可以从不同角度来综合界定铁路城际短途旅客快运。从铁路短途快运市场分布区域范围，可以将其界定于"城市组群"区域中。②从旅行距离、时间，以及人的生理、心理等方面，可以将一定出行时间内的运输距离界定为"短途"。短途还是一个时间概念。受心理和生理承受能力的影响，旅客往往习惯性地把一定旅途时间内的出行距离视为短途。过去人们习惯将运输距离在200 km以内或旅行时间在2 h 以内的出行视为"短途"，但随着人们时间观念的增强，以及铁路基础设施的改善，特别是几次列车大提速，使"短途"的概念也在改变。因此，"短途快运"是动态的，对其的界定也要与时俱进。③从各种交通方式的竞争关系来看，一般认为，公路的优势距离与铁路的短途运输存在竞争性，因此，将公路与铁路的焦点竞争距离归为短途。按照这个观点，从目前情况看，在有高速公路的地区，距离在400～500 km，旅行时间在4 h左右的范围已经成为公路与铁路竞争的焦点，因此应该将这个内涵纳入铁路短途客运的范畴。

8.4　有关城际列车的各种看法

由于城际列车是个新生事物，一种新的运输方式，目前对它的看法还很不一致，还没有一个规范的定义。从已有的讨论情况看，由于界定城际列车的角度不同，形成了对城际列车的不同的看法，大致有下面一些观点。

1. 从城镇之间联系来定义城际列车

这种观点将城际铁路列车定义为连接存在着有经济旅客运量需求的两个城镇之间的铁路客运列车。进而，可以将城际铁路列车划分为单式城际铁路客运列车和复式城际铁路客运列车。单式城际铁路客运列车是指连接两个城镇的铁路线上只存在着彼此之间唯一一对经济旅客运量需求的铁路客运列车；复式城际铁路客运列车是指连接多个城镇的铁路客运列车，同时每两个城镇之间也可能存在着经济旅客运量需求，开行铁路客运列车。

2. 从时间距离来定义城际列车

这种观点认为，城际列车一般指担当短途旅客运输的列车。在欧洲，由于列车运行速度较高，城市间的距离在800 km以内、运行时间在4 h以内的列车都视为城际列车；而在我国，由于列车速度较低，只有距离在400 km 以内、运行时间在 4 h 以内的列车，才能视为短途。城际列车以其合理的到发时间安排、优质的服务和良好的经济、社会效益等成为城间旅客快速、便捷运输服务的代名词。

3. 从列对数和运行规律来定义城际列车

这种观点认为，城际列车并不局限于运行距离在400 km 和运行时间在 4 h 以内。在中长距离运输中由于客流大小、列对密度、旅行时间等因素，城际列车运行的可能性较小。但只要列对数在一定数量以上，列车软硬件设施较好，运行有规律的列车，都可以称之为城际列车，如建成后的上海—北京客运专线上开行的高速列车等。国外城际列车根据其服务范围，分为地区城际列车(inter city regional)和全国城际列车(inter city national)两大类，相当于我国“管内和直通”、“短途和长途”之分。

4. 从客运组织方面来定义城际列车

这种观点认为，城际轨道交通突破了一个城市的行政规划，可跨越几个省市。但与干线铁路相比，城际轨道交通的跨度并不大，而凸显其网络化、公交化的特征；客流结构以“一日交流圈”内相对固定的通勤、学生、商务、公务、休闲、旅游客流为主，距离一般不超过400 km，一般人一次出行不超过2 h就可到达目的地。

5. 从概念的宽窄角度来定义城际列车

这种看法认为，从广义上说，城际列车泛指城际铁路系统，它由3部分组成：①城际铁路基础设施子系统；②城际铁路列车运行子系统；③城际铁路提供的完整运输产品和运输服务营销子系统。从狭义上说，城际列车主要是指两种形式：一是在跨区域连接多个城市的客运专线上开行的城际列车，另一种是发达经济区内实现列车按公交化开行的城际铁路客运列车。

6. 从功能方面定义城际列车

持这种观点的认为，普通铁路主要承担区域货物运输，客运专线主要承担大区域间直通客流的运输，站间距一般为50～60 km，无法满足城市间经济带人群出行的需要，运输能力不能适应城际客流，更不能满足高峰时出行的要求。而城际列车是把经济区域内的城市连接起来的一种新型区域交通形式，而通过建立城市轨道交通网，采用合理的线路布局、较小的站间距和较少的车辆编组，实现运输的高速度和高密度，乘坐舒适、方便换乘、节省时间，并与各种交通方式实现便捷衔接。由此能够满足经济区城际间人们对出行安全、快速、舒适的要求。

8.5 对于城际列车概念的探讨

从字面意义上看，在城际铁路上开行的列车称之为城际列车。城际铁路是城际列车开行和推出运输产品和品牌的基础平台。城际轨道交通，在国外又称区域性轨道交通系统。即Regional Rail System，是指在中心城市辐射经济圈中的便捷、快速、大运量、衔接合理的客运轨道交通系统。城际轨道交通是新型的客运交通方式，主要承担沿线各个主要城市和主要中心城镇之间的客流输送，就像是城市间的客运公交车。这个定义体现了城际列车有别于其他干线列车的功能定位。但是，由于各国的经济发展水平、城市化水平和铁路现代化水平存在差异，实现这一功能的方式和途径会有区别。为了体现运输产品的个性化特征，城际列车主要可以以运行时间或运行区域来界定。由此，我们可以从狭义和广义两个层面来理解城际列车。目前，从狭义上看，可以认为，在连接两城市的铁路线路上运行，时间在 4 h 以内的列车称为城际列车。这表明城际列车具有显著的时间特征，其中，运行速度是一个主要的标志，这是在目前技术条件下定义的城际列车。而广义上，凡是两城市之间开行的高速或快速区域直达列车，只要列车的设备、开行时间等条件达到城际交通功能要求，也可以定义为城际列车。国外把一些区域列车也归结为城际列车，那是由于他们的列车在速度上相对我国而言具有很大优势。城际列车的开行是为了实现新的运输产品或服务，它可以按某一种特征进行分类。例如按距离划分，可分为区域经济圈内的城际列车、跨区域连接多个城市的客运专线上开行的城际列车；按出发和到达时间划分的“朝发夕归”城际列车；按运送旅客出行目的的旅游城际列车；按季节性或节假日划分，有春节、暑期等开行的城际列车；按时间间隔划分，有“节拍式”和公交化城际列车等等。

从以上我们可以看出，对于城际列车的定义，应侧重从功能定位来界定，可以从运行距离、运行时间、运行目标、运行特点等方面功能来综合考虑。但是由于各国列车的实际情况存在差异，对城际列车的理解和定义也有所不同。就我国目前情况来看，东南沿海地区经济发达、城市化水平高，已形成了城市群或城市带，发展城际交通的需求紧迫，也有这个经济基础。同时考虑到在当前我国铁路高速技术尚处于起步阶段、列车速度与发达国家的高速列车速度差距较大。因此，近期我们重点考虑的还是发达经济区内的城际列车，也就是说我们当前重点考虑的还只是经济区内城市群间短距离的城际列车．它是铁路部门新推出的运输新品种，它是为满足发达经济区内城市群间数量和质量日益增长的大流量、高频率、快捷乘载客运需求的新型客车。一般距离在 400 ~500 km、运行时间在 4 h 以内，具有大密度、小编组、运行有规律、正点率高、旅行速度快、购票方式简便、舒适度好、等级较高、安全性好、不受气候影响、运输能力大、有利于环境保护、可持续发展能力强的特点，非常适合经常往返于城市间的乘客。目前能实现上述客运需求的城际列车运营的技术有轮轨、磁悬浮、摆式列车三种方式，其运行方式主要有节拍式、“公交化”等形式。尤其是在发达经济区内的城市间，每天有大量旅客集散，而且当日往返率高，这类旅客不仅对旅行有“安全、舒适”的要求，而且追求“方便、快捷”的乘车条件。而城际铁路公交化运输正好满足上述旅客乘车要求，其建立在具有很大通过能力的交通线路上，采用先进的售票系统，是一种具有新型功能的行车密度较高的城际旅客运输方式。

但是，上述的城际列车的内涵也只是一个相对的概念，今后随着我国经济发展的需要和高速铁路技术的进步，城际列车的运行速度不断提高将向区域列车发展，因此，城际列车的概念也是一个与时俱进的范畴。但是，即使到了那时，城际列车作为一种新型的交通方式，其具有的与干线铁路的功能区别和特质仍然存在。

城际列车与干线旅客运输的功能区别和特质在于以下几点。

(1)城际列车(inter city passenger train)具有先进的铁路技术硬件设施和性能良好的机车车辆，比干线旅客运输更安全、舒适、便利，速度较高且票价便宜，在平行线路上对高速公路、民航具有较强的竞争力。

(2)城际列车发车密度大、运输能力大，不受气候影响，可全天候运行。随着区域经济的发展城市群间经济联系频繁，人流、物流迅速增长，急需发展新型的快速城际交通系统。城际列车是解决客流量大，人口密集的城市群地区运能与运量矛盾、实现可持续发展的最佳运输方式，代表着陆上旅客运输的现代发展方向。

(3)城际列车采取固定时间间隔发车，运营规律性强，正点率高。尤其是节拍式和公交化城际列车，更方便乘客容易掌握乘车时间，提高旅客的时间价值。

(4)采用适宜城际客流乘降特点的人性化车厢设计。由于客流量大且密集、发车频率又高，城际列车车厢采用地铁式车厢，对开式电控门，车门加宽，脚踏板与站台相平，上下车方便，旅客集散速度快。客流密集的线路采用双层车厢,容量更大,座位间距加宽,旅客更为舒适。

(5)城际铁路车站采用立体式交通枢纽方式建设。城际铁路进入城市中心与城市公共交通紧密衔接。城际铁路的站点应与城市的公共交通及其他交通方式衔接起来,可以平面的方式换乘,也可以垂直的方式换乘,最大可能地实现"零换乘",方便旅客旅行。

(6)城际铁路站车信息化、自动化程度高,提供高质量的客运服务。城际铁路车站具有自动化程度较高的电子定票系统、自动售票机等;软件服务有高质量的客运服务、方便乘客的售票制度,如专门的售票窗口、发售定期票(季票、月票)、"绿色通道"、网上售票等。列车上可以提供列车运行、换乘、旅游、宾馆、新闻以及通信和上网等方面的信息服务。

(7)城际列车的环保性能好,是绿色交通方式。我国土地和能源均相对短缺,人均耕地面积和石油储量都远低于世界平均水平。尤其是经济发达、人口密集的城市群更要节约用地和减少污染排放,而城际轨道交通用地仅为公路的1/8,且采用电气化和先进的铁路防震技术,低能耗、低污染(电力机车基本上没有污染),是与城市和环境相融和谐的绿色交通工具。

(8)有利于统筹城乡客运。城际铁路不仅能够满足城市居民对出行安全、快速、舒适的要求,而且其交通功能便于辐射经济区内的农村。普通铁路主要承担区域货物运输,客运专线主要承担大区域间直通客流的运输,站间距一般为50~60 km,无法满足城间经济带人群出行的需要,运输能力不能适应城际客流,更不能满足农村居民的出行要求。而城际铁路站间距离短便于吸纳附近农村、集镇的居民,有利于解决他们出行的交通需求。

城际铁路客运的列车规划

我国城际铁路客运市场开发和城际铁路建设，最终还是要落实到列车规划这个实处。在市场经济条件下，城际客运市场的开发和城际铁路建设，是做好城际列车规划的先决条件和依据，而城际列车规划是具体落实城际铁路客运市场开发的有效手段，也是铁路参与城际客运市场竞争，取得城际铁路建设和运营效益的着力点和支撑点。因此，做好我国城际铁路列车规划对于城际铁路客运市场开发乃至铁路的科学发展具有重要的意义。在市场经济条件下，列车规划也必须从市场出发增加许多新的内容，要考虑到市场竞争等多方面的因素。本章拟在城际列车规划的新内涵方面做些探索，提出了城际客运列车的选择、三大重点城市群城际客车开行的建议方案、研究了城际客车开行的相关问题、以及对城际列车的亲情服务策划、城际列车形象设计、城际列车公交式售票制度、城际列车的公共卫生系统和防病应急系统的设计、城际铁路客运品牌建设等与优化城际列车开行紧密相关的一些问题，并对上述问题做了初步的探讨。

9.1　城际客运列车的选择

1. 世界城际客运列车状况

从世界铁路的发展情况来看，最初列车的动力装置都集中安装在机车上，后面牵引着不带动力的车辆，即通常所说的拖车。动力只集中在车头（机车）的牵引方式，称为动力集中式列车。客运列车则是在机车后面挂着许多没有动力装置的客车车厢。这种动力装置方式通常也运用到现代的电力机车和内燃机车上。在20世纪初,在铁路制造技术一直领先的德国最早发明和运用了动车技术,把动力装置分散安装在每节车厢上,使其既具有牵引动力,又可以载客,这样的客车车辆便叫做动车。德国于1903年7月8日首先运行了由钢轨供电的动车组,该电动车组由4节动车和2节拖车编成。同年8月14日,又运行了由接触网供电的动车组,这是世界上第一列由接触网供电的单相交流电动车组。同年10月28日,西门子公司制造的三相交流电动车进行了高速试验,首创时速210.2km的历史性记录。由于动车组具有编组灵活、方便、快捷、安全,可靠、舒适等方面的特点,成为城际和市郊铁路实现小编组、大密度的高效运输工具,备受世界各国铁路运输和城市轨道交通运输的青睐。这一先进技术迅速为世界各国所采用。目前使用动车的比重以日本为最大,占87%;荷兰、英国次之,分别占83%和61%;法国、德国又次之,分别占22%和12%。由此动车组成为世界铁路旅客运输的生力军和发展方向。

动车组是一种带可操纵动力的固定编组的列车组,按动力配置的不同它又可划分为电动车组和内燃动车组。其结构特征是:车组内包含各种功能的车辆;包含可操纵的动力;以固定的编组进行运营,运用时不能解编;往返运行不需换头,只需要改变操纵端;某些车组允许多列重联运行。这种固定编组自带动力的列车,运用灵活,可增加发车密度,且污染小,能耗低,特别适用于小编组、大密度的客运组织形式。因此,动车组被一些发达国家普遍用于城际旅客运输,目前世界上有各类动车组16 000余辆,绝大多数为电力驱动的电动车组。这主要是由能源、环保、高效及高速的要求所决定的。

许多发达国家在客流繁忙的运输干线上都开行了大量的电动车组,其中日本是应用最广泛的国家。在日本这样一个铁路以客运为主的国家里,城市轨道交通、城间快速交通以及新干线高速铁路几乎全部采用动车组方式。欧洲铁路的特点是客、货兼营,但随着客运量的增加和高速铁路的开通,客运也早已开始采用动车组替代原来机车牵引方式的旅客列车,尤其是高速铁路普遍采用电动车组。

目前,电动车组按动力和驱动设备的布置形式又可分为动力集中式和动力分散式。其中动力集中牵引方式(Locomotive Form)的高速列车是将大部分机械与电器设备集中安装在位于列车两端的动力车即机车上,机车的动力转向架上装有牵引电动机,并驱动轮对牵引列车运行,列车由客车拖车和机车组合,客车拖车的转向架轮对没有动力,仅客车拖车载客,而机车不载客。而动力分散式(EMU Form)驱动的高速列车是指将全部机械与电器设备吊挂安装在车辆地板下面,牵引电动机安装在列车的全部或部分转向架上,使全部或部分轮对成为列车的驱动源,列车的全部车厢都可载客。实际上往往根据不同的情况制造成全部动轴或动车与拖车组合的动车组,如三动两拖(1M+1T+1M+1T+1M)。

这两种形式动车组的发展都有其自身的历史原因。任何一种技术的发展都是一种成功技术的延伸,并在延伸过程中不断进化、变革,再形成一种全新的技术,如此发展,周而复始。动力集中型电动车组首先从欧洲开始发展,是传统的机车牵引客车方式的延伸和进化,因而在欧洲各国最多采用并很容易获得成功。它的代表是法国的 TGV、德国的 ICE1 与 ICE2、意大利的 ETR、西班牙的 AVE 及瑞典的 X2000 等。目前世界高速铁路速度纪录的保持者仍是动力集中型的 TGV 列车。

动力分散型电动车组是从日本发展起来的,是传统的城市轨道交通列车方式的延伸和进化,充分兼容了干线电动车组与城轨电动车组的技术。日本铁路以客运为主,由于国土狭小、居住人口密度高以及经济活动的高度发展,干线轨道交通与城市轨道交通相互融合,故这种电动车组形式让日本发挥得淋漓尽致,技术不断提升。它的代表是从 0 系、100 系到 700 系和 E1 系到 E4 系的各型新干线高速列车,以及名目繁多的城际和城轨电动车组。

这两种形式的电动车组在历史上都起到了积极的作用。随着现代高速技术的不断升级,吸收各家之长的形式已经出现,即以动力分散为基础,适当使动力集中、受流集中的新形式已成为各方共识。对于 300 km/h以上的高速电动车组,原则上采用动力分散式。这是由高黏着利用、高启动加速、大载客量和高功率要求决定的,例如欧洲也转向开发了 ICE3、AGV 等 300 km/h 以上动力分散型电动车组。以多个动车和拖车构成模块化的动力单元,再以多个动力单元组合起来构成一列完整的车组正逐渐成为设计的方向。但是国际上仍有西班牙和韩国分别开发出了 350 km/h 的动力集中型电动车组 Talgo350 和 KHST。

2. 我国动车组的发展状况

改革开放以后,我国确立了社会主义市场经济体制,市场经济不断活跃,引起了人员流动的增加,客流的增加也促进了各种交通方式之间的竞争。我国铁路面对激烈的客运竞争,也不失时机地推出了一种全新的铁路客运工具——动车组,在 20 世纪末期对它的研发达到了高潮。1998 年 5 月,唐山机车车辆厂研制的 SYZ 双层内燃动车组在南昌铁路局首次投入商业运营。随后各工厂陆续不断地研制了一系列的内燃动车组和电动车组,如表 9－1 所示。

表 9－1 1998—2002 年研制的动车组

研制时间	名称	制造厂	编组	最高速度(km/h)
1998.5	双层内燃动车组	唐山厂等	Mc＋2T＋Mc	100
1999.1	单层内燃动车组	四方厂等	Mc＋4T＋Mc	140
1999.4	"春城"动车组	长客厂等	Mc＋2T＋2M＋Tc	120
1999.6	"大白鲨"动车组	株机厂等	Mc＋5T＋Mc	200
1999.6	"新曙光"内燃动车组	戚墅堰厂等	Mc＋9T＋Mc	180
2000.7	"神州"内燃动车组	大连厂等	Mc＋9T＋Mc	180
2000.9	"蓝箭"动车组	株机厂等	Mc＋5T＋Mc	200
2001.7	"先锋"动车组	浦镇厂等	2(Mc ＋T＋M)	160
2002.9	"中华之星"动车组	株机厂等	Mc＋9T＋Mc	270

以上的工作为我国城际客运动车组的发展打下了良好的基础。此后,铁道部把 2007 年 4 月 18 日起在第六次铁路大提速后开行的动车组列车统称为中国铁路高速,英文全称 China Railways High－speed,缩写为:CRH。目前在中国铁路运行的高速列车主要类型,已有 CRH1、CRH2、CRH3、CRH5 车型。下面分别给予简介。

CRH1 由青岛四方—庞巴迪—鲍尔铁路运输设备有限公司制造，具有快速、舒适、可靠的特点，符合中国铁路客运大运量的需求。CRH1 型电动车组已于 2007 年 2 月 1 日正式开始在广深线投入服务。CRH1 原型是庞巴迪为瑞典 AB 提供的 Regina。编组方式：8 辆编组，可两编组连挂运行；动力配置：2(2M + 1T) + (1M + 1T)；车种：一等车、二等车、酒吧座车合造车；定员(人)：670；客室布置：一等车 2 + 2、二等车 2 + 3；最高运营速度：200 km/h；最高试验速度：250 km/h；适应轨距：1 435mm；适应站台高度：500 ~ 1 200 mm；传动方式：交直交牵引；功率：5 500 kW；编组重量及长度：420.4 t，213.5 m；体型式：不锈钢气密性；头车车辆长度：26 950 mm；中间车辆长度：26 600 mm；车辆宽度：3 328 mm；车辆高度：4 040 mm；空调系统：分体式空调系统；转向架类型：无摇枕空气弹簧；转向架一系悬挂：单组钢弹簧单侧拉板定位 + 液压减振器；转向架二系悬挂：空气弹簧 + 橡胶堆；转向架轴重：≤16 t；转向架轮径：915/835 mm；转向架固定轴距：2 700 mm；受流电压：AC 25 kV，50 Hz；牵引变流器：IGBT 水冷 VVVF；牵引电动机：265 kW；启动加速度：0.6 m/s^2；制动方式：直通式电空制动；紧急制动距离(制动初速度 200 km/h)：≤2 000 m；辅助供电制式：三相 AC 380 V，50 Hz，DC 100 V 。

CRH2，系中国四方股份公司与日本的川崎重工合作研发的高速动车组。2004 年铁道部采购 60 列，其中 3 列在日本制造，并完整交付中国；另有 6 组以散件形式付运，由中方负责组装；其余 51 组通过日本的技术转移，由四方机车厂建造，但一些高技术部件仍采用进口产品。2007 年 1 月 28 日，CRH2 正式开始在沪杭线及沪宁线投入服务。编组方式：8 辆编组，可两编组连挂运行(重联运行)；动力配置：4M + 4T；车种：一等座车、二等座车、二等座车餐车；定员(人)：610；客室布置：一等车 2 + 2、二等车 2 + 3；最高运营速度：200 km/h(可提升至 300 km/h)；最高试验速度：260 km/h 以上；轨距：1 435 mm(标准轨)；适应站台高度：1 200 mm；传动方式：交直交；牵引功率：4 800 kW；编组重量及长度：345 t，201.4 m；车体型式：大型中空型材铝合金车体；气密性：车内压力从 4 kPa 降到 1 kPa 时间大于 50 s；头车车辆长度：25 700 mm；中间车辆长度：25 000 mm；车辆宽度：3 380 mm；车辆高度：

3 700 mm;空调系统:准集中式;转向架类型:DT206/TR7004B 无摇枕转向架;转向架一系悬挂:单组钢弹簧单侧拉板定位 + 液压减振器;转向架二系悬挂:空气弹簧 + 橡胶堆;转向架轴重:≤14 t;转向架轮径:860/790 mm;转向架固定轴距:2 500 mm;受流电压:AC 25 kV,50 Hz;牵引变流器:IGBT 水冷 VVVF;牵引电动机:300 kW;启动加速度:0. 406 m/s^2;制动方式:直通式电空制动;紧急制动距离(制动初速度200 km/h):≤1 800 m;补助电源:DC 100 V、三相 AC 100 V、AC 220 V、AC 400 V。

CRH3,系北车集团唐山机车厂联合西门子生产,原型为 ICE3。编组方式:8 辆编组,可两编组连挂运行;动力配置:8M + 0T;车种:一等车、二等车、酒吧座车合造车;定员:601 人;运营速度:300 km/h;试验速度:330 km/h;牵引功率:8 800 kW;车体型式:大型中空型铝合金车体;车辆长度 200 m;车辆宽度:2 950 mm;车辆高度:3 890 mm;转向架:H 型无摇枕、转臂式定位、空气弹簧;轴重:≤17 t;受流电压制式:AC25 kV,50 Hz;牵引电机功率:550 kW;制动方式:直通式电空制动 + 再生制动;辅助供电制式:三相440 V,80 Hz,DC 110 V。轴功率550 kW,全车共 16 根动轴,平均分布于 8 辆车上,每车两台转向架,每台转向架均有一根动轴。CRH3 工程设计和计划工作在西门子位于德国爱尔兰根的工厂进行。首批 3 列车和一些重要部件也同样在德国制造,而其余列车的生产在中国北车集团唐山机车车辆厂进行。合同还商定西门子对于 CRH3 列车及部件的生产给予技术支持和技术转让。许多德国和欧洲的高速列车子系统和部件分包商都参与了此项目和技术转让,并与其在中国的相关公司进行合作。CRH3 是高速列车中最先进的一种,其最大特点是车行平稳,乘客感觉舒适。CRH3 动车组基于西门子高速列车 Velaro 平台。Velaro 平台的优势在于其采取动力分布式牵引技术,所有的设备分布于列车底部,因此列车可以比其他同样长度列车多容纳 25% 的座位。车辆所有部件设计统一,低轴重使基础设施的维修成本更低。2008 年 4 月 11 日,首列国产时速 350 km 的 CRH3"和谐号"动车组在中国北车集团唐山轨道客车有限责任公司下线，标志着中国铁路技术装备现代化取得又一重大成果，我国由此成为世界上仅有的几个能制造时速350 km高速铁路移动装备的国家之一。目前，CRH3 时速 350 km 的高速列车已于 2008 年用于天津—北京的高速客运专线上，运行情况良好，颇受旅客赞誉。

CRH5 是北车集团长春客车厂联合阿尔斯通生产，原型是阿尔斯通为芬兰国铁提供的 SM3 型。编组方式：8 辆编组，可两编组连挂运行；动力配置：(3M + 1T) + (2M + 2T)；车种：一等车、二等车、酒吧座车合造车；定员(人)：602 + 2(残疾人)；客室布置：一等车 2 + 2、二等车 2 + 3；最高运营速度：200 km/h(具备提速到 300 km/h 的条件)；最高试验速度：250 km/h；适应轨距：1 435 mm；适应站台高度：500 ~ 1 200 mm；传动方式：交直交牵引；功率：5 500 kW；编组重量及长度：451 t，211.5 m；车体型式：大型中空型材铝合金车体；气密性：车内压力从 4 kPa 降到 1 kPa 时间大于 40 s；头车车辆长度：27 600 mm；中间车辆长度：25 000 mm；车辆宽度：3 200 mm；车辆高度：4 270 mm；空调系统：车顶单元式空调系统；转向架类型：二系空气弹簧摇枕；转向架一系悬挂：双组钢弹簧双转臂定位 + 液压减振器；转向架二系悬挂：空气弹簧 + 橡胶堆；转向架轴重：≤17/16 t；转向架轮径：890/810 mm；转向架固定轴距：2 700 mm；受流电压：AC 25 kV，50 Hz；牵引变流器：IGBT 水冷 VVVF；牵引电动机：550 kW；启动加速度：0.5 m/s^2；制动方式：直通式电空制动，备用自动空气；制动紧急制动距离(制动初速度 200 km/h)：≤2 000 m；辅助供电制式：三相 AC 380 V，50 Hz，DC 24 V。

3. 采用电动车组是我国城际铁路客运列车的必然选择

我国人口众多，地域广大，人口分布不均，人均收入较低，属于发展中国家，铁路仍是综合交通运输体系中的骨干。铁路客、货运混跑，客、货运密度高居世界前列，这些特点与发达国家不相同。所以，我国铁路客运仍然会保持机车牵引列车的旅客列车运输方式。然而，在经济发达、人口密集、客流量大的城市群密集地区，这种机车牵引列车的旅客列车运输方式已不适应城际旅客运输的需要。目前，国铁机车车辆的轴重大,起停车附加时间长,不利于快速乘降;机车到站转线调头时间长,影响运输效率;列车设备、设施陈旧,不利于吸引客流。这些都与城际旅客运输的要求相矛盾。因此,我国铁路城际旅客列车的运输方式必须创新,必须符合城际客流和城际运输组织的特点。应借鉴发达国家和地区组织城际旅客运输的经验,结合我国城际旅客运输的要求和特点,开行动车组(电气化线路开行电动车组),以增强市场竞争力。为此在铁路城际客运方面,我国正在修建多条客运专线,将来的城际列车大部分运行在城际客运专线上。尤其是随着我国经济的进一步发展,人均国民收入的提高,在沿海的长江三角洲、珠江三角洲和京津冀等经济发达地区,旅客对出行的要求更高,要求提供更安全、快速、方便、舒适和准时的运输服务。采用动车组尤其是电动车组,可实现高速可靠运行,达到200 ~ 300 km/h甚至更高的速度,有利于满足旅客的运输需求。但是,动车组的最高时速应与线路最高允许速度相匹配;为减少线路改造投资,必要时可考虑采用摆式动车组。动车组起停车附加时分短,两端有动力,可实行双向牵引,在两头端点能快速折返。节省列车改变运行方向机车换挂等作业时间。运用非常方便,适应小编组、高密度运行。列车为全封闭的空调列车,有助于减少沿线污染,保持车内整洁,也有助于提高列车服务的环境质量。车门的设置符合城际旅客乘降相对集中,瞬间流量大的特点,采用地铁式自动中开式大拉门实现快速起停、快速乘降。城际列车一般区段运行时间限制在1 h左右,车厢内的座位与空间布局要与城际客流的特点相吻合,具有安全性高以及列车自动控制功能的车载装置。动车组内部采取航空服务的标准设计,乘坐舒适,车内有良好的服务设施,提供餐饮、通信、文化等方面的服务。电动车组由于使用电力牵引,清洁干净,节省能源,有利于环境保护。加上自动化售票等方面支持,由动车组担当的铁路城际旅客运输,无疑会成为人们出行的首选方式。

从我国动车组的运行实践来看,动力分散型的电动车组更符合我国的国情和城际客运发展的实际情况,因为从动力分散型与动力集中型的比较来看,动力分散型更具有如下优点:

(1)动力分散型电动车组具有动力效率较高的特点。尤其是列车在斜坡上运行时,由于动力分散型车辆的重量放置在各个带动力的车轮上,因此不会成为拖在机车后面无用的负重。

(2)动力分散型电动车组每轴的载重较少,动力轴对路轨黏着力的要求较低。因此选用动力分散型列车的高速铁路路线,其对铁路的线型及路轨的要求较动力集中型列车为低。

(3)动力分散型电动车组运转快、占地少。目前行走市郊的通勤铁路很多都是动力分散型列车。轻轨运输、地下铁路等领域亦几乎全是采用动力分散的电动车组。

(4)动力分散型电动车组有较多的电动机,再生制动能力良好。对于停站较多的城际铁路、近郊通勤铁路、地下铁路,这个优点特别明显,适合上述线路的营运特点。

(5)动力分散型容易组合成长短不同的列车。有些地方的动车组根据营运的需要可先整成一列,到中途的车站再分开成数截,分别开向不同的目的地,因此,动力分散型列车的组合灵活性较好。

(6)动力分散型列车在两端都有驾驶室省却调车的时间。列车掉头时无需先把机车在一端脱钩后再移到另一端挂钩,机车亦可以用推拉操作达到一样的效果,同时亦减少车务人员的工作及提高安全。由于分散型动车组具有上述先进、可靠、快捷、舒适、灵活、环保、节能以及方便维护等特点,能为旅客提供舒适、快捷的旅行环境,同时也方便铁路部门组织运营,受到广泛的欢迎。已成为我国城际铁路动车组的发展方向。

总之,采用动车组作为城际客运的运载工具,既符合世界铁路客运的发展潮流,也符合我国的国情以及城际铁路客运发展的需要。

9.2 三大重点城市群城际列车开行的建议方案

1. 广深线城际列车开行的建议方案

根据本项目预测的结果,广深线客流如表9-2。

表 9-2 单位:万人·km/km(双向)

年 份	2006 年	2007 年	2008 年	2009 年	2010 年
预测值	2 099.4	2 305.3	2 528.9	2 771.5	3 035.9

可用以下公式计算各年度每天需要开行的城际客车对数,结果见表9-3。

$$n=\frac{f\times\alpha\times\beta\times\gamma}{2\times365\times\mu\times c} \tag{9.1}$$

式中 n——城际列车对数;

f——广深线双向客流密度,人·km/km;

α——客流时间波动系数,取1.2;

β——客流方向波动系数,取1.2;

γ——客流区段波动系数,取1.1;

μ——客座利用率,取0.8;

c——列车定员,800人。

表 9-3

年 份	2006 年	2007 年	2008 年	2009 年	2010 年
列车对数	72	78	86	94	103

2. 京津线城际列车开行的建议方案

根据本项目预测的结果,京津线客流密度见表9-4。

表 9-4 单位:万人·km/km(单向)

年 份	2006 年	2007 年	2008 年	2009 年	2010 年
预测值	720.7	754.0	824.4	862.5	912.1

可用以下公式计算各年度每天需要开行的城际客车对数,结果见表9-5。

$$n=\frac{f\times\alpha\times\beta\times\gamma}{365\times\mu\times c} \tag{9.2}$$

式中 n——城际列车对数；

f——京津线单向客流密度，人·km/km；

α——客流时间波动系数，取1.2；

β——客流方向波动系数，取1.2；

γ——客流区段波动系数，取1.1；

μ——客座利用率，取0.8；

c——列车定员，800人。

表 9-5

年　份	2006年	2007年	2008年	2009年	2010年
列车对数	50	52	56	58	62

3. 沪宁线城际列车开行的建议方案

根据本项目的预测，可将沪宁线各站点的铁路OD表换算为区段客流密度，如表9-6。

表9-6　沪宁线各区段客流密度表

单位：万人·km/km（单向）

年　份	南京—镇江	镇江—常州	常州—无锡	无锡—苏州	苏州—上海
2006	1 486.54	1 885.21	2 466.79	2 808.2	2 912.48
2007	1 744.73	2 114.92	2 703.20	3 095.91	3 242.20
2008	1 872.55	2 257.53	2 943.20	3 343.29	3 478.82
2009	2 035.41	2 439.50	3 149.58	3 548.49	3 704.40
2010	2 204.69	2 627.19	3 368.39	3 761.09	3 942.99

考虑沪宁线实际情况，采用以下公式计算各年度每天需要的城际客车对数，结果见表9-7。

$$n = \frac{f \times \alpha \times \beta \times \gamma}{365 \times \mu \times c} \tag{9.3}$$

式中 n——城际列车对数；

f——沪宁线单向客流密度,人·km/km;

α——客流时间波动系数,取1.2;

β——客流方向波动系数,取1.2;

γ——客流区段波动系数,为1.0(已预测此线各区段客流密度);

μ——客座利用率,取0.8;

c——列车定员,1 000人。

表9-7 沪宁线各年度每天城际列车开行对数

年份	南京—上海	镇江—上海	常州—上海	无锡—上海	苏州—上海
2006	74	20	29	17	5
2007	86	19	29	20	7
2008	93	19	34	20	7
2009	101	20	35	20	8
2010	109	21	37	20	9

9.3 城际列车开行相关问题

1. 城际铁路客运运行图安排

城际间客流在一年中是不均衡的,春节、寒暑假、“五一”和“十一”黄金周等是客流较大的时间段,因此除了铺画基本的运行图之外,还要有适应各客流高峰时节的分号运行图。要按照各线路以及各站点一天之内的客流变化规律,科学合理安排各时间段列车开行对数,使车流和客流能够很好匹配,取得最佳的社会效益和经济效益。

2. 铁路城际客运调度体系

(1)铁道部客运调度。

① 督促检查各铁路局(城际客运公司)客运调度工作完成情况。

② 掌握全路城际客车配属、列车编组及各铁路局城际客车运用情

况。

③ 掌握全路城际客流变化情况，根据需要临时调整运能；确定城际旅客列车的停运、加开、折返和变更编组方案；监督检查、分析和掌握各铁路局、主要站客流波动及列车运能利用情况。

④ 掌握跨局城际客车的运行情况；当遇到晚点时，组织有关铁路局及相关部门采取措施，恢复列车正点运行。

(2)铁路局(或城际客运公司)客运调度。

① 监督检查站段城际客运工作完成情况。

② 编制、审批日班计划，根据城际客流需要，及时调整列车编组和运能，安排铁路局管内城际旅客列车的停运、加开，并认真监督检查和落实。

③ 检查指导铁路局管内各站售票情况，掌握城际列车运能的利用状况。

④ 监督掌握城际旅客列车按运行图安全正点运行，努力使晚点列车恢复正点。遇特殊情况，报调度所值班主任批准后，由列车调度员下达铁路局管内的城际旅客列车在不停车站临时停车的命令。

⑤ 掌握城际列车运用状态，调用各段的客车，组织好出入厂、段客车的回送，及时收报、核对城际列车编组、备用车、检修车及运用客车外出情况。

⑥ 遇铁路管内发生重大、大事故或自然灾害中断行车时，采取措施，并提出有关城际旅客列车停运、加开、折返、保留等方案。

⑦ 收取站、车有关客运的事故概况，并及时报告铁道部客运调度和有关领导。

⑧ 及时向站段发布客运调度命令，监督检查站段执行调度命令。

⑨ 按规定正确收集城际客运工作概况，并及时上报；按日、月、年度积累各项统计资料，逐项进行分析。

(3)车站客运计划。

① 执行城际客运调度命令，及时调整票额。

② 搞好日常、节假日及大批团体及寒暑假学生、春运期间综合客流调查，认真分析研究，根据城际客流的流量、流向变化情况，及时向有

关领导汇报，提出加开、停运城际列车的建议。

③ 核实本站始发各次城际旅客列车上车人数，并将上车人数通知本务列车长。加强站车联系，及时了解重点旅客流波动情况。

④ 汇总全站城际旅客运输的有关资料，及时向铁路局客运调度汇报；建立健全日、旬、月，分车次、区段和节假日客流资料台账。

⑤ 及时收取上报临时发生的有关城际客运情况。

⑥ 向列车长传达值乘列车的重点工作及有关要求。

(4)城际客运列车电子调度系统运用。

与高速、电气化铁路相适应，城际客运列车采用电子调度信息系统，它是确保行车效率与安全的重要手段，利用无线车次号自动校核系统自动校核列车车次号，利用反映列车占用和出清的轨道电路，自动、准确地采集列车到达、出发和通过时分，自动填写车站相关统计报表，在调度所自动生成列车实际运行图和阶段调整计划，并在调度台上实时显示区段内进路排列情况、信号设备的运用情况和所有列车的实际运行情况，具有高度的真实性和实时性。实现列车运行正点率的自动统计和实时显示；列车运行密度的自动统计和实时显示；重点列车追踪；区间和车站行车及进路的实时监视及准确实时掌握基层列车运行计划；实现列车车次号自动跟踪和无线车次自动校核；实现区间和车站透明；调度命令、日班计划通过网络自动下达；列车运行自动采点；行车日志自动生成；列车实际运行图自动生成；列车运行方案实时调整和网络下达；列车早晚点自动计算与部分运输指标自动统计；站场实际状态、列车运行实际状况历史再现等。

3. 城际列车开行的其他要求

工务部门采取晚间“天窗”时间做好线路维修，采用大型养路机械和先进的轨道检测设备，确保线路质量符合城际旅客列车运行标准和要求；电力供应部门要保障正常供电，电务部门保证通信信号设备运转正常，保证城际客运信息通畅和列车的运行安全。

电动车组开行有较高的要求，对司机要进行详细的操作培训，使之熟悉其性能和掌握必要的驾驶技能。电动车组维修实行计划预防修理和状态修理相结合，建立计算机维修信息系统，采用先进的通信手段和精密可靠的检测诊断设备。维修过程中广泛实施换件修理，即把发现故障或缺陷的部件、模块或零件换上功能完好的相应件，而不做现场维修，这样可大大节省在修时间，提高列车利用率。对于可修复的主要零部件实行专业化集中维修，即将它们送往专业化工厂、车间或工段，实行集中统一修理，则可提高维修质量，节约维修成本。严格寿命管理，对于一些已掌握寿命规律或对列车的安全性、舒适性起着关键作用的零部件，严格执行寿命管理，例如关键的橡胶件、弹簧和制动系统等，严格执行到期报废或更换，以确保运输安全和舒适。

9.4 城际列车亲情服务策划

1. 策划原则

充分分析旅客的需求，结合城际铁路客运的特点，提供高效优质服务，创造铁路城际客运品牌。

铁路城际客运是一种运输服务产品，其基本功能是位移，其形式产品表现在整个乘车过程以及接受的各种服务。服务的效果如何，很大程度上在于顾客的体验，故以"亲情之旅"，作为城际客运服务的核心内容。因为这样可以：①最大程度地浓缩提炼旅客对铁路城际客运的消费诉求，高度概括地反映了旅客对服务效果最核心的期望内容，易引起共鸣；②体现铁路部门对自身服务产品质量追求和对旅客服务所追求的目标；③可与铁路城际客运的特征相吻合，铁路服务体系提供的是一种旅途服务，"亲情之旅"体现了城际客运的核心元素是"亲情"，就是要使旅客在接受旅途服务的全过程中体会到一种浓浓的亲情。

2. 亲情服务的内涵

实行亲情服务要求铁路城际客运站车以提供优质服务、创造优美环境为主要内容，实现四个做到：做到笑迎旅客，语音亲切，着装整齐，扶老携幼，送开水，赠报纸；做到中英文双语广播，不播广告；做到环境卫生，站车绿化美化；做到站车图表标准化，标识人文化，并按照国际惯例，使用中英文字，采用通用标识，实行电子引导。

亲情服务要求车容美好，车内要有舒适的乘车环境，整洁干净、空气新鲜、冬天温暖、夏天清凉，给旅客一种美好的感觉。旅客上车时列车员站在车门口欢迎，并向旅客致意，对老弱病残旅客给予必要的帮助，使他们感到春天般的温暖。列车开动后，由列车长代表全体工作人员用中英双语分别致简短的欢迎词，讲述旅行注意事项，之后，对旅客实行无干扰服务和适需服务。列车员要细心观察旅客状态，必要时候提供必要的服务，态度要亲切随和，切忌生硬。列车到站后，列车员要区分国内外旅客，分别用中英双语表示“走好，欢迎下次再乘坐我们的列车”等礼貌用语。

在列车运行过程中提供更为人性化、个性化的亲情细节服务：如在列车的电子屏幕上根据重要节日活动、天气等具体情况，用中英两种文字打出一些人情味较浓、饱含亲切之情的问候、提示语。借助车内电子屏幕进行“亲情之旅”的服务品牌长期宣传、推广。对商务和公务旅客，要提供座席相向、中有活动小桌和四周用玻璃隔离的专门洽谈厢位；对老弱病残要留有专门的座席；车厢要有固定轮椅的设施，厕所要便于残疾人使用；下车时，列车员要主动帮助老弱病残旅客下车；列车要配备治疗日常旅途常发病的药品，以及为母婴和儿童服务的器具及简易设施等，使旅客感到如在家中一样的温馨。

车上购物和提供个性化娱乐工具等项目，虽不属于旅客在列车上的基本消费，但对于旅客，这些个性化的消费都有很强的必需性，是旅客在旅途中根据情势要求所需要的服务。这些服务项目中的“亲情”的体现通常能给旅客留下极为深刻的印象，从而对“亲情之旅”的印象形成起着关键性的作用。因此，在这些项目的服务要求中，除继续要求进行文明服务、微笑服务外，更要注入“人性化服务”及“换位服务”的内容，即将以往以“服务者”为中心的服务转变为以“服务对象”为中心的“换位服务”，每一位城际铁路客运工作人员在从事服务工作时都要进行“如果我是旅客我期望得到什么样的服务效果”这样的换位思考，在服务细节中注重人情味的体现，如在解答咨询、服务方案设计中都要为旅客提供更为主动、更为积极的服务，真正地体现出服务的“亲情”特质，着重抓好特色服务及延伸服务。

9.5 城际列车的形象设计

城际列车的形象能体现其服务理念、服务质量和铁路城际客运的现代化水平，是城际列车规划的一个新的重要方面。需要综合运用形象设计战略（CI 战略）知识和色彩心理学、经济学、市场营销学、管理学、社会学、民俗学、医学、历史学等多学科的知识。其内容一般包括：城际客运服务理念、城际列车名称、城际列车品牌标志、城际列车外观、城际列车内部设计以及城际列车特色服务等方面。例如，我们可以将城际客运服务理念设计为方便快捷，出门大吉，助你成功；名称设计可根据区域或中心城市的风土人情、自然风光、文化特色以及城市的名称，称为中国铁路城际列车××号；列车品牌标志设计可考虑蓝色圆圈，下面深灰色直线夹斜杠，上面为绿色的三角形，喻为绿色城际交通，上接一红色 K 字，寓意快速；外观设计可考虑车窗之间及上下一定范围内用天蓝色，其他部分用橙红色，标识字体用白色，车窗上下装饰绿色色带；车厢内部设计可考虑地板为暗红色，必要时铺以红色的地毯，车墙和车顶用乳白基调带淡蓝色，软硬座椅正面用中等深度的紫红色，背面用深蓝色，灯光基调为月白色，整体突出典雅的城市气息，座位之间的小茶几设计为流线型，颜色为棕黄色；特色服务设施设计考虑列车车门可为中开自动推拉式，便于大流量旅客乘降（如地铁车厢车门），车门和站台间应有活动连接板，便于残疾旅客轮椅和自行车进入车厢，车厢内应有轮椅和自行车固定架，软座位置之间距离稍宽，便于旅客侧躺卧和走动，餐车供应快餐，设有茶座、酒吧及电视、电话、传真、上网、娱乐、美容、按摩、医疗、旅游食品、民族旅游产品展示销售等设施；在列车员服饰及服务设计方面应考虑着装时尚、高雅，提供微笑服务、信息咨询服务、安全服务等方面的服务项目。

动车组的动车形象设计一般原则上要求采用“子弹头”式流线型设计，整列车要求造型新颖、色调明快，具有时代感和流行色。拖车内部按照航空理念设计，装修豪华，灯光柔和，设施齐全，空间宽敞。车内设有小卖部、清洗室、卫生室、吧台、保险柜、充电台以及供旅客上网等设施，能满足旅客的各种服务需求。动车组采用气动塞大拉门、感应式内端门，真空集便装置等自动化设施，方便旅客，减少对环境的污染。

新型动车组无论是外观设计还是内部装修和布局，都比现行客车要大大提高一步。比如外观，全部是流线型设计，车体都是不锈钢或者是铝合金的，非常漂亮，像一个工艺品。它的外部结构和外部装饰可以基本上达到轿车的水平。内部的布局和装修也比现有客车大大提高一个档次，车很宽敞，分一等车、二等车。一等车内部布局是每侧两个座椅，二等车是一侧三个座椅，另一侧是两个座椅。一等车、二等车的座席舒适度都和现在的软座水平相当。车内不管是卧具、灯具、席别、标识等等，都采用了国际上通行的标准。整个环境设计更加体现人性化，舒适度比现在的客车有很大档次的提高。但是，各国的城际列车形象设计又具有该国的特色。

法国 TGV 设计出的新型双层高速列车，其头等车厢设有 60 个座位，二等车厢设有 76 个座位。车厢上下两层的楼梯被加宽，设置在车厢中央，男女卫生间则分别设置在下层车厢的两端，楼梯下设有安全装置的行李存放处。此外，车内还安装有类似空客 A380 飞机所使用的照明系统，其玻璃窗面积更大，乘客视野因而更加开阔。车厢里的座椅则使用新型材料制造，轻巧舒适，为乘客提供了更多的腿部空间。其外型见图 9 - 1。

日本新干线推出的 500 系列新干线高速列车，体现出 20 世纪 90 年代的高科技水准。它超前的外形设计令人耳目一新，车头的流线弯曲部分长达 9 m，被公认为新干线众多列车中最酷的型号。其外型见图 9 - 2。

英国的欧洲之星于 1994 年 5 月 6 日举行通车典礼，是欧洲首列穿越英吉利海峡的直通高速列车，它的最高时速可达 300 km，由 20 节车厢组成，长达 400 m。这是一个非常特殊的数值，全世界达到如此长度的列车还不多见。其特殊的鼻状车头也是根据海底隧道的空气动力特

法国的双层 TGV，最高运行时速可达 350 km。与常规 TGV 相比，其容量提高了 45%，但却只需提高 4% 的牵引功率。

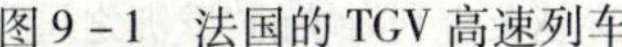

图 9－1 法国的 TGV 高速列车

图 9－2 日本新干线众多高速列车中，500 系列拥有最酷的流线造型

性设计的。欧洲之星以法国 TGV 技术为技术基础，配有新型牵引机车和强力制动系统，还精心设置了悬浮减震设备及新型低噪声、低振动空调设备。它标志着第二代高速列车的正式问世。其外型见图 9－3。

德国的 ICE 的全称是 Inter City Express，即城际快车。第一辆 ICE

图 9－3 穿越英吉利海峡的“欧洲之星”高速列车

机车于 1979 年试制成功。1982 年德国高速铁路计划开始实施。1985 年 ICE 首次试车，以时速 317 km 打破德国铁路纪录，1988 年创造了时速 406.9 km 的最快速度，在当时堪称世界第一。ICE 的第二代，1997 年正式投入运营，运行速度为每小时 280 km。第三代 ICE 于 2000 年正式投入运营，它的动力相当于 ICE－2 的两倍，其构造速度为每小时 330 km，持续速度为每小时 300 km。其外型见图 9－4。

图 9－4 德国城际快车——ICE

美国的 Acela(Acceleration Excellence)于 1999 年投入运营，取代了

原北美最快的列车—地下快客。这种新型的高速列车最高商业运营时速可达240 km。它运行在美国东北部,连接华盛顿和纽约,途经好几个大型 TRANBBS 城市如费城等,而这条线路是美国最繁忙的铁路之一。其外型见图9-5。

图9-5 美铁高速列车之星 Acela

瑞典的X2000是众多的高速列车当中一颗灿烂的明星。认识到国内的地形不像日本和法国那么平坦,瑞典铁道部门决定发展摆式列车的计划。首列X2000列车于1990年出厂,制造商是Adtranz公司,欧洲最著名的公司之一。X2000高速列车除采用主动式摆动车体技术外,还采用了径向自导转向架技术,是世界最先进的高速列车之一,以其高质量的服务和低噪声技术设备而著称。X2000高速列车主要特点:舒适、现代的高速列车。一等舱提供免费的咖啡、茶、瑞典当地报纸、广播和音乐频道(备耳机)。二等舱可在餐吧购买三明治、饮料、比萨(可外买带走),餐吧还设有电话亭、广播和音乐频道(不设耳机)。其外型见图9-6。

中国的"和谐号"由南车四方股份有限公司制造时速200 km以上的动车组,采用先进的交流传动技术,网络控制技术,轻量化铝合金车体,高速转向架、电制动、空气制动的复合制动方式以及防滑、防空转的控制系统。其外形采用"子弹头"流线设计,列车全部为座车,宽型车体结构,全列车定员为610人,车内设有餐饮区,残疾人卫生间等。2006年7月31日,由南车四方股份制造的国内首列国产化时速

图 9－6 瑞典的 X2000 型高速列车

200 km及以上动车组竣工交验，并迅速转入批量生产。时速200 km及以上动车组项目的顺利实施，实现了中国铁路客运装备历史性的跨越。其外型见图 9－7。

图 9－7 时速 250 km“和谐号”CRH2 型国产化动车组列车

中国的“中原之星”动车组为动力分散型、交流传动电动车组，适用于中、短途快速旅客运输。由株洲电力机车厂、四方机车车辆股份有限公司、株洲电力机车研究所三家单位联合研制生产。首列动车组于 2001 年 10 月生产下线。目前，一列动车组，配属郑州铁路局，在郑武线上运营。其外型见图 9－8。

图 9-8 中原之星高速快车

9.6 城际列车的公交式售票制度

1. 车站为城际列车实行专窗售票

买票难一直是困扰旅客的一个老大难问题。为了适应城际客流的特点方便旅客，城际列车可以发售往返票、日票、月票、磁卡票、定额票、年票等多种形式的车票，供旅客选择。还可为旅客提供购票卡，旅客凭卡可赴快速专窗购票，同时享受卡内充值、购票折扣优惠，培育旅客对铁路的亲和力。

2. 车站实行城际列车绿色通道

考虑到城际列车客流量大，尤其是高峰时段旅客流集中，且城际列车发车频率密集的特点，车站应实行绿色通道，允许旅客不买票先进站，在车上购票。

3. 实行刷卡乘车

条件成熟应实行刷卡乘车，旅客可在车站或商业区购买 IC 卡车票，列车上设置 IC 卡设备，自动检验票机设置于列车车门处，用于验票，能完成 IC 卡车票的识别、认证、备份、读卡、显示报警等功能。

4. 列车上配置便携式售票机

列车上配置便携式售票机，对来不及买票和通过绿色通道上车未购票的旅客，提供补票服务。

9.7 城际列车的公共卫生系统和防病应急系统的设计

城际列车旅客集中，尤其是客流高峰时期旅客更多，因此，列车上的公共卫生服务尤其重要，而且在春夏流行病期间或突发流行病期间列车更应有防病应急的系统设计。这也是城际列车体现“以人为本”理念的一个重要的新的服务内容。

1. 加强清扫和消毒管理

对车内地面要湿式清扫，有条件宜用吸尘器清扫，保证地面无尘、无垃圾。车厢内禁止随地吐痰、禁止乱扔脏物及在不吸烟车厢内吸烟，禁止携带有碍公共卫生的物品进入车内。旅客用毕的一次性塑料饮餐具等容器应及时处理，集中销毁。旅客的固体废弃物应统一装袋，并在停站时集中处理。列车的座席、铺位、洗面盆、整容镜、卫生间等公用设施，要保持清洁卫生，供旅客直接使用的纺织物硬座要单程更换一次，软座一客一换；其他用具要定期拆洗消毒，保持清洁卫生。

车厢的蚊、蝇、蟑螂指数及鼠密度应达到全国爱卫会考核规定。若发现四害，应立即杀灭。车厢用于消毒的杀虫和灭鼠的药物，不得有损于人体健康。

车辆部门对运用的客车要认真进行整备，保证客车的外貌和车内环境整洁，各种卫生设施齐全，性能完好。车辆必须达到防鼠要求。管道、电缆与墙板间的缝隙不得大于 5 mm，运用的车辆缝隙大于 5 mm 时，应予堵塞。

每月两次定期进行消毒，在疾病流行期间要增加消毒次数，并有针对性采用相应的消毒剂。对车内专用座席要一客一消毒。消毒剂可选用杀菌能力强、杀菌谱广、毒性低、无刺激性气味或气味小的消毒剂。

2. 保持车厢内空气的新鲜和适当的亮度、温度和湿度,使之符合公共场所的空气质量要求

城际列车在行驶中,空调车厢密闭,由于客流量大,空气容易污染,含有病毒和病菌,滋生传染病,因此,车厢内要十分注意对车内空气质量的定时检测,保持二氧化碳浓度不得超过 0.15%,一氧化碳浓度不得超过 10 mg/m^3,可吸入颗粒浓度不得超过 0.25 mg/m^3,细菌总数,夏秋季不宜超过 4 500 个/m^3,冬季不得超过 6 000 个/m^3,室内噪声强度不得超过 90 dB,夏季每人每小时应补充新鲜空气 20~25 m^3,冬季每人每小时补充新鲜空气 15~20 m^3,要定期清除空调设备滤网中的灰尘,保持通风流畅。具体数据如表 9-8 所示。

表 9-8 城际旅客列车空气卫生指标

<table>
<tr><th colspan="2">指 标</th><th>标准值</th><th colspan="2">指 标</th><th>标准值</th></tr>
<tr><td rowspan="4">温度</td><td>空调 冬季</td><td>18~20</td><td colspan="2">一氧化碳,mg/m^3</td><td>≤10</td></tr>
<tr><td>空调 夏季</td><td>24~28</td><td colspan="2">可吸入颗粒,mg/m^3</td><td>≤0.25</td></tr>
<tr><td>非空调</td><td>≥14</td><td rowspan="2">空气细菌总数</td><td>撞击法,cfu/m^3</td><td>≤4 000</td></tr>
<tr><td>垂直温差,度</td><td>≤3</td><td>沉降法,个/m</td><td>≤40</td></tr>
<tr><td colspan="2">相对湿度,%</td><td>40~70</td><td colspan="2">噪声,dB(A)</td><td>≤70</td></tr>
<tr><td colspan="2">风速,m/s</td><td>≤0.5</td><td colspan="2">照度,lx</td><td>≥75</td></tr>
<tr><td colspan="2">二氧化碳,%</td><td>≤0.15</td><td colspan="2">新风量,m^3/(h·人)</td><td>≥20</td></tr>
</table>

3. 加强饮用水的卫生管理

每日供应充足的饮用水,水质应符合《生活饮用水卫生标准》。细菌总数不得超过 100/ml,总大肠菌群 3 个/L,水中余氯不低于 0.3 mg/L。公用饮具要严格消毒,并应推广使用一次性茶具。

4. 搞好服务人员个人卫生

服务业人员要搞好个人卫生,服装整洁,要按时进行健康检查和卫生知识培训，持健康合格证上岗。

5. 建立防病应急系统

配备常用的药物，用于旅客的不时之需，防止意外发生。配备的急救药箱，做到专人保管，做好使用登记并及时补充药品器械。加强培训，使列车服务人员具备起码的医疗急救知识。

列车服务人员要密切注意旅客健康状态，特别是老、弱、病、残、孕妇和儿童等，发现情况，列车服务人员及时进行处理，比如心脏病发作可要病人服用急救药物等，也可以通过广播等途径，寻求旅客中的医护人员帮助。情况严重者可通知前方停车站，提前做好准备，病人直接送医院治疗；情况特别严重的，可向列车调度人员报告，要求就最近车站停车，将病人送往医院救治。

针对传染疾病，要配备必要的人员和设备，相应采取监测、隔离等措施。在重大传染病发生期间，车站要严格按卫生部门的要求，一是配备专门人员和设备进行旅客疫情监控，发现病人及时处理，并将情况及时上报；二是严格进行车厢消毒，控制和杜绝疾病的蔓延，以利于旅客的健康。

9.8 城际铁路客车品牌建设

1. 城际铁路客车品牌概述

品牌在本质上代表着卖者对交付给买者的产品特征、利益和服务的一贯性的承诺，最佳品牌就是质量的保证。品牌具有以下几个特点和作用：一是品牌只和特定的产品或企业相联系，对品牌理念和价值取向有认同的消费者具有“锁定忠诚”和“营销扩散”效应；二是品牌具有价值；三是品牌具有丰富内涵或附加价值；四是品牌是一个创造和累积过程，需要庞大的营销费用做支持；五是品牌可以使销售者对产品独有的特点进行法律保护，从而提供了吸引顾客提高忠诚度的机会，还有助于细分市场，有助于推广企业良好形象。城际客运面临其他运输方式的激烈竞争，创立品牌，提高核心竞争力，应成为铁路城际客运公司战略的有机组成部分。

品牌设计首先要确定品牌战略，品牌战略一般分为：个别品牌、统一品牌、分类品牌、公司名称加个别品牌战略。各种战略有各自的优点，关键要针对企业宗旨、战略、产品特色等进行综合考虑。其次要确定品牌具体策略，可供选择的品牌策略也有 4 种，一是品牌线扩展，即以现在品牌加上新产品型号、式样等；二是品牌扩展，即将现在品牌名称扩展至新产品中；三是多品牌，即同一种产品采用多个品牌名称；四是新品牌，即为某一新增产品类别设立一个新的品牌名称。考虑铁路城际客运的特点，应采用以列车为基础的整体客运品牌。

良好的品牌不仅包括企业的名称、产品本身的型号或服务的内容、提供高品位高价值的服务、外形、包装设计或是用于其商标的字体、形状、美术图案和颜色等物质方面，还应该包括诸如企业宗旨、经营理念、行为规范、管理哲学、企业文化等精神方面的内容。对于"某某次"或"某某列"个别品牌的设计，要讲究名称艺术和内涵，不但要构思独特、简洁明了、响亮上口，而且要有效地体现铁路运输特征和文化内涵，因此可结合该次（或列）列车的特点，根据所经线路或到达城市的名称、沿途自然和人文景观进行选择和命名，以体现不同城际列车的不同特色。

建立良好的品牌是一个为产品或服务创造独特身份的过程，不但能使消费者易于与其他品牌区分和定位，增加对产品或劳务的记忆，而且品牌的个性和形象能令消费者产生一种熟悉的感觉，使消费者认同其可靠性，从而养成购买或使用的习惯，并能使忠诚的消费者成为"公众的营销员"。成功的品牌可以使企业在竞争激烈、变化迅速的市场上独占风骚。调查显示，品牌的受注意程度与其市场占有率是很接近的，品牌愈成功，便会吸引愈多人注意、购买、使用和无形扩散，令市场占有率不断上升。而且一个良好的品牌能让企业把产品的定价提高，从而得到可观的利润。因此，优秀的品牌应具有鲜明和独特的个性，最理想的是，自己的品牌能成为该类产品的代名词。但品牌的建立也需要付出成本——广告、营销、包装、标签和法律保护等费用，而且可能要承担品牌不受用户欢迎的风险。铁路城际客运提供的服务是无形产品,创立品牌需要付出更多的努力,因此城际铁路客运品牌的设计,首先要从服务、言行、策略上体现脱胎换骨的感觉,而且要充分利用营销组合手段,如城际列车自身的移动广告功能、城市客运站人流和物流并兼具信息流的优势,开展整体形象的推广和推介工作,真诚为旅客服务,充分体现"人民铁路为人民"的宗旨。随着经济发展水平的提高,服务商标注册越来越多,可将城际列车品牌到工商管理部门进行登记注册,取得法律的保护。也可建立网站,在因特网上注册域名和网名,加强和旅客在网上交流,利用网络推介品牌,收集旅客意见,进行订票等电子商务活动。

促进城际列车品牌成长要在以下 3 个方面努力,一是要明确和弘扬城际客运企业对社会的责任、对旅客的责任及对内部员工的责任,强调企业行为、员工行为和企业价值观的统一,强调旅客价值与企业价值的统一,做到领先一步满足社会的需要和期望。二是要开展城际列车形象设计,规范服务语言和行为准则,加强城际列车营销、广告、宣传、展示和营业推广等活动的策划和实施,着力建设主体美、服务美、行为美、环境美为核心内容的城际列车,努力提高城际列车及其提供优质服务在社会的知名度和赞誉度。三是尤其要营造良好的城际列车"品质文化"、"服务文化",即要强调服务质量,贯彻商业道德和伦理,遵循旅客愉悦原则,在提供城际列车服务时及时捕捉旅客的反馈信息,不断改进铁路城际列车服务,做到旅客对城际列车服务品质、价值、态度、安全和时间的"五满意"。

品牌维护是非常重要的,建立品牌可能是一个较长的过程,而损坏品牌可能仅仅是一二件事情,因此在建立城际列车品牌后,加强品牌管理非常重要,否则便会前功尽弃。一贯的企业形象固然重要,但品牌也需要时常保持新鲜感才能取悦消费者。维护品牌不仅仅是保护已有的服务或优势,内核不断充实、提升和创新将成为维护的主题。另外,要继续追求铁路城际列车的安全、快速、便捷、舒适并作为唯一绿色环保交通这一主优势,引起旅客的共鸣;同时不断提供新鲜而有附加价值的服务,如采取多种信息服务、商业服务等,维系旅客与城际列车之间相互信任、相互忠诚或已达成的战略联盟关系，使城际列车品牌的成长和价值更加充实，不断累积品牌资产，使铁路城际列车品牌长盛不衰。

2. 采用高档电动车组，为旅客提供良好的乘车环境

提供集"以人为本和高科技"为一体的电动车组，提供舒适的乘车环境。新型电动车组城际列车的每一个细节都应体现设计者对旅客需求的深刻理解和让旅客感到倾心满足，从材料的选择、空间的分割到技术的创新、功能的配置，无不融入安全、舒适、便捷、环保的因素；新型电动车组的城际列车要真正体现个性化服务，广播、空调、灯光可随意调节，每个包房都装有列车电话，实现"免干扰服务"；新型电动车组的城际列车要满足旅客的高品位需求，餐车设立独立的酒吧区，采用电磁炉烹饪，配备自动饮水机、独立卫生间和温水供应系统，车厢拥有可收看数套列车闭路影视节目的数字化视听设备，提供车上上网服务。

列车在内部装饰、列车乘务人员的服装等设计过程中，可导入国际流行的 VIS(视觉形象设计系统)。本着"自然、温馨、和谐、时尚、环保"的理念，对车体内部、配套设施及色彩进行整体设计，开辟列车画廊，为乘客创造温馨、舒适、高品位的旅行环境。

3. 注重理念创新，提升品牌文化内涵

城际客运要形成一支优秀的学习型管理团队，不断总结和探索，形成先进的团队文化和服务理念，即"服务质量是生命，旅客满意是追求"、"旅客永远是第一位"等。立足于"城际列车就是先进文化的载体，先进文化由城际列车传播"这一思想，以创建文明服务列车为载体，向社会推出高文化含量的服务产品，把满足旅客的物质和文化需求作为最高标准。

以创新的理念，引导城际列车人员的行动，通过各种文化手段致力于共同价值观的培育，当城际客运企业价值观被员工视为自己的价值观后，员工不仅会热爱自己的岗位、热爱自己的企业、自信自强、积极努力，而且会自觉地把企业的目标当作自己的奋斗目标去追求。他们的工作热情、创造能力才会被调动起来，才能逐步接受企业提倡的经营观念和价值观，才能与企业保持一致，努力地去创立城际客运品牌，为铁路城际客运争光添彩。

当前为了促进和谐社会建设，铁道部已将2007年4月18日第六次大提速上线投入运营的CRH电动车组统称为“和谐号”，因此，可考虑在我国城际列车的命名时，将始点和终点城市与和谐号结合起来命名作为一个方案，例如，广深和谐号城际列车、沪宁和谐号城际列车，以充分体现我国城际列车服务理念的创新和与时俱进，提升我国铁路城际列车服务追求人与自然、人与人之间和谐的价值观的新内涵。

4. 推进机制创新，提升品牌服务水准

要制定城际客运的系列管理办法和制度，着重在规范服务（包括作业标准、规范礼仪、言行举止、服务用语等）、特色服务（包括亲情服务、个性服务、诚信服务等）、优质服务（旅客满意度指数达到84分以上）上下功夫，并依据职工服务技能质量、车容卫生质量、感情沟通质量和服务设施质量等方面，定期测评城际客运服务标准实施情况，从制度上保证服务程序的规范性和服务质量的稳定性。注重发掘内部学习教育资源，学习先进员工好的做法，通过改进、补强、提升等举措，形成极具竞争力的服务体系。

要积极探索城际客运列车的劳动用工机制、收入分配机制、队伍培训机制、人才培养机制、以及“三乘”管理等方面的工作，积极进行改革。比如在城际客运用工上应采取企业内部选拔和社会公开招聘相结合、每年10%淘汰率和优秀临时工转制等办法，建立融竞争和激励为一体的员工补充淘汰机制；在人员安排上，可实行竞争上岗，以岗定薪、岗变薪变，建立正常的职工考核升级制度，使职工在岗位间流动；在收入分配上可实行按趟计件，乘务员收入与列车收入挂钩直接从市场取得，并考核旅客满意度指数和安全、路风、质量，每半年进行一次星级评定，给予各种荣誉称号和精神奖励，同时还应加大星级报酬力度；在队伍培训上对新招聘的城际列车乘务人员进行封闭式强化培训，列车长境外培训，提高乘务人员的综合素质；开展服务理念、组织文化认知、规范服务以及团队管理等能力培训；在人才培养上以“育人的学校”为目标,努力建成人才培养摇篮并在实践中不断提高服务技能;在“三乘”(即列车服务员、列车检车员、列车乘警)管理上可将城际列车检车员的收入交由列车长统一考核,有利于提高列车的安全性和运行质量。此外还应开展其他方面的相关改革。

5. 强化公关宣传树立城际列车品牌形象

在建设铁路城际列车品牌过程中,要始终高度重视公关宣传工作,并把这一工作作为客运品牌建设的重要内容。

(1)积极运用公共传媒面广的优势,多种形式制造宣传热点,扩大城际列车品牌的知名度。充分利用铁路与公共媒介长期合作所建立起来的友好互动关系,为宣传铁路城际客运企业、塑造铁路城际列车品牌服务的优良形象。树立城际列车服务品牌的高知名度有两条途径。其一是通过城际列车职工为旅客提供热情周到的服务,充分满足旅客需求,旅客将其良好的感受告知别的旅客,一传十,十传百,如此循环往复,自然地形成了铁路城际列车品牌的高知名度;其二是通过广播、电视、报纸、期刊杂志、户外广告等媒体宣传,强化城际列车服务品牌在人们心目中的良好印象。如召开记者招待会,介绍铁路城际客运部门新规划、新举措;请记者参观乘车,实地感受铁路城际列车优质服务,然后予以宣传报道;也可以做广告,向旅客发放印有广告文字的城际客运纪念品,开展有奖征集意见活动,扩大城际列车品牌在社会的知名度和影响,并通过公共媒介形成一个又一个宣传热点,不断激发社会公众尤其是目标旅客群对铁路城际列车品牌的关注、了解直至产生购买的兴趣和欲望。

(2)面向旅客为城际列车命名,形成公众对铁路城际客运的亲和力。精心策划城际列车车名征集活动,吸引公众参与城际列车品牌再造活动,塑造城际列车品牌的美誉度。企业给自己的产品取个好名字,尤其是给品牌产品取个吉祥的好名字十分重要。它是迎合顾客心理需求、产生精神愉悦、激发购买欲的一个秘诀。目前我国列车的命名基本上还是从铁路自身组织管理需要出发,按列车等级和车次结合起来命名的。以客车为例,就分为直达特快旅客列车、特快旅客列车、普通旅客列车、临时旅游列车、临时旅客列车等五大类。其中各类客车又有跨局和管内之分，普通旅客列车还有普通旅客快车和普通旅客慢车之分，如此等等。并且各类各种客车还用不同的英文大写字母和阿拉伯数字来代替，车名十分繁杂，旅客不易懂又难记，稍不注意就乘错了车。确实这种命名方式是不适应市场需要的，耗费了旅客的心力，增加了旅客的烦恼。因此列车的命名要考虑旅客的需要，尤其是城际列车，旅客流量大，流速快，因此，城际列车的命名更应做到简洁明快、通俗易懂便于旅客记忆和接受，为此要面向旅客广泛开展城际列车车名征集活动，吸引公众积极参与城际列车的品牌建设，这样有助于培养铁路客运品牌与公众之间的"亲和力"，实现塑造城际列车品牌知名度和美誉度的预期效果；

(3)发挥名人的宣传效应，提高城际列车的优良形象。铁路城际客运部门要主动邀请高端旅客乘坐城际列车，争取获得权威评价，强化城际列车品牌的社会认同。要成立相关机构具体负责协调，精心制定整个过程的活动方案，组织策划展示铁路城际客运品牌和企业形象的公关活动，可邀请人大代表、政协委员、知名企业家、专家学者等社会名流乘坐城际客车，让他们亲身体验高速城际客运列车的超值享受，并利用名人的影响通过报纸、网络、电台和电视台等新闻媒体及时传递给广大受众，这样可以极大地提升城际铁路企业形象和城际列车的品牌形象。

城市铁路客运站设计和运营

目前我国城市铁路客运站尤其大型客运站既是城际客流的始发终到车站,也是中长途客流的始发终到车站,在这种新的情况下,城市铁路客运站的设计和运营赋予了新的任务,具有新的特点,它的设计和运营管理对铁路发展城际客运具有重要的意义。由于城际铁路客流具有流量大、密度高、快速集散和时间性强、要求快捷、舒适等特点,为适应上述城际客流的特点,城市铁路客运站必须具有高效率的旅客集散功能,并与城市交通、区域干线交通紧密衔接,实现一体化,最大程度地方便各类旅客。这对城市铁路客运站的设计和运营管理提出了新的要求。传统的城市铁路客运站封闭的设计和运营方式已不能适应铁路城际客运这种新型的交通方式的需要。因此,为使城市铁路客运站适于城际客运市场发展的需要,有利于开行城际列车,必须对其设计、客流组织和运营管理进行创新。要按照城际交通、干线交通和城市交通紧密衔接的一体化要求,综合考虑城市铁路客运站的设计和运营管理,在站舍的设计、布局、广播系统、引导系统、查询系统、与干线交通和城市交通衔接等方面都要考虑所有客流的需要,要有新的思路。为此,本章考察了国外城市铁路客运站发展的一般趋势和特点,研究了城市铁路客运站和其他交通方式的协同关系,根据开行城际列车和统筹其他客流组织的要求,提出了城市铁路客运站设计的新的理念,及其铁路开展城际客运对站舍的整体布局、客运站客流的组织、车站服务信息系统、客运站卫生防病系统、客运站城际客运的营销机制和服务品牌的建立等多方面的综合要求,使城市铁路客运站能适应开展城际客运的要求,实现多功能化和现代化,真正成为城市的综合交通枢纽和立体换乘枢纽。

10.1 城市铁路客运站的发展趋势

作为包含城际旅客运输的城市铁路客运站,为适应经济社会的发展和各类旅客的需要,应把握世界先进国家城市铁路客运站的发展趋势,取其所长,为我所用。

铁路客运站是城市的门户,其设计风貌是铁路发展水平的重要标志。进入20世纪70年代以来,随着世界高速铁路和城际客运的迅速发展,铁路客运量增加、行车密度加大、人们的旅行需求不断提升,铁路客运站尤其是大城市客运站在建筑形式、业务功能、服务标准、管理体制等方面均产生了巨大的变化,出现了质的飞跃。如日本的大阪、东京、上野等车站,德国的埃森、慕尼黑中央站,意大利的罗马新总站等,均是这期间新建或改建的典型代表,它们具有以下共同特点。

1. 站舍结构多层化

为节省用地,现代化铁路客运站建筑均向空中和地下发展。高层有为旅客提供旅馆、餐厅、酒吧等旅行服务的业务;低层有直接为旅行服务的业务。对于高速铁路、既有铁路的不同等级列车及市内地铁,视其需要固定接入不同层次,而且均有直接通往外面商店、地铁、地面汽车、电车站的通道,及较多的旅客出入口。即由单层变为多层,由封闭变为开放,真正成为城市的交通枢纽中心。

2. 建筑风格简洁化

现代铁路客运站重视实用效果,站舍正面设计不讲究过多的装饰,外表光洁明亮。根据高密度的行车特点,站房平面布局以综合大厅为中心,代替以候车区为中心的复杂格局,以缩短旅客上下车在车站的流程,简化乘车手续。变“等候空间”为“通过空间”。

3. 业务功能综合化

铁路客运站的业务功能已不仅仅是旅客集散的场所,而且更多地注重与城市公共设施的协调、配合，促进地区经济繁荣和发展，成为集旅行、商业、服务业、金融、社交、交通为一体的综合服务楼。

4. 服务手段自动化

现代化铁路客运站的重要标志之一是对旅客的旅行服务现代化。在旅客进站引导、售票、行包托运、小件寄存、检票上车、出站提取行包等旅行活动的一切业务中，均采用光学和电子技术实现自动化，省时省力省人员，方便旅客的同时也大大提高了铁路旅客组织和运输效率。

5. 经营管理开放化

现代化铁路客运站的管理体制由传统的行政权力管理机构，转向具有竞争能力的服务性企业，即由生产服务型转向服务运营型。由封闭式管理变成开放式管理。车站作为一个企业实体面向社会，融于市场经济体系之中。

10.2 城市铁路客运站和其他交通方式的协同关系

城市铁路客运站尤其是担负城际客运的客运站的功能主要是为城市和区域发展服务。而铁路与城市的各方面存在千丝万缕的联系，因此，城市铁路客运站的发展必须纳入城市发展的总体规划。

1. 城际铁路与市内交通干道的立交

城际铁路进入城市往往把城市分隔成两半甚至若干块，因此市内主要干道与城际铁路形成交叉。为了减少干扰，保证安全，必须建立立交，而立交的方式、地点、规模必须体现在城市发展规划中，给城际铁路预留发展空间。

2. 城际铁路交通与市内交通的配合

城市铁路客运站担负大量城际之间的旅客运输，是一个庞大的客流集散地，需要及时疏散、集聚客流。因此，市内交通规划应在车站周围设置公共汽车和电车的起迄站，尽量使旅客零换乘，便捷地通往市内各区以及长途汽车站、港口码头、旅游景点等。如果城市有地铁、轻轨等其他交通方式，应考虑与这些交通方式的衔接。有些城市目前尚无地铁等交通方式，但是在城市的长期发展中已有规划，应对城市铁路客运站与这些交通方式的联系预留衔接地段。

3. 城际铁路交通与公路、航空、水运交通的配合

城市铁路客运站必须考虑各种交通方式的合理衔接，设置相互之间的换乘站。即由居住点开车前往大容量轨道交通车站，再利用轨道交通前往目的地。这种换乘点应设在城市边缘车站，并预留充足的停车泊位，以求换乘方便。这样考虑是由于公路交通可将周边大量的零散小批量客流集中到城市铁路客运站，又将城市铁路客运站承运的旅客转送到周边地区。为了不致降低公路运营速度、增加市内交通量，一般将公路长途客运站设在远离城市中心的城周围的城乡结合部，这就有必要周密考虑公路长途客运站与城市铁路客运站的布局和交通联系。由于许多大城市在机场与市区之间修建了高速公路，航空客运有较大的发展，城际铁路可以与航空公司（或机场）合资创办联运公司，将下机需要继续行程的旅客运送到城市铁路客运站或其他地点。在沿海、沿江大城市，开展水路、铁路联运也很有潜力。湛江至海口之间的粤海铁路通道就是铁路、水路运输结合的成功范例。

4. 铁路城际交通与其他交通方式要有协同的信息设施

铁路城际交通与地面公交及其他交通方式交汇衔接时，一定要设置明鲜的信息设施，给旅客传递清晰的线路信息，使换乘客流流向明确、通道畅通、换乘便捷无误。由城市铁路车站换乘地面公共汽车的客流应通过人行天桥或地道直达轨道外的公共汽车站，使人流与车流分别在不同层面上流动，互不干扰。大型换乘枢纽站应采取与其他交通方式平面换乘或垂直换乘，尤其是垂直换乘站内立体式的不同层面对接，可以实现零换乘，最大限度地方便旅客的换乘。

10.3 城市铁路客运站的设计要求

在中国铁路数十年的发展历程中,大型客运车站设计经历了3个不同阶段:

以北京站为代表,20世纪五六十年代的铁路客运站主要是线侧式站房,体量非常大,售票、行包、商业设施集中在铁路线的两侧,中间以高架通廊通往不同站台。在此阶段,铁路客运站主要定位于单一的铁路运输作业场所。

以北京西站、沈阳北站、长春北站为代表,90年代的铁路客运站开始建设站房综合楼,虽然依然将车站主要功能集中在铁路线两侧,旅客流程没什么变化,但宾馆、商场等附属功能被整合到站房中,甚至在站房上盖起十多层的宾馆酒店,客运站整体规模更加庞大,某种程度上成为城市的形象大门。

以新北京南站、新广州站、武汉站等2000年以来新开工建设的大型铁路客运站为代表,车站设计更注重综合交通枢纽的功能,将铁路客运的功能与市政交通手段综合考虑,强调大交通的概念,实现旅客快速通过,快速换乘的高效便捷。考虑到列车公交化运营后旅客站内停留时间较短,新型客运站虽然规模更大,但站内空间最大限度直接服务于旅客通行,候车、售票、商业面积都明显压缩。车站整体设计上,也不再以方便客运组织管理为主要出发点,而是更强调旅客的需求,注重人性化服务。随着北京新南站等新型铁路客运站的陆续运营,铁路客运站将进入客运交通枢纽化时代。在这个新时代,城市铁路客运站的设计产生了新的要求。

1. 城市铁路客运站应向综合化、社会化的方向发展

城市铁路客运站的服务功能设施可分为两部分:一是满足旅客乘换车的服务性设施;二是满足旅客生活、购物活动的服务性设施。在建筑结构布局上,前者体现为站房为主体,应占有中心位置;后者是围绕站房向上下左右前后扩展的设施。这样城市铁路客运站集候车、购物、

娱乐、食宿等活动于一体,成为城市经济活动中心和交通枢纽。

2. 要调整和完善进出站设施

城市铁路客运站尤其是担负城际客运的城市铁路客运站,在现行车站布局和长短途不同的运输需求前提下,实现长途旅客与城际旅客的分区候车、乘降,在车站进出通道、候车、检票等方面进行调整和完善。在固定站台的基础上,尽量采用站台候车和绿色通道方式;分配最短的进出站通道供城际旅客使用。

为压缩城际列车沿途停站时间,方便旅客乘降,应建高站台,使城际列车的车底板高度与站台平齐,同时站台与车厢间隙要小,一般要控制在标准范围之内,不超过0.1 m,以保证旅客乘降的安全。目前我国铁路车站出站口不多,给旅客带来不便。铁路客运站的进出口的数量,应根据客运吞吐量计算确定,并适当预留发展余地。每个出入口应多设检票口,有条件时应设自动检票口,在候车室走廊上也应适当多设检票口,这样能以最少的时间完成上车和出站的过程。

3. 城市铁路客运站两侧开口营业

目前大多数铁路客运站均为一侧开门,旅客深感不便。新上海站由于两侧开门,大大方便了旅客,减轻了站前广场的压力,北京西站预留了背面开门的条件。设计新的客运站时,可以将两侧开门进行全面规划,分期实现,给另一侧开门预留所需面积,满足铁路城际旅客运输大发展的需要。

4. 城市铁路客运站预留扩建的空间

城市如有新线引入的可能,则旧站扩建应预留足够的空间,或预留新站站址。例如南阳站为焦柳线上客运量较大的中间站,西安—南京线即将开工,南阳站成为两大干线交会站,在焦枝复线建设中考虑了总体设计、分期施工的原则,给新线接入后站舍的扩建预留了条件。而位于陇海线上的商丘车站在20世纪80年代扩建时没有预留京九线引入后的扩建条件,以致不得不新建商丘南站,相对增加了投资和建设成本。

5. 城市铁路大客运站应就地设置客车整备线

对于客车始发、终到较多的城市大客运站，或城市客运终点站，应就地兴建客车整备设施，进行客车检修、冲洗、整备各种作业，尽可能使这些作业平行进行，以缩短整备时间，加速客运车辆周转。

10.4 城市铁路客运站站舍的整体布局

为适应当前我国大型客运站既是城际客流的始发终到车站也是中长途客流的始发终到车站这种情况，要根据城际客车开行的需要在城市铁路客运站的站舍布局中设立专门的城际客运车场，配备足量的到发线和站台，以明显的标志引导各类旅客乘车。各站台中部，应设通往高架通廊的旅客进站通道和通往地下出站厅的旅客通道，以方便旅客换乘地铁等城市公共交通工具。可考虑将铁路、城市地铁、公交车、出租车，全部集中在地下两层和地上三层的空间里，使旅客能够零距离或以最短的距离换乘。为此在城市铁路客运站站舍的整体布局中要考虑以下要求。

1. 打破以候车为主体的传统站舍布局形式

要考虑将城市铁路客运站建成为高层综合服务大楼，这样既可满足旅客旅行需要又能提供购物、休息、饮食、文化娱乐等多方面服务，使城市铁路客运站真正成为城市交通、商业文化、信息交流的中心。

2. 站舍布局要以综合大厅为中心

城市铁路客运站不再设立母子、团体、军人、贵宾、软席等种类繁多的候车室，要以综合大厅为中心，根据需要设立软、硬席候车区和其他功能区，方便旅客候车乘车和提供各类与旅行相关的服务。

3. 尽量考虑节省投资

在用地条件能满足占地面积时，车站运营初期不设跨线式站房，只设跨线设备,这样既节省大量投资,又考虑到将来的发展余地。因为城际旅客列车密度大、短途旅客多,人均候车时间短,不需要大面积的候车空间,待远期路网密度加大,车站功能加强,再考虑发展,这样更能符合远期和近期规划的需要。

4. 行李、包裹房采用分设制

根据铁路城际客流特点及行李较多而包裹较少的情况,在一楼综合大厅内设行李托运处,不设库房,承运当日乘车旅客的行李,行李随车运送,到站领取。

5. 站房地面一、二层应作为直接服务于旅客乘车的空间

站房地面一、二层要用作旅客乘车的空间,在此空间内保证城际客流、长途客流和中转客流各行其道,且通畅便捷,尽可能地缩短用于办理乘车手续的距离,节省旅行时间。

6. 各种检查设置配套

出入境旅客的海关边检作业与售票、候车、乘降等客运作业均要配套,另行设立作业流线和服务设施,避免与其他客流造成交叉干扰。

7. 站房布局应适应开放式管理

站房一、二层均应有多个通向市区的出入口,尽可能地与城市交通(地面公共交通及地下铁道)相衔接贯通,为旅客提供便捷、安全的出入站通道。有条件的客运站,要实现城际客运旅客的站内换乘。

8. 站前广场尽可能呈立体布局

步行街、停车场、各种交通工具换乘场设在不同的层次上,给旅客一种安全和舒适感。要使广场布局简单明了,并与四周景观相协调生态化,方便旅客在不同交通方式间换乘,使之成为城市的综合交通中心和换乘中心。

10.5　城市铁路客运站的客流组织

客运站由站房、站场、站前广场三部分组成，各部分均是旅客必须利用且利用率极高的场所。在站房布局合理的条件下如何使城际客流和其他客流出入站的流线合理、便捷，同时使客运站的商业、服务业的布局和经营能满足旅客旅行的需要，而又不阻碍各种流线的畅通，要做到这些均取决于合理组织客流、科学地分配利用有效空间的程度，为此要考虑和处理好下述问题。

1. 固定使用旅客站台和到发线形成良好的运输秩序

可以充分发挥旅客引导信息系统的作用，形成按颜色区别的各种旅客进站通道，并和各类旅客列车的着色协调一致。例如：可考虑将蓝色通道定为高速城际客流进站通道。城际旅客到达站前广场可顺蓝色引导标志（地面蓝色箭头、装饰、符号）购买蓝色车票，这样，城际旅客进入车站就可以一目了然、胸有成竹地按照自己的意愿轻松愉快地进入蓝色通道，乘坐蓝色的城际高速列车。同样，其他的颜色例如红色、黄色、白色、橙色等可定义为其他客流通道。

2. 城际客流进出口的流线按“低进低出”组织

可考虑城际客流由站房一层通过空间直接分配至各站台上车，并充分利用基本站台，到站由地道出站，为此通过大厅要有宽敞的进站通道和满足高峰时需要的检票口；常规客流可考虑由站房二层候车、检票进站，二层综合大厅内设置软、硬席候车区、宽敞的跨线设备和足够的检票口，到站后由地道出站。同时，城际列车始发、中途停靠和终到均应固定站台、固定线路、固定位置。旅客可在站台地面看到自己所在车厢的位置，乘车更便捷。

3. 在车站旅客流线方向上只设旅客向导标志、不设各类商品业务广告

醒目的向导信息系统是指引旅客旅行的得力助手。如果在车站范围内商业广告和引导标志混杂,不仅影响车站容貌,而且造成旅客旅行困难。这种情况在目前各大型客运站普遍存在,以后新建客站尤其是客流量大、担当城际客运的车站应该杜绝这种现象,要做到在车站旅客流线方向上只设旅客向导标志,并使旅客向导标志简单鲜明易于旅客理解。

4. 商业街及站房内商业网点的分布应不妨碍客流流程

现代化客运站十分重视把车站同时建成一个购物大世界,除建设布局中有专门的购物商场外,在进出口通道、站房一、二层的综合大厅内、站台上均设有流动的或固定的商品经营摊点,其商业气氛十分浓厚。但应统筹安排、合理分布,不得妨碍客流流程,尤其是不妨碍城际客流的快速流程。

5. 利用现代化服务设备,形成合理的车站内部客流

担负城际旅客运输的铁路客运站不仅在建筑形式和功能上要有质的飞跃,而且在客运服务手段上要求多样化、现代化、自动化。要求广泛使用现代新技术设备,为旅客提供优质的服务。

城际客运的客流量大、密度高,旅客对车站服务要求高。在城市铁路客运站科学设计、站房设施合理布局的基础上,要采用信息技术等先进手段,高效地组织车站客流线。

通过应用自动售检票系统、旅客自动查询系统以及车站自动引导信息系统等先进的信息管理系统改变以候车厅为中心的组织格局,建立以综合大厅为中心的新格局,改等候式为通过式,实行自动售票、自动检票进站、站台或候车室候车、上车在途服务、下车自动检票出站的模式,引导旅客快捷进出车站,简化进出站流程,缩短在站停留时间。

在客运站综合大厅内设置自动售票机,在综合大厅和候车厅之间设置自动检票机，旅客通过自动检票机随到随检，原则上进入候车厅时即从非付费区进入付费区，旅客根据候车厅内的旅客信息系统的引导选择站台乘车，到站后通过平行布置在出站口的多台自动检票机出站，提高运输组织效率。

6. 铁路城际客流与城市公共交通客流的有效衔接

提高铁路城际客运组织效率和质量离不开客运站与城市交通工具的有效衔接，两者的系统整合将大大提高城际客运组织工作的效率，有效地提高铁路城际客运市场的竞争力；反之就会出现旅客进站难和出站难的问题，影响铁路城际旅客乘降组织工作的顺利进行，因此为适应旅客对运输质量的要求，铁路城际客运系统必须充分与城市交通系统紧密衔接和协调，特别要注意与各城市的地铁、轻轨等城市轨道交通工具衔接配合，使城市铁路客运站成为城市公共交通换乘中心，实现零距离或短距离换乘。

在城市铁路客运站和其他运输方式的衔接处，通过铺设在地面上的颜色带以及其他电子标志引导旅客购票或刷 IC 卡，进入候车室。在出站口要有同样设置，引导旅客去换乘其他运输方式。在平时客流不大时，各种标志引导旅客有序进出站，在旅客集中客流量大的繁忙时期，可加上工作人员共同引导旅客进出站，实现客运站客流组织的快捷化和安全化。

10.6 建立现代铁路城际客运服务信息系统

当今时代是一个信息化的时代，信息的智能化已经深入到各个学科和技术领域，现代铁路尤其是高速铁路，其组织管理涉及到各个方面的信息整合，对信息传输速度和准确性要求更高。城市铁路客运站旅客集散范围广、流量大、流向复杂，各类列车尤其是城际列车的顺利运行更需要有先进的信息平台，它不仅涉及到车务、机务、工务、电务、车辆等相关部门的工作衔接和运行组织管理调度等多方面工作，是一台复杂的联动机，而且涉及到铁路客运与城市和区域的其他交通方式的衔接问题，因此,现代城市铁路客运站应当具有承担综合交通的枢纽功能,这势必要求城市铁路客运站成为路内外各种相关运输信息集中、整合和输出的信息枢纽,要具备各类先进的信息设备,实现信息的现代化。

1. 城市铁路客运站自动化广播系统

城市铁路客运站广播系统是一种用语音向旅客发布各种有关旅行消息的信息系统。铁路客运站广播系统应用已有较长历史,现在车站广播系统无论在系统技术性能上,还是在播放信息质量上都有了很大的进步,尤其是近年来崛起的以电子计算机控制为核心的车站自动化广播系统令人瞩目。通常,车站自动化广播系统是由电子计算机、多回路扩音器、多信源广播机、监听器、广播网络及扬声器等设备所组成。其中,电子计算机的语言处理器为车站自动化广播系统的控制中枢,它可以实现多种语言的自动广播,如汉语、英语、日语等等。多回路扩音机通过电子计算机指令的控制,可以实现车站内不同区域范围内的广播功能,如某次列车开始进站检票的信息可以在车站进口处、该车次候车室、及公共通道等关联场所内进行广播。某次列车到达时,可以在相应停靠站台及出口处等关联场所广播诸如中转换乘、市内交通、住宿等信息。

多信源广播机不仅可以进行语音广播,而且还可以进行音乐、歌曲、戏曲等多种形式广播,以适应不同层次、不同国籍的旅客娱乐欣赏要求。车站自动化广播系统与以往车站广播系统相比较,其最大的特点是能够预先集成、编排、储存、控制和修改各种需要广播的信息,并且能够做到与列车进出车站同步进行。也就是说,当列车驶近车站时,可以通过预先设置在站外接近点的遥控装置自动开启车站广播系统。并在相应的区域内播出列车到达信息;同样,在列车即将离站时,电子计算机的定时程序软件也会自动开启车站广播系统。一旦发生列车晚点、取消或临时变更开行时刻时,可以通过电子计算机的操作终端及时进行修改广播内容。有的车站自动化广播系统还设置有计费视听装置,旅客只须投入硬币或插入磁卡付费后,便可以用耳机欣赏自己喜爱的音乐、歌曲或戏曲等文艺节目,以此消磨候车时光。

2. 城市铁路客运站旅客查询系统

城市铁路客运站旅客查询系统涉及旅客购票、乘坐列车、托运行李、列车到发时刻以及其他铁路业务知识等多方面内容,也是广大旅客与铁路部门的联络方式。通常,现代化车站旅客查询系统包括声讯查询和视讯查询两部分。

声讯查询系统是一种以微电脑控制为核心的电话自动应答系统,它存储各种查询语音信息,且具备自动语音应答和语音信息处理服务功能。旅客需要查询诸如列车到发时间等信息时,只要拨打城市铁路部门公布的查询电话号码,电话接通后声讯查询系统能自动向用户发出语音提示。例如,需要了解城际铁路沿线消息请拨 1;需要了解城际列车到发时刻请拨 2;需要了解下行方向城际列车售票情况请拨 3;需要了解中转车次请拨 4;需要了解其他信息请拨 5 等。有的声讯查询系统还具有语音信箱、传真信箱等功能,旅客可以通过智能电话、个人电子信箱、传真机等终端设备获得范围更宽的查询服务功能。例如,旅客可以定期在自己的电子信箱中接收所需的各种城际铁路业务信息;可以接收城际列车时刻表、预订火车票、预约其他已开办的涉及旅客运输的多种服务项目。

视讯查询系统是一种以显示视频图像形式为旅客服务的自助式查询系统,它具有操作方便、形象直观、更容易被旅客所接受等特点。通常,视讯查询系统由微机控制器、图像存储器、视频编辑器、同轴电缆或光纤线路、视讯查询终端机等设备所组成。旅客需要查询时,只要站在视讯查询终端机的显示屏前,远红外监视探头就会自动开启视讯查询终端机,在显示屏上就会出现服务小姐笑容可掬的面容,旅客根据服务小姐的语音提示,按压视讯查询终端机上相应按钮或触摸屏上相应部位,旅客就可以在显示屏上看到所要查询的信息。一般情况下,视讯查询终端机设置在车站候车大厅、车站出入口处等公共场所,用来代替人工问讯。有的城市铁路客运站还在车站广场等场所设置具有电子地图功能的视讯查询终端装置,该装置除了能够查询有关城际铁路信息之外,还能查询市内交通、旅社、餐馆、商店、旅游景点等多方面的信息。

3. 城市铁路客运站行包称量显示系统

我国城市铁路客运站当前不仅担负着城际旅客的运输任务，而且还担负着非城际非高铁的其他旅客的运输任务。对于其他旅客运输，现代化城市铁路客运站的行包托运作业实现机械化、电子化和自动化，旅客从托运行包到领取的过程不像以往那样需要通过繁复的多道程序的人工操作才能完成，尤其使旅客感到方便的是行包称量显示系统。行包称量显示系统在旅客托运行包时可以为旅客提供诸如到站日期、品名、单价、里程、重量、保价、运费等一系列信息，使旅客一目了然。通常，行包称量显示系统是由微型计算机、参数传感器、行包数据库、显示器、通信网络与行包电子秤相连接口等设备所组成。旅客托运的行包填妥托运单后，工作人员只要将其到站名和品名用键盘或扫描器输入微型计算机内，微机控制器就会将输入信息、行包数据库信息、电子秤信息进行综合汇总。通过行包专用软件程序运行后，最后在显示屏上向旅客显示行包重量、运费等信息，并通过打印机自动将行包托运单打印出来。

行包称量显示系统不仅可以提高工作效率，减轻工作人员劳动强度，而且极大地方便了旅客。还可以设置查询显示装置，旅客通过操作装置上的按键，不仅可以了解行包托运的运费、运输时间等，而且还可以查询托运的行包是否已经到达、在几号窗口领取行包等信息。

4. 城市铁路客运站旅客进出站引导信息系统

城市铁路客运站的进出站引导信息系统是为旅客提供进出站便利而必不可少的最基本的信息系统。现代化城市铁路客运站采用电子化系统，如发光二极管显示牌、荧光标示牌、阴极射线管显示器、液晶显示器和引导光带等先进指示设施，可以把车站装饰得流光溢彩，使旅客赏心悦目、一目了然而带来最大的方便。

城市铁路客运站旅客引导信息系统是由计算机、通信网络接口、各种信息显示器、操作控制器及监视设备所组成。

电子计算机是车站旅客引导信息系统的核心部分，它存有车站一天内所有的旅客引导信息内容，例如，所有到发城际列车的车次、时刻表、站台号、候车区、停留时间、中转车次等，它通过车站通信网络接口装置和通信线路与设置在车站大厅、候车室、进站口、出站口、站台通道、车站广场、售票处、行包房等场所的信息显示器相连接，使其按预先设定的程序和规定的时间显示相应的引导信息。

5. 城市铁路客运站电视监控系统

电视监控系统由摄像机、监视器、控制台和控制设备等组成。在需要报警的场台，可接入报警设备，构成电视监控报警系统。系统所采用的摄像机，可根据需要分别选用黑白和彩色 CCD 摄像机，在低照度的地方（如站台）以选用黑白摄像机为宜，并按需分别配备固定镜头，自动光圈镜头和三可变镜头，以及电动平台、防护罩、译码器等设备。控制台和控制设备可根据需要，分别选用由矩阵控制器、视频切换器、视频分配器等设备组成的控制设备；或采用当前最先进的计算机多媒体技术，实现图像切换等各种所需操作的控制设备。对于一般不需联网的城市铁路客运站，可选用第一种控制设备（技术成熟）；对于需要联网图像处理的城市铁路客运站，应选用第二种控制设备。

客运站电视监控系统一般由多台摄像机和多台监视器组成，按多头多尾方式配备，摄像机分设于进站口、候车室、站台、出站口等处，可对车站主要的客流、车流地方进行监视，对财务、票房等重地进行监控报警，为车站各有关部门了解当前客流动态、进行客运指挥及处理突发事件提供决策的手段。系统可按需设置分控制台，并按主、分优先权进行操作控制，以满足不同部门的监视需要。一套设备，几家共享，节省了工程的投资，提高了系统的利用率。系统采用视频电缆进行图像传送。在距离远，图像质量要求高的场合，可采用光纤进行图像传送系统。电视监控系统具有图像切换和分割显示、实时图像处理、图像传输、报警控制等功能。

6. 城市铁路客运站计算机客票管理系统

计算机客票管理系统是一个综合性客票处理系统，主要包括了微机售票和检收票两个子系统。其中,微机售票系统可提供制票、电话订票、票额自动管理和分配调整(克服了传统的由人工预先分配,无法随机调整的缺点)、席位管理、客流统计、客运计划、售票日结账及月结账等功能;检收票系统可自动接收由售票系统提供的售票信息,对车票进行自动识别、检验、防伪判断、核实、分段统计及打印上车人数通知单。

客票管理系统采用计算机局域网的形式组网,并配备相应的打印机及其他所需的外部设备;检收票系统还需根据需要,配备检收票机。其中,检票机分设于各候车室检票口,收票机则设置于出站口,本系统不仅具有全站联网售票的功能,还具有与其他站联网售票的能力,可作为全路计算机联网售票的作业点,为联网售票提供、接收各种售票信息。

根据客票电子化的发展趋势和城际旅客运输的需要,重点是建立 IC 卡客票管理系统。IC 卡应用系统包括全路票务中心管理系统、地区数据库管理系统、发卡机、充值机、自动售票机、自动检票机、闸机。

全路票务管理中心管理系统设置于铁道部。主要功能有基础数据管理(全路站名、运价、里程、字典)、全路客运计划与调度、客运统计与预测、运价管理、国际售票互联(管理国际列车车票)、系统监控、客运代理业务、查询、系统维护。

地区数据库管理系统设置于路局(集团公司)。根据需要一个路局(集团公司)可以设多个,主要功能有基础数据管理、座席库访问、与 INTERNET 互联(用于网上售票与网上充值)、与其他地区数据库互联、地区客运计划与调度、财务结算与清算、收入审核、安全管理和查询。

发卡机与充值机设置于车站和人口流动量大的地区,有专职人员操作。发卡机用于 IC 卡的初始化,在空白卡内存入发行代码。认定读写器的密钥和卡内不同内容的访问权限。经过初始化的 IC 卡,即可首次充值发行,投入使用。首次充值在卡内写入充值金额、卡的类别和个人密码,系统将记录如下信息:卡序列号、卡的类别、发卡日期、发卡时间、充值金额等。IC 卡在出厂后，每张卡都有唯一的序列号，能够实现每张卡消费记录、充值记录的跟踪，便于数据库管理系统对每张 IC 卡进行管理和数据统计。充值机用于 IC 卡的充值。每次充值操作记录如下信息：卡序列号、卡的类别、卡中原有余额、充值金额、最新余额、充值日期、充值时间、操作员、充值机号等，可根据需要打印凭条。

自动售票机设置于车站、商业区，并深入居民区，用于预定、预售、发售、退回全国各次列车车票，每次操作记录卡号、金额、车次、日期、座席、操作时间，并能根据需要打印凭条。

自动检验票机设置于车站检票口、出站口、列车车门处，用于验票，能完成 IC 卡车票的识别、认证、备份、读卡、显示报警等功能。同时还可以向外输出脉冲，以控制闸机。

闸机设置于检票口和出站口，可监测是否有乘客通过，并可根据检票机的输出，决定是否执行放行、禁行及报警等功能。

IC 卡车票应用流程是，人们在发卡机充值机处办理 IC 卡和充值时，操作员将相关信息写入卡中，并传送到地区数据库。人们也可以在网上通过转账进行充值，可在广泛设置于车站、商业区、居民区的自动售票机定、购、退票，还可在家中网上操作。乘客进站时在入口自动检票机上刷卡，如果车次、日期等不正确，闸机发出警报不许放行；如果还未购票，可临时购票。上车时在检票机上刷卡，确认车次及座席，亦可进行临时购票，亦可补印乘车凭证（因网上购票不能打印购票凭证）。开车后，乘客实际情况将通过无线通信传输至地区数据库中心，以便调整售票，下车出站时，乘客经验票及闸机刷卡出车站。

10.7 建立城市铁路客运站卫生防病系统

公共场所是各种传染病的温床，车站作为旅客的集散中心，其旅客密集度高、流量大、集散面宽、集散速度快，是各种传染性疾病预防的重点和难点区域，是全社会传染病防疫系统中重要的一环。优良的车站环境卫生质量和迅速有效的卫生防病系统能够阻断各种传染病的传播途径，能够预防各类传染病的流行蔓延，保障旅客的身体健康，还能提高旅客在旅行过程中的舒适度，减少机体疲劳，降低旅行风险。过去在这方面重视不够，2003年全国性的SARS流行，客运站的卫生防病工作引起了全社会的高度重视，提到了客运站设计的议事日程，成为城市铁路客运站"以人为本"建设面临的一个崭新问题，提出了新的要求。为此，城市铁路客运站应重视建立先进的卫生防病系统，为旅客出行提供一个卫生健康的环境。

1. 城市铁路客运站卫生系统

(1)总体要求。

为确保旅客的身体健康，城市铁路客运站要符合一定的卫生标准，预防疾病的发生和扩散。城际旅客来源广，人员复杂，健康状况各异，可通过空气、长椅等旅客用具传播或相互传播疾病。旅客均带有行李、物品使得候车室内行李物品堆放杂乱，场所拥挤，旅客在其内吃喝、休息、活动游戏，易造成某些疾病的发生和传播。

铁路客运站候车室要有良好的朝向，以利于通风和采光。一般候车室、医务室和售票厅、检票处、盥洗室等应合理平面布局，互不干扰。

铁路客运站候车室应建立在城市边缘、对外联系方便避免主干交通穿越的地方，并以工业区常年主导风向的上风侧为宜。

(2)具体要求。

城市铁路客运站要建立健全的卫生管理制度。严格要求旅客不随地吐痰和乱丢果皮垃圾；对站场内垃圾应做到日产日清，湿式作式、定时清扫；应设有足够数量的果皮箱、痰盂和密闭的垃圾箱等卫生设施。

城市铁路客运站要配备防虫防鼠设施建立定期消杀制度。蚊、蝇、蟑螂等病媒昆虫及鼠密度应达到全国爱卫会规定的标准。

在客运站内应禁止吸烟，站内要设有禁烟的明显标志并建立管理制度，对于要吸烟的旅客应设立吸烟室，非禁烟区要保持良好通风。

要加强客运站的通风，控制微小气候变化，800 m^2 以上的车站候车室应设立机械通风设施。保证良好的采光照明，充分利用自然采光，光线不足时辅以人工照明。客运站候车室环境应符合表10-1的要求。

表 10－1 城市客运站候车室卫生指标

指 标		标 准 值	指 标		标 准 值
温度	空调冬季	18～20	空气细菌总数	撞击法(cfu/m^3)	≤4 000
	空调夏季	24～28		沉降法(个/m)	≤40
	非空调	≥14	噪声(dB)		≤70
			照度(lx)		≥100
相对湿度(%)		40～80			
风速(m/s)		≤0.5			
二氧化碳(%)		≤0.15			
一氧化碳(mg/m^3)		≤0.12			
可吸入颗粒(mg/m^3)		≤0.12			

城市铁路客运站应设有符合卫生要求的饮水处，保持足够的开水供应。水质要符合《生活饮用水卫生标准》要求。公用茶具应做到一客一消毒，未经消毒不得供旅客使用。

城市铁路客运站墙壁、门窗也要符合卫生防病要求，内墙装饰要用吸音材料，门窗要有防噪声及防蚊、蝇和防鼠设施。

卫生间、盥洗室、吸烟室要有独立的通风设备。有足够的卫生设施，按旅客流量设置相应数量的卫生间，卫生间的布局应合理，必须有单独通风排气系统；卫生间地面、墙裙应使用便于清洗的建筑材料，有地面排水系统，应每日定时清扫。

要控制车站强噪声，引导旅客不要高声喧哗，播音喇叭应注意音频，定期开播。

应设立卫生宣传栏，定期开展卫生宣传。

车站服务人员应进行健康体检和卫生知识培训。建立健全卫生管理制度，配备专职或兼职卫生管理人员，做到分工明确，责任到人，经常保持客运站室内外环境整洁。

2. 旅客疾病应对系统

城市铁路客运站应配备急救药箱，做到专人保管，做好使用登记并及时补充药品器械。要加强培训，使车站工作人员应具备起码的医疗急救知识。

车站工作人员要密切注意旅客健康状态，特别是老、弱、病、残、孕妇和儿童等，发现情况，车站医务人员进行处理，也可以通过广播等途径，寻求旅客中的医护人员帮助。情况严重者可打120急救电话或者将病人直接送医院治疗。

建立传染病监控机制，及时对旅客进行监控。在重大传染病发生期间，车站要严格按卫生部门的要求，一是配备专门人员和设备进行旅客疫情监控，发现病人及时处理，并将情况及时上报；二是严格进行环境消毒，控制疾病的蔓延。

10.8 建立车站城际客运的营销机制

随着市场经济的发展和完善，客运市场的竞争日趋激烈，尤其是城际客运成为各种运输方式竞争的焦点，使铁路客运市场波动较大，原有的市场份额被进行再分配。面对这种情况，铁路客运站开始意识到要想生存和发展，就必须发挥铁路客运优势，主动参与客运市场竞争，尤其要尽快地占领城际客运市场，更好地满足城际旅客的各种需求。为此，铁路客运站必须高度重视营销工作，进行深入的市场调查研究，了解旅客的需求和愿望的变化情况，并积极采取措施，使客运站能适应旅行消费需求的变化，争取扩大铁路客运尤其是城际客运的市场份额。为此，铁路客运站要把营销作为运输企业的重要任务和生产经营的中心环节，要建立铁路适应客运市场竞争的营销机制。建立车站客运营销机制是一个复杂的系统工程，其基本框架可由以下几个方面构成。

1. 建立营销信息系统

正确的营销信息是营销科学决策的依据。营销信息主要包括：铁路的营销环境、客流调查、竞争对手营销状况及其竞争方式、运输产品适销情况及旅客需求等信息。这些营销信息是确保生产经营目标实现的基础。目前,各铁路局的计统、财务、客运部门乃至车站客运计划室、行李房等分散掌握一些营销信息,这还远远不够。城际客运为适应竞争的需要还应建立专门的市场营销部门,要应用计算机技术建立和完善铁路客运营销信息系统,该系统是一个适用于全路的系统,它的构成可以从纵向和横向两个角度来描述。从纵向来看,系统分成与铁路的管理模式相对应的铁道部、铁路局和车站 3 个层次。各个层次自上而下分别从宏观到微观进行营销分析。从横向来看,系统在每一层都由信息收集、数据分析和预测决策 3 个模块构成。信息收集模块的功能是数据收集,它是系统分析的基础。该系统可收集基本的客流数据和影响客流的相关信息。数据分析模块可帮助营销人员观察日常报表数据,比较分析历史数据,并可以进行多角度的变换分析和进行多层次分析。预测与决策模块可运用数据分析模块得到的数据之间的各种关系,进行方便快捷的具体分析,并提供分析的结果及具体决策建议,供营销决策参考,帮助铁路城际客运营销决策部门根据城际客运市场的需要和竞争情况,挖掘市场潜力,合理利用企业车辆资源,调整运能,确定优化的城际列车开行方案,争取最大的市场利润。

2. 建立制定营销战略决策系统

铁路运输企业客运营销战略是指为实现企业总体经营目标,通过营销手段的组合,进入、占领和扩大运输市场所做出的长远性谋划和方略。要从长远的观点来考虑如何创造顾客,获取和维持顾客,如何有效地开展竞争,提高铁路市场占有率,这些要求铁路路局领导以及相应的城市铁路客运站,要组成不同层次的经营管理委员会。该委员会要负责制定本级城际客运的营销战略,或规划营销战术,并定期进行城际客运营销分析,找出问题,采取对策,提供旅客需求的城际客运新产品,增加营销渠道和促销力度,推动城际客运营销。要考虑进一步深化铁路客运管理体制改革,要使铁路局城际客运部门具有一定的运力调整权限,使其既是城际客运市场营销主体,又具有一定的城际客运运力配置的自主权,能建立城际客运适应市场变化的快速反应和决策系统。

3. 制定价格策略,加强价格管理

为了提高铁路城际客运市场的竞争力,充分发挥价格的杠杆作用,必须真正建立起符合规律的富有弹性的、能对市场变化做出快速反应的运价机制。一是加强运价调查,随时掌握公路、水运、航空价格,根据市场需求和竞争需要决定铁路运输价格浮动幅度。二是充分利用铁道部价格政策,根据客流淡旺季变化适时提出票价调整的意见和建议。铁路城际客运应根据城际客流和城际客运市场的竞争状况在政策允许下,采取一定程度的灵活的票价政策和浮动变价策略。可通过价格的上浮、下调,采取以下方法把握城际客运市场的经营机会,达到旺季更旺,淡季不淡的营销目的。①季节性调价。抓住春运、暑期客流集中时利用价格杠杆作用调节各品种城际列车客流,淡季时可下浮票价提高上座率。②团体优惠价。根据市场供求情况,灵活掌握团体优惠办法,以达到吸引城际客流的目的。③差别票价。在平时城际客流的高峰时段和低谷时段,允许实行差别票价,以引导旅客根据需要和可能错开旅行时间,采取理智的旅行行为,以熨平客流高峰实现均衡运输,提高城际列车的整体上座率。三是增加车票种类,方便旅客乘车。根据城际旅客需求的特点,可增加往返票、月票、季票、年票等,节省旅客购票时间,最大限度地方便旅客,对管内城际列车可试行发售月票、定额票等多项措施,吸引旅客乘车,增加与公路的竞争力、提高上座率。四是建立客票营销网络。加强铁路局售票网络的规划和建设,建立起以网络车站为骨干,以银行、旅行社及若干代理点为补充的覆盖城乡的客票销售网络,要加快计算机售票网络的开发和利用,增设售票网点,采取各种促销手段,推销铁路城际客运产品。对旅行社、银行、客票代售系统、铁路局直售点要加强管理,运用价格政策调动他们售票的积极性。准确把握客流变化,动态调整票额分配方案,合理调整网站票额比例,努力提高城际客车上座率。

4. 提高城际客运员工队伍的整体素质

铁路城际客运产品的服务质量取决于员工队伍的整体素质,要提

高铁路城际客运员工的整体素质要考虑下述问题：第一，要强化城际客运员工队伍整体的业务和职业道德素质建设。严格员工业务能力的定期考核制，通过培训和竞赛不断推出新的业务尖子和技术能手，按业务能力和工作表现优化岗位人员，经常性地与外界交流以获取先进的技术和服务方式，不断更新员工的营销观念等等。第二，要开发和合理利用内部资源。一是经常发掘懂经营、会管理、有经验的专业人才，并充实到各部门；二是实行轮换工作制，充分发挥经营人员的专业特长；三是对经营管理人员实行责权并重，赏罚分明。第三，提高素质的主要方法可采取教育培训。教育培训根据时间特点可分为日常培训和脱产培训，日常培训是较为灵活的、可长期进行的培训方式，但要制定一个长期教育计划，它可以根据生产的需要、季节的特点或员工思想状况、素质的高低，随时制定出临时培训内容和培训方案，通过讲授或实作演练或现身说法等，达到“缺什么补什么”的目的，较快地满足运输生产中的急需。脱产培训，它可以较为系统地进行政治理论培训和业务技术培训。脱产培训同样需要长期坚持，定期举行，只有这样，职工队伍的素质才能稳步提高。第四，通过向社会公开招聘引进专业人才，改变铁路员工的知识结构，以增强城市客运车站的经营人才实力和经营活力。

5. 建立城际客运生产与营销协调机制

城际客运生产服从、服务于营销要抓好 4 个环节：一是对路局管内的城际列车，路局客运部门有权在全局范围内统一调配、调剂客车车辆，根据城际客运营销需要形成城际客运运输能力配置方案、城际列车开行方案及调控方案，使城际客运生产围着市场营销转，由生产型变成经营型。二是城际运输部门定期向路局客运部门和城市客运站营销部门提供城际客运产品信息、能力信息，使营销部门有目的地促销城际客运产品。三是加强城际客运营销分析，路局在按月、旬进行的生产分析中，要增加城际客运营销分析内容，不仅分析生产指标完成情况，更要分析城际客运产品销售情况以及效益评价情况。四是加强城际客运营销管理，路局要在对城际客运营销结果、城际客运产品适销情况及其各类精品效益状况进行全面分析的基础上，根据城际客运市场竞争变化情况，适时调整城际客运产品结构及促销策略，以灵活地适应城际市场变化和竞争的需要，提高铁路城际客运的市场竞争力。

6. 建立符合市场要求的城际客运质量保证体系

服务质量是铁路生存发展的大计，要把提高服务质量列入资产经营考核的内容。提高服务质量除了一些常规措施之外，还要积极探索建立必要的保障机制：一是严格质量标准。要根据城际客运市场要求，建立起一整套适应性强的营销服务岗位标准，把城际铁路服务纳入规范化管理的轨道。二是层层增强服务意识。要不断改进营销方式，严格城际客运作业现场管理，解决好旅客反映强烈的关键问题。三是大力提高营销人员的业务技能和服务水平。要推行“航空式服务”，提高城际铁路整体服务档次，不断推出城际铁路服务“精品”。四是加强对服务质量的控制考核制度。从严查处乱收费等行为，严肃对待每一件旅客的投诉事件，形成严格的质量控制体系。各级城际铁路营销部门要对外公布城际铁路服务咨询电话和旅客投诉电话，并要有业务熟悉、责任心强、态度和蔼的专人进行管理。五是建立社会监督评价机制。要研究建立客运服务质量测评体系，制定铁路客运服务质量社会评价标准，明确社会监督评价和监督的重点，采取设立固定评价客户，以发放调查问卷，设立意见箱、意见簿和投诉电话，召开座谈会等多种形式，聘请旅客、新闻媒体、社会中介机构评价铁路城际客运服务质量，加大社会监督的力度，帮助铁路提高城际客运服务质量。

7. 建立城际客运营销激励和约束机制

所谓激励和约束机制，即激励约束主体根据组织目标、人的行为规律，通过各种方式去激发人的动力，使人有一股内在的动力和要求，迸发出积极性、主动性和创造性，同时规范人的行为，朝着激励主体所期望的目标前进的过程。激励与约束有着不同的功能，两者又是相辅相成的，缺一不可。但首先是激励，没有激励就没有人的积极性，而没有积极性，一切经济发展就无从谈起。同时，每个人要对他的经济后果负责任。也就是说，他的行动要受到约束。在实际工作中，要具体情况具体分析,在偏重激励或者约束之间适当地做出选择。只有把二者很好地结合起来,才能调动经营者的积极性,并与所有者利益一致,实现激励与约束兼容。建立铁路城际客运的激励和约束机制,可考虑以下措施:一是加大城际客运人员报酬与客运效益挂钩力度,采用多种分配形式使城际营销人员报酬与营销结果挂钩,全员与城际客运经济效益挂钩。二是建立"标准考"营销管理机制,使营销工作有标准;营销任务和责任有领导包保、岗位包保;营销结果有考核,并同职工经济效益挂钩。三是制定促进城际客运营销配套措施,比如城际客运营销费用,从财务上给予保证等方面的措施。

8. 加强城际客运营销宣传

宣传作为促销组合因素之一,在刺激目标顾客对企业产品或服务的需求、增加销售、改善形象、提高知名度等方面都起着十分重要的作用。第一,铁路可以利用宣传来介绍城际客运新产品、新品牌,从而打开市场销路;第二,当某种城际客运产品的市场需求和销售下降时,铁路可利用宣传来恢复人们对该产品的兴趣,以增加需求和销售;第三,可利用宣传来提高旅客对铁路城际客运优越性的了解和关注,提高知名度;第四,可利用宣传来塑造客运站城际客运这种新的交通形式的先进形象。因此,铁路城际客运营销部门要加强营销宣传力度,一是拓宽宣传渠道,构筑宣传网络。运用因特网、电视台、信息台、报纸等媒体,宣传铁路城际列车开行信息,使广大旅客周知乘车信息,方便旅客选择,充分利用列车广播这一载体,增加对城际列车到开时刻、主要换乘站、特色服务等内容的宣传。二是在客运站及沿途主要客流集散地,有针对性地开展营销宣传活动。扩大铁路城际列车的影响力,吸引旅客乘坐城际列车。三是重点抓好春运、暑运和"五一"、"十一"节假日的营销宣传。突出宣传城际客运新产品和铁路局品牌城际列车,并逐步形成制度。四是加强对外营销宣传。针对社会不同层次的旅客需求,广泛、持续、深入地进行宣传,让公众充分认识到铁路城际列车的优势,将运输市场竞争的轴心逐步引导到铁路的优势上来。五是采取人员推销、广告、参观示范、宣传报道等多种形式扩大城际列车各个品种的促销。同时,铁路城际客运的各个部门也要做好营销工作,尤其要发挥城市铁路客运站党群宣传部门的职能,党群宣传部门不仅承担对客运站职工宣传教育任务,而且也要对社会进行城际客运的营销宣传,发挥城市铁路客运站党政宣传部门工作的优势,多种形式地宣传铁路城际客运的形象和铁路城际客运产品,提高市场对铁路城际客运产品的认知度,以争取更多的城际客流。

10.9 建立车站城际客运服务品牌

服务品牌是无形的,它的高效用、高利益性使旅客获得自豪感、优越感,它优质的生产过程与消费过程统一性使旅客接受优质服务传递。服务质量取决于旅客对服务的预期质量同其实际感受的服务水平的对比。因此,服务品牌必须标准化、规范化,客运站应对城际客运服务全过程的每个岗位制定标准的工作程序,从态度到语言,从衣着到动作统一标准,减少服务人员"自由活动"余地,使服务程序标准化、规范化。同时,城际客运服务品牌必须不断升华内涵,随着社会的进步和文明程度的提高,旅客对客运站服务的要求也越来越高,旅客需求呈现多层次、多样化和个性化,因此必须根据旅客对城际客运不断提高的需求,打造高品质的铁路城际客运服务品牌,使它们能给旅客带来更多的愉悦和享受,以提高铁路城际客运的市场竞争力。

创建客运站服务品牌要着眼于服务创新,长效管理。在优化客运站服务程序方面,要善于总结提炼城际客运服务品牌工作法,要以创新理念为先导,带动服务创新;同时,加强职工培训,使职工及时掌握新的服务技能,改善服务态度。客运站人员的素质、风貌和职业技术对服务质量影响极大。要通过培训提高技能,使职工全心投入,反应灵敏,增强对旅客的亲和力,形成旅客的惠顾行为和名牌忠诚心理;同时城际客运是高接触性服务,是一种动态性工作,服务品牌的传播是通过社会公众的认知来实现的。树立品牌形象,不仅要依靠铁路城际客运部门内部监督机制,还要建立社会测评机制。在监管机制上必须建立一个涵盖面广、动态性强的监管机制,建立城际客运服务质量监管办法,通过发放调查问卷、召开旅客座谈会，广泛征求社会各界意见，并对各方面信息进行处理、评析，对城际客运服务质量、文明行为、管理等方面进行广泛的社会测评，把服务质量的评判权交给旅客和社会，通过社会公众对城际客运服务的认知，促进铁路城际客运品牌水平的不断提高。在这方面我国城市铁路客运站也纷纷进行了创建车站服务品牌的探索。例如，南京车站着力打造“158”工作室系列服务品牌。“158”取谐音是“要我帮”的意思，该工作室工作人员全部是女性，她们统一着装，佩带“158”工号，主要以重点旅客候车室、软席候车室、售票车间的车票导购台和行包导运车为服务阵地，为需要帮助的旅客提供“三五”优质服务。“三五”即：“五免费”，免费搬运行李、免费提供日常药品、免费使用文化娱乐用品、免费使用针线、鞋油、鞋刷、免费使用残疾车、担架；“五代”，代购买、补办车票、代送伤残旅客上车、代购旅行用品，代广播找人、代打电话；“五到座”，访问到座、送开水到座、解决疑难问题到座、补票到座、检票到座。在“158”的内部管理中，要求工作人员实行规范服务，做到“三知三有”即知位置、知去向、知困难、有登记、有服务、有交接。同时“158”工作室作为上海铁路局联网服务品牌服务，还可以加强与其他兄弟站段的联系，为重点旅客提供延伸服务。这些做法和经验值得学习借鉴和发扬。

创建铁路城际客运服务品牌要加大硬件和软件投入，为名牌服务创造条件。城市客运车站必须围绕满足旅客需求来拓展服务功能。在旅客购票需求上，拓展售票网络，开发多种售票方式；在满足旅客乘车需求上，完善引导标志、业务揭示；在旅客购物需求上，分析中转客流、民工、学生、公务、经商、旅游等方面客流的购物心理，引导旅客定向购物；在旅客文化需求上，实行多品种、多层次、个性化；在旅客邮电信息金融需求上，开办兑换外币、打电话、手机充电、上网等服务项目；在旅客娱乐、餐饮需求上，学习都市的商业大厦，拓展服务功能，完善服务设施，严格服务标准，细化服务流程，增加服务项目，开发服务市场。由此使城市铁路客运站实现候车、购物与娱乐、餐饮一体化，使城际客运服务质量和服务水平的提高，与社会经济发展水平的服务标准接轨，与旅客需求接轨，使城际客运服务逐步走向人性化、智能化、现代化。

由于城际客运具有客流流量大、流速快、城际列车实行公交化运行等方面的特点，旅客一般在车站停留时间短，旅行节奏快，因此，创建铁路城际客运服务品牌尤其要注重推行CI战略，打造优良的铁路城际客运形象。CI是英文Corporate Identity的缩写，有些文献中也称CIS，是英文Corporate Identity System的缩写，直译为企业形象识别系统，意译为企业形象设计。CI是指企业有意识、有计划地将自己企业的各种特征向社会公众主动地展示与传播，使公众在市场环境中对某一个特定的企业有一个标准化、差别化的印象和认识，以便更好地识别并留下良好的印象。

CI一般分为3个方面，即企业的理念识别(Mind Identity)，行为识别(Behavior Identity)和视觉识别(Visual Identity)。企业理念，是指企业在长期生产经营过程中所形成的企业共同认可和遵守的价值准则和文化观念，以及由企业价值准则和文化观念决定的企业经营方向、经营思想和经营战略目标。企业行为识别是企业理念的行为表现，包括在理念指导下的企业员工对内和对外的各种行为，以及企业的各种生产经营行为。企业视觉识别是企业理念的视觉化，通过企业形象广告、标识、商标、品牌、产品包装、企业内部环境布局和厂容厂貌等媒体及方式向大众表现、传达企业理念。CI的核心目的是通过企业行为识别和企业视觉传达企业理念，树立企业形象。

铁路城际客运推行CI战略，首先，要树立良好的企业理念，城际客运要贯彻科学发展观，以人为本全心全意为旅客服务；要以经济建设为中心开展城际客运，紧密沟通城市与城市、城市与乡村的社会经济联系；要适应和推动城乡统筹和城镇化发展，以一流的客运服务为建设和谐社会贡献力量。其次，要培育先进的企业行为，顾全大局，诚信经营，公平竞争，要克服以自身垄断地位谋取局部和眼前利益的行为，杜绝违规经营、变相加收费用，规范经营行为，以良好的信誉赢得市场，不断优化运输环境；要厉行节约，高效循环地使用资源，保护环境，实现清洁生产和绿色运输。再次，要加强城际客运产品的形象设计，包括城际列车的品牌名称、城际列车的外形与内部设施以及城际客运工作人员着装、文明语言等方面的形象设计，多方面地打造城际客运的优良形象。

总之，当今的时代，是竞争的时代，当今的世界市场，是品牌竞争的市场，作为社会主义精神文明建设窗口单位的城市铁路客运站，要以与时俱进、不断更新的观念，推动营销理念不断更新和内涵不断丰富，并切实渗透到城际客运工作的全过程和各个环节中去，使之真正成为城际客运工作的依据、行为的导向、衡量的标准、行动的准则。

城际列车开行的支持系统

铁路部门本来就是一架复杂的联动机,其有效运行涉及方方面面的合作与支持。随着铁路走向市场化,尤其是开发城际铁路运输市场和开行城际列车这一新的任务,更为这架联动机增添了新的要素和新的要求。为使铁路开发城际运输市场和开行城际列车更具效率和效益,本章系统地研究和探讨了城际列车开行的支持系统,包括的内容有:客运计划的制定和节拍式或公交化运行线的铺画;既有线路的提速和兴建城际客运专线扩大城际客运能力;合理的城际客运财务清算制度和经营效益评价方法;铁路局在一定条件下的城际列车开行权、定价权、劳务用工以及分配等方面的适应城际客运市场要求的企业自主权;高效率的营销体系的建立和高素质的营销及乘务员队伍的培养;城际铁路经营管理体制改革等。在上述方面本章作了一些初步的探索。因为,至少在这些方面要协调一致,才能保障城际列车的顺利开行。铁路开发城际运输市场和开行城际列车是一个动态的系统工程,随着城际运输市场的变化,还会对支持系统提出新的要求。

11.1　城际客运计划

充分满足人民群众在经济文化生活上的运输需要,安全、快速、准确、舒适地将旅客运送到目的地,是铁路旅客运输的基本任务。实行计划运输是铁路运输事业为满足人民旅行需要,提高旅客服务质量,有效利用客运技术设备的重要保证。城际列车属于铁路运输事业的重要组成部分,也需要编制城际列车客运计划,以保证城际列车旅客运输的基本任务有序的完成。

1. 城际列车客运计划与一般铁路客运计划的相同点及特点

城际列车客运计划是铁路客运计划的一种新的类型,它与一般的铁路客运计划有共同之处,也有一些不同的特点,因而在编制城际列车客运计划时,既要具备一般客运计划的基本程序和内容,也要增添一些适应城际客流特点的新的内涵。

一般的旅客运输计划分长期计划、年度计划和日常计划。其中前两项计划由计划部门负责编制,日常计划由客运部门编制。编制旅客运输计划的主要依据有如下两项主要内容:其一是客流调查资料;其二是旅客运输统计报告资料。这其中又包括旅客运输部门掌握的日常统计分析资料和由统计部门编制的客流统计资料。旅客运输计划具体编制的步骤及重点应做好下列几项工作。

(1)客流调查。客流调查的目的是为了掌握一定时期的客流数量和客流变化规律,正确编制旅客运输计划和客流计划,以不断提高旅客运输的计划性和管理的科学性。客流调查本身又是客运量预测的一种方法。为了正确编制旅客运输计划和客流计划,必须对社会的政治、经济、文化发展情况有一个较全面的了解,即必须在客流吸引范围内,进行客流调查。客流调查应以影响客流发展与变化的主要因素为对象。通过调查,应收集计划和实际两种资料,即本年度预计完成的客流资料和客流各项统计报告实际资料。

(2)客运量预测。这一环节也是编制客运计划的关键环节和最为困难的环节。客运量预测通常分为近期预测、中期预测和远期预测三类。对传统铁路客运量预测来说,5 年以内的预测称为近期预测,5 年至 10 年的预测可视为中期预测,10 年以上者为长期预测。客运量预测建模技术发展至今已形成了众多的方法,据不完全统计达 150 种以上。已有的建模方法可分为以下三类:基于时间序列的建模方法;基于专家经验的建模方法;基于影响因素的建模方法。

(3)客流计划的编制。客流计划是旅客运输计划的重要组成部分,它是实现旅客运输计划的技术计划,又是旅客运输能力的分配计划和旅客运输组织的工作计划。客流调查为客流计划的编制提供了一定的原始支撑资料，还必须将调查来的情况进行科学分析，研究客流在各个时期是怎样依附于社会政治、经济、文化的发展。此外，还必须根据历来实际客流的变化规律和增长率及客流统计资料，综合社会调查采取适当方式加以推算。客流计划的编制工作是在铁道部的集中统一领导下，根据客流资料，采取上下结合集中编制的方法进行的。其步骤是：下达任务、准备资料；铁路局编制客流图和客流计划；铁道部汇总直通客流图和编制客流计划。

(4)编制票额分配计划。票额分配是旅客运输计划的重要组成部分。只有合理地分配票额，才能全面安排售票、行包运输、站车服务和列车的乘务、餐茶供应等工作，才能正确地、科学地提高和加强旅客运输计划的质量，从而真正起到运输组织的作用，不然就会出现列车拥挤或虚糜现象，做不到均衡输送，适应不了客运量的需要。

票额分配是一项复杂而细致的工作，必须牢固地树立全局观念，正确地处理内部和全局的关系，从方便旅客出发，按照长短途列车合理分工、换乘优先、保证重点、全面安排的原则，合理进行票额分配。

票额分配工作是在编排新列车运行图后(列车对数、运行区域和列车编组内容确定后)，根据旅客列车运送能力和编制新运行图所使用的客流图、客流计划资料，按局分别车次、上下行、软硬卧铺、硬座进行的。跨三局以上的旅客列车由铁道部负责，跨局的旅客列车由两局协商进行，并分别以部、局命令公布，与新运行图同时实施。

城际铁路客运计划的制定步骤与上述一般铁路客运计划制定步骤基本相同。但是，城际铁路旅客运输计划与一般的铁路旅客运输计划相比也有许多不同点。其一是，城际铁路一般来讲为局内短途运输，故城际铁路客运计划的编制主体为各个铁路局；其二是，城际铁路客运计划更注重短期计划的制定，并要进行经常性的动态调整；其三是，城际铁路的客流调查更频繁，因为影响短途运输旅客量的变动性因素很多；其四是，城际铁路的客运量预测以短期预测为主，基本以天、周预测为主；其五是，城际列车客流计划的编制和调整也要较为频繁，体现动态性和适应性。其六是，城际列车的票额计划视情况从简，节拍式或公交化的短途城际列车也可以不做票额计划。

2. 制定相应的城际列车客运计划

(1)编制城际列车客运计划。

城际列车的客运计划根据执行期的不同可分为长远计划、年度计划和日常计划,一般指的是年度计划。城际客流是城际旅客运输组织的基本信息,因此,掌握城际客流变化的规律,是正确编制城际旅客运输计划的重要依据。我们可以通过客流市场调查并结合旅客运输统计报告资料的分析,了解吸引地域客流产生与变化的一般规律,并为编制城际旅客运输计划、客流计划提供一定的原始资料。这些情况不仅是编制城际客运长远计划、年度计划的重要依据,而且也是编制城际旅客列车运行图,掌握日常客流变化和改善城际客运设备,进行城际客运基本建设的必要资料。城际列车的客运计划的制订要根据城际客流量大,且在一年之内甚至一月、一日之内,分布不均衡,旅客要求列车速度快,间隔短以及安全舒适等城际客流特点,并考虑城际客运市场的竞争态势,积极发挥铁路城际客运的优势,主动满足城际旅客的出行要求,使铁路城际客运在竞争性城际客运市场中发挥应有的重要作用。

由于城际客流计划是城际客运计划的重要组成部分,它既是实现城际旅客计划的技术计划,又是城际旅客运输能力的分配计划和城际旅客运输组织的工作计划。因此,要在铁道部的集中统一领导下,各铁路局编制好城际客流图和客流计划。要使客流计划能反映和满足城际客流的要求,操作上要注意两个问题:其一,对城际列车每日客运总量进行模型预测;其二,根据不同季节、一星期内的不同日期和一天内不同时间段的客流规律性状况进行动态调整,进而编制具体的城际列车客运计划。

(2)影响城际列车客运量的因素。

影响城际客流的因素可以分为宏观和微观两个层面。从宏观层面来看,主要包括国民经济发展水平、居民收入水平和消费结构、城市化程度及人口发展规模、旅游业发展水平、客运交通体系完善程度等方面。从微观层面看，城际客流取决于城市间铁路旅客运输产品的质量及其营销措施。下面着重分析城际客流在微观层面上的包括速度（旅行时间）、密度（发车密度）、票价和舒适度等在内的4个影响因素。

① 速度（旅行时间）：速度是运输业“产品”性能的基本体现。由于人们时间观念的增强，旅客对快速舒适的要求越来越高。速度的提高，旅行时间的缩短，是激发旅客旅行需求，吸引客流的首要因素。高速公路的高速度、高密度、优服务、低票价，对铁路提出了严峻的挑战，在旅行速度、旅行时间方面，铁路与之相比更加暴露了速度缓慢、旅行时间长的短处，可以说车速缓慢已经成为影响铁路吸引客流的重要因素之一。由于乘坐城际列车的旅客生活水平相对较高，其时间观念更强，城际客流对速度的要求更高。据调查，北京至天津间高速公路开通前后，以及铁路提速前后，城际客流在公路和铁路之间的分配都出现了较大波动，客流都向着速度占优势的运输方式流动。而上海至南京，广州至深圳之间的城际客流也出现了类似的情况。城际列车旅行速度是影响城际客流的重要因素。

② 密度（发车密度）：列车开行间隔直接反映为客车密度大小。旅客列车的发车密度反映了铁路运输部门所能提供给旅客运输服务产品的数量水平。列车开行间隔及到发时刻也是铁路客运产品的便捷性重要体现，对旅客的旅行需求影响较大，是旅客出行时选择交通工具的一个重要影响因素。一般来讲，缩短发车间隔，可以减少旅客在站的平均候车时间，提高车站接待能力，增加旅客选择出行时间的机会，方便旅客。和一般铁路客流相比，城际客流对密度的要求更高，希望城际列车尽量成为区域城际间的铁路公共交通工具，因此，开行密度是影响城际客流的又一重要因素。

③ 票价：合理的票价是旅客选择出行方式的一个重要因素。票价对旅客的影响很大，票价的影响与旅客的经济收入直接相关。对于同一种运输服务，不同的票价，对不同的旅客就会产生不同的影响。消费水平不同的旅客对于“合理的票价”有着不同的衡量标准。对于城际客流，其生活水平相对较高，对于其中占大多数的中、高收入者来说，票价的影响并不十分突出，只要和公路的票价大致相当，就可以稳定

客流。

④ 舒适度:旅客旅行舒适度是铁路提高交通运输市场竞争力的重要条件,也是影响铁路吸引客流的重要因素之一。随着人民生活水平的提高,旅客对出行工具的舒适度有愈来愈高的要求。旅客不仅仅满足于能实现位移的需要,而且要求在接受运输服务的过程中感到舒适愉悦。城际客流对于旅行舒适度要求更高,舒适度是影响城际客流的又一重要因素。提高铁路城际客运站、车服务质量,采用高等级的客车体使旅客在车厢内有较为宽松的活动空间,以及提高城际列车运行平稳性等都是提高城际列车舒适度的重要内容。

(3)城际列车客运量预测模型。

本书将国际上通用的,认为是先进的重力预测模型和对样本量的多少没有过分要求,也不需要典型的分布规律,计算量较小,比较适合对抽象系统、社会现象等进行短时分析与预测的灰色模型相结合形成的组合预测模型,对中短途的城际客运量进行预测,具有操作较简便且比单一的预测模型具有更高精度的优点。因此,此种组合预测方法对于城际客运量的预测,尤其是对中短期城际客运量预测更具有先进性和可操作性,可供铁路部门和相关部门参考。

3. 铺画节拍式或公交化运行线

(1)城际列车发展阶段与运输组织。

由于世界各国的国情不同,铁路科学技术的发展水平相差也较大,使得城际列车的内涵有所不同,处于不同的发展阶段上。因此,各国的城际列车的运输组织也具有相应的特点,使得城际列车的客运计划、运行线的铺画和运行图的制定都必须考虑和适应这种状况。在欧洲,由于列车运行速度较高,城市间距离在 800 km 以内、运行时间在 4 h 以内的列车都视为城际列车;而在我国,由于列车速度较低,只有距离在 500 km 之内、运行时间在 4 h 以内连接相邻城市的列车,才可视为城际列车。城际列车以其合理的到发时间安排、优质的服务和良好的经济、社会效益等成为城市间旅客快速、便捷运输服务的代名词。由此成为铁路运输企业参与运输市场竞争、提高服务质量的重大举措,并受到社会公众的广泛好评和运输企业的极大关注。目前我国已经开行的城际列车,与上述意义上的城际列车还有较大差距,因此,城际列车的发展呈现出一个产生和发展的过程,具体的发展时期和发展阶段,如表11-1所示。

第一个发展时期为城际列车在客货混运、运能紧张的既有线上运行。在这种条件下采取的运输组织措施有:抽线换开(抽调货物列车增开城际列车)、分流加开(从其他线路分流客货列车以增开城际列车),组织旅客列车按城际列车模式运行等。

第二个发展时期是城际列车在新建的客运专线上运行。客运专线可以是轻轨或常规铁路,也可以是准高速或高速铁路。在这种情况下,线路通过能力可以确保城际列车高密度地运行。运输组织可根据线路等级及规模、旅客运输的需要,相应地铺画节拍式或者公交化的运行线。

表11-1 城际列车运营的两个发展阶段

时期	阶段	列对数	特征
第一时期（既有线）	1. 起步阶段 2. 初级阶段 3. 中级阶段	较少,3~5对 一定数量 较多数量	客货混运,运能紧张 管内跨线列车纳入方案 直通跨线列车纳入方案
第二时期（客运专线）	4. 高级阶段 5. 理想阶段	密度较大 满足需要	本线列车为主 跨线列车组织上线

(2)城际高速线与既有线列车运行图的衔接和铺画。

结合我国城际铁路发展的实际,依据城际列车运营的发展阶段分析,目前,国内只有广深城际铁路、京津城际铁路刚刚步入第四个发展阶段,沪宁杭和京津冀地区等城市群城际铁路的发展还处于中级运营阶段,总体上看,城际高速铁路线路的建设实行分段进行,因此,在运行线的铺画方面,现阶段的研究重点是如何做好高速线和既有线的衔接和整合,做好城际高速和非高速列车运行线的铺画工作。

① 城际高速铁路线路与既有线列车运行图衔接问题的影响因素分析。

a. 旅客列车在始发站终到站，甚至在途中某些较大客运站的发到时刻要求。

b. 施工天窗的形式和时间。

c. 高速列车的开行方案及运行线的布局。

d. 高速线能力的利用程度。

e. 客运组织、行车组织工作的要求。

f. 客车车底、机车的自外段停留时间标准。

g. 非高速列车上下高速线的作业时间。

② 城际高速线与既有线运行图衔接的方法。由于上述因素相互交叉，互为影响，甚至有些因素互相抵触，因而实现列车运行图合理衔接的问题很多。如何合理地安排每条运行线，既减少非高速列车的运行干扰，确保高速列车高速、安全运行，又能保证非高速列车运行线的正常合理衔接，协调处理好高速列车与上高速线的非高速列车的关系至关重要。通过对高速线与既有线运行图衔接方法的研究，归纳以下几种方法铺画非高速列车运行线。

a. 按我国铁路传统的方法铺画，首先铺画直通客车方案，然后落实成为二分格的运行线（包括高速线上的非高速列车运行线）。

b. 在既有线按方案线铺画，到高速线按列车运行线铺画。对经由高速线的直通客车，在既有线铺画客车方案线，到高速线铺画客车运行线。

c. 根据客车方案线挑选非高速列车运行线进行相应调整。即在高速线上按高速列车开行方案，首先铺完中长途高速列车运行线，然后满足非高速列车旅行速度指标的条件下，满表铺画非高速列车运行线，再后，根据直通客车方案确定列车在高速线与既有线接轨站的到发时刻，在满表铺画的非高速列车运行线中选择较为接近的运行线，并在允许范围内进行调整使其衔接。

上述第一种方法是以列车为单位铺画与落实运行线，对于运行线的衔接十分自然，但在落实运行线的过程中，在高速列车运行线之间往往不易恰好找到落实该线的空隙，特别是当高速线能力利用率较高时就更为困难。第二种方法是在既有线上铺画客车方案线，在高速线上铺画客车运行线，运用这种方法依然存在第一种方法中的困难，而且在落实客车方案时，要求从高速线的两端开始向既有线延伸落实，如果从客车的始发站向终到站或以相反方向落实客车方案，其列车运行线的衔接将得不到保证。第三种方法是根据客车方案确定非高速列车上下高速线的时刻，在满表铺画非高速列车运行线之中就近挑选非高速列车运行线。在高速线区间通过能力允许的情况下，运用这种方法能较方便地衔接、铺画非高速列车运行线，而且不利影响也较少。因此，宜采用第三种方法进行铺画。

(3)城际高速线与既有线合理衔接的城际高速列车运行图的编制原则。

① 认真调研并确定高速铁路网沿线吸引范围内的基本旅客群体及其出行的“黄金时间段”，在该时间带提供高频率、高质量的列车服务。

② 根据运输市场竞争形势和旅客需求的变化，注意调整和优化列车开行方案。除开行适应季度客流、星期客流和日间客流变化规律的国内和管内各类不同速度、不同行程和不同停站的城际列车外，还可发展高速线与既有线以及国际高速铁路之间的连程运输，甚至开行挂有运送小轿车的专门车辆的高速穿梭旅行列车。

③ 重视与既有铁路和其他交通方式协调配合，方便旅客换乘。

在编制高速线与既有线衔接的列车运行图时，除应遵循传统的列车运行图编制规则以及城际高速列车运行图编制的基本原则以外，还要增加以下两个原则。

a. 在高速线以运行高速列车为主，为减少冲突，确保高速列车安全、高速运行，仅在高速能力有一定储备的前提下方可铺画非高速列车运行线。

b. 非高速列车在接轨站的到发时刻，要满足非高速列车上下高速线的作业时间标准。

(4)城际高速线与既有线合理衔接的高速铁路列车运行图的编制步骤。

① 确定经由高速线的非高速列车开行方案，包括开行对数、停站

次数等。

② 编制全路直通客车运行方案，设定非高速列车上下高速线的时刻。

③ 在高速线上按阶段均衡，成组铺画中、长途高速列车运行线。

④ 在满足非高速列车旅行速度要求的情况下，在高速线上，按照满表方式铺画非高速列车运行线。

⑤ 以经由高速线的非高速列车的优先级别，自高到低依次成对取出车次及该车次在高速线与既有线接轨站的到发时刻，在高速运行图上成对选择较为合适的非高速列车运行线，并对该运行线及相关的运行线进行调整优化，使之符合要求。

⑥ 当一对直通客车的运行线衔接完毕，在返回步骤，成对取出下一同级或次级车次。

⑦ 若在高速运行图上调整高速与非高速列车运行线无效时，以合适运行线在高速线两端的到发时刻，对直通客车运行方案进行调整铺画。

⑧ 当经由高速线的直通客车衔接完毕后，在高速运行图上取消按满表铺画而不需要的非高速列车运行线。

⑨ 铺画短途列车（两站之间）运行线。

4. 城际列车公交化管理

随着城际列车运营发展到第二个时期，列车的开行密度加大，行车组织难度骤增，列车运行组织以城际本线列车为主，应实施城际列车公交化管理。

（1）“公交化”管理的基本内涵。

所谓“公交化”，即城市汽车交通系统，其特点是定时定线、高密度、短距离，具有经济性、公益性和社会性。广深公司是国内首次提出“公交化”旅客运输的，借用了城市公交巴士运输这一概念，在吸收其班次频密、方便灵活等优点的基础上，对其内涵进行充实、更新和超越，为社会创造一种全新的铁路客运产品。这一产品既要凸显服务价值，满足旅客的期望值；又要体现服务社会的理念，适应社会经济生活运行高效的要求,实现各种交通工具的有效对接和共存共赢,促进社会经济发展。城际旅客运输"公交化"可以定义为:在客流需求量大、距离适中的城市之间,利用电动车组,建立旅客列车连续开行、定点停靠、乘降方便、快速穿梭的交通运输方式。其主要特征是:

① 高速度:建议时速 200 km 以上的客运专线,开行高速旅客列车,为旅客提供安全、舒适、快捷、便利的客运服务。

② 高密度:列车开行间隔直接反映为客车密度大小,在一般情况下,城际客流具有集中快速且强度大的特点,要求尽量缩短开车间隔。

③ 高效率:实行穿梭运行,保证运营高效;旅程流畅,保证安全正点,旅客购票、进出站、乘坐车方便顺畅;立体交通对接紧密,实行与地铁、巴士和口岸的高效通达。

④ 小编组:改变过去旅客列车长大编组,实行每列六节车厢运输,通过加密客车班次,扩大运输容量,形成城际客运规模运输效应。

"公交化"管理由以下六大系统构成:

① 服务营销系统,以满足城际旅客需求为出发点,符合市场准则的服务体系;

② 运力对接系统,城际铁路与其他交通工具的有效对接体系;

③ 产品开发系统,时速 200 km 以上的城际客运服务产品研发体系;

④ 组织保障系统,满足城际客运市场需求,保证城际客运资源高效运行的运输组织和城际客运组织体系;

⑤ 技术监控系统,以高新科技为手段的城际高速列车安全控制体系;

⑥ 维护支撑系统,城际客运设备的维修养护保障体系。

"公交化"管理的指导思想:以满足城际旅客需求为出发点,以市场为导向,依托高新技术,创造比较优势,转换经营机制,全面推动资源重组和管理重构,形成规模效应,努力把城际铁路建成安全、舒适、快捷、便利的城际绿色通道,使城际旅客列车成为旅客首选的交通工具,更好地为和谐社会建设服务。

“公交化”管理的目标：通过实施“公交化”管理，形成企业综合竞争优势，铸造城际铁路客运产品的市场主导地位，把城际铁路运输企业建设成为经济效益和社会效益同步增长的现代化的运输企业。

(2)“公交化”管理的实施。

为实现城际列车“公交化”管理，应该坚持“开最快的列车、创最优的服务、亮最响的品牌、获最佳的效益”的经营理念，创造服务品牌、推动运力对接、实施科技创新、整合运输资源和建立安全控制，确保“公交化”管理的规范运行。

① 创造服务品牌，实施服务营销。

a. 实行市场预测。城际铁路客流具有波动大的特点，每日每周每月每年都由不同的客流形成高峰。为适应市场变化，应当以市场调查为基础进行旅行服务需求预测，通过建立营销队伍，定期深入集散区域的工业区、开发区、院校、旅游公司、社区及社团组织进行客流调查，对商务客流、旅游客流、休闲客流、学生客流、探亲客流进行分类统计，了解服务要求，提出预测计划，以利于合理安排运力。

b. 实行灵活票价。产品价格既是市场竞争的重要手段，也是引导市场，激活和创造市场的重要营销方式。客票的制定应当根据社会承受能力，实行引导消费、调节市场并给旅客带来实惠的票价政策。要区分：平时与节假日；客流高峰时段与低谷时段；豪华席与普通席；军人、残疾人、学生与普通旅客；白天与夜间等，分别实行差别票价，以增加客流，提高城际铁路的经济效益和社会效益。

c. 实行便捷售票。为了方便旅客购票，应当构建售票支持系统，包括以下几个子系统：一是集中式全程电脑售票系统；二是售票网络系统；三是自动售票系统。

② 注重运力对接，凸现城际客运产品社会化。

“公交化”客运服务的一个重要内容，就是铁路客运与其他交通工具实行快速和方便的对接，与其他交通工具融合成为高效全方位的立体交通网络。

a. 推行日票制。即由过去客票的“当次有效”改为“当天有效”。旅客购买当天的车票，即可乘坐当天的任何一班城际列车，便于旅客合理安排乘车时间。

b. 开辟“绿色通道”。改革过去开车前 5 min 停止售票上车的规定,开设专用通道,只要列车未开,旅客可从专用通道直接进入站台,车上补票乘车,实行市内交通与铁路城际客运的快速对接。

c. 改善进出站设施。根据快速疏导、方便乘降的原则,按照最短路径和方便省时要求,设计改进进出站通道,安装自动扶梯,实行电子引导进出站,使旅客可在 5 min 内上车或出站。

d. 实行客流便捷对接。一是实行与铁路长途旅客列车的对接;二是与地铁的对接;三是与巴士、的士的对接。

③ 进行管理改革,建立市场化的城际客运组织方式。

针对城际客流波动大,客流高峰多的特点,优化运输资源和组织资源配置,整体提高运力效能,满足城际客运市场的总体需求。

a. 根据“公交化”运营要求,调整组织结构。

b. 根据日、周客流变化,灵活安排编组。

c. 根据节假日客流变化,增开城际旅客列车、城际旅行列车。

d. 根据基础设施的建设进度,实施渐进式加密班次计划。

④ 强化安全控制,构筑“公交化”城际客运产品的安全保障体系。

a. 运用高新技术设备,实施“公交化”安全控制。

b. 革新维修体制,保证“公交化”设备运用质量。

c. 建立安全操作规程,实施安全规范管理。

d. 建立高速客运专线,确保城际客车运行安全。

11.2 扩大城际客运能力

1. 城际铁路客运市场的情况及既有线提速扩大客运能力

城际铁路客运市场具有四个特点:一是由于区域经济一体化带来的降低交易成本、提高生产效率、扩大行业规模的优势,使得区域经济带内部人员流动更为频繁不断扩大,成为城际铁路的主要客源。二是面临同方向的高速公路的激烈竞争,双方攻守的结果不仅仅是份额的变化,而是共同扩大了整个客运市场的规模和容量,实现了在竞争中共存。三是其规模大小与所在区域经济带的一体化程度密切相关。四是由于城际客流对时间和速度要求较高,为了提高城际铁路的竞争力,其载体呈现公交化、小编组、大密度和快速度的特点。

根据《2002—2003 中国城市发展报告》,我国的城市布局已经逐步形成若干个区域经济一体化的城市群,其中,以北京、天津为中心的京津冀,以上海为中心的长江三角洲、以广州为中心的珠江三角洲等三大组团式城市群,其 GDP 已经占到全国的 38%,成为中国经济发展的引擎和中国财富的聚集地。交通运输是区域发展的基础,是城市群内部联系的纽带和桥梁,无论是城际铁路还是高速公路,都对促进区域经济带内部的经济往来和人员流动发挥了重要的作用。随着我国经济的不断发展,主要城市群内的城际客运市场呈旺盛发展的态势。

1997 年以来,铁道部陆续在北京—天津,上海—南京,上海—杭州,广州—深圳等铁路干线上,组织开行了小编组、大密度、快速度的城际特快列车,大大满足了主要区域经济带内部旅客的出行需求,提高了铁路在管内城际客运市场的竞争力和市场份额。以目前客流量最大的广深城际客运市场为例,目前广深城际列车密度达到了每 15 min 到发一对的能力,城际间年客流量达 3 000 万人以上,市场份额超过了公路。京津、沪宁、沪杭等线路上的城际列车的运行情况也类似。

基于上面对我国城际铁路客运市场的情况分析,可发觉未来几年内我国主要城市群内的城际客运市场将会有很大的增长,这必然会增加现有城际铁路运能的压力。在一定程度上可采取如下两种办法予以缓解运能压力。

其一,扩大客运能力。即采取增加拖挂车厢的办法,加大城际客运能力。

其二,既有线提速。即加快既有线路上的城际列车的运行速度,加大城际列车运行的密度,以此提高运力。

2. 既有线改造不能彻底满足和解决持续增长的城际客运需求

客运能力是在一定运营组织条件下,单位时间内所能运送的旅客人数。就每一运载单元的载客人数而言，铁路列车的运能最大。对于人口稠密、客流量大的地区，城际列车是满足客运需求、解决客运拥挤的最优途径。由于城际列车开行对数有一定的数量要求，其运行区段必须有足够的车站通过能力、线路通过能力、车底供应能力。因此，城际列车一般运行在设备先进、自动化程度高的干线铁路上。由于我国大多数繁忙干线都是客货混运，通过能力的利用程度都已接近饱和，这为城际列车的增开，造成很大的困难。

我国大多数城市与其周边中小城市之间都有客货混用的铁路运网相连。要适应快速列车的运行，这些既有线路以及设备还需进行一定的改造和更新。近期内，在客流量没有较大增长和列车密度不高的情形下，既有线路尚能满足区域城际列车运行的需要。随着中心城市辐射扩散功能的提高，城市之间的社会经济联系进一步密切，区域一体化水平提高，城际间的客流量将会大幅度的提高，行车密度也会相应提高，若不建设新的客运专线，将会对既有线路的直达客运和货运增加压力。长期以来，铁路基本上是由国家来投资建设、经营和管理。新线建设需要较大的资金投入，而国家的铁路建设着眼于国民经济的宏观发展，难以更多地顾及区域社会经济发展对城际客运新线的要求。因此，在新线建设中地方政府的作用以及是否吸纳民间资本是城际客运发展需要研究的重要问题。

通过既有线的改造只能在一定程度上扩大客运能力，随着城际间高速列车的持续增开，需求拉动随之增大，通过既有线的改造根本不能满足快速增长的城际客运需求。

3. 城际客流的潜在需求巨大，新建客运专线势在必行

今后的20年将是我国经济的高速发展时期，同时也是旅客运输需求的高速增长时期，铁路将在满足运输需求中扮演主要角色。目前我国的人均旅客周转量仅相当于20世纪50年代初的世界水平，人均交通费占全部生活费支出比重低于发展中国家平均水平，因此，我国潜在的客运需求是很大的。

(1)客运需求将保持高速增长的势头。

按“十一五”计划纲要,在今后一个时期我国经济将继续高速增长,处于走向中等发达水平的发展阶段。世界典型国家在此发展阶段中都具有经济和交通运输量同步高速增长的特点。因此,我国的客运需求毫无例外地将持续高速增长。但是,我国的人均交通支出占总支出比重还很低,这种状况一方面预示着我国旅客运输需求有很大的增长潜力,另一方面在某种程度上也反映我国客运需求受到供给能力的限制。

(2)城市化进程的加快将使旅客运输需求猛增。

我国城市在空间分布上积聚于交通干道沿线,并在经济发达地区形成了城市密集区,城市化的步伐还将加快。国际经验表明,一个国家的城市化水平在达到30%以后,运输需求将会有一个高速增长的时期。目前我国城市化进程呈上升趋势,到2010年,城市化水平将达到48%左右。同时,主要运输通道上原有城市群间的联系也将越来越紧密。众所周知,城市发展对运输需求尤其是城际旅客运输需求有极大的推动作用,城市化进程的加速,必将使城际旅客运输量猛增。

(3)城市产业结构变化,人员流动量加大。

从事不同职业的人,出行需求也不相同。职业的变化,对客运量影响也很大。根据多年的历史资料分析,国家机关、事业单位及二、三产业职工流动量较大,所以职工人数的增长是城际客运量增长的直接因素。我国是发展中国家,产业结构正在朝着合理的方向发展。当前劳动力的分布极不合理,国民生产总值的顺序是二、三、一产业,而劳动力的分布第一产业占一半以上,就是说大量劳动力从事低产值劳动。随着经济体制改革力度的加大,劳动力的投向将会发生很大的变化。劳动力的变化趋势是第一产业人数下降,第二产业稳步上升,第三产业大幅度增长。就是说越来越多的农业剩余劳动力转向第二、第三产业。以上种种分析表明,我国的旅客运输需求正处于迅猛发展时期,通过对1990年到2006年统计数据的分析,可以计算出我国近16年总客运量和客运周转量的年平均增长速度分别为6.2%和7.9%。铁路在我国交通运输体系中的地位决定了铁路的旅客运输需求尤其是城际客运需求必将高速增长。

总之,为了满足区域经济带和城市群内部日益增长的客运需求,必须有重点的在一些城市密集、经济发达地区兴建客运专线。

11.3 城际客运财务清算制度和经营效益评价方法

1. 新型铁路客运财务清算制度

铁路运输体制改革,尤其是确立运输企业为市场竞争主体,鼓励新竞争者进入的发展方向,对铁路财务体制改革提出了诸多新要求。其中,核心问题之一是建立符合市场运行规则的运输清算机制和模式,为实现铁路投资主体多元化,企业自主经营、收入直接取自市场、自负盈亏奠定必要的基础。伴随着铁路运输管理体制的发展变化,铁路运输收入及费用清算办法和模式也经历了若干发展过程。例如:建国初的“收入分配”制度,20 世纪 60 年代初开始的“收支两条线”,80 年代的“清算单价”办法、“双挂钩”办法,90 年代“一路多制”、“管直方案”、“模拟区域运价清算”办法等。虽然这些清算办法和模式,符合当时铁路运输需求,并对铁路运输事业的发展起到了积极作用,但是,根据铁路运输体制改革以及新一轮资产经营责任制要求,研究建立科学合理的新型清算制度,对进一步明晰企业之间的经济利益关系,为铁路运输市场化提供必要的支持,具有非常重要的现实意义。

(1)建立新型铁路运输清算制度的背景和必要性。

随着铁路运输市场化的逐步推进和竞争机制的引入,势必对现有运输企业组织框架进行重组,对企业经济管理流程进行再造。从近期的改革进程看,铁路财务体制将实行客、货、网分账核算,实现客、货运收入直接来自市场。过去财务体制下的“管直方案”等清算办法及模式,适应计划经济条件下铁路运输营业收入的统收统分需要,其会计核算以铁路局为主体单位,单一口径核算,无法满足运输企业客、货、网分账核算要求,也不能满足运输企业直接从市场取得运输收入的需求。因此,建立一个使运输企业客、货、网核算关系清楚，收入直接取自市场的清算制度，是铁路近期财务体制改革的迫切需要。

现行的财务清算体制是一种非市场化的制度安排，这种体制下的全路统一运价，全路内部交叉补贴弊端表现为：各个运输企业无法根据边际成本来制定边际价格，掩盖了各个运输企业的真实成本和盈亏程度，导致所有铁路运输企业都无法直接进行市场化经营。因此，现行的财务清算体制仍保留有浓厚的计划经济色彩。为使铁路运输企业成为市场主体，铁道部应尽快实现在具备条件的铁路局实施市场化定价机制，使其利用价格杠杆有效地配置铁路运输资源；对难于实现市场化定价机制的铁路运输企业（这些企业往往在边远地区，或者其线路更多地具有政治、军事、民族政策、国土开发等意义），应纳入国家财政转移支付范畴。对现行财务清算体制的改革，既能够明确地对铁路运输的市场化与公益性予以界定，又能够将二者统一起来，同时也满足了企业和国家的双重利益。

从长远看，铁路将确立和增加铁路运输市场主体，将在铁路行业内部营造竞争机制，为加入 WTO 后不同经济成分的投资者和经营者提供公平的准入条件。显然，传统运输管理体制下，铁路运输企业执行上级下达的经营计划，企业与企业间的直接经济往来关系薄弱，经营结果由铁路行业主管部门直接调控的管理模式，已不能满足市场竞争需求，也不能满足将来包括其他经济成分投资的铁路运输企业，以市场主体身份在铁路运输服务领域相互提供产品、劳务所产生的经济利益关系明晰的要求。因此，建立公平、公正地处理若干运输市场主体间经济往来关系的清算制度，是铁路运输体制改革长远发展的需要。

（2）现行客运清算制度的特点。

新的客运清算制度及其相应的清算系统，已于 2001 年运行，其根本目的是为铁路客、货、网分账核算提供必要的技术支持手段，推进铁路运输收入直接取自市场的进程。与过去清算体制比较，它具有如下特点：引入了市场机制。过去集中统一分配、调控的清算办法和模式中，铁路运输企业按清算单价、清算比例和定价系数，以及相应的客运周转量计算并取得营业收入。2001 年实行的新的客运清算办法，彻底改变了这一做法，而以旅客列车的归属为清算基点，由列车担当企业取得全程运输收入，支付相应的列车运行各项服务和使用费，使得企业间的经济行为完全是市场化了的供求和收付关系，实现了铁路客运收入直接取自市场的预期改革目标。

引用全新管理理念。客运清算制度借鉴国内外比较成功的清算制度经验，突破铁路计划经济时期所形成的逐级归集、汇总、上报运输收入以及逐级分劈、下拨企业营业收入的管理流程，而直接采集一线信息，通过集中统一清算方式，高效、及时、准确、公平、公正地进行收入和费用清算，实现了铁路财务管理工作的创新和升级。

采用高度信息化技术。客运清算制度建立在铁路行业信息化基础之上。其构建的客运清算系统，是一个集信息收集、传输、整理、计算、会计处理于一体的计算机综合管理系统。它从规划、设计、开发到具体应用，广泛汲取了国内外较为先进的信息技术，充分利用铁路信息化的既有条件，不仅仅是简单用计算机替代手工劳动，也没有把传统的管理方式直接搬到计算机中，而是自动采集原点信息，通过网络逐级传输，自动生成各类清算报表，做到清算文件及时上传下载，从而取代了客运收入、费用的人工归集、汇总、分劈的传统管理模式，极大地提高了工作效率。

(3) 客运清算系统的内涵。

现行客运清算机制下，其清算对象是所有铁路运输企业，包括现有的18个铁路局以及所有合资、地方铁路公司。清算项目有客票与行包专列收入、旅客列

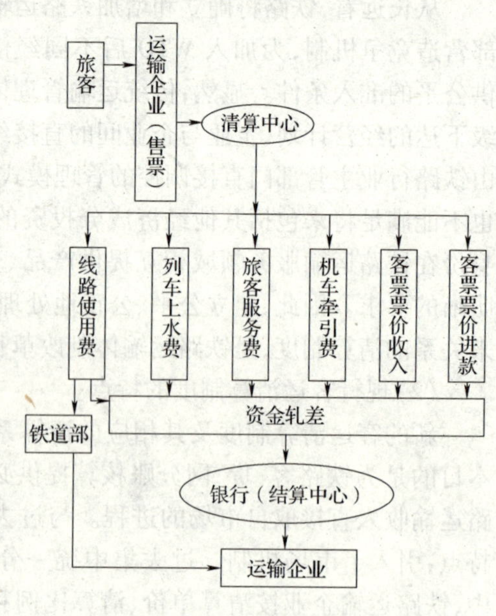

图11-1 客运清算业务流程图

车机车牵引费、车站旅客服务费、车站上水服务费、售票服务收入、行包专列发送服务收入等。清算业务程序是:将铁路客票发售和预订系统车站售票原始信息,通过专用网络传输,由铁道部清算中心直接计算、确认各运输企业营业收入,并进行资金清算和轧差结算。其业务流程如图 11－1 所示。各清算项目以及差额清算的计算公式如下,其中 i,j 表示所有的运输企业。

① 客票进款。

I^i:企业 i 发售客票进款。

② 客票收入。

$$R^i = \sum_j R_r^{i,j}$$

式中 R^i——企业 i 客票收入;

$R_r^{i,j}$——由企业 j 发售企业 i 担当旅客列车客票收入。

③ 旅客列车线路使用费。

$$C_l^i = \sum_j \sum_k \sum_d ((W_l^{j,i,k} - W_l^{i,j,k}) \times P_l^{k,d})$$

式中 C_l^i——企业 i 应收、应付线路使用费;

$W_l^{j,i,k}$——企业 i 担当列车在企业 j 的 k 级线路上的走行公里;

$W_l^{i,j,k}$——企业 j 担当列车在企业 i 的 k 级线路上的走行公里;

P_l^{kd}——分线路类别 k 和列车等级 d 的线路使用费单价。

④ 旅客列车机车牵引费。

$$C_t^i = \sum_j \sum_k (W_l^{j,i,k} \times P_t^{i,k} - W_l^{i,j,k} \times P_t^{j,k})$$

式中 C_t^i——企业 i 应收、应付机车牵引费;

$W_l^{j,i,k}$——企业 j 为企业 i 提供的分牵引类型 k 的机车牵引工作量;

$P_t^{i,k}$——企业 j 的分牵引类型 k 的机车;

$W_l^{i,j,k}$——企业 i 为企业 j 提供的分牵引类型 k 的机车牵引工作量;

$P_t^{j,k}$——企业 i 的分牵引类型 k 的机车。

⑤ 车站旅客服务费。

$$C_u^i = (W_u^{j,i} - W_u^{i,j}) \times P_u^k$$

式中 C_u^i——企业 i 应收、应付旅客服务费；

$W_u^{j,i}$——企业 j 为企业 i 担当旅客列车发送旅客人数；

$W_u^{i,j}$——企业 i 为企业 j 担当旅客列车发送旅客人数；

P_u^k——分列车类别 k 的旅客服务费单价。

⑥ 车站上水服务费。

$$C_c^i = \sum_j (W_c^{j,i} - W_c^{i,j}) \times P_c$$

式中 C_c^i——企业 i 应收、应付担当列车上水费；

$W_c^{j,i}$——企业 j 为企业 i 担当列车提供的上水工作量；

$W_c^{i,j}$——企业 i 为企业 j 担当列车提供的上水工作量；

P_c——旅客列车上水费单价。

⑦ 资金结算模型。

$$GI^i = I^i - R^i + C_l^i + C_t^i + C_u^i + C_c^i$$

式中 GI^i——企业 i 资金轧差额，差额为负则企业 i 应收，差额为正则企业 i 应付。

2. 新型财务清算制度对城际铁路客运的影响及建议

铁道部将铁路运输企业原有“管内归已，直通清算”的收入清算方式，改为“客运收入来自市场，货网收入合并清算，提供服务相互清算”的新模式，并在新的营业收入清算政策中，对旅客列车明确了线路使用费、机车牵引费、车站旅客发送服务费等客运付费的科目和单价。这些新的规定给城际铁路运输带来了积极的影响，同时也带来了消极影响。

(1)积极影响。

新财务清算政策明确了客运部门开展市场营销的主体和目标，对发展短途城际客运、提高城际列车效益指明了方向。主要体现在两个方面。

① 客运营业收入直接来在市场。由于担当列车的客票收入被明确为客票收入的主体，因此各担当局只要搞好本局担当列车的经营，提高列车上座率，才能获得更多的客运营业收入。这充分体现了“旅客即是上帝，旅客即是市场”、“营业收入直接来自市场”的铁路客运新特

点。特别是城际列车客流量较大,客票收入率相对较高,市场前景非常广阔,是铁路客运营业收入的重要来源。

② 直接反映各担当局客运产品的市场竞争力。新政策的规定使同一运行区段的不同列车担当局,其列车开行效益情况仅从客票收入方面,就很容易形成对比。这无疑能有效促进铁路企业内部的竞争,不断提高铁路城际列车的市场竞争力,以应对同方向高速公路客运的挑战。

(2)消极影响。

毋庸讳言,新财务清算政策在具体标准上也给铁路短途城际列车客运带来了很大的冲击。主要体现在线路使用费率的事实性上调,使得客运付费居高不下,在票价维持不变的情况下,加大了城际列车盈利的难度。这对培育和发展铁路短途城际客运市场,提高城际列车与高速公路汽车运输的竞争力产生了较大的影响。在 2002 年的收入清算标准中线路使用费率根据编组大小,对一类、二类、三类线路有了较大的区分,这对发展小编组的短途城际客运客观上是有利的。但调整内容中,同时还增加了无论编组大小均为统一标准的"一类上浮线路"这一档。京津、京石等城际列车经由的京山、京广线均由"一类"升为"一类上浮线线路",不仅没有享受到小编组的低费率政策,而且线路使用费率提高到了 64.0/(列车 · km)。受此影响,在其他条件不变的情况下,直接造成上述城际列车收益降低甚至发生亏损。以城际列车中效益较好的北京西—石家庄 T511/T512 次为例,2002 年第一季度的线路使用费为 322 万元,占客运总成本的 54%,这使该次列车由盈利转为亏损,一季度亏损 48 万元,预计全年亏损 190 万元。

(3)关于城际铁路客运财务清算制度的一点建议。

铁道部应对城际列车的客运付费实行一定的优惠政策。鉴于在 500 km 距离内,铁路客运与高速公路的竞争压力远远大于中、长途旅客运输。因此,建议对短途城际列车降低线路使用付费标准,与在"一类上浮线路"上的其他客运产品相区别,尽可能将线路的使用费占运营总成本的比例降到 45% 以内。具体措施上可考虑以编组辆数为单位收取费用,以鼓励小编组、高密度、高速度的城际列车客运产品的发展。

3. 铁路城际列车经营效益评价及提高城际列车效益的建议

城际列车作为铁路运输企业的拳头产品,在其设计和推向市场的过程中,运输企业应对城际列车的经营效益进行预测并作相应控制,从而实现企业的经营目标。

(1)铁路城际列车经营效益评价思路与方法。

运输企业开行城际列车的经营效益主要取决于城际客运产品的质量性能。不同层次城际客运产品的质量水平,对运输企业来讲,其获利的空间(利润)和经营风险均有所差异。运输企业可以通过分析城际客运产品的质量性能,对城际列车的开行效益进行预测(诱发客运量),由此对其经营效益(经济效益和经营风险)进行评价。若对方案的经营效益不满意(无法实现企业的经营和营销策略),可以调整城际列车的开行方案,从而更好地实现企业经营目标。

(2)铁路城际列车经营效益评价方法。

具体评价方法参见本书5.3节。铁路运输企业应根据企业经营和营销策略,从提高企业经营决策科学性、系统性和长期性的角度出发,以追求提高城际列车经营效益,降低经营风险为目的,选择对企业经营最有利的开行方案,参与运输市场的竞争。

(3)发展短途城际客运、提高城际列车效益的建议。

① 完善开行结构,增加营业收入。

a. 积极开展营销调查,最大限度吸引客流。由于在短途客运方面,存在着公路与铁路的激烈竞争,开展实质性的、科学的营销调查是极其必要的。目前由于缺乏科学、准确、系统、全面和坚持不懈的市场调查,铁路短途城际客运的营销活动还只是停留在笼统指导的阶段,这必然对优化开行结构、提高经济效益产生影响。应综合客运、统计、财务等方面的专业人才成立专业数据调查部门,投入充足的力量,建立完整、实时、智能的数据采集和分析系统,既要全面掌握城际间铁路客流需求、流量、流向,又要充分了解公路运力和客流情况的变化,做到知彼知己,为完善自身产品结构、提高市场竞争力提供准确的决策依据,以达到最大限度吸引客流和增加客运营业收入的目的。

b. 充分利用管内客车定价权,适时、适量调整客票价格。据已有的抽样数据,仅有10%左右的旅客按票价来选择出行工具。鉴于目前铁路总体票价仍低于公路票价的10%以上,因此密切关注公路客运状况,根据调查结果,利用人们乘车习惯的刚性与价格涨落之间的时滞,消除公众对铁路调价的敏感度,实现动态定价。对于建立在科学统计分析基础上的价格策略,无论是下浮票价增量增收,还是上浮票价减量增收,都将有利于铁路短途城际客运利润的总体增长。

c. 优化城际列车开行方案,促进增运增收。目前京津、沪宁、广深等方向的城际快车仍存在优化编组,调整开到时刻和继续提速的问题。开到时刻和编组之间应有合理的对应关系,平时为保持较高的上座率、减少运能损失,6~8辆的小编组较为适宜,但在周末、节假日等特殊时段,应及时扩大或合并编组以适应客运需求,促进增运增收。此外,对缩短运行时间和增加停站的选择上,应在统计分析的基础上,权衡运行时间及潜在客运需求对客运收入的影响,既要体现城际客运高速快捷的特点,又要避免因片面减少停站而造成客流的丢失。

d. 发挥城际列车优势,增加列车创收项目。城际列车客流量较大,旅客的文化和消费层次较高。根据这个特点,可充分利用客车车厢开展广告服务;提供更多的有偿优质服务;优化列车售货的种类和结构。总之,只要坚持提高列车上的服务品种和质量,就能实现城际列车与旅客的双赢。

e. 提高服务质量,稳定和扩大城际列车客运市场。服务质量是旅客出行选择交通工具时,除安全和价格以外的一个重要因素。铁路应在发挥运行安全、价格适中、旅行舒适等优势的基础上,通过更加优质的服务,提高旅客的心理满足度,稳定和扩大城际客运市场,增加列车营业收入。

② 减少客运付费,降低成本支出。

a. 对城际列车实行减编策略,以减少客运付费。由于除"一类上浮线路"以外其他等级的线路,均存在大小编组(8辆为限)两种线路使用费率的区别，所以在这些线路上运行的城际列车，只要编组辆数在8辆及其以下，均能享受小编组的优惠价，同时由于减少牵引总重，也使机车牵引费降低。对于在“一类上浮线路”上运行的城际列车，尽管采用小编组无法减少线路使用费，但能大幅度减少机车牵引费。

b. 提高短途城际客运系统的劳动生产率。提高资本有机构成是提高劳动生产率的必经之路，应拨专项资金或发行专项企业债券用于短途客车的车底更新和新技术推广。通过采用先进的列车车底（如：京津动车组），扩展铁路短途城际客运产品的赢利空间。另外，劳动生产率的提高还有赖于降低企业的总人工成本。因此，建议改革乘务组织方案，在保证旅客乘降安全的基础上，减少城际列车乘务人员数量，考虑实行“两人三车”。

c. 加强车上售票组织，减少车站旅客发送服务费的支付。由于城际列车客流相对大而集中，给车站乘降组织带来很大的压力。加之，由于城际列车均为座席，票价一般不超过50元（较长途车或卧铺票价低很多），3元/人的车站旅客服务费，占票价的比例相对较高，车站发送服务费的支出压力也较大。因此，可考虑推广开放车站绿色通道、扩大车上售票比例的组织模式。这样既可方便旅客进站上车，又有利于提高城际列车效益水平。

11.4 城际客运自主权

1. 铁路局应该有一定条件下的城际列车开行权

如具备了如下三点条件的铁路局，铁道部可考虑授予其自主开行管内城际列车的权利。

（1）区域条件——经济较发达地区。

在经济发达或比较发达地区，经济规模达到一定水平之后，人们因工作、旅游、探亲等原因出行的需求大大增加，贸易往来增多，客货流动频繁，运量随之大幅增加；同时，人均收入提高之后，人们追求高品质的生活，注重旅行时间价值，愿意并且能够支付票价较高的舒适、快捷的客运工具。因此，这类地区人们出行需求在“量”和“质”这两个层面都有较高要求。在经济发达地区，应有发达、完备的交通网络及运输管理来支撑经济的发展，经济的发展也为运输网络的形成提供了稳定的建设资金与客货流基础。因此，经济发展与交通运输的发展呈正相关函数关系。经济基础为城际列车的开行准备了物质和客流条件。

(2)运能条件——运输能力有保障。

客运能力是在一定运营组织条件下，单位时间内所能运送的旅客人数。就每一运载单元的载客人数而言，铁路列车的运能最大。对于人口稠密、客流量大的地区，城际列车是满足客运需求、解决客运拥挤的最优途径。由于城际列车开行对数有一定的数量要求，其运行区段必须有足够的车站通过能力、线路通过能力、车底供应能力。因此，城际列车一般运行在设备先进、自动化程度高、运输能力有保障的客运专线和干线铁路上。

(3)设备条件——硬件设施的配备。

城际列车硬件设施应具有一定的先进性，代表旅客列车的发展方向。因此，未来城际列车的机车车辆等设施，应符合一定的设备条件，对某些方面作必要的改进，这既是提高旅行舒适度的要求，也是缩短列车停站时间的需要。例如，要求城际列车舒适性较好；车底采用动车组，列车两端有动力，可实现双向牵引；缩短旅客乘降时间，应增加同时上下的车门数量，扩大车门宽度，从而实现快速作业等。

2. 铁路局应该有相应的随行就市定价权

(1)我国铁路客运运价现状分析。

① 价格水平偏低制约再发展。按照国家 1995 年 10 月 1 日调定的铁路客运运价，全国铁路客运基价为 5.861 分/(人·km)，其中硬座、软座、硬卧、软卧的席别比价为 1:2.0:2.2:3.85。按 1998 年铁路与公路、民航运价率相比，铁路客运的硬座价格相当于公路运输的 50%、航空运输的 10% 左右；硬卧价格相当于公路运输的 70%、航空运输的 20% 左右；空调软卧价格相当于公路运输的 120%、航空运输

的50%左右。铁路货运与公路货运的比价为:1∶5~1∶6,远低于欧美国家1∶1~1∶1.6的平均水平。这种现状既不利于调动社会资金参加铁路建设的积极性,影响铁路投资体制改革;也对既有线路的更新改造、升级换代甚至正常的维护保养造成不良影响,使既有铁路能力难以充分发挥,制约铁路的快速健康发展。

② 管理权限集中,机制不完善。我国现行客运运价管理体制是不同性质的铁路实行不同的管理模式。国家铁路客运运价管理权限完全集中在中央政府,国家铁路的基本运价由国务院管理;特殊运价由国务院铁路主管部门和物价主管部门共管;运杂费由国务院主管部门管理。地方铁路、专用铁路、铁路专用线和其他铁路的运价由地方省级人民政府管理。长期以来过分强调铁路的公益性,把铁路运价作为稳定全国物价的必要条件,在制定及调整运价时很少顾及运输市场的供求关系,使铁路运价迟迟未能与市场价格接轨,不能适应运输市场不断变化的需求。

(2)城际铁路客运运价定价原则。

① 市场化原则。城际铁路客运运价的制定必须符合市场的需要,能够反映供求规律,体现供求关系的变化。要充分考虑整个市场经济发展的要求,使运价适应市场竞争的需要,实施灵活运价政策,通过运用价格杠杆调节供求关系,推动城际铁路参与市场竞争,促进城际铁路企业健康、快速发展。

② 系统性原则。城际铁路客运运价的制定,不仅仅是制定运价的标准和政策,还涉及铁路运价管理体制问题,必须在充分调研、分析和总结的基础上,对铁路运价形成机制、管理体制、制约监督机制、运价运行机制等全面进行改革,形成能反映城际客运市场供求关系、有利于城际客运资源优化配置、灵活多样的城际铁路运价管理体制和运价体系。

③ 整体性和效益化原则。铁路运输在国民经济与社会发展中的基础地位和作用,决定了城际铁路运价改革必须根据国民经济和社会发展的需要,充分考虑社会各方面的承受能力,从利于国家经济宏观调控,综合运输体系协调发展的角度出发,综合考虑铁路投资体制、经营管理体制改革进程所带来的影响,统筹规划,稳妥推进,分步实施。

(3)铁路局应该拥有城际铁路客运定价的自主权。

铁路客运运价改革是一项复杂的系统工程,它不仅关系到铁路运输企业的收益,关系到铁路的生存与发展,还关系到铁路运营和建设的成本水平和发展速度,涉及各方面利益关系的调整,因此,必须分层次、分步骤循序渐进,通过铁路运价管理体制的改革,建立起合理的运价运作机制,最终建立符合市场经济的运价运行体系。

就目前公路与铁路的竞争看,公路运输除灵活和方便外最主要的是价格上的竞争,从经济角度看,价格是随市场变化随机浮动的,是市场相对稳定的基础。从心理学角度看,价格 = 卖方承受能力 + 买方心理承受能力;从目前我国实际情况看,旅客承受能力可以分为三种类型:一种属于公差和做生意的个体经营者;一种属于经济收入较好的工薪阶层;一种属于收入较低的工薪阶层、民工等。这三种旅客对运输需求和价格心理承受能力各不相同。因此,在运输工具和运输价格上,按实际情况而定,既要考虑成本的补偿和其他运输行业的价格,又要考虑旅客对价格的承受能力,才能巩固和扩大市场份额。铁道部已经确定铁路局为市场的经营主体,实行资产经营责任制,下放相应的经营自主权。因此铁道部也应对各铁路局管内的票价下放一定的调价权,确定票价范围和营销费用的提成比例,以便各铁路局对市场的变化及时做出相应的定价策略。各铁路局应当组织力量对管内旅客运输成本进行全面测算,利用量本利分析原理来确定盈亏平衡点,配备专人对公路运输不同时期的运价进行跟踪调查,掌握准确的市场信息,并做相应的预测分析,反馈给决策部门及时调价。总体来讲,城际铁路客运运价制定的自主权应在铁路局。另外,城际铁路客运运价的制定还要遵循如下一些机制。

其一,构建城际铁路客运运价宏观调控机制。

城际铁路客运运价的调整和改革,要服从整个国民经济协调发展的宏观经济环境,要始终在国家的宏观调控指导下进行。一方面,确立国务院作为宏观管理的中心,负责制定铁路客运运价方针、政策。另一方面,通过建立监测铁路运价调整对全国零售物价总指数、城镇居民生活费用总指数影响的数学模型及铁路成本、效能分析信息系统,实现城际铁路客运运价调整的程序化和信息化，动态掌握各种数据，及时制定出台宏观调控政策。

其二，确立合理的城际客运运价水平。

在城际铁路运输成本费用处于正常变动状态下，城际铁路客运运价水平不仅能满足简单再生产的需要，而且要具有为扩大再生产提供规模资金来源的能力。通过把目前价外各种补偿专项成本的收费完全纳入正常客运运价结构内，使城际铁路经营者在补偿运输成本后，仍能获得适当的利润。另外，城际客运运价应使新建城际铁路能够完全补偿投资成本并能获得合理的利润，以吸引社会资金流向城际铁路建设，促进城际铁路投(融)资、建设、经营步入良性循环轨道。

其三，建立城际铁路客运运价与物价的联动机制。

铁路运价与社会物价是相互制约、相互影响的。在计划经济时期，两者被人为地割裂开来，抑制了铁路运输的发展。所以，必须建立城际铁路运价与社会物价的联动机制，形成一套城际铁路成本调整指数体系，据此得出城际铁路的基本运价率影响，使城际铁路运价与社会物价同步联动。

其四，建立灵活多样的城际客运运价体系。

目前单一的国家客运定价形式已不能适应客观经济条件的变化，无法实现运输资源的合理配置。未来城际铁路建设主体的多元性和对城际铁路运输要求的多样性，决定了城际铁路客运运价必须形成多样性、灵活性的运价运行方式，可归纳为以下几个主要类别。

① 政府指导价。通过国家规定基础价和浮动幅度、差率、利润率、最高限价和最低保护价，由城际铁路运输企业执行指导价格。

② 实行浮动运价。为了使城际客运运价适应供需关系和竞争关系的变化，保持和扩大市场占有份额，可以在政府指导价、全路统一制定基本运价的基础上，由铁路局(集团公司)根据城际运输市场变化的情况自行确定浮动运价，如春运、暑运、节假日和季节浮动运价，优质优价等。

③ 实行区域客运运价。为了适应不同地区、不同企业、不同消费群体对运价的承受能力，满足市场竞争需要，取得合理的经营效益，城

际铁路可实行区域运价。应依据具体情况来定价,而不应机械地实行全国统一城际客运运价。对于新建城际线路,还可实行新线新价。

④ 实行协议(合同)运价。市场形势是千变万化的,为了吸引和保持客源,应该允许城际铁路企业与旅客在一定范围内实行协议运价。寻求双方都能接受的价位,通过对供求关系和竞争关系的准确把握,有助于促进运力资源的优化配置。为了搞好协议(合同)运价,城际铁路企业要准确计算运输成本,及时把握市场动态,并运用合同来管理运价,增强协议(合同)运价的法律效力。

3. 铁路局应该具有一定的劳动用工和分配自主权

(1)改革用工制度,建立新的劳动力管理体制和运行机制。

① 改革用工制度。现行铁路分配就业的用工制度存在的弊端:一是分配接收下来的人员,不管生产或工作是否需要,一律都得安置,造成人浮于事;二是有相当一部分职工认为进了铁路,端上了“铁饭碗”,而不思进取;三是有的职工在铁路上发挥不了自己的专长,也很难另谋高就;四是企业对不需要、不能干的减不掉,需要的、能干的却进不来。人尽其才、才尽其用,能进能出、能上能下的双向选择机制还没有真正形成。城际客运是市场竞争最激烈的一种新型交通方式。铁路局应有一定的劳动用工自主权,在城际铁路企业率先深化劳动用工制度改革,把现行劳动用工的计划配置转向市场配置,消除“能进不能出,单位包终身”的弊端,打破“铁饭碗”、“铁交椅”、“终身制”,建立起城际铁路企业自主用工、劳动者找工作自选的劳动用工新机制,以适应铁路城际客运对高素质员工的需要。

② 建立竞争上岗、择优上岗的机制。铁路局要按照公平、公正、公开的原则,对城际铁路企业所有岗位通过双向选择和优化劳动组合。建立起竞争上岗、择优上岗的用人机制,打破干部与工人的界限,营造一个“能者上、庸者下”的用人环境,增强每个员工的竞争意识、爱岗敬业意识和危机感。

③ 建立劳动力管理的激励与约束机制。铁路局既要严格控制城际铁路企业职工总数,又要满足人员新老交替的用工需要。因此,建立

劳动力管理的激励机制和约束机制是当务之急。在政策导向的基础上,采用行政手段和经济手段相结合的方式,逐步建立起切实有效的劳动力管理的激励和约束机制。

(2)铁路局对本局城际铁路企业收益应有自主分配权。

铁道部已经确定铁路局为市场的经营主体,实行资产经营责任制,下放相应的经营自主权。各铁路局应可对局内城际旅客运输成本进行全面测算,利用量本利分析原理来确定盈亏平衡点,在保证盈利的基础上,铁路局可对本局城际铁路企业的收益进行自主分配,科学合理的使用收益资金,打造城际铁路更强的核心竞争力。

11.5 高效率城际客运营销体系的建立

铁路城际客运市场营销可以定义为:通过运输组织的创造,经由运输市场上的交易过程来满足人们对城际客运服务和价值需求的一切活动。随着人民生活水平的逐步提高和各种运输方式的快速发展,铁路城际客运市场需求呈现多样性、复杂性、多变性等特点。为了在竞争中处于有利地位,提高经济利益及市场份额的同时有效满足消费者的需求,城际铁路客运企业必须认真研究动态的市场需求变化,在清楚地认识到自身的优势、劣势、机会、威胁前提下,充分利用市场机会和一切有利的条件,有效利用运能,采用恰当的营销组合策略,以积极、主动的姿态去面对市场的需求变化,并最终取得本企业、旅客和社会整体效益的共赢和最大化。

1. 国外城际铁路营销的经验启示

考察发达国家城际铁路客运营销的运作实际,我们认为对我国城际铁路客运营销工作具有如下的启示:

(1)在确保安全的前提下坚持提速战略,丰富城际客运产品结构。

速度是铁路运输质量和竞争力的核心,是提高铁路市场份额的根本。例如,近二三十年来,德国铁路一直把提高列车速度作为一项重大发展战略来抓,坚持不懈地致力于既有线改造和高速线建设,大大提高了德国铁路在运输市场的竞争能力。我国铁路已经成功实施了六次大面积提速调图,时速 160 km 以上的线路里程大幅度增加,推出了一站直达城际特快列车,进一步适应了城际客运市场的需求。但要想在竞争日趋激烈的运输市场中赢得主动,占领先机,必须继续坚持提速战略,加强既有线的提速改造和客运专线的建设,逐渐形成方便、快捷的城际高速网。尤其是城际客运专线的建设使得短途城际客运公交化成为可能。德国铁路涉足地铁、巴士运输的多元化战略提示我们,应该在长江三角洲、珠江三角洲、京津冀城市圈等运能有条件的地区发展城际快速客运,以公交化、安全便捷等特点增强铁路城际短途客运市场竞争能力,不断丰富城际客运产品结构。

(2)更新城际客运技术装备水平,提高服务质量。

先进的技术装备是为旅客提供人性化服务的基础。发达国家铁路的城际列车、车站、售票处可以通过计算机网络技术为旅客提供大量的实时参考信息和便捷的售票服务,城际高速列车在既有线以较高速度通过小半径曲线或侧向道岔时车内旅客没有明显的不适感等,都充分显示了发达国家铁路在技术装备上的先进水平。我国铁路一方面要加快城际客运服务信息系统的建设,结合客票软件的升级,为旅客提供全方位的服务信息,实现购票方式、支付方式的多样化,进一步扩大城际客运营销能力;另一方面,第六次大提速部分的线路和即将开工建设的客运专线的列车速度都将达到或超过 200 km/h,应利用这一契机,积极引进发达国家的先进技术,并结合我国铁路第六次大提速以来新型机车车辆中出现的新情况、新问题,通过消化吸收和自主创新,生产使用高质量的机车车辆,尽快缩短与发达国家铁路在先进技术领域的差距,提高旅客出行的方便性和舒适度,体现城际铁路的人文关怀。

(3)统筹规划城市客运站建设,实现良好衔接。

不同交通方式间的良好衔接是为旅客提供良好服务,发挥综合交通整体效能的关键。发达国家铁路现有的车站和未来建设的车站都力求使各种交通方式的衔接越来越方便。在法兰克福机场修建的铁路车站成为集散民航客流的重要交通工具,与民航实现了双赢,是系统优化的一个范例。我国的铁路车站是封闭型的,起不到近郊及市内交通枢纽的作用,比如北京站、北京北站和地铁、城铁相距很近,却没有实现方便的衔接,给旅客出行带来了很大的不便。2005 年铁路将开工建设的武广、郑西、石太、京津等 9 个客运专线项目,北京地区年内将要开工的北京北站改造、北京—北京西地下直径线等重大工程,都需要主动和地方政府协商,统筹规划城市交通,实现铁路与城市地铁、轻轨、公交等设施的互联互通,最大程度地方便旅客换乘,实现快速集结和疏散,通过合作达到多赢,形成方便快捷、各种交通方式有机衔接的综合交通体系。

(4)以人为本,提供人性化服务。

国外城际铁路客运的人性化服务体现在产品的设计、销售、使用等各个方面,车站大量的自助设施、列车上宽敞的残疾人厕所、平整的通过台、列车晚点旅客可以得到经济补偿等面向旅客的客运站车服务方式和服务设施充分体现了操作简单、流程合理的人因学、工效学、人性化思想。我国铁路客运在人性化服务方面还存在不小的差距,旅客对站车硬件设施以及退票费偏高、晚点不赔偿等规章制度方面还有不少意见。第五次大提速庞巴迪、25T 新型客车的使用,绿皮车翻新改造,使我国铁路客运站车设备设施在体现以人为本方面取得了新的突破。社会越发展,人们对服务和设备质量的要求也就会越高,我国铁路,尤其是城际铁路要坚持适应人的全面发展的要求,突出人性化设计,进一步制定具体的推进计划,以点带面,尽快在全国主要客运站车实现人性化服务,提供符合人性化要求的城际客运产品,最大限度地为旅客创造良好的服务环境。

2. 我国城际铁路高效率客运营销体系的建立

(1)转变市场营销观念。

在传统的计划经济体制下,铁路运输企业管理的指导思想属于生产导向型,其特征是只重视运输生产,而忽视旅客需求。铁路运输市场的主要特点是运输拥挤、供不应求,铁路处于客运市场的主宰地位。随着社会主义市场经济体制的逐步建立和完善,铁路的营销环境发生了深刻的变化。铁路部门发现"铁老大"、"车老大"、"站老大"的思想以及“门难进、话难听、脸难看、事难办”的坐商行为是造成铁路客运量下降、列车坐席虚糜的重要原因之一。于是从“车票怎么卖”来开展营销,采取种种便民措施进行促销。从我国铁路客运业的种种营销实践来看,目前铁路客运市场的营销观念从总体上说仍处于推销导向阶段,其特征是营销以完成铁路自身的发送量、周转量、客运收入为主要目标,铁路运输企业的营销机构正处于组建之中,是运输生产的从属机构。我国铁路客运当务之急,尤其是城际铁路,要率先尽快完成市场营销观念由传统营销观念向现代营销观念的转变,树立以市场为导向的观念、以旅客为中心的观念、竞争观念、效益观念、全方位营销观念、整体营销观念、关联营销观念、社会营销观念、创造性营销观念、绿色营销观念、智慧营销观念等。以先进的现代营销观念来指导城际铁路的市场营销工作,提高城际铁路的核心竞争力。

(2)重视与加强城际客运市场营销调研工作。

市场营销调研是调查市场、了解市场和认识市场的一种有效的方法和手段。通过对运输市场环境和旅客行为的调查,取得关于市场营销活动的各种情报资料。企业决策者根据这些客观资料,改造或淘汰老产品(如减少普客、调整列车到发时间、运行里程)、研制设计新产品(如开行特快城际列车、直达城际快速列车以及站站停城际列车)、确定开行方案和票额分配及售票计划,根据旅客对票价变动的反映,在符合价格政策的前提下,研究不同城际列车的适宜票价,制定城际客运的定价策略。同时,通过进一步调查继续掌握城际客运市场动向和发展趋势,及时反馈、储存信息,为铁路城际客运企业保持现有市场、开拓未来市场服务。

市场营销调查工作的具体内容除了要调查吸引区域范围内的国民经济和社会发展情况、其他交通工具发展现状、影响城际客流增减的因素、城际运输能力使用的情况外,还应主要围绕着城际客流调查(包括城际客流构成、城际客流的流向)、城际客运产品调查(城际列车的种类、等级、对数、旅速是否适应城际客运市场需求)、价格调查(如何制定合理的、有竞争力的票价)、售票状况调查(售票网点的分布、订票单位的设置、售票原则的制定和执行)等方面进行。

（3）对城际客运市场进行细分，选择目标市场。

长期以来，铁路对旅客是不以市场的眼光进行分析的，采取的经营服务措施基本上是单一的、固定不变的。这种做法其实是假定所有的客运消费者都是同质的，他们的需求都是相同的。这种以不变应万变的做法不能适应变化中的客运市场，尤其是不能适应城际客运市场对高质量、人性化的城际客运产品的需求，在其他客运方式迅速发展、咄咄逼人的竞争背景下，已经成为城际铁路客流流失的重要原因之一。因此，认真研究城际客运细分市场，在市场细分的基础上根据自己的实力和经营目标选择一个或者几个细分子市场作为自己的目标市场，对城际铁路改变经营方式、拓展城际客运市场、实现营销战略具有重要的现实意义。

（4）建立城际铁路客运营销快速反应机制。

当前，各大经济圈内城际运输市场竞争日趋激烈。能否对城际客运市场需求做出快速反应，既表明了城际客运企业是否坚持旅客利益第一的服务导向，同时也表明了企业服务的传递效率。因此，建立适应市场的城际铁路客运营销快速反应机制，既是提高城际铁路运输产品质量的一个很重要的指标，也是提升城际铁路运输企业市场竞争能力、提高企业经济效益和社会效益、生态效益的极为重要的因素。

在城际铁路客运营销活动中，评价客运产品的质量维度指标主要包括安全、快速、便捷、舒适、正点、经济等内容。其中，快速既是城际铁路客运产品的质量内涵，同时也是城际铁路客运市场营销重要的要素。所谓城际铁路客运营销快速反应机制，是指铁路运输部门在城际客运营销活动中形成的能快速、有效地反映和满足市场需求的城际铁路旅客运输组织、管理的制度、措施与手段。其构成要素包括以下几个方面：

① 能迅速、及时地掌握、传递和反馈城际市场的客运需求信息和城际客运营销信息；

② 能迅速对铁路城际运能、运力的配置做出调整；

③ 能对各种城际客运调整方案进行快速决策；

④ 能对各个城际运输职能部门的工作进行有效的组织协调；

⑤ 能迅速实施城际客运组织方案。

实施城际铁路客运营销的快速反应，就是要使城际铁路客运企业能够根据城际客运需求变化，及时、迅速地为旅客提供快捷、有效的城际客运服务。

城际铁路客运营销快速反应机制的框架如图 11－2 所示，主要包括 4 个方面的内容。

(5) 对城际客运营销组合进行系统设计与整合。

城际铁路客运产品结构要进一步优化，优质优价列车比重要增加。在价格策略方面，城际铁路要根据城际客运市场的季节性波动和区域特点，对优质优价城际列车实行有弹性的上浮价格机制。在分销渠道促销策略方面也要有新进展，在大站和主要干线车站实施计算机联网售票系统，车站采取并设立自动售票机等方便的、灵活多样的售票方式，广泛推行电话订票、发售往返车票、直通车票、月票、季票、定额票等。铁路城际客运优化市场营销组合后，城际列车座席利用率、客运收入、旅客的满意度都会有不同程度的提高，这必然会增加铁路城际客运对其他运输方式的竞争力。但是，总体而言，目前我国城际铁路客运市场营销组合尚处于起步阶段，缺乏系统设计与整合，缺乏必要的理论指导。

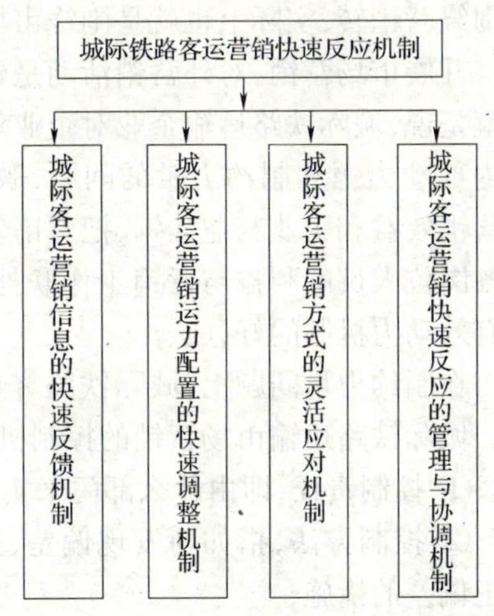

图 11－2 城际铁路客运营销快速反应机制的框架图

(6) 建立有效率的组织机构和激励、约束机制。

市场营销的组织机构是指企业内部涉及市场营销活动的各个职位及其结构。企业的职能部门设置、权力分配、责任分担等要符合市场营销的要求，保证市场营销的顺利开展。铁路运输原有的组织机构是在计划经济体制下形成的，主要职能是对上接受计划任务，对下分配计划任务。内部组织结构以行政管理、技术管理、专业管理为基点，部门分割，功能单一，缺少市场研究、营销策划、营销管理部门，是脱离市场的组织结构模式。要开展好城际铁路客运市场营销，必须要对原有组织机构进行改造，建立起合适的营销决策机构、营销策划机构，理顺营销实施机构，做到始终把市场营销部门的地位定在核心的位置上。各部门围绕营销转，实际上也就是围绕市场转，围绕效益转。

开展市场营销，对外营销活动是建立在对内营销活动基础之上的。也就是说，城际铁路运输企业对企业外部进行营销活动之前，必须要解决内部动力源和制约力量的问题，激发企业全体职工搞好营销活动。把营销效益和企业利益挂钩，把营销效益同各级领导的切身利益挂钩，把各岗位人员的利益与营销工作联挂，不失作为铁路城际运输企业建立有效动力机制的好办法。

在制约力量问题上，城际铁路客运企业必须建立起相应的控制机制。城际铁路运输市场营销的控制机制包括：

① 控制责任，即由什么部门来实施控制，由谁来承担控制的责任；

② 控制方法，指如何发现偏差、界定偏差，查明偏差的原因，提出纠正偏差的措施；

③ 控制内容，主要指年计划控制（运输收入分析、市场占有率分析、营销费用率分析）、盈利控制（盈利能力分析、选择最佳调整措施）、战略控制，等等。

3. 高素质营销和乘务员工队伍的培养

城际铁路高效率客运营销体系作用的发挥，要依靠高素质营销和乘务员工队伍。因而，城际铁路运输企业也要将对企业内营销和乘务员工队伍的营销素质的培养作为一个重要任务来抓。对营销和乘务员工队伍的营销素质的培养主要从以下几个方面着手。

(1)培养营销宣传意识。

铁路城际客运企业的“皇帝的女儿不愁嫁”的黄金时代已不复存在，“酒香不怕巷子深”的营销思维定式必须淘汰。眼球经济时代，更加全面准确的市场调研和声势浩大的产品宣传在营销中起到越来越大的作用。在竞争日益白热化，产品日益同质化的今天，要想使自己的产品在市场上占有一席之地，让消费者认识和接受自己的产品，必须进行全方位、多视角的立体宣传造势。品牌的产生不仅在于制造，更在于包装，在于宣传。一个新的铁路城际客运产品如果能够充分利用互联网、报纸、杂志、广播、电视，甚至宣传网等各种传播媒介，进行全方位出击，形成营销宣传的规模效应，达到家喻户晓的程度，则必然会对旅客选择出行方式造成很大影响。特别是应充分发挥互联网传递信息快捷方便、价格低廉的优势，将各种铁路城际客运新产品的主要特点、铁路城际客运的最新动态、某时某地的票源情况、甚至某列城际客车的编组情况全部上网，实时动态显示，供旅客出行前进行查询、比较，酌情选择。在现代眼球经济时代，绝不能再忽视广告的作用。清新传神的广告语将带来事半功倍的宣传效果。另外，根据铁路城际客运市场目标和任务，培植营销力量，确保战略市场与重点客户具有足够的营销程度。并根据铁路城际客运市场目标和任务，将营销过程分为若干阶段与具体工作进行分工，促使铁路城际客运营销人员分工协作，发挥专长，提高效率。

(2)培养真诚服务意识。

首先，强化以人为本的服务理念。对铁路城际客运职工开展形式多样的宣传教育，倡导诚实信用和规则意识，养成信守承诺、遵纪守法和按章办事的自觉性。

其次，强化责任，落实逐级负责制。各级铁路城际客运营销人员，应有统一职责、统一行动规范及标准的营销手册、确保推销人员的行为举止具有整体一致性。对营销人员定期进行培训，建立对营销人员监督、管理、考核、评价及报酬奖励制度。

再次，畅通信息渠道。通过多种方式向社会宣传铁路城际客运有关规章、制度、旅行常识、购票、行李查询及投诉渠道等信息，对城际列车不能正常运行的信息，应及时向旅客通报。

另外，服务延伸应该成为城际铁路客运的特色。这要求根据旅客出行过程进行全方位服务。例如，在城际客运车站和城际列车车厢内应有对车站附近有关公交车停靠站和行驶路线的明确介绍,对重要地点、位置进行换乘引导等。并对城际客运售票模式、城际列车车厢环境和城际客运车站设施及卫生标准进行人性化设计。

(3)提供高质量的服务。

对城际客运乘务人员进行高质量服务方面的培训。主要在3个方面下功夫。其一,诚信服务。按照铁道部八项目标,结合实际,细化标准,并作为承诺内容,推行可靠可信服务。其二是规范服务。对城际客运服务岗位用语,行为举止和作业标准进行“三规范”,严格标准,加强管理。其三是爱心服务。做到宾至如归,使旅客感到在家中一样温馨。总之,铁路城际客运要通过高素质的现代营销和乘务员工队伍的培养,以优质的服务,树立铁路城际客运的良好品牌,在竞争激烈的城际客运市场中发挥核心竞争力,巩固和提高铁路城际客运市场占有率,使铁路城际客运能在城际客运市场中起到骨干作用,更好地为地区经济的发展和社会主义新农村建设服务。

11.6 城际铁路经营管理体制改革

1. 政策导向及具体实践

铁道部副部长陆东福同志在2005年由铁道部举办的“中国铁路投融资改革论坛”上说,推进中国铁路科学发展,到2020年,大约需要2万亿元的资金,这将为国内外资金提供广阔的市场和发展空间。陆东福还表示,中国铁路投融资体制改革将从五个方面入手。其中之一是改进对铁路投资的调控方式,充分发挥政府主导作用。各级政府要在铁路建设中发挥投资主导作用,承担起项目审批、资金筹措、工程实施推进以及为投资铁路创造良好的法律和政策环境等责任。

在这种政策导向下,山东省政府在铁路投融资方面已着手进行了改革。山东省政府下发了《关于进一步加快铁路建设的意见》(下称“意见”),明确提出开放铁路投资领域,实现投资主体多元化是山东省筹集大规模铁路建设资金的重要手段。同时,支持大企业通过参股、重组、合资、合作等方式兼并整合现有的地方国有铁路。未来5年，山东省将新建、改建2 770 km铁路，其中包括新建客运专线和城际铁路1 000 km。山东全省到2010年，铁路营业里程达到4 670 km，形成全省铁路“三纵三横”的运输格局。山东省已经成立了山东省发展投资有限公司。这家注册资本9.4亿元的政府投资机构被作为省级综合性融资平台，以利用国家开发银行软贷款。山东省决定，该省“八五”、“九五”期间征收的省级铁路建设基金将加大变现力度，回收基金全部用于铁路重点项目建设。同时，积极支持铁路企业上市融资、发行企业债券、可转换债券等。

2. 路地战略合作是现实的选择

在《中长期铁路规划》出台后，大规模铁路建设铺开，每年资金量需要几千亿，新世纪头几年铁路建设投资每年不足500亿元，这么大的增量从何而来？2004年3月，全国“两会”期间，铁道部部长刘志军同志与多个省市自治区领导进行沟通和商讨，在两会结束后迅速展开旋风式的会谈行动，与各省市自治区研究落实《中长期铁路网规划》与31个省市自治区举行30多次会谈，签订了加快铁路建设的战略合作协议，创造了路地战略合作的新模式。

路地战略合作，基本模式是各出资50%共建铁路，其优越之处不仅仅是扩大了铁路建设资金的来源，而且获得了地方政府在征地拆迁、物料供应、设施配套、地方税费等多方面全面支持。之所以称之为战略合作，就因为这种合作是基于双方的发展战略、建立在共同战略利益基础上的长期稳定的合作。路地战略合作有利于组合、叠加铁道部和地方政府的优势，有利于区域交通的优化，有利于铁路建设资金的筹集，为加速铁路发展提供了更好的环境条件。

2007年以来，铁道部每年都与大多数省市进行一次战略合作会谈。各省市自治区基于自身经济的发展需要，建设铁路的热情很高，进一步加大了对铁路建设的支持力度，普遍承担起征地拆迁，为加快铁路建设开辟了道路。至2008年底，铁道部与各省市自治区共签订合作会谈纪要210个，确定合作投资总规模达5万亿元，其中地方确认出资

1.6 万亿元。沪宁城际轨道交通建设就是一个成功的范例。沪宁城际轨道交通工程全线长300.068 km,项目总投资额约为346.4 亿元。其中江苏段估算投资总额为268.56 亿,上海段估算投资总额为77.83 亿。根据2004 年11 月铁道部、江苏省《关于江苏省铁路建设有关问题的会谈纪要》,"沪宁城际轨道交通项目江苏段资本金部省共同出资50%以上,其余资本金通过积极吸收社会资金解决",按此精神,江苏省方面需筹集资金67.14 亿元(包括其他社会资本,比例不超过50%)。江苏方资本金的筹集拟采用省政府及沿线5 市政府出资为主导与社会出资人投资相结合的多元化筹资方式,与铁道部出资人代表和上海市出资人代表共同组建项目公司。

3. 城际铁路建设的资金筹集模式

(1)国务院《关于投资体制改革的决定》政策的指导性意义。

2004 年7 月,备受瞩目的国务院《关于投资体制改革的决定》这项政策(以下简称《决定》)正式出台,具有特别重要的意义。《决定》推出了一系列新的重要举措,对铁路投资体制改革提出了新要求。

①《决定》推出的新举措。

其一,落实企业投资自主权。改革开放30 多年来,中国投资领域打破了传统计划经济体制下高度集中的模式,但还存在着企业投资决策权不落实等问题。《决定》指出,彻底改革现行不分投资主体、不分资金来源、不分项目性质,一律按投资规模大小分别由各级政府及有关部门审批的企业投资管理办法。对于企业不使用政府投资建设的项目,一律不再实行审批制,区别不同情况实行核准制和备案制。改企业投资项目的审批制为核准制和备案制是投资管理制度最重要的变革。今后,企业投资未列入核准目录的项目,将自主决策,采用备案制;企业投资列入核准目录的项目,需提交项目申请报告由政府一道核准,且政府核准转变为主要对外部投资事项进行核准。

其二,规范政府投资行为。完善政府投资体制,以规范政府投资行为,是《决定》的重要内容。《决定》首先强调要合理界定投资范围,政府投资主要用于关系国家安全和市场不能有效配置资源的经济和社会领域，合理划分中央政府与地方政府的投资事权。其后在决策机制、资金管理、审批程序、项目管理和建设实施方式等方面提出了规范要求；具体有政府投资项目要经过符合资质要求的咨询中介机构的评估论证，减少了开工报告审批这一道审批环节，非经营性项目要求推行“代建制”等等。最后指出要引入市场机制提高政府投资效益。

其三，完善投资宏观调控体系。《决定》直接对政府投资行为进行了大刀阔斧的改革。相比过去对投资项目的层层审批，政府部门今后将主要通过经济的、法律的和必要的行政手段，对全社会的投资进行间接调控，切实做到“微观上该放的一定要放开，宏观上该管的一定要管住”，保持国家对全社会投资的积极引导和有效调控。而要达到这一目的，需要充分发挥市场配置资源的基础性作用，灵活运用投资补助、贴息、价格、利率、税收等多种手段，引导社会投资，优化投资的产业结构和地区结构。

其四，放宽社会资本的投资领域。允许社会资本进入法律法规未禁入的基础设施、公用事业及其他行业和领域。《决定》明确提出，能够由社会投资建设的项目，尽可能利用社会资金建设。《决定》还指出，逐步理顺公共产品价格，通过注入资本金、贷款贴息、税收优惠等措施，鼓励和引导社会资本以独资、合资、合作、联营、项目融资等方式，参与经营性的公益事业、基础设施项目建设。对于涉及国家垄断资源开发利用、需要统一规划布局的项目，政府在确定建设规划后，可向社会公开招标选定项目业主。

其五，完善投资的监督管理。《决定》提出加强和改进投资的监督管理。分别在政府投资监管体系和企业投资监管体系的建立健全，对投资中介服务机构的监管等方面提出具体要求。提出建立政府投资责任追究制度，对工程咨询、投资项目决策、设计、施工、监理等部门和单位，都应有相应的责任约束，对不遵守法律法规给国家造成重大损失的，要依法追究有关责任人的行政和法律责任。

②《决定》对铁路投资体制改革的新要求。《决定》的核心是将企业投资和政府投资区别管理，对企业投资充分放权，对政府投资规范管理，要求铁路加快推进政企分开。依据《决定》，铁路投资体制改革需

要把握两个重要方面。一方面,很多铁路建设项目属于政府投资需要加强的公益性和公共基础设施建设,铁路发展要充分争取政府支持。需要拓宽政府财政投入的渠道,并在投资补助、贴息、价格、利率、税收等多方面获得政府支持。另一方面,铁路建设项目中也有一部分属于能够由社会投资建设的项目,应尽可能利用社会资金建设;即使是政府投资项目也需要引入市场机制,充分发挥政府投资的效益。要求通过铁路投资体制改革,建立起吸引社会资本参与铁路基础设施项目建设的体制和机制。

(2)城际铁路投资体制改革的意义。

城际铁路具有运能大、能耗低、占地少、污染轻、安全好等技术经济优势,需要加快发展,而建设资金短缺已经抑制了城际铁路发展。城际铁路引入外部资本首先可以解决资金短缺问题。以项目融资为例,外部资本的投入建立在组建新的项目公司的基础上。按铁道部以51%控股计算,修建该项目铁道部只需投入35%的资本金中的51%,即总投资的17.85%;外部资本承担资本金的49%,即总投资的17.15%;其余部分负债解决。由于公司负债由公司偿还,可以大大减轻铁道部的债务负担,即铁道部以17.85%的投入,带动其余82.15%的资金建设该项目。更重要的是,城际铁路引入外部投资可以突破现行体制,对于提高投资效率,促进体制改革和规制建设等各方面都具有十分深远的意义。

(3)城际铁路筹资的具体方式。

其一,中央和地方政府的财政投入。经济区城际铁路建设应当得到中央政府的一定比例的资金支持,可以在国债资金中拿出一部分用于经济区城际铁路建设与运营补贴。此外,经济区地方政府的财政收入同样应当成为城际铁路建设资金的稳定可靠的组成部分。地方财政主要来源于经国家批准的铁路建设附加费、工商税、城市维护建设税、公用事业两项附加费、土地转让金和使用税、汽油税、牌照税、旅店餐饮和游乐场所附加费、迁入人口增容费等各种附加税费等。另外,中央和地方政府的财政投入可以采用建立城际铁路建设专项基金形式。

其二,铁道部出资。铁道部应该在铁路建设投资的总盘子里拿出一部分投入经济区城际铁路建设项目。铁道部既有的枢纽、线路及相关设备、土地等资产,凡可被城际铁路系统利用的均可以折价入股。

其三,城际铁路建设与土地和物业联合开发。城际轨道交通开发建设具有“修一线,兴一线”的特点,从而使沿线土地及物业得到升值。由于物业开发可以长期为运营提供利润,因而大大改善了投资回报,使其能够盈利。通过转让经济区城际铁路沿线的土地使用权或将此土地从事房地产开发,其因城际铁路的规划建设开通而增值的部分,应该用于城际铁路建设筹资,它可以部分弥补建设资金的不足。因此,城际铁路建设与土地和物业联合开发的筹集是可行的。

其四,利用社会资本。社会资金的引入不仅是为了解决经济区城际铁路发展的资金问题,更重要的是因为投资者承担了投融资、建设、采购、运营、市场、维护等方面的风险,从而更加注重成本控制、风险管理、市场开拓和服务质量的提高,有利于解决政府投资约束软化、投资效率低下等问题。社会资本的来源主要有下面几种形式:①组建股份制企业进行融资;②项目采用建设经营转让(BOT)等方式;③发行经济区城际铁路建设债券;④移动设备可采用融资租赁方式以减少建设初期投资的压力;⑤商业银行贷款;⑥国家开发银行针对项目的政策性贷款;⑦利用社会保障资金。

其五,利用外资和外汇。利用外资在数量上要有所突破,保持利用外资的数量持续增长,争取多用、用好世界银行、亚洲开发银行和国外政府的优惠贷款。引进外资的形式、方式要有所突破,例如:建立合资企业;外商企业提供基于商业贷款或认购的债券发行;融资租赁方式等。另外,国内外汇储量巨大,可以积极探讨使用国内外汇的方式。总之,应当通过多种融资渠道,筹集城际铁路建设资金,快速发展我国铁路城际客运。

我国城际铁路客运案例

理论是苍白的，生活之树常青。从城际铁路建设对相邻城市及其沿线城镇、农村和辐射的广大区域的社会经济及人文思想观念发生的和正在发生的深刻变化的视角来观察城际铁路的重大功能，使我们有可能跳出铁路看铁路，即不仅能看到铁路建设对铁路发展乃至综合交通发展所具有的重大作用，而且能使我们对城际铁路的巨大外部性，尤其是其对我国城市及区域经济社会发展发挥的重要带动作用会有更深刻、更具体、更有力的认识。这样来评述铁路开发城际客运市场、进行城际铁路建设、开行城际列车可能会更全面更科学，因此，为增强本书的说服力，本章运用实证研究的方法，编写了一组案例，用活生生的事实和将要发生的变化，阐述并佐证了铁路开发城际客运市场、建设城际铁路、开行城际列车对我国铁路建设和城市及区域经济社会和谐发展乃至精神文化和观念现代化发生的深刻影响。

12.1 京津城际铁路客运

2008 年 8 月 1 日正式开行的京津城际高速列车连接北京和天津两大直辖市，京津城际铁路全长 120 km，其中 87% 为桥梁工程，设北京南、亦庄、武清、天津等 4 座车站，预留永乐站。沿途是北京、天津的开发区或卫星城，同时本线路预留了至首都国际机场、天津西站和塘沽方向（天津滨海国际机场）的出线条件，现在或未来的客流将非常巨大，而且存在工作、居住、休闲等多种出行需求。

京津城际铁路是中国铁路全面进入“高铁时代”的重要里程碑。

京津城际铁路技术先进,大量采用国际领先的铁路建设技术,成为世界首条时速 350 km 的高速城际铁路。全线铺设具有世界铁路先进水平的无砟轨道,运用了先进的无缝线路和高速道岔,充分满足了时速 350 km高速列车安全平稳运行的要求。京津城际铁路开行拥有完全自主知识产权、具有世界一流水平的国产 CRH2-300 型和 CRH3 型"和谐号"动车组。2008 年 6 月 24 日,国产 CRH3 型动车组在运行试验中创出 394.3 km 的时速。具有我国特色的通信信号、列车控制、牵引供电等系统的技术具有世界先进水平。由我国自主研发的高速铁路客运服务系统首次应用于京津城际铁路,提高了铁路客运服务的整体水平。为确保高速条件下的运输安全,铁路部门在京津城际铁路的线路基础、通信信号、列车控制、动车组列车等方面建立了全覆盖、立体化、高可靠的安全保障体系。自主研制的高速铁路综合检测列车可对铁路的设备设施进行综合检测,科学指导养护维修。高速动车组车载技术诊断系统能够及时、准确地检测、预报设备故障,并具有较强的故障排除功能。大风监测系统能够根据不同等级的风速及时发出限速报警信息,落物监控系统能够随时发现现场落物,指挥列车自动减速或停车;全线安装视频监控系统,可对重点区段和设备设施进行 24 小时实时监控。

与城际铁路建设相配套,做为起点站和终点站的北京南站和天津站分别进行了扩建和改建。

北京南站一直是北京铁路枢纽重要的客运站,以前主要到发中、短途旅客列车,是北京连接晋、冀、鲁、豫等省的重要客运站。老南站的设计使用期限仅为 10 年,超期服务 30 多年后,于 2006 年 5 月中旬正式停用。新南站总体改造规划方案主要包括:新建站房、站场总体改造、提高运能、修建客车检修和存车基地以及旅客候车、进出站,引导提示、标志标牌等配套服务设施。

改造后北京南站规划范围扩大到 180 hm^2,其中站区达到 94 hm^2,规模宏大,可同时容纳万人候车,预计 2015 年运量超过 1.5 亿人次,2020 年将超 1.9 亿人次,其功能与定位将大大超越北京站和北京西站,成为北京乃至亚洲第一大站。北京南站充分利用自然光照明、热电冷三联供、污水源热泵、太阳能发电等诸多先进的节能环保技术，采用了大跨度钢结构等多项新技术，将最大、最好的公共空间提供给旅客。

2008 年 8 月 1 日，耗资数十亿元的新南站正式投入使用后，作为京津城际铁路的起点站，成为集普通铁路、高速铁路、市郊铁路、城市轨道交通与公交、出租等市政交通设施于一体的大型综合交通枢纽站，此外，北京南站今后将有两条地铁线直达，乘客可以真正做到"零换乘"。进站、买票也都十分方便，除人工售检票外，还设置了自动售检票机，进入车站后，里面的导向系统可以帮助乘客查询车次、站台、列车进出站情况等，同时设置了大量的自助式的查询和求助式的查询。

京津城际铁路的终点站天津站在改建前，人、车均从地面穿越天津站前广场，人、车混行矛盾突出。改建后的天津站在进出站设计上突出了"安全、高效、便捷"，多个进站通道各行其道而又紧密相连。如今车辆从海河东路隧道过境或进站，车行至海河东路隧道会遇到一个分叉口，送客出租车与社会车辆右转，公交车与过路车辆直行，出租车和公交车分别到达各自的落客区后，两个落客区的旅客可分别乘电梯在夹层汇合，再由夹层乘扶梯到达进站大厅，分布于站内的 61 部滚动电梯、垂直电梯也给旅客提供了极大的便利，社会车辆则进入地下 2 层的停车场。对京津城际列车，天津站在保持传统售票方式外还配备了自动售检票系统，使旅客能够像乘坐地铁和公交车一样，自助购票、自助检票。

天津地铁 2、3、9 号线正在建设中，这些地铁线路分别连接天津站地下换乘中心与南京路、滨江道、滨海国际机场等繁华区域，预计 2010 年工程完工后，天津站日客运量将达到 160 万人次。京津两市将通过"城铁 + 地铁"的方式实现无缝对接，这将进一步促进两大直辖市城市空间结构和功能布局调整，缓解地面交通压力。

在京津城际铁路上运营的动车组则集结着世界铁路客车生产的先进技术，在牵引系统、制动系统、高速转向架、车体空气动力学等方面技术先进、成熟、可靠，是完全拥有自主知识产权的国产化高速动车组，不仅具有速度快、乘坐舒适的特点，还具备极高的安全性能。动车组列车还装备高科技的车载技术诊断系统、防灾系统和治安防护系统。每趟列车造价两亿元人民币，全车有45 000多个零部件，各种线路连在一起的长度达到42万km。在试验阶段，科研人员设计了1 040多个场景，几乎把所有列车运行中的非正常因素都考虑进去。例如，积雪超过轨道80 mm，列车仍然可以安全运行；遭遇六七级大风，列车仍然可以保持300 km的时速；大雾或沙尘天气，列车完全有能力控制车距；如果一节车厢起火，防火门立即启动，列车仍能以每小时80 km的速度运行，并保证火势在10 min内不会殃及隔壁车厢。

整个列车呈全封闭状态，里面的空间舒适而洁净，广播里播放着背景音乐，空调凉爽宜人，车厢内的坐席已经由老式的对坐式变成了单排座，180°可转向的座椅、别在前一排椅背上的杂志让人感觉如同坐在某个航班上。蓝色软席座椅前后排距离约有50 cm，扶手上有调节座椅高度的按钮，座椅背后有小桌板和网兜。车厢里还有不少人性化设计，如悬挂在窗户边的应急锤、座椅上的把手、残疾人通道、残疾人专用洗手间、用来放置大件行李的空间、婴儿座椅、一人高的试衣镜等，还有“儿童一点一米线”等不少提示标牌。此外，列车上还设有酒吧，提供宽带上网等，最大程度满足旅客需要。车上服务贯穿着这样一个理念：每天上下班旅客非常累，列车采取少干扰旅客，无声服务，无干扰服务。

京津城际列车已实现公交化运行。列车最小行车间隔为5 min，全程运行时间为30 min，而目前北京市的8条地铁线路最小行车间隔也只是2.5 min，城际铁路完全达到了公交化运行的标准。同时，发车模式采取交错发车的方式，每一列车只在一个站停留，中途不停车，以保证列车能够高速运营。高峰时会开得更密一点。每天06:30左右开第一班车，要到北京或天津上班肯定没问题。晚上23:00开末班车，年轻人卡拉OK完了还可以回家。

京津城际铁路开通第一年，运营情况良好，每天开行70对列车，运送旅客1 870万人次，客流比开通前增长86%，平均上座率达70%，列车正点率高达98%以上。

2008年“十一”黄金周期间，旅客的出游欲望得到充分释放，铁路客流明显增长。据统计，9月26日至10月5日的10天间，北京铁路局共发送旅客670.1万人,比去年同期增加96万人,增长16.7%。客流高峰日10月5日发送旅客76.9万人,创下北京铁路有史以来单日发送量新高。

京津城际铁路的开通给沿线乃至辐射的广大区域的经济社会发展和人们的观念变化带来了深刻的影响。京津之间不止是地理距离近了,心理距离也拉近了。从目前看其明显的带动效应表现在下述几个方面。

第一,京津城际铁路旅游持续升温,京津联动盛况空前。京津城际高速铁路的开通催生双城互动,加快了京津旅游一体化进程,穿梭于京津之间的城际列车趟趟满员,成为一道流动风景线。

北京市民到天津看海,天津市民到北京看奥运场馆,京津城际铁路的开通,为往返北京—天津的旅客提供了短途旅游的便利,而到北京旅游的外地人也必定会到天津转一转。

北京市民最津津乐道的是天津的大海,北京是没有海滨的大都市。原来除自驾车外,京津之间主要有三种交通方式:火车、长途汽车和出租车,票价大约在60元、40元和500元左右。京津城际铁路的开通,为往返北京—天津的旅客提供了速度快,且准时的交通工具,也提供了短途旅游的便利。城际铁路让北京实际拥有了海滨花园,更多的北京人可以将休闲去处选择在天津,到北京旅游的外地人也必定会到天津转一转。他们可以在塘沽吃到地道的海鲜,可以去赶海拾贝,还可以体验渔民生活、出海撒网捕鱼,然后烧烤自己亲手打捞的海鲜。2008年"十一"黄金周期间,乘城铁、坐轻轨或自驾车前往滨海新区的游客骤增,人们登航空母舰、游外滩公园、逛洋货市场、品北塘海鲜。据天津市统计,该市航母军事主题公园7天接待游客1.48万人次,北塘各海鲜餐馆和海鲜大排档应接不暇,仅塘沽区7天就接待游客35万人次,旅游综合收入达到1.02亿元。

春节期间两地居民互访拜年就像"串门"。如今,"乘城铁、游津城"已成为春节旅游的一大亮点。城际列车成为京津两地居民春节团聚的重要交通方式,让人们享受到了与以往不同的"同城过年"。在乘城铁抵津游客中大都是北京市民举家来津过年,也有不少经由北京来津的外地游客，在铁路天津站和各大景区景点随处可见打着导游旗的旅游团队和外地游客，由本市旅行社接待的乘城铁来津的旅游团队达300多个。尤其春节前夕北京市政府代表团和市民旅游团乘城铁来津观光拜年，双方签订了两个旅游合作协议，带动了"乘城铁、逛京津、双城大拜年"活动的高潮迭起，京津两市2009年春节前启动旅游合作项目，开展"乘城铁、逛京津"两城居民大拜年活动。2009年1月18日，农历腊月二十三"小年"之时，北京市派出由旅游、财政、文化、商务等部门负责人以及游客、旅行社代表600余人参加的"拜年团"来天津拜年，向天津市民赠送包括"鸟巢"、"水立方"门票，高铁往返车票、庙会门票、星级酒店客房免费住宿等在内的大礼包。春节期间，北京游客到天津赏津门文化，购津味年货，感受津味年俗；天津游客受"北京请您来过年"活动的邀请，成为京城节日"座上宾"。由此，形成了京津客源大对流的良性循环。据统计，春节期间在外地来津游客中，北京游客为49.03万人次，同比增长7.6%。2009年春节黄金周期间，京津城际加开15对列车，从天津到北京的游客达52万人次；从北京到天津的游客达54.4万人次，京津两地双向旅游人数达106.4万人次。

为了迎接更多的游客，天津为方便乘坐京津城铁来天津的北京及海内外游客游览，天津市旅游部门推出"津城新貌游"、"海河风光游"、"滨海新区游"、"民俗文化游"等20条反映天津历史文化底蕴和新貌的"一日游"和"二日游"主题旅游精品线。以民俗游为例，这条线路上有杨柳青石家大院、杨柳青年画社等著名景点，目前已基本建成"老城津韵"、"杨柳古镇"、"大沽烟云"、"欧陆风韵"、"溥仪旧居"等多个板块，民俗游已经作为常规旅游线路推向市场。天津市旅游局和天津市商务委还联合开展了"乘城铁，游津城"系列活动，并取得了很好的反响。与此同时，天津市旅游部门在天津站区设置天津市游客集散中心，开设集散中心通往市区主要景观点的旅游观光线和旅游观光车；塘沽区、蓟县、西青区等区县建立旅游服务中心，在辖区内设置连通各景点之间的旅游专线、旅游交通车。如建天津市工业旅游促进中心，统一协调涉及空客A320总装线、天津大无缝钢管基地、大推力运载火箭基地、一汽丰田汽车生产线、大港采油基地和天津新港等工业旅游项目的开放、游览；开发整合具有参观游览价值的风貌建筑、名人故居、历史名校、工商业遗址、老字号商铺等场所和设施，让游客进去参观。外地来津游客除可以游精品线路外，还可以过丰富多样的“天津节”。据介绍，有包括国际汽车交易博览会、天津民俗民间商品展销、天津特色食品展销等多个活动在内的天津购物节；包括五大道风情旅游节、渔阳金秋旅游节、汉沽葡萄酒文化旅游节等在内的金秋旅游节；天津餐饮美食节等系列节庆活动。

继天津旅行社与北京百家旅行社签订旅游合作协议之后，北京市政府与天津市政府又签署了《京津自驾车旅游规划》和《泛金海湖旅游金三角旅游规划》合作协议。根据协议，北京市、天津市将进一步加强旅游合作，开通两座城市之间的“城铁旅游绿色通道”、高速公路对旅游大客车实行优惠，利用天津的港口开发邮轮市场、泛金海湖旅游金三角旅游开发等，同时，京津两地还将不断扩大区域旅游合作领域，进行包括旅游商品、特色餐饮、旅游购物场所、旅游市场治理和环境保护等全方位的合作。天津市副市长任学锋表示，通过合作，希望京津两地尽快实现双向旅游分别达到 1 000 万人次的目标，这将拉动至少 100 亿元的消费。

第二，京津城际铁路催化两地互动消费，资源互补。京津城际铁路开通后，不仅仅是旅游业受到了带动，京津之间的商业、餐饮、物流等一系列行业都受到利好影响。城铁的开通，把北京的消费市场和天津的消费市场连接起来，利用北京市场的优势，形成一个大的商圈，从而带动我国的北方市场。业内人士分析，两地消费者的不断往来，在一定程度上也加速了城市间商业发展的互动。

京津很多大商场在促销策略、服务项目以及卖场管理、品牌推广等方面都有了相互的借鉴，部分连锁商家在 2008 年“十一”黄金周推出京津两地消费者能够“共享”的特殊促销。其中，百盛购物在其北京的两家门店和天津店之间实现了会员积分共享。此外，中复电讯、迪信通等在京津两地均有连锁店的手机卖场，也都有两地同步的促销活动推出。统计数据显示，黄金周期间，这些连锁卖场的外埠客流明显增多，而这些客流的涌入也使其黄金周销量同比提升三成左右。天津先后举办了“天津国际汽车交易博览会”、“天津民俗民间商品展”、“古玩街淘宝活动”、“汉沽葡萄酒文化旅游节”、“天津卫小吃节”等,带动游客数量大幅增加。其中,在天津南市食品街举办的天津卫小吃节,日均吸引5万多名游客,其中多半是北京游客。

第三,京津城际铁路为沿线地区发展带来了新的机遇。北京的中关村是全国最大的高新技术创新区域,这个地区不可避免地成为商务成本非常高的地方,要缓解技术创新的成本压力,就需要向周边扩散。京津城际高速铁路可以给中关村的溢出和扩散创造良好条件,把积聚多年的京津两地资源整合起来,实现资源共享。而京津城际沿线铁路区域则可以更便捷地承接北京和天津产业转移和扩散,在疏解大都市部分功能过程中获得发展。例如,京津城际铁路武清站也迎来了属于自己的“城铁经济时代”。

武清位于北京和天津之间,素有“京津走廊”之称。京津城际高速铁路开通以后,瞄准京津城际游这一极具发展潜力的朝阳产业,武清区依托自身丰富的自然生态资源优势,开发建设旅游项目。武清区河西务镇的“京津鲜菜园”也成为京津两地居民乡村游的首选之地。武清区区长李宝锟介绍,武清区利用独特的区位优势,提前谋划,从2006年开始,累计投资165亿元,规划实施了区域路网贯通工程,搭建起区域“九横九纵”的路网骨架,实现了城区到京津不超过半小时,各乡镇到城区不超过20 min,任何一个村都可在15 min内到达高速路口的目标。围绕京津城际高铁站,武清规划建设以休闲、旅游、购物为主的“城铁商圈”。目前,高铁站周边科技商贸、物流及其他相关产业投资开发的招商工作已经完成。

目前,作为该区重点项目之一的港北森林公园项目正在抓紧规划建设。公园将根据自然地段功能划分为动区、静区和观赏区,并分别建设度假村、森林游乐园、跑马场、名特优果园、野生动物饲养区、旅游狩猎区、红叶观赏区、银杏园等14个风景区,建成后将成为以森林环境为主体、集度假休闲为一体的生态旅游区。同时,该区被列为市级重大服务业项目之一的大黄堡湿地生态旅游项目,基础建设工程也已经启动。

该项目总投资18亿元,主要是发挥市级湿地自然保护区——大黄堡湿地自然保护区的资源优势,建设以旅游度假和生态居住为主的综合功能区。此外,集水上娱乐、休闲垂钓和田园采摘于一体的金泉湖水库开发项目以及以冰雪室内游乐园为主题的京津超大型滑雪娱乐购物中心等一大批旅游项目日前均顺利开工建设。在不久的将来,随着诸多旅游开发项目的完成,金泉湖水库、大黄堡湿地自然保护区、港北森林公园将被打造成武清东北部生态旅游带,成为京津居民休闲放松的旅游胜地,为津门再添一道亮丽美景。

据武清区政府宣传部相关人员介绍,城际铁路的修建还吸引了一大批国内外知名企业争相到武清投资办厂。近几年,一大批电子信息类企业纷纷选择在武清开发区落户,使武清开发区逐渐成为京津之间一个重要的电子信息产品生产基地。由于交通方便就是实实在在的效益,企业选址这里是看重其未来无限的发展空间。

再如,京津城际高铁的开行,也带动了天津滨海新区的建设。北京、天津两大超级城市实现了半小时的互通,使北京及周边省市更加关注滨海大发展,有投资设厂意愿的商务游团队趋之若鹜。中心商务商业区、空客A320系列飞机总装线厂房、中新生态城、东疆港保税港、临港工业区、大乙烯、大炼油……在滨海新区各大重点工程的建设现场,每天都会迎来十几拨甚至几十拨的商务考察团。他们有的来做前期调研,有的携项目有备而来,还有的希望学习滨海新区先进的管理理念和运营经验。虽说最终目标不尽相同,但滨海新区这个中国第三个经济增长极蕴藏的巨大潜力,却无一例外地令他们心悦诚服,惊羡不已。

第四,京津城际铁路加速了京津两地一体化发展,环渤海地区融入半小时经济圈。北京是我国铁路、公路、航运中心,天津是北方最大的外贸口岸和国际物流平台。经过多年艰难的磨合和探索,目前,京津两大直辖市的功能定位和产业发展可以说是相得益彰。北京可以发挥总部资源丰富、服务业发达、高端产业密集的优势,天津则更好地发挥制造业基础雄厚、港口资源突出、物流行业发达等优势。北京、天津两个特大型直辖市将向一体化方向发展,长期以来由行政区划造成的隔离状况将得到极大改观。

京津城际铁路和相应高速公路的陆续开通，将京津两座特大城市交通系统的优势合为一体，将打破两地空间上的阻碍。在基础设施和产业链的延伸方面，北京的总部经济和天津的物流、制造、港口优势将得到完美结合，使京津成为我国交汇密集、效率最高、硬件最发达、国际化程度最高的现代化物流平台，成为物流、人流、资金流、信息流、商流有效合一的物流中心。

同时，京津城际铁路有助于冲破两市的地域、行政障碍，促进区域合作。在国际上，有很多通过交通一体化而实现城市经济一体化的先例，比如日本的东京与横滨，交通发达，人们的生活和从业没有城市的概念；荷兰的阿姆斯特丹与海牙，便利的公路和铁路把两座城市紧紧联系在一起。

京津城际铁路不仅是沟通北京、天津两大直辖市的便捷通道，也是环渤海京津冀地区城际客运铁路网的主干道，是完成构建京津冀都市圈、城市带的一项基础性工程。京津城际铁路的开通，打破了行政壁垒，提升了京津两地的经济辐射力，在环渤海地区形成了一个“半小时经济圈”。

从开展区域合作的角度看，环渤海地区地缘关系紧密、历史渊源悠长、人文环境相近、资源要素互补，具有良好的合作基础。从目前的发展状况看，环渤海地区已经成为全球最具发展活力的地区之一，同时也是我国重要的经济增长地区和与东北亚国家合作的前沿。京津城际高速铁路的开通，促使环渤海地区人流、物流、资金流加快流转周期，并能促使区域间在国家的能源战略、土地资源的配置、环境保护等方面，实现资源共享和优势互补，加速环渤海都市圈融合，促进该地区经济快速协调发展，由此带动华北地区区域经济的发展，并辐射东北亚。

12.2 广深城际铁路客运

随着广深城际列车的开行，广州东至深圳 52 min 的直达时间，使广州、深圳乃至香港三地真正进入了 1 h 生活圈，更成为促进广深港以及珠三角区域经济交往和发展的重要纽带。如今，“和谐号”的开行对数和密度居内地铁路之最,旅客高峰期列车间隔缩短至 5 min,已成为广深港三地大部分旅客出行的首选交通工具。“在广州市区内以及郊区有些人上班坐汽车也要一个多小时,路上又塞车,而乘坐和谐号到深圳仅要 50 多 min,这比自己开车还要安全、方便、快捷。”一位经常往返广深奔波的李先生感慨地说:“我每天早上从广州东站坐‘和谐号’到深圳上班,晚上再坐回家,方便如坐地铁一样,在候车室最多等五六分钟即可上车了。”

为了方便旅客购票和出行,广州、广州东、深圳站以及广深线沿线的石龙、东莞、樟木头等站均实行专窗售票、开辟了专用候车室和专用进出站通道;列车始发、中途停靠和终到均固定站台、固定径路、固定位置,旅客可在站台地面看到自己所在车厢的位置,乘车更便捷。

为了方便带有婴儿的旅客,“和谐号”动车组上设置了婴儿护理桌;为了照顾残疾旅客,在车厢内设置了残疾人厕所;边门设在车厢中部,和站台高度持平,缝隙较小,而且比较宽敞;为顾及旅客的不同习惯,车内设有座式和蹲式两种厕所供旅客选择。值得一提的是,厕所有清晰的有无人显示装置,坐在座位上就可以明确知道厕所目前的使用状态,改变了以往要到厕所门前才知道厕所有无人使用,一急起来在车厢内来回走动的尴尬。

据悉,广深动车组服务的终极目标是一列车上只有 3 个工作人员——司机、列车长、列车员各 1 名,但在过渡期内,列车上会考虑适当多配置一些工作人员,以便大提速前后列车服务的顺利过渡。

由于广深线位于我国最发达的珠江三角洲地区,所以它的客流具有如下特点:

(1)城际客流由公务商务流、旅游流构成,人员文化水平较高,消费能力较强。港澳旅客是广深线动车组列车的主要客流,约占 50%。广深线城际客流出行目的构成为:会议 10%、公务 10%、商务 9%、务工 7%、学习培训 10%、探亲访友 15%、旅游休闲 21%、其他 18%。

(2)城际客流聚集时间短、流量变化快、替代竞争性强。

(3)城际客流流量大、流向集中、客流区域明显。广深线形成了两个主要客流区域:广州、石龙客流区域;深圳、樟木头、东莞客流区域。

(4)客流出行规律周期性强,且波动系数大。①星期五至星期一和节假日为客流高峰期,明显高于平日客流。②每日存在3个客流高峰时间段,分别为8:00—10:00、14:00—16:00、16:00—18:00,发送旅客人数均在2万人以上。

广深线动车组列车公交化运输组织具有如下特征:

(1)客货分线。广深线的旅客列车与货物列车分线运行这在我国尚属首例。

(2)高速度。广深线的动车组列车最高运行速度为200 km/h,广州东—深圳52 min即可直达,超过了广深高速公路大巴的运行速度,增强了铁路客运产品的核心竞争力。

(3)高密度。从6:00—23:00平均每10 min就有一列高速动车组列车开行,列车最短追踪间隔仅5 min,最短折返时间间隔仅12 min。

(4)快速乘降。在广州东、深圳、樟木头、东莞、石龙站等动车组列车的停靠站,实现了固定进路、固定股道、固定站台、固定停车位的作业方式,全部设置了动车组列车的专用售票窗口、候车区和乘降通道,实现了旅客快速乘降。

(5)安全正点。每日精心制定广深动车组列车开行计划、车底交路和开行时刻,确保按图正点行车。广深线动车组列车开行以来未发生责任行车和旅客伤亡事故。

为了适应高铁和城际铁路建设的形势,国家已决定投资130亿建设新广州站(不含地铁),整体建筑包括主站房、站台无柱雨棚、高架车场、站台下停车场,以及生产用房等。总的建筑面积是37.78万m^2,其中客运用房17.93万m^2,站台无柱雨棚19.85万m^2。新广州站建成后,共有15座站台28股道,相当于老火车站的4倍。年发送旅客量近期为7 800万人次,远期为11 600万人次,主要承担武广客运专线、广珠城际轨道和广深港城际轨道始发终到列车作业。在建筑功能设计上,车站共有三层,以及地下一层。首层主要为地铁与城际轨道的换乘进出站口、口岸入境、的士站、停车场等。二层设有口岸进站厅及贵宾候车室等,可以直接通过东广场外侧的匝道上至该层。三层设有武广客运专线、广深港客运专线、贵广快速铁路、南广快速铁路的旅客候车厅，口岸进站厅、城际换乘厅等，可以直接通过西广场外测的匝道上至该层。地下一层为地铁进站、出站厅。新广州站设计突出岭南特色，且突出以人为本、流线清晰、环保节能、科技为先等特色。据介绍，该方案的出炉是从初始 9 个方案中，经过数度遴选挑中的。9 个方案分别由 16 家国内外知名设计单位所组成的 9 个设计联合体提供，如铁道第四勘测设计院、广州市设计院、法国 AREP 公司、德国铁路咨询顾问公司等。在设计和挑选过程中遵循多项原则，包括功能性、系统性、先进性、文化性、经济性，并要与城市区域规划有机融合，与城市交通紧密衔接，实现公共巴士、长途汽车、出租车、自备车、地铁等多种交通方式在新广州站的“零换乘”，保障市民轻松乘车。为了市民乘车方便，广州市地铁 2 号线、7 号线等将于新广州站同期开工同期开通，远期还将有广州地铁 12 号线和佛山地铁 3 号线引入该站。公路方面，东新高速公路、广明高速公路、广珠西线高速公路、南部干线快速路等高等级道路将引入车站。

而新建的深圳北站则更具时代感，它有如下特点。

(1)深圳北站的交通条件良好，梅观高速、机荷高速、南坪快速、福龙快速等高等级道路作为深圳北站枢纽的外围道路支持枢纽的疏散。在龙华二线扩展区内则利用梅龙路、布龙路、上塘路等道路支持深圳北站的交通疏散。

(2)深圳北站交通枢纽将给予旅客充满动感与节奏的视觉享受，铁路主站房屋盖为“上平下曲”的形态，直线条与水平面以及曲线条与波浪面的巧妙组合，站在东广场上，可以看见高架的地铁在气势磅礴的站房内穿梭，站房立面真正成为了“运动”的表演舞台，淋漓尽致地表现了该交通枢纽的个性化特征。

(3)深圳北站交通枢纽的设计将带给乘客一个全新的旅行体验，尽可能减少旅客在站内的步行距离和乘降时间。同时，在交通组织上采用“立体化 + 管道化”的模式，使人车、进出站、交通设施全部实现立体分离，公交车、小汽车和地下停车均有专用进出车道。

(4)深圳北站及东、西配套广场设置了完备的公共服务设施。医疗救助、饮水处、更衣室、婴儿保育室、行包寄存中心、无障碍卫生间等等公共服务设施的设置真正从以人为本的角度出发，尤其是无障碍设计更加人性化。

(5)深圳北站连接山林与城市，连接自然与活力，将建成一个生态的城市铁路客运站。

(6)综合考虑枢纽的功能完善的需求，枢纽一期工程在东西广场以铁路站房为中心设置了4栋多层结构建筑，作为枢纽配套商业及服务用房。枢纽一期与二期综合开发及其东延的发展将共同形成以枢纽为核心的综合城市空间。

广深城际列车的开行是珠江三角洲对外开放和经济社会发展的迫切需要。广东省2000年客运量仅为75 282.5万人次，而到了2008年的客运量达到了238 134.99万人次。2000年广东省地区生产总值仅为9 506.04亿元人民币，而到了2008年地区生产总值已达35 696.46亿元人民币。但是原有的广深铁路适应不了珠江三角洲乃至全国的改革开放的需要。广深线具有悠久的历史，它是广九铁路的一部分，它的变化反应了时代的变迁和进步。广州至香港九龙的广九铁路，始建于1907年，全长180.8 km。其中：广州至深圳段铁路称为广深铁路，长147.3 km；罗湖桥至九龙段铁路称为香港铁路，隶属香港九广铁路公司，长33.5 km。广九铁路与京广铁路连接，是中国内地通往香港的唯一铁路通道。沿途有石龙、东莞、樟木头3个中间站。广深线城际列车实行公交化运营已多年，Ⅰ、Ⅱ线自2007年4月18日调图后开行动车组列车，Ⅲ、Ⅳ线运行其他旅客列车及货物列车。广深Ⅰ、Ⅱ线目前运行100对(含备用线12对)动车组列车及12对广九直通旅客列车。使用17组庞巴迪动车组(开行100对)、4组准高速车底及九广公司1组KTT车底，共计22组车底套跑。

回顾历史，广深铁路客运与广深高速公路客运两种运输方式在起讫点几乎重合的情况下并行经营，它们之间的正面竞争激烈程度在广东省内乃至全国都是屈指可数的。广深高速公路客运与广深铁路客运在竞争中如何促进发展，对我国交通运输业的发展提供了有益启示。

广东省在交通部和港商的支持下，率先于1993年12月28日建成设计速度为 120 km/h 的全封闭、全立交、双向 6 车道的高标准、高等级的高速公路，这不仅大大提高了区域运输能力，而且为公路客运实行较快速度、高密度运行创造了条件。使深圳到广州汽车运输时间从 4h 缩短为 2h 左右。广深高速公路投产后，广深铁路正处于准高速建设阶段，大量的既有线施工影响了在速度上本已处于劣势的列车正常运行速度，使高速公路的速度优势更显突出。加之旅客的时间观念随着市场经济的发展而日益强烈，造成了大量传统的铁路客流流向高速公路和航空，广深铁路传统的市场主导地位受到严重冲击，客流量出现大幅度下滑。旅客发送量从最高峰 1993 年的 2 828.1 万人次逐年减少到 1996 年的 1 746.5 万人次，减少 1 081.6 万人次，降幅达 38.2%。广九直通列车旅客发送量从最高峰 1992 年的 129.8 万人次逐年减少到 1997 年的 72.2 万人次，减少 57.6 万人次，降幅达 44.34%。客运收入是广深公司收入的大头，占总收入的 60% 以上，客流的持续大幅度下降使广深铁路的营业收入出现了下滑。企业的生存和发展受到了严重的威胁。

穷则思变，严峻的市场形势促使广深铁路走上了改革之路，时速 160 km 的广深准高速铁路于 1994 年底建成。广深铁路以突出准高速列车速度优势为核心，以市场需求为导向，以市场营销组合策略为依托，全面参与市场竞争。一是提高速度，加大密度。首先是提速，广州东至深圳间全程 147 km，高速列车运行时间 55 min，准高速列车运行时间为 65 min，而广深高速公路大巴运行时间平均为 120 min 以上；其次是加大列车开行次数，目前高速、准高速列车日均开行 54 对，平均每 15 min 始发一趟，形成了“高速度、高密度、小编组、公交化”的规模化运输格局，基本取消了时刻表。二是采取价格策略，根据市场竞争的实际情况，降低列车票价。高速列车票价为 90 元，准高速列车软座由 90 元降到 70 元，与高速大巴的票价 55 元缩小了差距。三是大力提高服务质量，靠服务促销，塑造铁路安全、快捷、方便、经济的名优产品形象。在珠江三角洲地区建立 130 多个车票代售点，进行联网售票，拉近与旅客的距离，使旅客平均购票时间压缩到 5 min 以内。开辟“绿色通道”，方便旅客进站上车，完善服务措施，推行承诺服务。四是充分发挥价格杠杆作用,对早晚冷门车次票价下浮15%左右,使冷门车的上座率达到70%以上。通过一系列的深化改革,实施营销策略,广深铁路客运走出了3年来持续下滑的低谷。

反观广深高速公路客运,在2001年5月前因有流花地区的锦汉车站,客源还可与广深铁路客运平分秋色。自2001年5月18日锦汉汽车客运站被撤消后,能与广深铁路客运抗衡的桥头堡消失,在锦汉站发班的100多台广深线客车被分散到省汽车站、广园客运站、越秀南客运站、芳村站、海珠站发班,发班密度最大的省汽车站和广园客运站也不过是15~20 min一班。一方面由于运力分散各站的发班密度都不高,另一方面广深高速公路车流量不断增加已接近饱和,行车速度低还经常堵车,省站至罗湖班车运行时间从接近2 h增加到现在的2.5 h。时至2006年6月广深高速公路实际在运行的高速豪华直达客车从1997年的178台减少到129台,平均实载率从2001年的58%降到43%,年单车利润从2000年最高峰时的39万元下降到2万元左右,有些公司出现亏损。

2000年,广深铁路旅客发送量达3 884万人次,比1998年增长35%,年均增长10%左右。高速列车的异军突起,使广深铁路在与高速公路的竞争中经受住了挑战并得到了长足发展。而2007年4月18日—2008年5月31日,共计411天,广深线动车组列车共发送旅客3 182.7万人,平均上座率80.9%,其中一等软座29.9%、二等软座93.3%。日均票款收入478.2万元,平均票价率61.81元。

广深城际铁路对整个珠江三角洲地区的经济社会发展产生了深刻的影响。广深铁路城际客运公交化的实施加速了粤港两地间的经济和文化交流,加快了香港和整个珠江三角洲地区的互动联系,也带动了区域内城市化建设和经济的快速发展。广深公司以“高速度、高密度、高效率、小编组”为特征的“公交化”客运服务,符合社会经济生活要求。“高速度”满足社会空间价值的要求,“高密度”满足社会经济生活时间价值的要求,“高效率”满足社会经济生活的快节奏要求。“公交化”客运服务在社会经济生活中带来了时间价值和空间价值,改变了人们的生活方式,提高了社会经济生活质量,是适合于我国经济增长快、人口密度大、城市化程度高的轨道旅客运输方式，成为社会进步的重要组成部分，对近几年珠江三角洲区域经济的增长发挥了重要作用，其中，广州的年均增长率为13.16%，东莞市年均增长率为18%，深圳市年均增长率为14%，同时也有力地推动了区域内的经济开发区的兴建和城市化建设进程，为一批新兴城镇如石龙、常平、樟木头、塘厦的建设提供了客运支撑。

东莞市的发展就是典型的例子。广深铁路贯穿东莞市的石龙、茶山、横沥、樟木头、塘厦和风岗等七个镇，全长约56 km，按东莞市公布的统计数据表明，2001年东莞市的国内生产总值达到578.44亿元，按可比价格计算，比上年增长16.80%，增幅连续5年保持在18%左右。全市注册登记的工商企业和个体户有1 637万户，比上年增加2.05万户。实现人均国内生产总值3.77万元，比上年增长16.80%，外贸进出口顺差35.24亿美元，增长55.04%。由于交通的发达，东莞市的旅游业蓬勃发展。2001年末，全市拥有三星级及以上的酒店48家。全年接待过夜旅客人数327.10万人，其中，外国游客22.26万人，港澳台同胞87.98万人，国内游客216.86万人，全市客房平均开房率为62%，全市境内旅游景点观光人数259万人次，全年旅游业总收入39.80亿元，较上年增长20.68%，尤其是该市的樟木头镇，由于交通便利，带动了经济的迅猛发展被誉为“小香港”，2001年与1998年相比，国内生产总值由6.98亿元增加到15.6亿元，年均递增30.7%，外资企业出口创汇由1.43亿美元增加到2.9亿美元，年均递增26.6%。外向型经济不断发展，1998年至2001年，新签利用外资协议129宗，协议利用外资1.08亿美元，年均递增16%，实际利用外资0.85亿美元，年均递增15%。三年共引进190家外向型企业。樟木头镇房地产业产销两旺，从1998年至2001年，全镇共销售商品房(含商铺)5 400多套，别墅100幢，销售总额15亿多港元，与外商新签房地产项目24宗，使用土地面积100多万平方米。

广深城际铁路，是我国第一条实现完全“公交化”且时速达200 km的城际快线，拉近了珠江三角洲城市群的距离，缩小了广深港间的时空距离。这条被誉为“黄金通道”的147 km长的铁路，串起了珠江三角洲的 4 座城市——广州、东莞、深圳和香港。而且广深港客运专线的建设将在引领我国华南地区产业升级、促进就业方面发挥巨大的作用。广深港客运专线的建成,将会分散广州、深圳、香港等地的会务、旅游、教育培训资源,以前不具备这些优势的地区将受益匪浅。从广深港客运专线的辐射范围来看,广深港客运专线拉近的不仅是香港、广州的距离,同样也拉近了广州、东莞、深圳的距离。各地的交叉性置业,将在一定程度上给各地各领域的投资带来信心,比如带动了珠江三角洲房地产业的快速发展。同时交互式消费也将进一步增强,促进各地的零售、旅游行业的繁荣和快速增长,而香港则可以借此机会进一步开拓内地市场,带动香港的发展。此外,广深"公交化"列车不断融入广州、深圳,香港现代都市生活,拉近了三大都市间1 h生活圈。在这个经济圈里千万人的生产生活方式,因此而改变。

总之,广深高速铁路的修建和城际列车的开行对广东省乃至珠江三角洲经济社会发展产生了巨大的影响,其综合效应:一是拉动了广东省经济的增长。2006 年广东省实现了 GDP 达 26 204 亿元、财政总收入 5 117 亿元、外贸进出口总额 5 272 亿美元的重大成绩,广深高速铁路建设功不可没。二是带动了工业布局的调整和产业结构的优化升级。同三线粤境段联通了东西两翼经济欠发达地区与珠三角经济发达地区,珠江三角洲与粤北山区及东西两翼联手推进产业转移工业园建设大步推进,目前已批准设立了 20 个省级产业转移工业园,极大地推动了全省工业发展的合理布局和产业结构的优化升级。三是推动了现代服务业的快速发展。直接带动了现代物流、交通运输、商贸流通、旅游等现代服务业的快速发展,促进了商品、资金、技术、人才、信息的流动与组合。四是促进了区域经济协调发展。随着高速铁路的建成通车,山区及东西两翼的交通环境和投资环境得到重大改善,经济社会发展全面提速。五是广深铁路的广州站、广州东站和深圳站开行至内陆省市的长途旅客列车达到 82 对,为促进 CEPA 合作,加快泛珠三角的建设发展提供了更加便捷的交通条件,发挥着越来越重要的作用。

12.3 沪宁城际铁路客运

沪宁线既有铁路全长300 km,西起南京,经镇江,常州,无锡,苏州,昆山等主要城市后,止于上海。现有沪宁线是一条客货兼顾的电气化铁路,既通行时速150 km的动车组,也通行T字头、K字头的快车,还通行少量货运列车和绿皮车,整条铁路处于不平衡状态。沪宁线年均客流密度达4 434.5万人·km/km,是上海局客流的4倍,列全路之首。2007年CRH2动车组正式开始在沪宁线投入城际客运服务,CRH2动车组定员为610人,最高营运时速为200 km。为适应城际列车客流量大和快速运行的需要,上海和南京客运站都已开辟专门的城际列车售票窗口和候车室,并实行沪宁线铁路公交化的流水发车,每天有71个车次,其中动车组31个车次,最短间隙在5 min左右,最快列车行程1 h 57 min,大部分行程为两小时,较好地适应了沿线旅客的出行需要。

长江三角洲是我国城市化最密集的地区,区内已有15座大城市和较大城市,大约每隔30 km就拥有一座经济发达的城市。然而,长期以来,长江三角洲的交通状况与其地位十分不相称,目前,区域内有沪宁、沪杭和萧甬3条铁路干线,共有铁路约2 100 km,仅占全国铁路总长度的2.8%,而在沪宁段,目前虽有沪宁铁路、沪宁高速公路、312国道、沿江高速公路等交通线相连,但随着区域经济的快速发展,城市一体化的加速推进,其运输能力已呈全面紧张态势。可以说,长江三角洲地区铁路运能基本饱和,公路实际交通量已大大超过设计能力,以致沪宁高速公路、312国道被迫进行扩建拓宽,以长江为主要航线的水路运输也日益呈紧张趋势,长江三角洲地区进一步加强运输能力,实现"交通运输一体化"已迫在眉睫。

沪宁线铁路与公路的竞争就是一个有力的佐证。沪宁线城际列车开通前,面临着公路与铁路的激烈竞争。旅客出行主要考虑的是三个方面的因素:时间、旅行成本和安全舒适程度。在这些方面公路和铁路各具优势。高速公路无论是乘坐大巴或是自驾车,从南京至上海所需时间大约为 4 h 左右，汽车票价格一般为 88 元至 92 元左右，高速公路出行的优势在于方便灵活、机动性好、有座位乘坐舒适。沪宁线火车票价最便宜的普快无空调 24 元，一般空调特快硬座 47 元、软座 72 元，最贵的一等软座 86 元，特等软座 129 元。铁路出行的优势不仅速度快而且不受交通和天气影响，可以保证到达时间，并且随着公交化发车的实现，班次的密集性也将不亚于现有公路班车。更深层次的研究表明：假设以人每公里消耗能源为 1 个单位，使用电的高速铁路为 1.3，公共汽车为 1.5，小汽车为 8.8，飞机为 9.8。一条复线铁路的运能和一条 16 车道的公路相近，但铁路占地仅为公路的 1/8。可见，铁路客运的优势还在于比公路运输更能节省能源和土地，是一种绿色交通方式。

从以上的情况对比，可以很清楚的看出，无论从所花费的时间还是旅行成本，抑或节省能源和土地及环保性能来看，沪宁线铁路客运更具有竞争力，就是作为公路客运引以为傲的舒适度，其优势也越来越不明显。尽管如此，面对沪宁线旅客出行的巨大市场，无论是公路客运还是铁路客运，都没有轻易退出市场的竞争，其竞争激烈程度反而愈演愈烈。

目前对沪宁线铁路客流直接产生分流的是与沪宁线基本平行的沪宁高速公路和 312 国道。沪宁高速公路已于 1996 年建成通车，该高速公路全长 270 km，6 车道，设计时速 100 km/h，能力 15 000 辆/昼夜，对沪宁铁路客流形成了激烈的竞争。2006 年 8 月 18 日铁路调整运行图、进一步优化停靠站点和到发时间之后，沪宁公路客运的最大企业“快鹿”马上推出“航空式服务”，南京至上海的班车全部配备服务员，一路为旅客提供温情的人性化航空式服务，试图从旅途舒适度上找到突破。2007 年 4 月 18 日起铁路实施第六次大提速，动车组在沪宁线上的开行，平均20 min 就有一趟车，全程 2 h 左右，票价为一等座 112 元，二等座 93 元，无疑对其竞争对手——公路运输造成巨大的影响，在公铁竞争较量中，公路运营商无奈采取降价措施，从 2008 年 8 月 1 日起，沪宁线公路客票首次实施七折优惠，南京至上海班线票价由原来的每张 97 元降到 68 元，从旅行成本上与铁路展开竞争。可以预料，在很长一段时间内，铁路与公路都将展开激烈的竞争。可见，改变沪宁城际交通格局乃至长江三角洲城市群城际交通格局已成为这一区域发展的瓶颈。

为适应长江三角洲经济社会发展对交通运输的需要，2008 年 5 月，国务院商议并原则通过了《长江三角洲地区城际轨道交通网规划》。依据此规划，将在未来的 10 年内完成长江三角洲城际轨道交通骨架网络建设，最终形成以上海为中心，以沪宁、沪杭(甬)为两翼的城际铁路主构架，覆盖三角州地区主要城市。2008 年 2 月，沪宁城际铁路可行性研究报告获国家发改委正式批复。2008 年 7 月 1 日，铁道部联合江苏、上海在南京仙林召开沪宁城际铁路开工动员大会，沪宁城际铁路正式开工建设，力争在 2010 年世博会前建成通车，沿途将在南京、镇江、常州、无锡、苏州、上海 6 大城市设 31 个站点。其中，上海虹桥站和南京站成为格外引人注目的亮点。

上海虹桥站位于上海虹桥综合交通枢纽之中，上海虹桥综合交通枢纽集机场、高速铁路、磁悬浮、地铁站、长途汽车站、公交站于一体。上海虹桥站站房总建筑面积近 24 万 m^2。虹桥站北端连接京沪高铁、京沪铁路和沪宁城际铁路，南端与沪昆铁路、沪杭甬客运专线和沪杭城际铁路接轨，设高速和城际普速两个车场，总规模为 16 个站台 30 股道，从地铁虹桥东站至虹桥西站大约 500 m，旅客不出站就可以搭乘飞机、地铁、城际巴士，实现了铁路与其他交通方式之间大量的客流换乘，节省旅客换乘成本。建成后的上海虹桥站具有近期(2020 年)办理旅客列车到发 260 对，年发送旅客 5 272 万人次、远期(2030 年)办理旅客列车到发 335 对，年发送旅客 7 838 万人次的客运能力，将成为上海第一大火车站。它的建成将大力促进铁路旅客运输的高速化和公交化。

南京火车站也是沪宁城际铁路的主要始发站和终点站，其总体设计和和新站房的建设都符合城际列车的运行，体现了高效快捷的特点。尤其是南京站新站房建设采用了大量先进技术，主体结构由 18 根后倾钢管混凝土柱为主要受力构件，大面积、大跨度的斜拉索轻钢屋盖体系，现代化的悬挂结构技术，通透的点式玻璃幕墙，自动监控消防水炮，远距离送风大温差设计分层空调系统，处处体现了现代科技与新型建筑的完美结合。此外，车站同步建成了电视监控、电子引导、列车到发预告、多媒体查询等客站自动化管理信息集成系统，具有国内一流水平。新客站站前景观广场分为集散主广场区、过渡性引导广场区和湖滨亲水休闲区，总面积近 4 万 m^2。集散主广场区面积约 2 万 m^2，直接连接主站房、地铁出入口，与各停车场连接快捷。

南京站新站房运用立体化的交通组织，旅客进出站采用“高进低出”流线，进站可以乘车通过高架环形车道直达二层平台进入候车大厅，地下出站大厅与地铁南京站及停车场相连，旅客可以选择地铁、出租车、社会车及公交车换乘，在国内铁路站房建设中首次实现了真正意义上的“零距离”换乘。在火车不断提速和动车组推出后，新建了动车组售票和候车专区，每一个路口或拐角都有很明显的中英文导向标志，旅客不仅进站方便，而且出站也方便。服务方面，车站根据旅客的需要设计了吸烟室、母婴候车室、158(要我帮)工作室，而且都是免费的。在商业开发上，站内所有的超市、快餐店等全部设在角落或周边，不侵占旅客的活动和休息空间。

沪宁城际全线长约 300 km，在上海市境内 32 km，江苏省境内 268 km，线路走向基本与原京沪铁路沪宁线平行。作为一条客运专线，沪宁城际建设的初衷之一就是解放老沪宁线的货运能力。因此，未来沪宁间除京沪高铁的专线列车外，其余客运压力都将由沪宁城际一力承担。公交化发车成为这条城际线的必然选择。随着调配能力的增强，沪宁城际铁路将逐渐达到日发 150 对动车组的发班频率，而客流高峰时，单日发班量更会达到 200 对之多，最高发车时间间隔仅为 3 min。列车设计时速 300 km，运行大站直达(250 km/h，96 min)和站站停(160 km/h，171 min)两种城际列车。“站站停”主要针对区间城镇居民的出行，而直达快车则是服务于往来沪宁线各大城市间的商务和旅游人士。与之相对应，相对快速便捷的直达快车票价，有可能略高于“站站停”的“慢车”。未来南京至上海“直达快车”单程票价约 135 元~150 元、沪宁城际“站站停”的单程票价约 90 元~105 元，届时上海至南京直达最快将可 1 h 到达，并将实现 24 h 公交化运营。

沪宁城际轨道交通工程建成后，将为沪宁沿线地区提供大能力、高质量的快速“公交化”新型运输方式，并与京沪高速铁路、沪宁铁路和城市轨道交通及其他运输方式有机衔接互补,从根本上解决沪宁之间通道运输能力紧张的状况,为广大旅客提供多样化的出行方式,以促进长江三角洲地区经济一体化的快速发展。

沪宁线城际铁路的开通,这条被冠以“长三角首条城际公交线”不仅将使已有百年历史的沪宁铁路迎来脱胎换骨的升级,而且将对长江三角洲的区域经济社会发展产生深远的影响。我们知道交通在社会发展与人类文明史中起着重要的作用。交通是联系地理空间中社会经济活动的纽带,是社会化分工协作的根本保证。铁路作为主要的交通运输方式,其对经济的影响更为重要。

沪宁城际铁路的建设将对长江三角洲经济发展和社会生活的变化产生巨大带动和促进作用。长江三角洲地区是我国城市化水平最高的地区之一,经济联动效应明显,人员流动频繁。据预计,到 2010 年,长江三角洲地区的总客流量将达到 30.5 亿人次。到 2020 年,这一数字将增长到 55 亿人次。长江三角洲城际快速轨道交通实际上就是长江三角洲地区城市群内部的“公交”系统,轨道交通快速、准时的优势将给商务、旅游、购物等出行带来质的飞跃,提升长江三角洲综合运输系统的水平。城际快速轨道网把区域之间分散的城市连成一个整体,强化了城市群之间的联系与分工,增强了区域城市之间的配套能力,提高了经济质量,节约了成本,有利于产业群向中心城市集结,从而促进整个区域的产业升级和优化。以上海为中心的长江三角洲城际轨道交通网,将加强上海的集聚和扩散功能,加速人才和资本的流动,实现资源优化配置,给沿线城市带来更多机会,具体表现在:

(1)促进产业转移。

受劳动力成本增加、人民币汇率调整、土地以及各种资源性产品价格不断飙升等多种因素的影响,沿海的劳动密集型产业为了降低成本,很多考虑向劳动力成本较低、土地厂房成本较低的地区转移。因此,沪宁城际铁路的建设将提升长江三角洲“大市场”效应,使长江三角洲各城市产业分工更加合理。作为长江三角洲核心城市的上海不仅要发展第三产业,而且将更着力发展以研发、管理、咨询等现代服务业为主的第四产业,努力打造成长江三角洲的金融和物流中心,周边城市则可承接上海的产业转移，着力发展高新技术产业、机械设备制造、重工业、钢铁工业等产业。例如上海附近的昆山市充分利用了昆山是上海的后花园这一独特的区域地理优势，吸引了众多入驻上海的国际跨国公司，已成为外商竞相投资的热土，昆山的产业结构已从最初合资生产轻工产品为主，发展到以电子通信、精密机械和精细化工产业为主，借助上海这座走向世界的“桥头堡”，闯入了最前沿的高新科技战场。

(2)促使沿线房地产业的升值。

决定房地产价值的因素有很多，其中包括房地产的区位(项目所在位置)、周边环境(包括小区周边环境和小区内部环境)、配套(包括教育、医疗、卫生、商业、生活等)、交通(包括公交便利程度和自驾车的交通路网便捷程度)等等，交通便捷性是其中的重要因素之一。轨道交通由于其快速性和准时性，能明显地改善沿线物业的可达性和出行的便捷性，方便人们出行，由此轨道交通建设常会产生“一线带活一片”的效应，促进其沿线区域的房地产物业升值。沪宁城际铁路作为长江三角洲的重要交通线路，其对沿线房地产业的影响非常大，交通便利程度的提高，提升了沿线房地产的价值。相对于上海，沿线房地产价格较为便宜，环境较为优美，能够吸引房地产商的投资和购房者的购买，促进房地产业的发展。以昆山城南为例，根据规划，沪宁城际铁路将在昆山城南设立昆山高速火车站，位于昆山火车站以南1~2 km处，未来的“城南”可以说是昆山强大的交通枢纽。昆山城南板块主要是指铁路线以南，吴淞江以北这块区域。该区域曾经主要以出口加工区为外人所知。现在，随着京沪高铁、沪宁城际铁路的开工建设并在城南设站，这个板块再次“风生水起”，交通优势成为房产最大卖点之一。高铁、城际开通后，昆山城南到上海也就在10~15 min，昆山成为了上海名副其实的后花园，面对上海的高房价，无论是对于自住者还是对于投资者，昆山城南都有着足够的吸引力。

(3)带动旅游业发展。

社会经济快速发展，不同地区旅游业之间的联系越来越紧密，呈现出区域互补性与协同性的特点。区域交通网络建设的发展水平、网络化程度及道路质量的优劣，对客源吸引、路线组织、旅游大环境的营造均会产生极其深远的影响。沪宁城际铁路是整个长江三角洲交通网络的重要组成部分,其便捷程度深深影响了区域旅游业的发展。首先,大增加了短途旅游,在上海工作,工作之余不必有很多天的长假,2 h 就可以品味苏州园林的精致,感受古都南京的风韵,也更方便沿线和外地游客来上海旅游和购物;其次,为区域旅游的整合创造条件,在原有旅游线路的基础上,可以增加沿线地区旅游,丰富旅游路线,带动沿线和长江三角洲旅游资源的整合,例如,可以考虑通过整合打造沪宁城际铁路沿线城市的旅游圈和长江三角洲城市群的旅游圈,并使它们相互衔接,推出不同黄金旅游路线,适应不同层次旅游市场的需要,有力推动长江三角洲旅游业的发展。

(4)沪宁城际铁路的建设将改变人们的生活方式。

通过几次大提速,沪宁铁路列车的运行时速达到了 200 km,速度改变了人们的时空观念,也改变了生活方式。列车公交化发班改变沿线城市所有居民的出行状况,人们在长江三角洲城市群之间的流动愈加频繁,极大扩大了人们生活的自由度,借助便捷的交通,人们可以游走在长江三角洲的各个城市,"城市候鸟一族"应运而生。两地市民异地就业、异地居住已成为可能,越来越便利化的轨道交通,使他们可将"家"和"办公室"安排在沿线的两地。随着长江三角洲地区经济的一体化,工作与居住在两地也越来越成为众多白领的时尚生活。目前,上海市区生活成本较高,地面交通又挤又堵,如居住于上海周边的昆山,房租不到上海的 1/3,物价水平也相对较低,昆山距离上海只有半小时车程,很多年轻人选择往返于两地,他们白天在上海工作,晚上回昆山居住,周末的闲暇时间则可能出现在周边风景绝佳的小镇里。这样即节约生活成本,又享受到了旅行的乐趣,人们将这个数量越来越庞大的特殊群体称为"长三角人"。不难想象,2010 年沪宁城市铁路建成通车后,"长三角"地区形成的"1 h 交通圈",最小间隔 3 min1 班车的城际列车,将会更加的改变人们的时空观念,使他们用时间换空间,实现更具性价比的居住空间、更丰富的生活空间和更自由的个人空间,享受一种提高生活品质的全新的生活方式。因此,可以预见的是,未来沪宁城际沿线城市市民的就业、生活、休闲的选项将大大丰富:一天之内,像

"钟摆"一样在两地游走的都市族必将大大增加；像苏州人到上海听演唱会，无锡人来南京秦淮河赏夜景，上海人到苏州金鸡湖畔品茶小酌，上海工作在昆山、苏州等地居住，这些变化就是眼前的事情。

12.4 沪杭城际铁路客运

沪杭铁路东起上海市闸北区，西到浙江省杭州市上城区，全长201 km，全线都是复线，原有车站36个，沪杭线担负着上海铁路局1/3的客运量和1/4的货运量，但仍远不能满足长江三角洲客货运输增长的需求。为了促进华东地区经济可持续发展，2005年铁道部决定对其实施电气化扩能，2006年9月通过竣工验收。改造后的新沪杭线客货并重、以客为主，列车追踪间隔由8 min缩短为6 min；日运输能力由180对列车提高到240对列车；电力机车牵引重量提高到4 000 t，增加500 t。沪杭铁路上每6 min就有一趟列车开出，从杭州到上海的时间，从过去的两个多小时缩短到90 min以内。原先36个站点多数已被陆续取消。沪杭线过去开行的城际列车车种是CRH2型电动车组和新曙光号，现在使用车种为CRH1型电动车组，沪杭铁路上的CRH1车型的城际列车定员为680人，最高运行速度为200 km/h。CRH1型列车与原来运行的CRH2型列车相比，CRH1型列车车体更宽，其车门、座位和行李架都较宽敞，CRH1是个中短途运输车，车门更宽，适合大上大下，能满足城际列车快速乘降的需要，此外，CRH1型的座位是相向而排的，一等车厢还安装了几台车载电视，供旅客途中消遣。

沪杭交通走廊是我国最繁忙的运输通道之一。沪杭铁路运输能力处于饱和状态，沪杭动车组平时的上座率维持在80%以上，周末和节假日一般都是满座，其客流主要是商务流、旅游流、学生流和民工流，经济效益非常好。随着区域经济一体化的快速发展，沪杭通道承担的中长途货运量和城际客流量将迅猛增长，到2020年通道内客流量将达到1.7亿人，既有沪杭铁路已不能满足日益增长的运输要求。为了进一步加强浙江、上海两省市的经济交流、人员往来和促进优势互补，并在长江三角洲地区构建一个现代化的快速客运网，形成"1～2 h交通圈和经济圈”，提高区域交通设施网络化水平，推进长江三角洲一体化，2008 年 11 月 10 日沪杭客运专线获得国家发改委批复立项，沪杭城际客运专线正式开始建设。

沪杭客运专线走向跟现有的沪杭高速公路基本平行，建在高速公路北部，沪杭客运专线自上海虹桥站至杭州东站，线路长 158. 5 km，其中浙江段约 105 km，沪杭客运专线由上海虹桥站引出后，经松江南、金山北、嘉善南、嘉兴南、桐乡、海宁西、余杭南引入杭州东站，全线另在上海虹桥站枢纽建设至上海南站的连接线 11 km，在杭州东站枢纽建设至杭州站的连接线 4 km。沪杭客运专线为双线电气化铁路，采用全封闭、全立交设计，沪杭客运专线大部分线路采用更为先进的框架板式无砟轨道，具有线路稳定性强，刚度均匀性好，线路平顺性、耐久性高等突出优点，而且能够显著减少今后的维修量。线路建设速度目标值 200 km/h及以上，项目建成后，上海至杭州可在 40 min 内到达。2009 年 2 月，在应对金融危机拉动内需的背景下，这条双线电气化铁路的速度目标值被提高至 350 km/h，建成后沪杭间半小时之内可直达。沪杭城际客运专线设计最小列车发车间隔时间 3 分钟，初期每日开 210 对列车，远期每日 235 对。沪杭城际客运专线于 2009 年 2 月 26 日开工，并力争在 2010 年上海世博会前完成。沪杭客运专线建成后，将成为沪杭通道跨线中长途运输的主力，占有 70% 以上的份额，其近期客运量密度为 6 273 万人，远期输送能力可达每年 8 000 万人。届时，沪杭高铁公交化发车，以及沪昆线沪杭段动车组班次越来越密集，将打破铁路、公路在短途方面平分秋色的格局，呈现铁路一边倒的局面。

沪杭客运专线是国家扩大内需政策启动后，首次引入社会资本参与建设的铁路项目。项目总投资 292. 9 亿元，由铁道部、浙江省、上海市和宝钢集团合资建设。由于上海宝钢集团的参股，打破了铁路建设中铁道部与各省合作的二元股东格局。铁道部出资比例超过沪杭客运专线项目资金的 35% ，为该项目的第一大股东，上海市和浙江省的持股比例均为各自境内段的 50% ，宝钢集团有限公司将投资 20 亿元建设沪杭铁路客运专线，约占沪杭客运专线项目资金的 15% ，铁道部有意将这条黄金线路培育上市，如果成功，将成为继大秦铁路和广深铁路之后，中国第三条上市的铁路。

城际列车的开行要有完善的车站作为平台，沪杭城际铁路上的杭州新东站的建设引人注目。铁道部在2007年11月启动了杭州铁路东站概念设计方案国际招标工作，共有38家国内外知名的设计单位报名参加，经筛选和专家评审，推选了4个方案，3月26日至3月30日，4个方案在杭公开展示。最后，经铁道部和杭州市研究决定，东站站房概念方案确定为由中南建筑设计院、美国库根联合体设计的一号方案。该方案构思由"钱江潮"幻化而来，建筑主体呈现"圆润流畅"的形态，中间高、两侧低的造型优美而富有流动感，仿佛钱塘大潮一般。整个建筑群（站房及站台雨棚）既具有杭州柔美优雅的地域特征，同时也有杭州从"西湖时代"迈向"钱江时代"的豪迈大气。另一方面，设计借鉴了"动车组"的设计理念，将流线型作为建筑设计的手法，创造了一个充分展现地域性和时代感的现代化火车站。与其他八大枢纽站相比，造型独特鲜明。

杭州新东站由现在的火车东站原址上扩建而成，是一个大型现代化综合交通枢纽，站场总体规模为18台34线，总建筑面积约24万 m^2，总投资约19亿元，站房建筑面积达到15.6万 m^2，无站台柱雨棚面积7.4万 m^2，为全国九大特大火车站之一。杭州新东站为五层结构，地上2层，地下3层。地上有高架层、站台层；地下有地铁交换大厅；地铁站台层；地铁1号线和4号线同台穿越站台。地铁、4条高速城际列车、普通轮轨铁路及公交、出租车和社会车辆，将在火车东站形成平面和垂直结合的换乘格局，涵盖了铁路、磁悬浮、地铁及城市公共交通等交通形式。旅客可以很方便地从一种交通工具转乘另一种交通工具，全部实现"零换乘"，形成铁路"公交化"、"机场化"高效运转的模式。同时实现国铁和城市轨道以及公共交通的紧密结合，达到无缝衔接的要求。沪杭高速城际列车由铁路西侧进入火车东站，杭宁高速城际列车与沪杭高速城际列车会合后，由铁路西侧进火车东站。此外，还有两条规划中的高速城际列车，也将进入火车东站。

建设沪杭铁路客运专线，将与既有铁路通道实现客货分线，大幅提升通道整体运输能力和运输质量。这条铁路建成后，将与京沪、沪汉蓉、杭长快速客运通道及沿海铁路紧密衔接，并与杭甬、沪宁、宁杭等铁路组成长三角地区各主要城市间“1 ~ 2 h 交通圈”，对于进一步加快区域城镇一体化进程，增强区位辐射作用，推动长江三角洲地区经济社会又好又快发展，促进东部地区率先实现全面建设小康社会的战略目标，具有十分重要的意义。

首先，沪杭城际铁路建成后，“同城效应”将进一步升级。沪杭城际铁路建成后，届时沪杭间最快在 30 min 之内即可直达，比现在沪杭动车组列车还要快近 50 min，其高速、大容量、便捷的客运通道在两地间快速接驳、集散人流，将令上海与杭州及其周边地区不同空间的城市处在同一“时间序列”之中。“钟摆式迁徙”的工作、生活方式将在沪、杭之间变得非常普遍。沪、嘉、杭三地一定会出现一批“早出晚归”族，“工作在上海，居住在嘉(兴)、杭(州)”将成为现实。沪杭城际列车拉近的首先是心理距离，吸引一些上海、杭州的市民异地居住。如果沪杭城际列车投入运营，且相对经济，则势必会有一部分居民从上海、杭州分流出去，可以预想有一部分人会选择将他们一周五天工作日之外的时间，安排在异地的大房子里度过，而在工作城市的小公寓，纯粹只是个安身之所。

其次，沪杭城际铁路将缩小以上海为中心的土地价格圈的落差。沪杭城际铁路建成将会适当拉平杭州、上海两地高昂的房价，铁路周边区域房价将有较大提升，吸引上海人居住和投资，并对上海和杭州两地的房价起到稳定作用。以嘉兴为例，嘉兴定位为“上海后花园”，嘉兴楼盘的价格优势对上海人的吸引力很大，在嘉兴投资的开发商纷纷打着“上海人居嘉兴”口号，吸引上海客户。嘉兴江南太阳城，更是定位养老社区，物业管理和营销代理全部有上海企业担纲，目标直指上海人，该楼盘业主有 70% 为上海市民。嘉兴这种亲近上海的策略为当地楼市赢得了广阔的市场和发展空间。

第三，沪杭城际铁路的运行对区域旅游业的发展也有较大的促进作用。对杭州的影响将会非常明显，杭州休闲旅游资源优势明显，杭州自古就是文人雅士集聚之地，文化艺术繁荣昌盛：有著名的西泠印社，柔美的越剧和悦耳的江南丝竹。而杭州人也以懂得生活、追求精致、讲究品味而著称于世,休闲文化在这个城市有着很深的历史底蕴。沪杭城际列车的开行明显缩短了上海与杭州的"时间距离",30 min 就可到达两地,由于同城效应,上海及通过上海口岸的外国人可迅速进入杭州,旅游产业链在上海、杭州两个城市内进行资源链接,形成上下游关系,通过上海这块跳板,杭州对国际游客的吸引力会更大。同时杭州铁路枢纽地位的提升,将有利于更多的旅游者以更加便捷的方式来往于杭州与各城市之间,也有利于加强长江三角洲地区各城市间互为目的地和客源地的联系,并促进城市间商务、娱乐、贸易、物流等要素流通的更加频繁和多样化。

第四,沪杭城际列车开行之后,长江三角洲"次中心"城市格局将重构。沪杭客运专线建成后,将与宁杭、沪宁客运专线构成长江三角洲地区城际快速铁路网,并与其它交通方式共同组成适应区域经济社会快速发展的现代化综合交通体系,基本上覆盖长江三角洲的城市,快速铁路交通网成型后,上海、南京、杭州任意两地之间均可在 1 h 内到达,从嘉兴到上海、杭州将在 20 min 左右,尤其是沪杭城际铁路将在长江三角洲南线形成1 h 的交通圈,大大提高浙江与上海乃至整个长江三角洲地区交通的出行效率。实质上,它在驱动区域同城化的同时,将改变长江三角洲经济格局,二线城市与区域中心的距离大大缩短,其地位将获得提升;相反,现在的"次中心"城市的地位将有可能被弱化,这一地区很可能将成为苏锡常、杭嘉湖、宁绍板块和上海中心。

第五,沪杭城际铁路还将增强区位辐射作用,促使区域经济的快速发展。以上海为中心的长江三角洲经济一体化发展趋势一直以向西北偏移为主,侧重于倾向苏州、南京等地,而随着沪杭城际铁路的建设,这种倾向有可能得到很大改观,沪杭城际铁路拉近了上海与杭州的距离,杭州将在 2010 年世博会中扮演比上海以外的其他长江三角洲城市更为重要的角色,建造的沪杭城际铁路能让杭州、嘉兴等长江三角洲城市与上海一起来接待世博会期间的中外参观者。通过这个平台,浙北的嘉兴、湖州以及浙江的腹地金华、台州、义乌等地都将在上海的快速辐射范围之内,沪杭城际铁路将会促进这些区域经济的发展,届时,浙江将会在长江三角洲区域一体化中发挥更重要的作用,目前浙江的高速发展受到了人才与技术的制约，而沪杭城际铁路建成将会大大改善这种状况，浙江人才、技术的引进将会更加方便、有效，浙江经济的发展将会得到更大的提升。

12.5 广珠城际轻轨客运

广珠城际轻轨是珠江三角洲轨道交通网的主轴线之一，于2005年12月18日正式动工，工程全线总长143 km，其中广州至珠海主线长117 km，小榄至江门支线长约26 km。主线北起广州市新广州站，支线由中山市小榄镇引出，跨西江，经中山市古镇、江门市外海，至新会区。

广珠城际轻轨起于广州番禺新火车站，途经番禺、顺德、中山、珠海等各市区的沿途工业重镇。从远期规划看，珠江三角洲城际快速轨道网呈"A"字形主骨架，以广州为核心，由广深、广珠两条主轴和小榄至虎门联络线组成，总长度约600 km。

全线21个站，主线：陈村、北滘、顺德、顺德大学、容奇、南头、小榄、东升、石岐、中山、翠亨、金鼎、金唐、明珠、前山、珠海16个；支线：古镇、外海、江门、新民、江门西站。广珠城际轻轨快线全线将共建都宁港、南宫村、南阳山、凤凰山4个隧道，总长4 174 m，占主线全长的3.57%，全部位于广州至珠海主线。4个隧道均按双线隧道设计和施工，其中珠海境内的凤凰山隧道，为最长隧道，全长3 218 m，宽13 m，高12 m，比其他三条隧道全长总和还长，凤凰山隧道不仅是广珠轻轨全线首个开工点，也是该项目重点工程之一。该隧道东西向穿越珠海凤凰山，进口位于北师大珠海分校的后山，出口位于珠海市植物园内，2008年6月8日该隧道全线贯通。广珠城际轻轨桥梁几乎贯穿全线，广珠轻轨主、支线全线共143 km，而全线桥梁总长就达134 km，占轻轨全线的92.25%。因为根据规划，广珠轻轨多经过顺德、中山、珠海等地工业重镇，为不影响既有的城市规划和避免大规模拆迁，轨道几乎全部建在高架桥、跨河大桥上，其中广州至珠海的主线特大桥34座，共长101 km，支线小榄至江门途中将架特大桥7座。据介绍，所建桥梁中最高的桥墩就有98 m，其中地下埋着75 m，地表以上的部分23 m，这个高度还没加桥墩上的桥梁。如果把所有的桥墩、桥梁都算上，高度可能要超过100 m，之所以要建这么高的桥梁，是因为轨道要穿越沿途的高速公路。届时轻轨建成通车后，列车高空行驶，时而在沿途公路乘客头顶上行驶，时而在高空中穿梭，时而穿越巍巍山坡，这也将成为珠江三角洲城市间一道别致的风景。

截至2008年12月5日，广珠城际轨道目前已完成约六成的总施工量，其中地下工程已完成逾九成，除拱北站目前尚未动工外，全线已转为空中架梁施工。

广珠城际轻轨采用流线型设计电动列车，色彩美观大方，同时可以减少列车运行中的阻力。坐椅采取横向2+2布置、坐椅间距大，乘坐舒适。为了便于旅客确认车次，设置车外信息显示屏，每节车厢设有三对对开拉门，方便旅客上下车；车厢内顶部设置液晶显示屏，实时公布列车运行动态和播放乘客关注的新闻、天气预报等。列车采用交直交的牵引方式，微机控制的再生制动和空气制动相结合的制动方式，采用自动和半自动相结合的密接式车钩，减少纵向冲击力；配备列车网络控制系统，能够实时记录、存储、传递车内设备数据信息，便于对列车实施临近、故障分析。根据计划方案，广珠线每天营业时间将从早上6时延至深夜12时，每间隔2 min一班。设计近期日客运量为39.5万人，远期日客运量55.7万人，建成通车后广珠全程只需40 min。广珠轻轨全线采用电力机车牵引，列车在运行的过程中，不会产生废气排放；使用的轨道为无缝钢轨，加上采取了先进技术，有效降低了轮轨噪声，不少路段还会加装屏障隔声，所以轻轨沿线的居民可以不必担心噪声的问题。开通后的城际轻轨，将实行公交化全封闭运行，列车的每节车厢设计额定载客量均为200人，按8节车厢进行编组，每列车载客量为1 600人；列车最高运行时速达200 km/h，从珠海到广州仅需47 min，旅客不会受到等红灯、塞车等因素困扰。据介绍，按该项目开工前上报的预算，全程直达票价为50元左右，而最终票价应该在此基础上有所上浮，但按设计的票价，应该低于同时运营的城际直达豪华快巴。

城市交通系统是城市发展的核心之一，尤其对于一个上百万人口的城市而言，交通系统的规划将影响整个城市的发展形态。而在国情的影响下,国内城市交通主要都是依附公共交通系统发展的,其中陆地公交系统主要由公交大巴与铁路组成。但是随着城市的发展,日益庞大的交通流量使得城市及城际的道路渐已不堪重荷,城市对新型公共交通系统的需求不断增强。虽然铁路交通系统不依赖公路,并有助于缓解城际道路交通压力,但是由于传统的铁路使用存在局限性,搭乘较为不便,且噪声较大等原因,使之为城市居民所排斥,而地铁项目又非大多地区政府所能承担。在城市发展的各种需求和矛盾中轻轨项目由此孕育而生。

相较传统铁路系统和地下铁路系统,城市轻轨对于城市建设有着较强的优势:首先就工程而言,城市轻轨的工程造价仅约为地下铁路系统的1/3,但其运力则达到地铁的一半左右,且工程规模相对较小,对城市的整体环境及城市规划影响也较小,能较好的融入已有的城市建筑群落中;其次,对于城市经济而言,城际轻轨的建设能更好的加强城际工业与商业的合作发展,带动城市整体经济发展。其便利性、快捷性能吸引大量市民搭乘,从而极大地提高城际间的往返人流量,为城市发展创造商机;再者,对于市民日常生活而言,轻轨建设加快了城市化的步伐,使得交通更加便捷,而且能够使集中的城市人口开始向周边郊区扩散,缓解城市中心区的交通压力,为城市交通重塑脉络,更有效地优化配置城市资源。第四,城际轻轨建设后,房地产行业无疑是最大受益者之一。城市交通的发展是房地产行业发展最有利的支持,而其对周边土地及物业赋予的价值增长作用也是显而易见的。从目前大部分城市和国家城市轨道建设的效果来看,四通八达的城市轨道交通,可以带动整个城市经济的发展,尤其是房地产开发。不管交通系统铺设到哪里,房地产开发总是尾随而至。房地产项目的热销跟轻轨的关系是不完全的,但是它的存在却绝对是对房地产有利的因素。

广州至珠海(含中山至江门)城际轻轨是珠江三角洲经济区西翼的主轴,承担着加速发展珠江三角洲西翼和联通珠江三角洲东翼的重要作用,主要承担广州至珠海沿线各个城市和主要中心城镇之间的客流,兼顾城市组团、次中心城镇之间的客流。其综合效应有:

(1)改善交通条件,方便人们出行。随着经济的快速发展,沿线客流量将急剧增加,需要大运量的轨道交通,仅靠现有的交通运输方式将不能满足经济发展、人们出行的需要。广珠城际轻轨的建设,从整体上提高了客运系统的运输效率和运输服务水平,改善了的交通条件,极大方便人们的出行,同时可缓解公路运输能力紧张的局面,解放部分运输能力用于货物运输,以保证客货运输的协调发展。

(2)有利于沿线城市的城市现代化进程。广珠城际轻轨有利于拓展城市发展空间,同时快速轨道交通是现代化的重要标志,它具有运输能力强、快速准时、安全舒适、全天候,节约能源和土地,对环境保护有利等特点,建设广珠城际快速轨道交通,能有效地引导城市健康、持续发展,加快城市现代化进程。

(3)改善投资环境。广珠城际轻轨的建设,加强了沿线城市与周边地区的联系,改善了投资环境,他们可以充分利用广州、澳门经济发展的辐射力和引领作用,加快经济的快速发展。

(4)增强镇区间的联系。广珠城际轻轨将沿线经济发达的镇区连接成一个整体,强化了各镇区之间的联系与分工,有利于资源的整合利用,增强了镇区之间的配套能力,提高经济质量,节约成本,促使整个区域的产业升级和转型,实现镇区的协调发展。

(5)广珠城际轻轨沿线开发商机无限。沿线综合开发的范围相当广:在沿线适宜的地方开发商业网点和大型项目,如大型房地产社区、大型娱乐园、大型比赛场馆、大型综合超市等;根据沿途各镇、区的经济特点,发展特色市场,如小榄的锁具制造、南头的空调和彩电产业、古镇的灯饰产业、东凤的小家电产业等在全省甚至全国都颇负盛名,可结合各镇区的主导特色产业,在广珠城际轻轨车站及其附近建立相应的市场等。

(6)提供大量的就业机会。广珠城际轻轨提供了通勤、通学、通商、旅游等交通便利条件,在沿线可以开发商业网点、大型开发项目和特色市场,这都将会提供大量的就业机会,有利于减缓就业压力。

(7)节省土地等资源,有助于环境保护。广珠城际轻轨与公路交通比较,有利于节省土地、节约能源、保护环境,实现沿线城市的可持续发展。据了解,完成同样的运输量,城际轻轨占地仅为公路占地的1/8,

因此,建设城际轻轨将节约大量土地;由于轨道交通以电力为动力,不仅可以节约能源,而且有利于解决公路运输中汽油和柴油使用后对沿线的污染问题,有助于环境保护,促进能源与环境协调发展。

轻轨的上述有利效应在珠海市体现的十分突出。首先,广珠城际轻轨的修建将提升拱北区的“CBD”地位。就拱北区而言,虽然轻轨直通拱北—澳门关口,但现今拱北区的房地产开发已近饱和,可开发地块不多,轻轨工程对拱北房地产开发的带动将不会十分明显。但由于是终点站,巨大的客流量将带动拱北商业进一步发展,使得拱北“CBD”的发展定位更趋明确,未来该区域的商业、物业价值将有较大提升。

其次,广珠轻轨对珠海前山区的楼市将产生明显的影响。广珠轻轨在前山区设有车站,这将大大地改善了前山区交通的便捷程度。前山区是珠海市区内主要的工业区,长期以来区域内的相关配套较为匮乏,且交通环境较差,物业价值较低。但政府启动的前山区道路交通环境以及河岸环境的改善工程,将提升前山区的商业环境及居住环境,尤其是轻轨线路带来的巨大客流,更将成为前山商业发展的巨大动力。这一切都吸引数家大型开发商进驻前山房地产市场,同时也吸引更多中低收入阶层置业前山。在轻轨的带动下,前山区的物业价值将逐步得以体现,同时区域形象将逐渐由工业区向居住区转变,有望成为新的居住热点区域。可以说,轻轨线路是前山房地产开发的“助推器”。

第三,将加快珠海北郊唐家区的社会经济开发。唐家区地处珠海北部,远离市区,由于交通等方面的城市配套设施缺乏,交通不便,很大程度上制约了该区域的经济社会开发程度。虽然该区自然环境优越,房价相对市区较低,但是,开发商出于路程遥远、交通费用较高等方面的考虑,对其只能望洋兴叹。而目前该区域的置业群体,基本都是有车一族,市区内部分经济条件稍差的群体,也只能对该区域的优越的居住环境可望不可及。但轻轨的开工,将使得这一情况出现转变。对开发商而言,轻轨将成为创业和兴业的交通配套之一,这使得产品产生更多吸引力,同时轻轨的存在使得目标客户群体的范围扩大,覆盖范围甚至含括澳门地区,这对销售将起到巨大的助力作用。对市民而言,轻轨缩短了唐家区和市内的距离后,原本没有在远郊工作和购房意向的人群将发生观念上的改变，因为远郊的居住环境更亲于自然，而价钱上，城郊的住宅更加便宜，性价比更高。广珠轻轨的建成，将大大缩小唐家区与市区的空间和时间差距，使得邻近轻轨的唐家区的就业岗位和住宅得到更多人的青睐。

此外，港珠澳大桥和广珠轻轨、广珠铁路的建成，将大大地改变珠海城市整体的区位条件，珠海在地理位置概念上的"死角"将不复存在，珠海在大珠三角战略中的分量将大大加重。如果考虑到港珠澳大桥能够更密切珠海与香港之间的经济联系、合作、交流与互动，使资源合理配置，优势互补，更可接受正处于经济转型期的香港的辐射。大桥建成后，人流、物流、信息流将为珠海各产业带来新的机遇，作为珠海第三产业两个龙头的房地产和旅游业有了更为实际的内容和发展空间。

广珠城际轻轨的建成和投入使用的巨大效应，还体现在对珠江三角洲西岸经济社会的发展产生深刻影响。西岸城市因受珠江阻隔，在陆路交通上需绕道香港，10 多年来招商引资以及外向型经济的规模均不及珠江三角洲东岸城市。据了解，两岸在当时经济发展的起始阶段资源条件非常相近，珠江三角洲东岸惠州、东莞、深圳三市面积与珠江三角洲西岸江门、珠海、中山相差不大，前者 1988 年人口数(405 万人)比后者(499.1 万人)少，但到 2000 年，前者人口已发展到 1 667 万，比西岸城市足足多出一倍。而珠江三角洲东岸城市 GDP、工业总产值、固定资产投资从改革开放初期与西岸接近，到 2002 年东岸三市合计 GDP 3 454.9 亿元、工业总产值 6 588.3 亿元、固定资产投资 1 096.1 亿元。珠江三角洲西岸三市远远落后于东岸三市。造成如此差距的主要原因就是珠江三角洲西岸至今没有铁路，与香港交流受珠江阻隔，珠江口两岸东强西弱的局面由此而成。

然而一旦广珠城际轻轨、广珠铁路、港珠澳大桥等项目相继落实，对西岸三市的每一产业都会造成深远的影响，同时这些项目的落实，将影响到整个珠江西岸甚至粤西乃至大西南(桂、黔、云、川等省区)的经济发展。"一桥两轨"兴建，使西岸三市与香港等地距离拉近，江门、珠海等西岸三市有天然深水良港、国家级一类货运口岸，发达的高速公路路网、大型火电厂等综合优势，城市资源竞争力就会更加突出，将有效促进东岸产业结构转移,促进珠江三角洲地区整体竞争力的提升,成为拉动珠江三角洲新一轮经济增长的杠杆。

为迎接历史机遇,江门目前在抓好传统产业的优化升级,建设好机电、造纸、纺织服装、电子信息、食品、建材等六大制造业基地;大力发展重化工业、新兴产业和高新技术产业,构建新型工业化产业体系的同时,正在加快制造业基地、物流基地和能源基地"三个基地"的建设和规划。另一方面,在调整产业结构、转变经济增长方式、走新型工业化道路的基础上,争取更快的发展速度。银洲湖区域已经成为江门市重要的投资热土,江门市"十一五"时期加速发展的后劲离不开银洲湖。银洲湖是港澳和珠江三角洲通往粤西乃至大西南的重要交通枢纽。这一区域发展临港经济的条件十分优越。目前银洲湖区域的开发建设已进入快车道,各项建设成绩喜人,招商引资工作卓有成效。

目前,珠江三角洲东岸经济明显优于西岸,东西两岸与香港联系的紧密度是拉大两岸经济差距的主要原因,其中交通联系又是非常关键的因素。近期,广珠城际轻轨、广珠铁路、港珠澳大桥正在紧锣密鼓地进行前期工作。随着施工情况的不断进展,"一桥两轨"的影响力已经在粤西各大城市开始逐渐显现。中山、江门各大城市的房地产业、物流业、旅游业都将大大受益。

值得一提的是,广珠城际轻轨的建成还将促进亚运会带来的"亚运经济"效应。它将通过广珠轻轨及佛山各轨道交通网凸显。2010年,亚运会将在广州举行,根据"广州为主,适当辐射周边城市"的原则,武术和花样游泳等项目将由佛山承办,而这些体育场馆都可以通过城际轻轨及中转巴士等方式到达。借助广珠城际轻轨及中转的交通,不少中山、珠海、江门、广州的市民都可以轻松到达佛山的场馆,形成巨大的消费需求。另外,根据"全民健身"等主题,在广珠轻轨站点附近建立运动、休闲和娱乐场所。如北滘是广珠西线、佛山"一环"、广珠城际轻轨、广州火车站等重要交通设施的交汇处,辐射力极强,北滘活力体育中心、体育训练基地在建,它们将与君兰高尔夫、新城区水文化街、碧桂园等名盘的会所形成休闲旅游的格局。这些都是广珠城际轻轨建成后的重要商机。广珠城际轻轨建成后，有望得到大发展的还有沿线的旅游景点和酒店，表现在沿线辐射景点和酒店的散客量将增加，休闲旅游得到发展。如珠海的海泉湾虽然广珠轻轨建成后，并不能直接到达海泉湾，但人们可以通过中转到达。这对于没有自驾车的人来说，休闲旅游将更方便，从而使散客量增加。

广珠城际轻轨将于2010年亚运会前建成并投入使用，不少市民表示，希望这种快速城际轨道交通建成后，能像日本的城际高速铁路——日本新干线一样发挥它便利、快捷的长处，方便人们出行。不远的将来，广珠轻轨正式开通，更多的人就可以便利地往返于广州、佛山、中山、珠海与江门之间。从广州到顺德区只需要十多分钟，从顺德区到中山、珠海也仅是几十分钟以内车程。广珠轻轨通车后，人们的出行、旅游、购物都将更加便利；轻轨沿线城市及辐射城市将商机大显；珠江三角洲城市也将加快融合，实现资源的有效配置。

从珠江三角洲的区域视角看，广珠城际轻轨的建成有助于形成珠江三角洲一小时生活圈。城际快速轨道把区域之间分散的城市“网”成一个整体，强化了城市群之间的联系与分工，增强了城市之间的配套能力，将促使整个区域的产业升级和转型。公交化的城际快速轨道交通必然带来沿线居民住、行、工作观念的深刻变化，引发珠江三角洲城市群的同城化发展新格局。大珠三角地区同城化“1 h生活圈”的蓝图也正在实施。大珠三角规划提出的“三环八射”线网格局，更加突出珠江三角洲“同城化”的轨道交通网络概念，这一放射线与环行线相结合的线网布局建成后，将珠江三角洲9个城市一“轨”网尽。以广州、深圳、珠海为中心，1 h内9个城市可以互相通达，并连通港澳两地的轨道交通网，形成真正意义上的大珠三角“1 h生活圈”。在珠江三角洲城际轨道网中，估算投资总额达130亿元的新广州站位于中心，可谓带活整盘棋的最核心的棋子。届时，广深港城轨、广珠城轨两条珠江三角洲城轨主轴会聚于此，同时武广客运专线等出省铁路也以此为重点，通过广州地铁等连通广州等城市中心。新广州站变成珠江三角洲地区的交通枢纽。

由此，未来的珠江三角洲将可能出现一种新的居住模式——“城市群居住”。市民可以在中心城市工作，到副中心城市居住，中心城市与副中心城市共处一个城市群落，距离近，交通非常便捷，只有1 h里程。“城市群居住”使得珠江三角洲二、三线城市将因其独特的地理环境与生态优势，为广州市民乃至其他城市居民置业安居提供优质选择，不仅满足人们对舒适生活的追求，也大大降低了置业成本。住在中山、珠海，到广州工作也许会成为一种时尚，给人们的生活方式带来巨大的转变，并为个人发展提供了更多的机遇。人们不难想像这样一幅画面：周末，广州人到佛山“饮早茶”、购物，然后到碧桂园看楼盘；佛山人轻轻松松地到中山买灯饰，逛景点；广佛两地的朋友相约同行，到珠海吹海风……广珠轻轨的开通，珠江三角洲地域界限的打破，将极大地提高人们生活质量，扩展人们的活动范围，为人们带来丰富而新鲜的生活。人们在广州工作、佛山生活；在中山居住、佛山工作；或是珠海生活、佛山工作，都成为了可能。届时，连成一体的珠江三角洲，将以更强大的姿态、更优秀的形象走向世界。

12.6 昌九城际铁路客运

江西是一个矿产资源丰富的省份，也是一次能源相对缺乏的省份。一方面，资源型产业及其加工工业的发展，需要依靠以铁路为主的大宗物资运输；另一方面，江西省能源结构以火电为主，火力发电所需煤炭主要依靠外省调入，目前仅煤炭运输就已占到江西省铁路运力的1/3。“十一五”末江西全省火电装机将达1 200万kW。届时，江西省所需电煤的70%、钢铁企业原料的80%以上、有色冶金企业原料的66%均需从省外调入，这些大宗货物主要依赖铁路运输，而现有铁路运能远不能适应运量增长的需求。

南昌和九江是江西省主要的工业城市，基础设施和配套能力等都拥有相对优势。昌九工业走廊是江西省工业较为密集的地带和经济最具活力和潜力的地区，是国家沿江开发战略的重要区域，也是江西省旅游资源较为丰富的地区，在区域经济发展中占有重要地位。随着中部崛起战略的实施，该地区以物流园区、工业园区、开发区为代表的产业载体迅速扩充，工业化、城市化进程日益加快，沿线城镇间联系日趋密切，南昌至九江间客货运输需求将不断增长。而且，地理因素也决定了南昌、九江在江西的重要性。南昌具有战略性枢纽性区位优势，从南昌沿京福高速可直达闽东南三角区，沿赣粤高速可直达珠江三角洲，且车程均在 6 h 之内。九江，江西省的北大门和唯一的港口城市，溯长江而上，可直达武汉三镇及西部名城重庆；顺长江而下，可畅通无阻地进入以上海、南京为代表的富饶的长江三角洲。南昌，九江，作为江西承接长珠闽地区梯度转移的“主传手”，两个城市有着很强的区位优势、经济联系和互补关系，特别是昌九工业走廊建设步伐的加快，未来两市的人流物流往来将更加频繁，这就要求南昌与九江之间必须建设与之相适应的快速、高效、舒适、安全的交通运输体系。

南昌和九江间铁路里程 135 km，昌九高速公路全长 138 km。从客运方面来说，与汽车比较，大部分旅客会选择乘坐火车，因为火车除了票价便宜，速度也比较快。目前，南昌至九江间的铁路开行旅客列车 41 趟/对，除了 7210/7209 和 K8702/K8701 是以南昌和九江为始发站和终点站外，其余都是过路车。其中，7210/7209 途经南昌、永修、杨家岭、军山、共青城、德安、庐山到达九江，上座率比较高，乘客主要是在沿途下车。而 K8702/K8701 除南昌和九江外，中途不停车，是南昌和九江间的管内直达客车。

目前，京九铁路南昌至九江段实行客货混运，重车方向货流密度已达 4 376 万 t。因此，南昌至九江间既有铁路的能力利用率已超过 80%，2010 年前能力利用率将超过 100%。随着区域经济的快速发展，九江至南昌客货运量将迅猛增长。预测 2020 年该段客流密度 2 680 万人，重车方向货流密度 9 600 万 t；2030 年客流密度 3 560 万人，重车方向货流密度 11 900 万 t。既有铁路能力远不能适应运输需要，成为京九铁路的“瓶颈”路段。

为了从根本上改变运输能力紧张状况，形成大能力的客货运输通道，建设昌九城际快速铁路通道是势在必行的。建设昌九城际轨道交通，可为沿线提供大能力、高速度、安全舒适、节能环保的轨道交通方式，较好地满足通道运量迅速增长的需要，适应城际客流对时间、速度和舒适度的要求。

昌九城际铁路工程投资总额逾60亿元，由铁道部和江西省政府双方各出资50%。原定2006年11月就开工，但因为融资等问题，一度搁浅。2007年5月中旬，昌九城际铁路赴香港招商，与建银国际资产公司、香港鸿顺控投集团签定合作意向书，两家公司共参股1.3亿美元投资建设昌九铁路。

2007年6月28日下午，九江至南昌城际铁路正式开工建设。建设工期为3年，预计在2010年投入运营。该铁路新线全长91.5 km，起点位于九江庐山站，分别沿京九铁路两侧而行，至八里湖前右线上跨京九线与左线并行，然后双线等高并行既有八里湖特大桥直跨八里湖，沿铜鼓山东侧山脚并行武九铁路下行线引入庐山站，出庐山站后沿京九铁路东侧而行，途经庐山区、九江经济技术开发区、九江县、德安县、共青开发区、永修县、桑海开发区、新建县、南昌经济技术开发区、西湖区、青云谱区，终点为南昌北站，并与既有的京九铁路相连，引入南昌站。全线依次分布有九江、庐山、德安、共青城、永修、乐化、南昌等7个车站，除乐化站新建外，所有车站均并入既有车站。九江站、南昌站为始发和终点站，其余为中间站。同时建设南昌枢纽相关配套工程，包括南昌枢纽乐化至南昌间16.1 km既有线相应改造、南昌站配套改扩建和南昌动车组运用检修设施配套建设。可与在建或规划建设的快速铁路衔接，从而形成京九、浙赣、武九、铜九、向莆并连接京广大动脉的铁路运输大格局。

昌九城际铁路的等级为客运专线，正线数目为双线，设计时速目标值为200 km（平面预留提速条件），牵引种类为电力，机车类型为SS9或者电动车组。目前南昌到九江的铁路需要90 min，昌九城际铁路建成后仅需40 min，行程可缩短50 min。作为一条客运专线，该线路建成后，运行在京九线上的40多趟客运列车都将运行在昌九城际铁路上，现在的京九线昌九段将改客货两运为单纯的货运。昌九城际铁路设计运量为：近期客流密度每年2 418万人，客车对数每日92对；远期客流密度每年3 312万人，客车对数每日130对。另据预测，昌九线城际客流以南昌、九江两个车站的到发客流占到区域内总客流的63%；其次为庐山站和乐化站占总客流的20%；九江与南昌间城际上、下行客流均衡，各区间的断面流量也基本接近，近远期最大断面流量分别为443万人、691万人，次大断面流量分别为394万人、606万人；其中九江、南昌两点之间的直达客流为230万人、353万人，占总客流的50%以上；庐山站、乐化站作为城市郊区车站，分别与九江站、南昌站交流较大，占相应断面流量的20%左右；各中间站也分别与九江站、南昌站交流为主，各站间的相互交流较小。

昌九城际铁路将会对江西省经济社会发展产生重大影响。首先，建设昌九城际铁路是充分发挥整个京九线及相关干线运输能力的需要。对于完善我国中部地区快速客运网，与相关快速铁路一起构成闽赣地区与华北、华中、西北地区联系的快速客运通道，加强华中重镇武汉与东南沿海地区的联系具有重要作用。昌九城际铁路在京九线最繁忙区段实行客货分线，这将大大缓解既有京九线南昌至九江段运输能力的紧张状况，构建九江、南昌间分工明确、功能合理的综合运输体系，且外省至南昌段综合运输能力将得到有效提高。这对于构建区域高效便捷、能力强大的交通运输体系具有十分重要的意义，将从根本上提高江西铁路的运输能力，提高江西铁路的路网质量和加速人流、物流的快速流动。

其次，昌九城际铁路的建设，将会给南昌市园区经济和昌九工业走廊的发展提供有力的交通支撑。使得南昌市承东启西的区位优势进一步彰显，提升南昌的辐射功能；发挥九江港口的水运优势。不仅对南昌、九江两市的社会和经济发展产生重大影响，而且能使两地发挥区域中心城市辐射作用，推动昌九工业走廊建设。2006年8月10日，江西省发改委对外公布《江西省昌九工业走廊“十一五”区域规划》，5年内，昌九工业走廊将被建设成为江西省最具活力的优势产业密集区、功能互补的城市群落密集区和开放程度高、外向型明显的开放型经济密集区。南昌和九江是江西省主要的工业城市，基础设施和配套能力等都拥有相对优势，昌九沿线更是全省工业较为密集的地带。江西省于1992年就规划昌九工业走廊带的建设。规划到2010年昌九工业走廊将建设为特大、大、中、小城市布局合理、功能互补的新型城市群；南昌建成为区域性中心城市；九江建成重化工业、区域物流中心和山水文化旅游城市。走廊内将形成交易额超过10亿元的商品批发市场10个，游客吸纳能力2 600万人次。2004年沿线地区实现农业生产总值188.6亿元，占全省的17.9%；规模以上企业工业总产值829.8亿元，占全省的37.5%。从区域大规模发展工业的基础和潜在资源看，南昌、九江两市的集聚和辐射能力大大增强、沿线基础设施状况日趋完善、产业集群效应正在显现，全省六大支柱产业的核心企业主要分布在昌九沿线上。昌九工业走廊上的开发区建设生机勃勃初具规模。而昌九城际铁路的建设将会为昌九工业走廊的发展翻开新的篇章。

再次，昌九城际铁路的建设，对于推动环鄱阳湖城市群建设，促进中部地区崛起战略的实施以及区域经济持续健康发展有重要意义。环鄱阳湖地区是江西省产业基础最好、科技文化水平最高、城市化水平最优、经济联系最密切的区域。随着城市化进程加快和城市群的逐渐形成，必将形成交通运输需求量大增的局面，城际客运铁路不仅可以较好解决城市化带来的居民出行难问题，而且可以加快形成1 h都市经济圈，更好地发挥南昌经济的辐射力和拉动力，带动环鄱阳湖城市群的发展，还可以密切地区内部及对外交流合作，引导地区产业合理布局、协调发展，加速江西省工业化、城市化的建设进程。

此外，昌九城际铁路的建设，对促进沿线旅游资源开发和旅游业的繁荣也具有重要作用。2007年5月1日由九江始发经南昌至井冈山的首发“红色之旅”列车正式开通，这趟车是目前江西境内速度最快、设施最好、特色最鲜明的城际旅游快速列车。“红色之旅”开通后，庐山至井冈山只要4个多小时，而之前从井冈山到庐山坐汽车需7 h。因此，“红色之旅”城际列车有利于将井冈山和庐山捆绑成江西游的首选地。昌九城际列车的开行促进了江西旅游业的发展。2008年，江西全年接待旅游总人数8 102.89万人次，旅游总收入559.38亿元，约相当于全省GDP的8.6%。其中，全省接待入境旅游者80.21万人次，旅游外汇收入2.516 9亿美元。红色旅游接待人数3 543.17万人次，红色旅游收入244.6亿元。旅游直接就业40万人，间接就业200万人。昌九城际铁路建成后，昌九高速城际列车对江西旅游业的繁荣和发展的贡献将会更大。

最后，值得着重推介的是昌九城际铁路的融资模式具有的创新意义。昌九铁路和同莆铁路不仅取得了国家开发银行的40亿元政策贷款和长期稳定的融资支持承诺，还成功地在香港招商引资，受到客商青睐。昌九城际铁路引来建银国际资产公司、香港鸿顺控股集团的合资，同莆铁路引来大唐国际发电公司和加拿大万事达公司的合资，两项合资协议引进资金共6亿美元。目前，江西省铁路集团公司还将昌九、同莆铁路合资公司转为股份有限公司，着手开展上市融资，已得到海内外投资者的广泛关注，摩根大通、新鸿基等众多境内外企业表现了强烈的投资意愿。江西铁路投融资模式的转变，有效地突破了国内其他合资铁路的传统建设模式和体制。过去单纯依靠政府资金和银行贷款的融资方式得到改变，向融资多元化和资本市场运作方式迈出了新的步伐，受到国内外其他省市的关注和借鉴。

附录1

长沙至衡阳客流预测(灰色模型)

本报告采用总客流量预测的方法。原始数据如下:

表1　长沙—衡阳历年公路客流量　　单位:人

目的地	1999 年	2000 年	2001 年	2002 年	2003 年	2004 年
长沙—衡阳	101 767	114 423	108 188	98 522	124 198	134 430

资料来源:湖南省交通厅。

表2　长沙—衡阳历年铁路客流量　　单位:人

目的地	1998 年	1999 年	2000 年	2001 年	2002 年	2003 年	2004 年	2005 年
长沙—衡阳	692 762	788 514	1 005 722	1 292 475	1 355 192		1 647 703	1 563 947

资料来源:广铁长沙客运站。

由于缺乏2003年度铁路客流数据,我们根据2003年之前5年,即1998—2002年的铁路客流数据应用灰色模型预测2003年的铁路客流量,为1 676 903。则总客流量如下表所示。

表3　长沙—衡阳历年总客流量　　单位:人

目的地	1999 年	2000 年	2001 年	2002 年	2003 年	2004 年
长沙—衡阳	890 281	1 120 145	1 400 663	1 453 714	1 801 101	1 782 133

用灰色模型进行2005年至2010年客流总量预测为:

表4　长沙—衡阳总客流量预测　　单位:人

	2005 年	2006 年	2007 年	2008 年	2009 年	2010 年
预测客流量	2 083 900	2 329 176	2 603 321	2 909 734	3 252 212	3 634 999

计算过程

$\boldsymbol{x}^{(0)}$ 的 AGO 序列 $\boldsymbol{x}^{(1)}$，$\boldsymbol{x}^{(1)}$ 的 MEAN 序列 $z^{(1)}$ 如下所示。

	$x^{(0)}(k)$	$x^{(1)}(k)$	$z^{(1)}(k)$
$k=1$	890 281	890 281	
$k=2$	1 120 145	2 010 426	1 450 354
$k=3$	1 400 663	3 411 089	2 710 758
$k=4$	1 453 714	4 864 803	4 137 946
$k=5$	1 801 101	6 665 904	5 765 354
$k=6$	1 782 133	8 448 037	7 556 971

求得:$a=-0.111\ 274, b=1\ 030\ 374$

GM(1,1)白化响应式为:

$\hat{x}^{(1)}(k+1)=10\ 150\ 072.15\ e^{0.111\ 274\ k}-9\ 259\ 791$

求得 $\boldsymbol{x}^{(1)}$,$\boldsymbol{x}^{(0)}$序列如下:

	$x^{(1)}(k)$	$x^{(0)}(k)$
$k=1$	890 281	890 281
$k=2$	2 084 954.6	1 194 674
$k=3$	3 420 242.2	1 335 288
$k=4$	4 912 693.8	1 492 452
$k=5$	6 580 808.1	1 668 114
$k=6$	8 445 260.4	1 864 452

残差检验计算值:

	$x^{(0)}(k)$	$\hat{x}^{(0)}(k)$	$\Delta(k)$	$\xi(k)$
$k=2$	1 120 145	1 194 674	−74 528.6	−74 528.6
$k=3$	1 400 663	1 335 288	65 375.5	65 375.5
$k=4$	1 453 714	1 492 452	−38 737.7	−38 737.7
$k=5$	1 801 101	1 668 114	132 986.8	132 986.8
$k=6$	1 782 133	1 864 452	−82 319.3	−82 319.3

$$\xi(\text{avg})=\frac{1}{6-1}\sum_{k=2}^{9}|\xi(k)|\ 100\%$$
$$=5.198\%$$

模型精度:

$$p^0=(1-\xi(\text{avg}))100\%$$
$$=94.802\%$$

预测结果如下:

	$\hat{x}^{(1)}(k)$	$\hat{x}^{(0)}(k)$
$k=7$	10 529 160	2 083 900
$k=8$	12 858 336	2 329 176
$k=9$	15 461 657	2 603 321
$k=10$	18 371 391	2 909 734
$k=11$	21 623 603	3 252 212
$k=12$	25 258 602	3 634 999

附录 2

长沙至衡阳 2006—2010 年 OD 流量预测报告 (重力模型)

本文运用重力模型对长沙至衡阳段 2006—2010 年的 OD 流量进行了预测,具体思路是:首先根据长沙、衡阳两城市 1999—2004 年的人口和 GDP 数据,用生产法计算出两城市的旅客平均时间价值,利用时间价值将两地间的旅行费用转化为时间,与旅行时间、发到时间、候车时间一起组成两地的运输阻力。再利用人口、GDP、运输阻力和已知的 OD 流量对模型进行线性回归,求出模型参数,得到长沙、衡阳两城市 OD 流量的重力模型。最后通过预测 2006—2010 年的人口、GDP,以及调整运输阻力,得到 2006—2010 年长沙、衡阳两城市间的 OD 流量和铁路客运量。

一、模型简介

本报告采用重力模型对长沙和衡阳两个城市间的客流进行预测,模型的基本形式如下:

$$T_{ij} = K\frac{(P_iP_j)^{\alpha} \cdot (E_iE_j)^{\beta}}{\exp(\gamma \cdot R_{ij})}$$

其中 T_{ij} 为两地旅客交流量,P_i,P_j 为两地人口数量,E_i,E_j 为两地人均国民收入,R_{ij} 为两地运输阻力,K,α,β,γ 为模型的参数。

二、模型标定

1. 运输阻力的计算

本文中的运输阻力按照如下公式计算:

$$R_{ij} = \frac{C_{ij}}{V_{ij}} + t_1 + t_2 + t_3$$

其中 C_{ij} 为两地之间的旅行的总成本(主要是火车、汽车票价),V_{ij} 为两地旅客的平均时间价值,t_1 为两地旅客间的旅行时间,t_2 为两地从出发地到车站以及从车站到目的地所花费的时间,t_3 为旅客的候车时间。

如果两地之间存在多种运输方式，那么由于各种运输方式的运输条件不同、特性不同，运输阻力也就不同，其中运输阻力最小的运输方式最能代表两地的运输条件。因此，当两地间存在多种运输方式，模型中的 R_{ij} 就选取各种运输阻力中最小的，即 $R_{ij} = \min\{R_{ij}^1, R_{ij}^2, \cdots, R_{ij}^n\}$。具体到长沙和衡阳两地，目前两地旅客交流基本通过汽车与火车两种方式，因此，我们在下面的分析中将着重考察这两种运输方式的情况。

(1)旅客平均时间价值。

本文采用生产法计算时间价值，即 V = 人均 GDP/t。其中 t 为劳动者年平均劳动时间，按每年工作 250 d，每天 8 h 计算，年平均劳动时间为 2 000 h。1999—2004 年，长沙、衡阳两城市的社会经济状况如表 1 所示(2003 年因非典的影响导致数据异常，故以下的所有数据和计算都剔除了 2003 年的数据)：

表 1　长沙、衡阳 1999—2004 年人口、GDP 表

年　份	长　沙		衡　阳	
	GDP(亿元)	人口(万人)	GDP(亿元)	人口(万人)
1999	588.44	582.47	326.32	702.12
2000	656.41	583.19	353.08	707.01
2001	728.08	587.10	386.40	705.74
2002	812.90	595.50	418.43	709.64
2004	1108.85	610.38	541.23	718.95

资料来源：长沙市统计局网站 http://www.cstj.gov.cn；
衡阳市政府门户网站 http://www.hengyang.gov.cn。

根据公式可得到两城市的旅客平均时间价值表如表 2 所示。

表 2　长沙、衡阳 1999—2004 年旅客平均时间价值表

单位：元/h

年　份	长　沙	衡　阳	平均时间价值
1999	5.05	2.32	3.69
2000	5.63	2.50	4.06
2001	6.20	2.74	4.47
2002	6.83	2.95	4.89
2004	9.08	3.76	6.42

(2)运输阻力。

考虑到近几年票价和旅行时间都没有太大的变化,故表 3 中都采用了同一数据:

表 3　长沙—衡阳的火车和汽车票价及旅行时间

	平均票价(元)		平均旅行时间(h)	
	火车	汽车	火车	汽车
长沙—衡阳	29.8	55.48	2.45	2

资料来源:石开旅行时刻表(石开网络科技有限公司 http://www.lxsk.com)以及长沙长途汽车网站的资料。

取平均到火车站时间:长沙 40 min,衡阳 30 min。平均候车时间为 30 min。

取平均到汽车站的时间为:长沙 50 min,衡阳 30 min。平均候车时间为 10 min。

那么,旅行总成本与平均时间价值之比、平均旅行时间、平均发到时间,以及平均候车时间四项之和构成了两地间的运输阻力,如表 4 所示。

表 4　长沙—衡阳 1999—2004 年的运输阻力　　单位:h

年　份	长沙—衡阳段运输阻力	年　份	长沙—衡阳段运输阻力
1999	12.20	2002	10.22
2000	11.46	2004	8.76
2001	10.79		

2. 模型参数的确定

1999—2004 年长沙至衡阳的公路、铁路 OD 流量数据如表 5 所示。

表 5　长沙—衡阳 1999—2004 年 OD 流量表　　单位:人

年　份	公　路	铁　路	合　计
1999 年	101 767	788 514	890 281
2000 年	114 423	1 005 722	1 120 145
2001 年	108 188	1 292 475	1 400 663
2002 年	98 522	1 355 192	1 453 714
2004 年	134 430	1 647 703	1 782 133

资料来源:广铁长沙客运站、长沙市交通局。

由于模型中，人口与人均 GDP 有线性相关，故剔除人均 GDP 变量，剔除变量后的模型如下：

$$T_{ij} = K \cdot \frac{(P_i \cdot P_j)^{\alpha}}{\exp(\gamma \cdot R_{ij})}$$

根据表 1、表 4 和表 5，用 SPSS 软件进行线性回归，得出模型系数为：

$k = 1.723 \times 10^{-14}$　　　$\alpha = 1.513$　　　$\gamma = 0.164$

模型检验：$R^2 = 0.99$，说明模型拟合度较高。

线性回归的显著性检验如表 6 所示。

表 6　方差分析

变差来源	平方和	自由度	F 值
回归	0.283	2	5 318.2
剩余	4.47×10^{-5}	2	
总离差	0.283		

查表可知 $F_{0.05}(2,2) = 19$，可见 $F_{0.05}(2,2) << 5318.2$。此模型在显著水平 $a = 0.05$ 下，线性回归显著。

回归系数的显著性检验：

给出显著性水平 $a = 0.05$，由 SPSS 软件计算出的 t 值分别为：

$|T_a| = 57.23$；$|T_{-r}| = 78.62$

查表得 $t_{0.025}(2) = 4.303$，$|T_a|$、$|T_{-r}|$ 都大于 4.303，所以两个回归系数都显著地不等于零。

得到的重力模型为：

$$T_{ij} = 1.723 \times 10^{-14} \times \frac{(P_i \cdot P_j)^{1.513}}{\exp(0.164 R_{ij})}$$

三、2006—2010 年 OD 流量的预测

1. 社会经济状况

根据历年人口、GDP 数据及十一五规划预测数据得到如表 7。

表 7 长沙、衡阳 2006—2010 年人口、GDP 预测表

年 份	长 沙		衡 阳	
	GDP(亿元)	人口(万人)	GDP(亿元)	人口(万人)
2006	1 717.49	628.25	660.96	726.87
2007	1 940.76	635.66	740.27	731.16
2008	2 193.06	643.16	829.10	735.48
2009	2 478.16	650.75	928.60	739.82
2010	2 800.32	658.43	1 040.03	744.18

资料来源:长沙市、衡阳市十一五规划和政府工作报告。

2. 运输阻力

由表 7 可计算出 2006—2010 年的平均时间价值如表 8 所示。

表 8 2006—2010 年平均时间价值表 单位:元/h

年 份	长 沙	衡 阳	平均时间价值
2006	13.67	4.55	9.11
2007	15.27	5.06	10.16
2008	17.05	5.64	11.34
2009	19.04	6.28	12.66
2010	21.27	6.99	14.13

假定旅行时间、发到时间和候车时间以及票价均不变。计算得运输阻力如表 9 所示。

3. 预测结果

将数据带入模型:$T_{ij} = 1.723 \times 10^{-14} \times \dfrac{(P_i \cdot P_j)^{1.513}}{\exp(0.164R_{ij})}$,得到 2006—2010 年长沙—衡阳的 OD 流量如表 10 所示。

表 9 2006—2010 年运输阻力表

单位:h

年份	长沙—衡阳段运输阻力
2006	7.56
2007	7.22
2008	6.91
2009	6.64
2010	6.39

表 10 2006—2010 年 OD 流量预测表

单位:人

年份	长沙—衡阳段预测 OD 流量
2006	2 325 073.28
2007	2 524 466.46
2008	2 725 161.15
2009	2 926 612.44
2010	3 128 400.91

4. 各种运输方式所占市场份额的预测

根据 LOGIT 模型，第 i 种运输方式所占的市场份额为：$P_i = \frac{\exp(-U_i)}{\sum \exp(-U_j)}$，式中，$P_i$ 为乘客选择第 i 种运输方式的概率，即方式 i 的市场份额；U_i 为第 i 种方式的广义成本；U_j 为第 j 种方式的广义成本。由于本文建立模型中的运输阻力采用的就是表示广义成本的效用函数，所以此处的广义成本就是运输阻力的值。预计铁路和公路的运输阻力如表 11 所示。

表 11　2006—2010 年铁路和公路运输阻力表　　单位：h

年 份	铁 路	公 路	年 份	铁 路	公 路
2006	7.56	9.59	2009	6.64	7.89
2007	7.22	8.96	2010	6.39	7.43
2008	6.91	8.39			

由表 11 可以得到铁路的分担率如表 12 所示。

据 OD 流量预测表（表 10）和铁路的分担率表（表 12），可以预测出长沙—衡阳段 2006—2010 年的铁路客流量如表 13 所示。

表 12　2006—2010 年铁路分担率表

单位：%

年份	分担率
2006	88.49
2007	85.15
2008	81.52
2009	77.71
2010	73.84

表 13　2006—2010 年铁路客流量预测表　单位：人

年份	铁路客流量
2006	2 057 436
2007	2 149 631
2008	2 221 483
2009	2 274 199
2010	2 310 131

附录3

广深本线客流预测(灰色模型)

广深本线客流统计数据如表1所示。

表1　广深线历年铁路客流发送量　　单位:人

年　份	1996年	1997年	1998年	1999年	2000年
全年客流(发送量)	12 800 288	12 625 985	11 995 428	13 302 535	14 904 002
年　份	2001年	2002年	2003年	2004年	
全年客流(发送量)	15 333 703	14 886 453	15 327 676	19 170 737	

资料来源:广铁集团公司。

有关资料显示,广深铁路城际客流占城际社会客流的比例较为稳定,在1999年,2000年,2001年,2002年,2003年的比例分别为33.23%,33.66%,32.57%,31.98%,33.94%,平均为33.08%,据此推算1996年至2004年广深城际社会客流如表2所示。

表2　广深线历年全社会客流量　　单位:人

年　份	1996年	1997年	1998年	1999年	2000年
全年社会客流量	38 694 946	38 168 032	36 261 874	40 241 100	44 282 600
年　份	2001年	2002年	2003年	2004年	
全年社会客流量	47 085 000	46 545 800	45 167 400	57 952 651	

根据以上时间序列用灰色GM(1,1)模型预测2005年至2010年广深城际社会客流如表3所示。

表3　广深线2005年至2010全社会客流量预测　　单位:人

年　份	2005年	2006年	2007年	2008年	2009年	2010年
预测值	56 650 414	59 900 130	63 336 263	66 969 509	70 811 173	74 873 212

若今后五年铁路客流的分摊比例不变,为33.08%,则预测2005年至2010年广深铁路城际客流如表4所示。

表 4　广深线 2005 年至 2010 年铁路客流量预测(分摊率:33.08%)

单位:人

年　份	2005 年	2006 年	2007 年	2008 年	2009 年	2010 年
预测值	18 739 957	19 814 963	20 951 636	22 153 514	23 424 336	24 768 059

若 2005 年至 2010 年广深铁路城际客流占社会客流的比例为 31%,则预测 2005 年至 2010 年广深铁路城际客流如表 5 所示。

表 5　广深线 2005 年至 2010 年铁路客流量预测(分摊率:31%)

单位:人

年　份	2005 年	2006 年	2007 年	2008 年	2009 年	2010 年
预测值	17 561 628	18 569 040	19 634 242	20 760 548	21 951 464	23 210 696

若 2005 年至 2010 年广深铁路城际客流占社会客流的比例为 36%,则预测 2005 年至 2010 年广深铁路城际客流如表 6 所示。

表 6　广深线 2005 年至 2010 年铁路客流量预测测(分摊率:36%)

单位:人

年　份	2005 年	2006 年	2007 年	2008 年	2009 年	2010 年
预测值	20 394 149	21 564 047	22 801 055	24 109 023	25 492 022	26 954 356

计算过程:

(1)$\boldsymbol{x}^{(0)} = (x^{(0)}(1), x^{(0)}(2), \cdots, x^{(0)}(9))$

$= (38\ 694\ 946, 38\ 168\ 032, 36\ 261\ 874, 40\ 241\ 100, 44\ 282\ 600, 47\ 085\ 000, 46\ 545\ 800, 45\ 167\ 400, 57\ 952\ 651)$

(2)$\boldsymbol{x}^{(0)}$的 AGO 序列 $\boldsymbol{x}^{(1)}$。

由 $x^{(1)}(k) = \sum_{m-1}^{k} \boldsymbol{x}^{(0)}(\mathrm{m})$ 得

$\boldsymbol{x}^{(1)} = (x^{(1)}(1), x^{(1)}(2), \cdots, x^{(1)}(6))$

$= (38\ 694\ 946, 76\ 862\ 978, 113\ 124\ 852, 153\ 365\ 952, 197\ 648\ 552, 244\ 733\ 552, 291\ 279\ 352, 336\ 446\ 752, 394\ 399\ 403)$

(3) $x^{(1)}$ 的 MEAN 序列 $\boldsymbol{z}^{(1)}$。

由 $z^{(1)}(k)=0.5(x^{(1)}(k)+x^{(1)}(k-1))$ 得

$$\boldsymbol{z}^{(1)}=(z^{(1)}(2),z^{(1)}(3),\cdots,z^{(1)}(6))$$
$$=(38\,694\,946,76\,862\,978,113\,124\,852,153\,365\,952,197\,648\,552,244\,733\,552,291\,279\,352,336\,446\,752,394\,399\,403)$$

(4)求参数 a,b。

$$\boldsymbol{y}_n=[x^{(0)}(2),x^{(0)}(3),\cdots,x^{(0)}(9)]^T$$

$$\boldsymbol{B}=\begin{pmatrix}-z^{(1)}(2) & 1\\ -z^{(1)}(3) & 1\\ \vdots & \vdots\\ -z^{(1)}(9) & 1\end{pmatrix}$$

$$\boldsymbol{P}=\begin{pmatrix}a\\ b\end{pmatrix}=(\boldsymbol{B}^T\boldsymbol{B})^{-1}\boldsymbol{B}^T\boldsymbol{y}_n$$

求得 $a=-0.055\,779,b=33\,097\,945$

(5)模型选定。

GM(1,1)定义型:

$$x^{(0)}(k)+az^{(1)}(k)=b\Rightarrow$$
$$x^{(0)}(k)=-0.055\,779z^{(1)}(k)+33\,097\,945$$

GM(1,1)白化响应式:

$$\hat{x}^{(1)}(k+1)=\left(x^{(0)}(1)-\frac{b}{a}\right)\mathrm{e}^{-ak}+\frac{b}{a}\Rightarrow$$

$$x^{(0)}(1)=38\,694\,946$$

$$\frac{b}{a}=\frac{33\,097\,945}{-0.055\,779}=-593\,372\,438$$

$$\hat{x}^{(1)}(k+1)=632\,067\,384\mathrm{e}^{0.055\,957\,23k}-593\,372\,438$$

求得:

$$\hat{\boldsymbol{x}}^{(1)}=(\hat{x}^{(1)}(1),\hat{x}^{(1)}(2),\cdots,\hat{x}^{(1)}(9))$$
$$=(38\,694\,946,74\,953\,099,113\,291\,179,153\,828\,498,196\,691\,217,242\,012\,728,289\,934\,080,340\,604\,410,$$

394 181 412)

由 $\hat{x}^{(0)}(k+1)=\hat{x}^{(1)}(k+1)-\hat{x}^{(1)}(k)$ 得:

$$\hat{\boldsymbol{x}}^{(0)}=(\hat{x}^{(0}(1),\hat{x}^{(0)}(2),\cdots,\hat{x}^{(0)}(9))$$
$$=(38\,694\,946,36\,258\,153,38\,338\,080,40\,537\,320,42\,862\,718,45\,321\,511,47\,921\,352,50\,670\,330,53\,577\,002)$$

(6)残差检验。

残差绝对值:

$$\Delta(k)=x^{(0)}(k)-\hat{x}^{(0)}(k)$$

残差相对值:

$$\xi(k)=\frac{x^{(0)}(k)-\hat{x}^{(0)}(k)}{x^{(0)}(k)}\%$$

残差检验计算值(表7)

表 7

	Δk	$x^{(0)}(k)$	$\hat{x}^{(0)}(k)$	$\varepsilon(k)$	$\lvert\varepsilon(k)\rvert$
$K=2$	1 909 879	38 168 032	36 258 153	0.050 038 702	0.050 039
$K=3$	-2 076 205	36 261 874	38 338 080	-0.057 255 88	0.057 256
$K=4$	-2 96220	40 241 100	40 537 320	-0.007 361 13	0.007 361
$K=5$	1 419 882	44 282 600	42 862 718	0.032 064 104	0.032 064
$K=6$	1 763 489	47 085 000	45 321 511	0.037 453 301	0.037 453
$K=7$	-1 375 552	46 545 800	47 921 352	-0.029 552 65	0.029 553
$K=8$	-5 502 930	45 167 400	50 670 330	-0.121 834 12	0.121 834
$K=9$	4 375 649	57 952 651	53 577 002	0.075 503 859	0.075 504

$$\xi(\text{avg})=\frac{1}{9-1}\sum_{k=2}^{9}\lvert\xi(\text{k})\rvert 100\% =5.138\,3\%$$

模型精度:

$$P^{0}=(1-\xi(\text{avg}))\,100\% =94.861\,7\%$$

(7)预测。

基于白化响应式:

$$\hat{x}^{(1)}(k+1)=632\,067\,384\text{e}^{0.055\,957\,23k}-593\,372\,438$$

令 $k=9,k=10,k=11,k=12,k=13,k=14$ 代入白化响应式,有:

$$(\hat{x}^{(1)}(10),\hat{x}^{(1)}(11),\hat{x}^{(1)}(12),\hat{x}^{(1)}(13),\hat{x}^{(1)}(14),\hat{x}^{(1)}(15))$$
$$=(450\ 831\ 826,\ 510\ 731\ 956,\ 574\ 068\ 219,\ 641\ 037\ 728,\ 711\ 848\ 901,\ 786\ 722\ 114)$$

由 $\hat{x}^{(0)}(k+1)=\hat{x}^{(1)}(k+1)-\hat{x}^{(1)}(k)$ 可得

$$(\hat{x}^{(0)}(10),\hat{x}^{(0)}(11),\hat{x}^{(0)}(12),\hat{x}^{(0)}(13),\hat{x}^{(0)}(14),\hat{x}^{(0)}(15))$$
$$=(56\ 650\ 414,\ 59\ 900\ 130,\ 63\ 336\ 263,\ 66\ 969\ 509,\ 70\ 811\ 173,\ 74\ 873\ 212)$$

附录4

广州到深圳之间客流预测报告(重力模型)

一、模型简介

本报告采用重力模型对广州至深圳“十一五”期间城际客流进行预测,模型的基本形式如下:

$$T_{ij}=K\cdot\frac{(P_iP_j)^{\alpha}\cdot(E_iE_j)^{\beta}}{\exp(\gamma\cdot R_{ij})}$$

其中 T_{ij} 为两地旅客交流量(双向),P_i,P_j 为两地人口数量,E_i,E_j 为两地人均国民收入,R_{ij} 为两地运输阻力,K,α,β,γ 为模型的参数。

二、模型参数确定

由于两地之间距离比较短,中间亦只相隔东莞,所以采用横截面数据会使数据过少,无法预测,故本报告采用1996年到2004年两地的时间序列数据进行预测。

1. 广深两地之间各年运输阻力的确定

本文中的运输阻力按照如下公式计算:$R_{ij}=\frac{C_{ij}}{V_{ij}}+t_1+t_2+t_3$

其中 C_{ij} 为两地之间的旅行的总成本,V_{ij} 为两地旅客的平均时间价值,t_1 为两地旅客间的旅行时间,t_2 为两地从出发地到车站以及从车站到目的地所花费的时间,t_3 为旅客的候车时间。

如果两地之间存在多种运输方式,那么其中运输阻力最小的运输方式最能代表两地的运输条件。那么这时:

$R_{ij}=\min\{R_{ij}^1,R_{ij}^2\cdots\cdots R_{ij}^n\}$,具体到广州到深圳之间,目前两地旅客交流基本通过汽车与火车两种方式,因此,我们在下面的分析中将着重考察这两种运输方式的情况。

(1)旅客平均时间价值。

1996年到2004年两地基本状况如表1、表2所示。

表 1 广州市历年人口与人均 GDP(1996—2006)

年份	人口(万人)	人均 GDP(元)
1996	656. 05	22 025
1997	666. 49	24 700
1998	674. 14	27 318
1999	685	30 025
2000	700. 69	34 292
2001	712. 6	38 007
2002	720. 62	41 884
2003	725. 19	48 372
2004	737. 67	56 300

资料来源:广州市历年政府统计公报。

表 2 深圳市历年人口与人均 GDP(1996—2006)

年份	人口(万人)	人均 GDP(元)
1996	358. 48	27 005
1997	379. 64	30 619
1998	394. 96	33 282
1999	405. 13	35 896
2000	432. 94	39 745
2001	468. 76	43 355
2002	504. 25	46 388
2003	557. 41	54 545
2004	597. 55	57 280

资料来源:深圳市历年政府统计公报。

本文采用产出法来计算时间价值,即 V = 人均 GDP/年平均劳动时间

其中劳动者年平均劳动时间这里按照每年工作 49 周,每周工作 5 天,每天 8 h 来计算,这样计算出的劳动者年平均工作时间为2 000 h。这样计算出来的劳动者的平均时间价值如表 3 所示。

表 3 平均时间价值表 单位:h

年份	广州平均时间价值	深圳平均时间价值	两地平均时间价值
1996	11. 012 42	13. 502 5	12. 257 46
1997	12. 350 22	15. 309 5	13. 829 86
1998	13. 658 96	16. 641	15. 149 98
1999	15. 012 7	17. 948	16. 480 35
2000	17. 146	19. 872 5	18. 509 25
2001	19. 003 5	21. 677 5	20. 340 5
2002	20. 942	23. 194	22. 068
2003	24. 186	27. 272 5	25. 729 25
2004	28. 15	28. 64	28. 395

(2)两地旅行成本的确定。

广深两地之间的旅行成本主要为旅客乘车的票价，由于本模型采用的是时间序列，因此，为了使各年的票价具有可比性，将把各年的票价换算成1996年的价格。

① 乘坐火车的旅行成本。

1996年，广深之间城际列车的票价为一等软座90元，二等软座为80元，平均为85元，1996年11月车票降价，一等软座为80元，二等软座为65元，平均基本在70元左右，此后，该区间城际列车车票的价格基本在70元左右。另外，对于其他普通长途车在两地之间的票价基本在20元左右，但是目前对于两地之间旅行的乘客基本上是无法买到普通长途车的车票，故对此我们不予考虑。

② 乘坐汽车的旅行成本。

1996年到2004年两地之间乘坐汽车的票价较难确定。经过多方调查取得的资料如下：

在1992年到1993年的时候广深之间旅行的票价基本在15元左右。到了2000年的时候，从深圳到广州的中等豪华车的票价为45元，因此我们有理由相信，在1996年的时候，两地之间的汽车票价大致在30元左右。而在2000年的平均价格在50元左右。而2003年以来，票价在60元左右。表4即为两种旅行方式的旅行成本。

表4　两地之间历年公路铁路票价表

年份	价格指数	火车票价	火车实际票价	公路票价	公路实际票价
1996	100	85	85	30	30
1997	100.8	70	69.444 44	40	39.682 54
1998	98.2	70	71.283 1	45	45.824 85
1999	95.2	70	73.529 41	45	47.268 91
2000	93.8	70	74.626 87	50	53.304 9
2001	93.1	70	75.187 97	50	53.705 69
2002	92.5	70	75.675 68	60	64.864 86
2003	92.4	70	75.757 58	60	64.935 06
2004	95	70	73.684 21	60	63.157 89

注：价格指数为全国商品零售价格指数，以1996年为100，票价单位为元。

资料来源：价格指数来源于广东省历年统计年鉴，车票价格为实地调研所得。

(3)途中花费时间的确定。

① 乘坐火车花费时间。

t_1 的确定。两地之间靠目前的广深铁路联系,广深铁路全长147 km,1996 年该线就改造为准高速铁路,改造后,两地之间的运行时间最短为 68 min,1998 年后引进瑞典摆式列车,2000 年后国产蓝箭列车又投入使用,使最短运行时间缩短为 55 min。但考虑到中间停靠站情况,这里将平均运行时间定为 1. 25 h(75 min)。

t_2 的确定。考虑到两地的城市规模,这里将 t_2 定为 1.5 h (90 min)。

t_3 的确定。1996 年时,广深线上平均每 45 min 开出一对列车。因此将候车时间定为 0. 75 h;1996 年底,两地增开列车,基本上每半个小时就有一对列车发出,因此候车时间缩短为 0. 5 h;2002 年发车密度进一步加大,每隔 15 min 就有一对列车发出。候车时间为15 min。

② 乘坐汽车花费时间。

t_1 的确定。目前两地主要通过广深高速公路和 107 国道联系,广深高速全长 121 km,加上广州市 30 km 的三环线,从广州到深圳大约150 km 左右的距离。自 1993 年建成以后车流量增长很快,目前趋于饱和状态,而 107 国道则长年处于超饱和状态,致使两地的旅行时间需要 3 h 左右。

t_1 的确定。与火车站相比,汽车站的数量相对较多,旅客到达车站更加方便快捷,这里我们将之定为 0. 33 h。

t_3 的确定。两地之间车流密集大,基本上每 10 min 左右的时间就有一辆车开出,因此这里我们将乘客候车时间定为 10 min (0. 17 h)。

(4)两地之间运输阻力。

根据以上数据,我们计算出两地之间不同旅行方式的运输阻力,并最终确定了两地的运输阻力(见表 5)。

表 5 运输阻力表 单位：h

年份	火车运输阻力	汽车运输阻力	两地运输阻力
1996	10. 295 86	5. 898 539	5. 947
1997	8. 170 914	6. 311 951	6. 369
1998	7. 861 058	6. 464 252	6. 525
1999	7. 622 408	6. 310 834	6. 368
2000	7. 201 231	6. 322 308	6. 38
2001	6. 872 537	6. 087 526	6. 14
2002	6. 360 62	6. 380 531	6. 429
2003	5. 885 526	5. 973 308	5. 944
2004	5. 543 072	5. 679 776	5. 595

2. 模型参数的确定

利用统计软件 Eviews，将以上数据代入模型进行回归可得到以下结果：

$$T_{ij}=87.0216\times\frac{(P_iP_j)^{1.9329}\times(E_iE_j)^{-0.5223}}{\exp(0.05694\cdot R_{ij})}$$

3. 模型检验

利用 Eviews 对模型进行检验，结果如下：

F 检验为 6. 472 7，大于临界值 4. 76，DW 检验为 1. 849 6，接近 2，故亦不存在序列相关性。而 R^2 检验为 0. 795，说明该模型的拟合优度为 0. 795。1996 年到 2004 年广深两地之间客流量回归结果如表 6 所示。

表 6 客流计算结果 单位:人

年份	预测客流	实际客流	年份	预测客流	实际客流
1996	39 093 208	38 694 946	2001	44 745 601	47 085 000
1997	38 776 247	38 168 032	2002	47 521 644	46 545 800
1998	38 524 246	36 261 874	2003	51158454	45 167 400
1999	38 528 942	40 241 100	2004	55 554 445	57 952 651
2000	40 456 611	44 282 600			

将拟合结果与 1996 年至 2004 年广深两地之间实际客流量在坐标系中标出如图 1 所示。

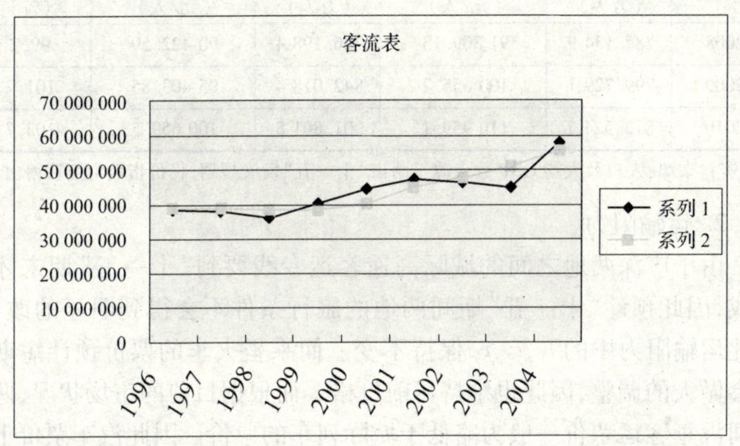

注:图中系列 1 为广深两地之间实际客流量,系列 2 为根据模型预测结果。

图 1 重力模型预测客流与实际客流曲线对照表

从图 1 中不难看出,模型对两地的客流预测的结果与实际客流量大体一致,拟合程度比较好。

三、"十一五"期间广深两地客流预测

1. "十一五"期间两地社会经济状况

根据广深两市规划,两市在"十一五"期间的社会经济状况如表 7 所示,其中物价指数的确定依据为,全国"十五"期间商品零售价格指数为年均增长 1.8%,而"十一五"期间预计将保持平稳,因此将之设定为年均增长 2%。而表中则将之换算为以 1996 年为基期的各年商品零售价格指数。

表 7 十一五期间广州深圳两地基本经济状况

年份	广州人口(万人)	广州人均 GDP(元/人)	深圳人口(万人)	深圳人均 GDP(元/人)	物价指数(%)
2006	762.538 5	75 139.03	685.414 3	81 226.74	95.8
2007	774.739 1	82 830.42	734.078 8	85 701.41	97.7

续上表

年份	广州人口（万人）	广州人均 GDP（元/人）	深圳人口（万人）	深圳人均 GDP（元/人）	物价指数（%）
2008	787. 134 9	91 309. 13	786. 198 4	90 422. 59	99. 7
2009	799. 729 1	100 655. 7	842. 018 4	95 403. 85	101. 7
2010	812. 524 7	110 959. 1	901. 801 8	100 659. 5	103. 7

资料来源：人口及人均 GDP 数来源于两市“十一五”发展规划，物价指数为换算得出。

2. 运输阻力

由于广深两地之间的城际高速客运专线要到“十一五”期末才能建成，因此预计“十一五”期间两地的旅行条件不会得到明显的改善，因此运输阻力中的 t_1, t_2, t_3 保持不变。而乘坐火车的票价预计短期内不会做大的调整，因此也维持目前价格。而根据目前的市场状况，两地之间汽车客运票价一般为略低于城际列车的票价。因此汽车票价上涨的空间也不大，故亦维持目前价格。综上可知，两地之间的运输阻力只受两地平均时间价值和物价因素的影响。广深两地计算所得的时间价值见表 8。

表 8　两市“十一五”期间预计时间价值　　单位：h

年份	深圳时间价值	广州时间价值	平均时间价值
2006	40. 613 37	37. 569 51	39. 091 44
2007	42. 850 71	41. 415 21	42. 132 96
2008	45. 211 3	45. 654 56	45. 432 93
2009	47. 701 93	50. 327 87	49. 014 9
2010	50. 329 76	55. 479 54	52. 904 65

两地之间各种运输方式的运输阻力如表 9 所示。

表 9　两地之间运输阻力

年份	火车运输阻力	汽车运输阻力	运输阻力
2006	4. 832 828 371	5. 201 912 059	4. 83
2007	4. 666 406 394	5. 047 377 366	4. 67
2008	4. 514 978 058	4. 906 765 339	4. 51

续上表

年份	火车运输阻力	汽车运输阻力	运输阻力
2009	4. 377 181 541	4. 778 811 431	4. 38
2010	4. 250 600 274	4. 661 271 683	4. 25

3. 预测结果

将上述数据代入模型,最终得到预测结果如表10所示。

表10 客流预计结果 单位:人

年份	预计广深两地客流量	年份	预计广深两地客流量
2006	57 799 572	2009	76 376 164
2007	63 462 374	2010	83 715 846
2008	69 679 979		

四、各种运输方式所占市场份额的预测

根据LOGIT模型:

第 i 种运输方式所占的市场份额为: $P_i = \dfrac{\exp(-U_i)}{\sum \exp(-U_j)}$

根据该公式,将两地之间火车以及汽车的运输阻力代入得到2006年到2010年城际列车运输占广深两地之间旅客运输市场的份额,如表11所示。

表11 "十一五"城际列车市场份额

年份	城际列车市场份额	年份	城际列车市场份额
2006	0. 591 238	2009	0. 599 079
2007	0. 594 107	2010	0. 601 249
2008	0. 596 713		

上面的分析中,对于运输阻力尤其是旅行成本我们考虑了物价变动的影响,如果不考虑物价的影响,其结果如表12所示。

表 12 两市运输阻力(不考虑物价水平) 单位:h

年份	火车运输阻力	汽车运输阻力	两地运输阻力
1996	10.434 55	5.947 489	5.95
1997	8.311 511	6.392 292	6.39
1998	7.870 468	6.470 301	6.47
1999	7.497 483	6.230 524	6.23
2000	7.031 893	6.201 352	6.2
2001	6.691 41	5.958 15	5.95
2002	6.172 014	6.218 869	6.17
2003	5.720 639	5.831 976	5.72
2004	5.465 223	5.613 048	5.47

利用统计软件 Eviews,将数据代入模型进行回归可得到以下结果:

$$T_{ij} = 1\ 574.586 \times \frac{(P_i P_j)^{1.437\ 6} \times (E_i E_j)^{-0.353\ 8}}{\exp(0.086\ 6 \cdot R_{ij})}$$

模型检验:

利用 Eviews 对模型进行检验,结果如下:

F 检验为 7.33,大于临界值 4.76,DW 检验为 2.08,接近 2,故亦不存在序列相关性。而 R^2 检验为 0.815,说明该模型的拟合优度为 0.815。1996 年到 2004 年广深两地之间客流量回归结果如表 13 所示。

表 13 重力模型预测客流与实际客流表 单位:人

年份	预测客流	实际客流	年份	预测客流	实际客流
1996	38 989 465	38 694 946	2001	45 025 331	47 085 000
1997	38 295 471	38 168 032	2002	47 034 950	46 545 800
1998	38 341 877	36 261 874	2003	51 150 610	45 167 400
1999	39 121 215	40 241 100	2004	55 142 074	57 952 651
2000	410 264 72	44 282 600			

将拟合结果与 1996 年至 2004 年广深两地之间实际客流量在坐标

系中标出如图 2 所示。

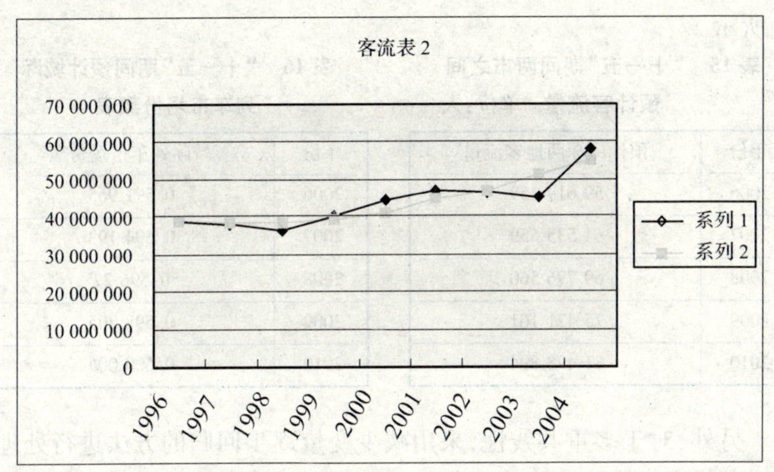

注:图中系列 1 为广深两地之间实际客流量,系列 2 为根据模型预测结果。

图 2 预测客流与实际客流折线图

“十一五”期间两地之间的运输阻力如表 14 所示。

表 14 “十一五”期间两地运输阻力表 单位:h

年份	火车运输阻力	汽车运输阻力	运输阻力
2006	4. 929 072	5. 291 281	4. 92
2007	4. 790 673	5. 162 768	4. 79
2008	4. 661407	5. 042 735	4. 66
2009	4. 540 733	4. 930 68	4. 54
2010	4. 428 137	4. 826 127	4. 43

根据模型预测“十一五”期间广深之间客流如表 15 所示。

根据 LOGIT 模型:

第 i 种运输方式所占的市场份额为:$P_i = \dfrac{\exp(-U_i)}{\sum \mathrm{epx}(-U_j)}$

根据该公式,将两地之间火车以及汽车的运输阻力代入得到 2006

年到2010年城际列车运输占广深两地之间旅客运输市场的份额，如表16所示。

表15 "十一五"期间两市之间预计客流量 单位：人

年份	预计广深两地客流量
2006	59 619 459
2007	64 535 559
2008	69 796 560
2009	75 421 101
2010	81 498 894

表16 "十一五"期间预计城际列车市场份额表

年份	城际列车市场份额
2006	0. 591 965
2007	0. 594 193
2008	0. 596 27
2009	0, 598 205
2010	0. 600 006

另外，对于多重共线性，采用减少变量逐步回归的方法进行处理，其拟合优度与统计检验都不满意，不如保持当前的结果。

附录 5

沪宁铁路客流密度预测(灰色模型)

本报告将沪宁线分为两个区段,即南京—常州以及常州—上海两个区段分别进行铁路客流密度的预测。

一、南京—常州区段客流密度

沪宁线南京—常州区段历年客流密度如表 1 所示。

表 1　南京—常州区段 1996 年至 2004 年客流密度

单位:千人

年份	1996	1997	1998	1999	2000	2001	2002	2003	2004
上行	16 577	18 438	17 866	20 222	21 056	22 425	23 698	23 208	29 097
下行	15 968	18 325	17 330	19 354	20 936	22 792	24 117	24 330	30 281
合计	32 545	36 763	35 196	39 576	41 992	45 217	47 815	47 538	59 378

资料来源:上海铁路局 1997—2005 年统计年鉴。

利用灰色 GM(1,1)模型进行今后五年客流量的预测得表 2。

表 2　南京—常州区段 2005 年至 2010 年客流密度预测

单位:千人

年份	2005	2006	2007	2008	2009	2010
预测客流	59 364. 67	63 582. 92	68 100. 91	72 939. 93	78 122. 8	83 673. 95

计算过程:

$\boldsymbol{x}^{(0)}$ 的 AGO 序列 $\boldsymbol{x}^{(1)}$,$\boldsymbol{x}^{(1)}$ 的 MEAN 序列 $z^{(1)}$ 如表 3 所示。

表　3

	$x^{(0)}(k)$	$x^{(1)}(k)$	$z^{(1)}(k)$
$k=1$	32 545	32 545	
$k=2$	36 763	69 308	50 926. 5
$k=3$	35 196	104 504	86 906
$k=4$	39 576	144 080	124 292
$k=5$	41 992	186 072	165 076

续上表

	$x^{(0)}(k)$	$x^{(1)}(k)$	$z^{(1)}(k)$
$k=6$	45 217	231 289	208 680.5
$k=7$	47 815	279 104	255 196.5
$k=8$	47 538	326 642	302 873
$k=9$	59 378	386 020	356 331

求得 $a=-0.068\ 646$，$b=30\ 881.856\ 18$

GM(1,1)白化响应式为 $\hat{x}^{(1)}(k+1)=\left(x^{(0)}(1)-\dfrac{b}{a}\right)e^{-ak}+\dfrac{b}{a}\Rightarrow$

$$\hat{x}^{(1)}(k+1)=482\ 418.2e^{0.068\ 645k}-449\ 873.2$$

求得 $\hat{\boldsymbol{x}}^{(1)}$，$\hat{\boldsymbol{x}}^{(0)}$ 序列如表 4 所示。

表 4

	$\hat{x}^{(0)}(k)$	$\hat{x}^{(0)}(k)$
$k=1$	32 545	32 545
$k=2$	66 824.02	34 279.02
$k=3$	103 538.8	36 714.78
$k=4$	142 862.4	39 323.61
$k=5$	184 980.2	42 117.81
$k=6$	230 090.8	45 110.56
$k=7$	278 406.7	48 315.97
$k=8$	330 155.9	51 749.14
$k=9$	385 582.1	55 426.26

残差检验计算值如表 5 所示。

表 5

	$\hat{x}^{(0)}(k)$	$\hat{x}^{(0)}(k)$	$\Delta(k)$	$\xi(k)$
$k=2$	36 763	34 279.02	2 483.976	0.067 567
$k=3$	35 196	36 714.78	−1 518.78	−0.043 15
$k=4$	39 576	39 323.61	252.393 3	0.006 377
$k=5$	41 992	42 117.81	−125.811	−0.003
$k=6$	45 217	45 110.56	106.438 2	0.002 354
$k=7$	47 815	48 315.97	−500.968	−0.010 48
$k=8$	47 538	51 749.14	−4 211.14	−0.088 58
$k=9$	59 378	55 426.26	3 951.74	0.066 552

$$\xi(\text{avg}) = \frac{1}{9-1}\sum_{k=2}^{9} |\xi(k)| 100\% = 3.6\%$$

模型精度:

$$p^0 = (1 - \xi(\text{avg}))100\% = 96.40\%$$

预测如表 6 所示。

表 6

	$k=10$	$k=11$	$k=12$	$k=13$	$k=14$	$k=15$
$\hat{x}^{(1)}(k)$	44 4946. 8	508 529. 7	576 630. 6	649 570. 6	727 693. 4	811 367. 3
$\hat{x}^{(0)}(k)$	59 364. 67	63 582. 92	68 100. 91	72 939. 93	78 122. 8	83 673. 95

二、常州—上海区段客流密度预测

沪宁 1996 年至 2004 年常州—上海区段客流密度如表 7 所示。

表 7 常州—上海区段 1996 年至 2004 年客流密度

单位:千人

年份	1996	1997	1998	1999	2000	2001	2002	2003	2004
上行	20 561	19 789	18 922	21 489	21 675	23 084	24 795	24 273	30 312
下行	19 665	19 216	17 998	19 973	21 211	23 171	24 761	24 822	31 168
合计	40 226	39 005	36 920	41 462	42 886	46 255	49 556	49 095	61 480

资料来源:1997—2005 年上海铁路局统计年鉴。

利用灰色 GM(1,1)模型进行今后 5 年客流量的预测结果如表 8 所示。

表 8 常州—上海区段 2005 年至 2010 年客流密度预测

单位:千人

年份	2005	2006	2007	2008	2009	2010
预测客流	60 906. 5	65 063. 22	69 503. 63	74 247. 09	79 314. 28	84 727. 3

计算过程:

$\boldsymbol{x}^{(0)}$ 的 AGO 序列 $\boldsymbol{x}^{(1)}$,$\boldsymbol{x}^{(1)}$ 的 MEAN 序列 $\boldsymbol{z}^{(1)}$ 如表 9 所示。

表 9

	$x^{(0)}(k)$	$x^{(1)}(k)$	$z^{(1)}(k)$
$k=1$	40 226	40 226	
$k=2$	39 005	79 231	59 728. 5
$k=3$	36 920	116 151	9 7691
$k=4$	41 462	157 613	136 882
$k=5$	42 886	200 499	179 056
$k=6$	46 255	246 754	223 626. 5
$k=7$	49 556	296 310	271 532
$k=8$	49 095	345 405	320 857. 5
$k=9$	61 480	406 885	376 145

求得 $a=-0.066\,02, b=32\,087.767\,82$

GM(1,1)白化响应式为 $\hat{x}^{(1)}(k+1)=\left(x^{(0)}(1)-\frac{b}{a}\right)e^{-ak}+\frac{b}{a}\Rightarrow$

$$\hat{x}^{(1)}(k+1)=526\,260e^{0.066\,02k}-486\,034$$

求得 $\hat{x}^{(1)}$, $\hat{x}^{(0)}$ 序列如表 10 所示。

表 10

	$\hat{x}^{(1)}(k)$	$\hat{x}^{(0)}(k)$
$k=1$	40 226	40 226
$k=2$	76 142. 01	35 916. 01
$k=3$	114 509. 2	38 367. 19
$k=4$	155 494. 9	40 985. 66
$k=5$	199 277. 7	43 782. 84
$k=6$	246 048. 6	46 770. 91
$k=7$	296 011. 5	49 962. 92
$k=8$	349 384. 3	53 372. 77
$k=9$	406 399. 6	57 015. 33

残差检验计算值如表 11 所示。

表 11

	$\hat{x}^{(0)}(k)$	$\hat{x}^{(0)}(k)$	$\Delta(k)$	$\xi(k)$
$k=2$	39 005	35 916.01	3 088.992	0.079 195
$k=3$	36 920	38 367.19	−1 447.19	−0.039 2
$k=4$	41 462	40 985.66	476.338 4	0.011 489
$k=5$	42 886	43 782.84	−896.837	−0.020 91
$k=6$	46 255	46 770.91	−515.912	−0.011 15
$k=7$	49 556	49 962.92	−406.917	−0.008 21
$k=8$	49 095	53 372.77	−4 277.77	−0.087 13
$k=9$	61 480	57 015.33	4 464.665	0.072 62

$$\xi(\mathrm{avg}) = \frac{1}{9-1}\sum_{k=2}^{9} |\xi(k)| 100\% = 4.12\%$$

模型精度：

$$p^0 = (1-\xi(\mathrm{avg}))100\% = 95.88\%$$

预测如表 12 所示。

表 12

	$k=10$	$k=11$	$k=12$	$k=13$	$k=14$	$k=15$
$\hat{x}^{(1)}(k)$	467 306.1	532 369.4	601 873	676 120.1	755 434.4	840 161.7
$\hat{x}^{(0)}(k)$	60 906.5	65 063.22	69 503.63	74 247.09	79 314.28	84 727.3

附录 6

沪宁线 2006—2010 年 OD 流量预测报告(重力模型)

本文运用重力模型对沪宁线各城市间 2006—2010 年的 OD 流量进行了预测,并计算了各城市间的铁路客流量。具体思路是:首先根据沪宁线上 6 个城市 2004 年的人口和 GDP 数据,用生产法计算出 6 城市间的旅客平均时间价值,利用时间价值将两地间的旅行费用转化为时间,与旅行时间、发到时间、候车时间一起组成两地的运输阻力。再利用人口、GDP 和运输阻力对模型进行线性回归,得到对沪宁线上 6 城市间 OD 流量进行预测的重力模型。最后通过预测 2006—2010 年的人口、GDP,并调整运输阻力,得到 2006—2010 年沪宁线上 6 城市间的 OD 流量和铁路客运量。

一、模型简介

本报告采用重力模型对沪宁线上南京、镇江、常州、无锡、苏州、上海 6 个城市间的客流进行预测,模型的基本形式如下:

$$T_{ij} = K \cdot \frac{(P_i P_j)^{\alpha} \cdot (E_i E_j)^{\beta}}{\exp(\gamma \cdot R_{ij})}$$

其中 T_{ij} 为两地旅客交流量,P_i,P_j 为两地人口数量,E_i,E_j 为两地人均国民收入,R_{ij} 为两地运输阻力,K,α,β,γ 为模型的参数。

二、模型参数确定

1. 运输阻力的计算

本文中的运输阻力按照如下公式计算:$R_{ij} = \frac{C_{ij}}{V_{ij}} + t_1 + t_2 + t_3$

其中 C_{ij} 为两地之间的旅行的总成本,V_{ij} 为两地旅客的平均时间价值,t_1 为两地旅客间的旅行时间,t_2 为两地从出发地到车站以及从车站到目的地所花费的时间,t_3 为旅客的候车时间。

如果两地之间存在多种运输方式,那么其中运输阻力最小的运输方式最能代表两地的运输条件。那么这时 $R_{ij}=\min\{R_{ij}^1,R_{ij}^2,\cdots R_{ij}^n\}$,具体到沪宁线,目前两地旅客交流基本通过汽车与火车两种方式,因此,我们在下面的分析中将着重考察这两种运输方式的情况。

(1)旅客平均时间价值。

本文采用生产法计算时间价值,即 V = 人均 GDP/t。其中 t 为劳动者年平均劳动时间,按每年工作250 d,每天8 h计算,年平均劳动时间为2 000 h。2004年,沪宁线上6个城市的社会经济状况如表1所示。

表1 沪宁线6城市2004年人口、GDP表

	南京	镇江	常州	无锡	苏州	上海
人口(万人)	584	267	349	447	599	1 352
GDP(亿元)	1 910	781	1 101	2 350	3 450	7 450

资料来源:江苏省统计局网站 www. jssb. gov. cn;

上海统计局网站 www. stats - sh. gov. cn。

根据公式可得到6城市间旅客平均时间价值表(见表2)。

表2 沪宁线各城市间2004年旅客平均时间价值表

单位:元/h

	镇江	常州	无锡	苏州	上海
南京	15. 49	16. 06	21. 32	22. 58	21. 95
镇江		15. 20	20. 46	21. 72	21. 09
常州			21. 03	22. 29	21. 66
无锡				27. 54	26. 92
苏州					28. 17

(2)运输阻力。

表3中,铁路票价为各类列车、各种席位的加权平均票价;旅行时间为各类列车运行时间的加权平均值;公路票价及旅行时间的计算方法类似。

表 3　沪宁线各城市间 2004 年平均票价和平均旅行时间表

	平均票价(元)		平均旅行时间(h)	
	铁路	公路	铁路	公路
南京—镇江	11.88	15.03	0.90	1.5
南京—常州	21.25	27.91	1.92	1.67
南京—无锡	28.18	36.74	2.51	2
南京—苏州	32.18	46.37	3.10	2.5
南京—上海	42.60	62.23	4.17	3.75
镇江—常州	12.00	17.58	1.00	1.5
镇江—无锡	17.90	26.01	1.65	1.8
镇江—苏州	24.20	40.88	2.4	2.2
镇江—上海	32.17	46.72	3.42	3
常州—无锡	8.00	14.57	0.52	1
常州—苏州	13.40	22.51	1.3	1.2
常州—上海	23.67	38.52	2.36	2.67
无锡—苏州	8.60	13.50	0.7	0.8
无锡—上海	19.20	29.66	1.64	2.0
苏州—上海	13.15	22	1.12	1.1

资料来源:石开旅行时刻表(石开网络科技有限公司 http://www.lxsk.com)以及各地长途汽车网站。

考虑到城市规模的不同,取平均到火车站时间为:上海 60 min,南京 40 min,无锡、常州、镇江、苏州 30 min。平均候车时间为 30 min。另外,由于一个城市中公共汽车站有多处,人们可就近选站上车,因此取平均到汽车站的时间比到达火车站的时间少 30%。平均候车时间为 20 min。

那么,旅行总成本与平均时间价值之比、平均旅行时间、平均发到时间,以及平均候车时间四项之和构成了两地间的运输阻力(见表 4)。

表 4 沪宁线各城市间 2004 年运输阻力表 单位:h

	镇江	常州	无锡	苏州	上海
南京	3.33	4.55	4.87	5.70	8.08
镇江		3.29	4.02	5.01	6.60
常州			2.40	3.24	5.45
无锡				2.32	4.35
苏州					3.26

(3)OD 流量

由于沪宁线 6 城市间 2004 年的 OD 流量数据无法直接取得,需要通过 2003 年的 OD 流量数据推算:假定客流量与 OD 流量同向变动且幅度大体相等,则可以通过计算 2004 年较 2003 年的客流增幅来推算出 2004 年 6 城市间的 OD 流量数据,两地间的 OD 流量增幅为两地客流量增幅的平均值。2003 年 6 城市间 OD 流量如表 5 所示。

表 5 沪宁线各城市间 2003 年 OD 流量表 单位:万人

	镇江	常州	无锡	苏州	上海
南京	642	599	572	443	506
镇江		312	230	168	237
常州			949	574	517
无锡				1 580	996
苏州					3 481

数据来源:新建铁路上海—南京城际轨道交通可行性研究报告(修改稿)铁道第四勘察设计院 2005 年 7 月武汉。

2003 年和 2004 年 6 个城市的客运量数据如表 6 所示。

表 6 沪宁线各城市间 2003 年、2004 年客运量表 单位:万人

地区	客运量总计	
	2003 年	2004 年
上海市	7 212	8 968

续上表

地区	客运量总计	
	2003 年	2004 年
南京市	16 800	18 991
苏州市	24 132	26 774
无锡市	15 877	17 469
常州市	11 413	12 679
镇江市	6 239	6 669

数据来源:中国资讯网 http://www. bjinfobank. com。

由表 5 和表 6 可以计算出 2004 年 6 城市间 OD 流量如表 7 所示。

表 7　沪宁线各城市间 2004 年 OD 流量表　单位:万人

	镇江	常州	无锡	苏州	上海
南京	706	671	638	496	601
镇江		340	249	183	274
常州			1 049	637	609
无锡				1 746	1 167
苏州					4 095

2. 模型参数的确定。

(1)未剔除人均 GDP 的模型。

根据表 1、表 4 和表 7,用 SPSS 软件进行线性回归,得出模型系数为:

$$K=1.024\times10^{-10}\quad \alpha=1.478\quad \beta=-0.654\quad \gamma=0.529$$

模型检验:$R^2=0.925$,说明模型拟合度较高。

线性回归的显著性检验如表 8 所示。

表 8　模型方差分析

变差来源	平方和	自由度	F 值
回归	8.066	3	45.336
剩余	0.652	11	
总离差	8.719		

查表可知 $F_{0.05}(3,11)=3.59$,可见 $F_{0.05}(3,11)\ll45.336$。此模型

在显著水平 $a=0.05$ 下,线性回归显著。

回归系数的显著性检验:

给出显著性水平 $a=0.05$,由 SPSS 软件计算出的 t 值分别为:

$|T_{\alpha}|=7.832$;$|T_{\beta}|=2.236$;$|T_{-\gamma}|=8.957$

查表得 $t_{0.025}(11)=2.201$,$|T_{\alpha}|$、$|T_{\beta}|$、$|T_{-\gamma}|$ 都大于 2.201,但系数 β 的 t 值非常接近 2.201。

由此得到未剔除人均 GDP 的重力模型为:

$$T_{ij}=1.024\times10^{-10}\times\frac{(P_i\cdot P_j)^{1.478}\cdot(E_i\cdot E_j)^{-0.654}}{\exp(0.529R_{ij})}$$

(2)剔除了人均 GDP 的模型。

此时模型中只剩两个变量,用 SPSS 软件回归的结果为:

$K=2.46\times10^{-12}$　　$\alpha=1.138$　　$\gamma=0.449$

模型检验:$R^2=0.891$,模型拟合度也较高。

线性回归的显著性检验如表 9 所示。

表 9　模型方差分析

变差来源	平方和	自由度	F 值
回归	7.770	2	49.127
剩余	0.949	12	
总离差	8.719		

查表可知 $F_{0.05}(2,12)=3.89$,可见 $F_{0.05}(2,12)\ll49.127$。此模型在显著水平 $a=0.05$ 下,线性回归显著。

回归系数的显著性检验:

给出显著性水平 $a=0.05$,由 SPSS 软件计算出的 t 值分别为:

$|T_{\alpha}|=8.836$;$|T_{-\gamma}|=8.256$

查表得 $t_{0.025}(12)=1.782$,$|T_{\alpha}|$、$|T_{-\gamma}|$ 都大于 1.782,所以两个回归系数都显著地不等于零。

由此得到的剔除了人均 GDP 的重力模型为:

$$T_{ij}=2.46\times10^{-12}\times\frac{(P_i\cdot P_j)^{1.138}}{\exp(0.449R_{ij})}$$

三、2006—2010 年 6 城市 OD 流量的预测

1. 各地社会经济状况

根据各城市历年人口、GDP 数据及“十一五”规划预测数据得到表 10。

表 10　沪宁线 6 城市 2006—2010 年人口、GDP 预测表

年份	GDP(亿元)					
	南京	镇江	常州	无锡	苏州	上海
2006	2 491	985	1 430. 3	2 673. 6	4 968	9 262. 4
2007	2 813. 7	1 103. 2	1 602	2 994. 4	5713. 2	10 096
2008	3 179. 5	1 235. 6	1 794. 2	3 353. 8	6 570. 2	11 004. 7
2009	3 592. 8	1 383. 9	2 009. 5	3 756. 2	7 555. 7	11 995
2010	4 059. 9	1 550	2 250. 6	4 206. 9	8 689	13 074. 6
年份	人口(万人)					
	南京	镇江	常州	无锡	苏州	上海
2006	604	267	354. 5	456. 2	608. 5	1 365. 9
2007	669	267	357. 1	459. 6	613. 4	1 372. 7
2008	680	267	359. 9	463	618. 3	1379. 6
2009	692	268	363	466. 5	623. 2	1 386. 5
2010	704	268	366. 6	470	628. 2	1 393. 4

2. 运输阻力:

由表 10 可计算出 2006—2010 年的平均时间价值如表 11 所示。

表 11　沪宁线各城市间 2006—2010 年平均时间价值表

单位:元/h

	2006 年	2007 年	2008 年	2009 年	2010 年
南京—镇江	19. 53	20. 84	23. 26	25. 89	28. 88
南京—常州	20. 40	21. 73	24. 15	26. 82	29. 77
南京—无锡	24. 96	26. 80	29. 80	33. 11	36. 79
南京—苏州	30. 72	33. 80	38. 25	43. 29	49. 00
南京—上海	27. 26	28. 90	31. 63	34. 61	37. 88
镇江—常州	19. 31	21. 54	24. 03	26. 75	29. 81
镇江—无锡	23. 87	26. 62	29. 68	33. 04	36. 84
镇江—苏州	29. 63	33. 61	38. 13	43. 22	49. 04
镇江—上海	26. 18	28. 72	31. 51	34. 54	37. 92
常州—无锡	24. 74	27. 50	30. 57	33. 97	37. 72
常州—苏州	30. 50	34. 50	39. 03	44. 15	49. 93
常州—上海	27. 04	29. 60	32. 41	35. 47	38. 81
无锡—苏州	35. 06	39. 57	44. 67	50. 44	56. 96
无锡—上海	31. 60	34. 68	38. 05	41. 76	45. 84
苏州—上海	37. 36	41. 67	46. 51	51. 94	58. 04

取平均到火车站时间:上海 50 min,南京、杭州 30 min,无锡、常州、镇江、苏州 20 min。平均候车时间为 20 min。取平均到汽车站的时间比到达火车站的时间少 30% 。平均候车时间 10 min。计算得到运输阻力如表 12 所示。

表 12 沪宁线各城市 2006—2010 年运输阻力表 单位:h

	2006 年	2007 年	2008 年	2009 年	2010 年
南京—镇江	2.67	2.63	2.57	2.52	2.47
南京—常州	3.79	3.70	3.58	3.46	3.36
南京—无锡	4.22	4.12	3.98	3.86	3.75
南京—苏州	4.76	4.62	4.46	4.32	4.20
南京—上海	7.13	7.00	6.82	6.65	6.49
镇江—常州	2.62	2.56	2.50	2.45	2.40
镇江—无锡	3.40	3.32	3.25	3.19	3.14
镇江—苏州	4.22	4.06	3.91	3.79	3.67
镇江—上海	5.77	5.62	5.47	5.34	5.22
常州—无锡	1.84	1.81	1.78	1.76	1.73
常州—苏州	2.58	2.49	2.42	2.35	2.29
常州—上海	4.74	4.66	4.59	4.53	4.47
无锡—苏州	1.83	1.78	1.74	1.71	1.68
无锡—上海	3.75	3.69	3.64	3.60	3.56
苏州—上海	2.68	2.62	2.56	2.51	2.47

3. 预测结果:

(1)未剔除人均 GDP 模型的预测。

将以上数据带入公式

$T_{ij} = 1.024 \times 10^{-10} \times \dfrac{(P_i \cdot P_j)^{1.478} \cdot (E_i \cdot E_j)^{-0.654}}{\exp(0.529R_{ij})}$,得到 2006—2010 年 6 城市间 OD 流量如表 13 所示。

表 13 沪宁线各城市间 2006—2010 年 OD 流量预测表

单位:万人

	2006 年	2007 年	2008 年	2009 年	2010 年
南京—镇江	817.42	890.20	815.57	751.11	685.80
南京—常州	648.12	736.10	707.85	683.51	654.45
南京—无锡	587.12	670.55	651.05	627.27	600.71
南京—苏州	543.77	624.23	602.78	577.33	546.89
南京—上海	578.97	680.28	683.26	684.35	681.33
镇江—常州	387.37	350.18	316.90	288.03	260.42
镇江—无锡	291.60	266.48	242.21	220.82	198.64
镇江—苏州	232.89	218.50	203.88	188.73	173.35
镇江—上海	382.63	367.43	352.86	337.98	319.43
常州—无锡	954.35	862.69	780.59	703.98	639.95
常州—苏州	795.13	730.15	664.07	604.87	549.67
常州—上海	946.09	889.20	832.33	776.21	725.83
无锡—苏州	1 344.66	1 209.25	1 081.45	962.28	856.32
无锡—上海	1 816.53	1 689.81	1 563.58	1 439.60	1 325.21
苏州—上海	3 942.84	3 609.48	3 304.17	3 008.22	2 724.72

上表中,2008 年以后的预测数据逐渐变小,因此该预测方案不成立。

(2)剔除了人均 GDP 模型的预测:

将数据带入模型:$T_{ij}=2.46\times10^{-12}\times\dfrac{(P_i\cdot P_j)^{1.138}}{\exp(0.449R_{ij})}$,得到 2006—2010 年 6 城市间 OD 流量如表 14 所示。

表 14 沪宁线各城市间 2006—2010 年 OD 流量预测表

单位:万人

	2006 年	2007 年	2008 年	2009 年	2010 年
南京—镇江	795.21	909.48	951.82	997.24	1040.03
南京—常州	664.01	783.16	849.52	923.54	996.16
南京—无锡	729.43	864.30	945.52	1 026.68	1 109.37
南京—苏州	794.42	959.03	1 059.31	1 161.10	1 261.00

续上表

	2006 年	2007 年	2008 年	2009 年	2010 年
南京—上海	687.90	823.84	915.13	1 013.31	1 116.59
镇江—常州	443.48	459.39	476.15	493.83	510.75
镇江—无锡	416.32	435.21	452.89	471.26	486.08
镇江—苏州	399.85	433.58	468.00	500.49	533.02
镇江—上海	500.35	538.24	579.03	619.96	657.99
常州—无锡	1 042.23	1 074.22	1 169.31	1 201.68	1 242.26
常州—苏州	1 037.61	1 099.41	1 219.22	1 281.96	1 344.00
常州—上海	987.32	1 037.82	1 147.07	1 196.72	1 250.33
无锡—苏州	1 936.14	2 015.22	2 203.83	2 273.27	2 345.01
无锡—上海	2 051.92	2 375.42	2 340.65	2 417.26	2 496.15
苏州—上海	4 604.45	4 800.60	5 283.08	5 482.82	5 665.09

4. 各种运输方式所占市场份额的预测:

根据 LOGIT 模型,第 i 种运输方式所占的市场份额为:$P_i = \frac{\exp(-U_i)}{\sum \exp(-U_j)}$,预计铁路和公路的运输阻力如表 15、表 16 所示。

表 15 沪宁线各城市间 2006—2010 年铁路运输阻力 单位:h

	2006 年	2007 年	2008 年	2009 年	2010 年
南京—镇江	2.67	2.63	2.57	2.52	2.47
南京—常州	4.12	4.06	3.96	3.87	3.79
南京—无锡	4.80	4.72	4.62	4.52	4.44
南京—苏州	5.31	5.21	5.10	5.00	4.92
南京—上海	7.39	7.30	7.18	7.06	6.95
镇江—常州	2.62	2.56	2.50	2.45	2.40
镇江—无锡	3.40	3.32	3.25	3.19	3.14
镇江—苏州	4.22	4.12	4.03	3.96	3.89
镇江—上海	6.15	6.04	5.94	5.85	5.77
常州—无锡	1.84	1.81	1.78	1.76	1.73

续上表

	2006 年	2007 年	2008 年	2009 年	2010 年
常州—苏州	2.74	2.69	2.64	2.60	2.57
常州—上海	4.74	4.66	4.59	4.53	4.47
无锡—苏州	1.95	1.92	1.89	1.87	1.85
无锡—上海	3.75	3.69	3.64	3.60	3.56
苏州—上海	2.97	2.94	2.90	2.87	2.85

表 16　沪宁线各城市间 2006—2010 年公路运输阻力　单位:h

	2006 年	2007 年	2008 年	2009 年	2010 年
南京—镇江	3.02	2.97	2.90	2.83	2.77
南京—常州	3.79	3.70	3.58	3.46	3.36
南京—无锡	4.22	4.12	3.98	3.86	3.75
南京—苏州	4.76	4.62	4.46	4.32	4.20
南京—上海	7.13	7.00	6.82	6.65	6.49
镇江—常州	3.05	2.96	2.87	2.80	2.73
镇江—无锡	3.53	3.42	3.32	3.23	3.15
镇江—苏州	4.22	4.06	3.91	3.79	3.67
镇江—上海	5.77	5.62	5.47	5.34	5.22
常州—无锡	2.23	2.17	2.12	2.07	2.03
常州—苏州	2.58	2.49	2.42	2.35	2.29
常州—上海	5.08	4.96	4.85	4.75	4.65
无锡—苏州	1.83	1.78	1.74	1.71	1.68
无锡—上海	3.93	3.85	3.77	3.70	3.64
苏州—上海	2.68	2.62	2.56	2.51	2.47

由表 15 和 16 可以得到铁路的分担率如表 17 所示。

表17 沪宁线各城市间2006—2010年铁路分担率表 单位:%

	2006年	2007年	2008年	2009年	2010年
南京—镇江	55.69	55.95	56.06	56.73	57.42
南京—常州	38.74	38.75	38.51	38.85	39.26
南京—无锡	32.96	32.92	32.69	33.04	33.46
南京—苏州	33.63	33.16	32.55	32.58	32.73
南京—上海	40.54	40.04	39.11	38.82	38.66
镇江—常州	57.56	57.34	57.20	57.63	58.11
镇江—无锡	50.24	49.87	49.58	49.89	50.25
镇江—苏州	47.07	45.91	44.94	44.66	44.53
镇江—上海	37.75	37.07	36.50	36.55	36.67
常州—无锡	39.52	40.04	40.61	41.21	41.86
常州—苏州	28.98	29.34	29.78	30.29	30.86
常州—上海	38.64	38.78	38.99	39.27	39.60
无锡—苏州	29.88	30.58	31.32	32.09	32.89
无锡—上海	35.51	35.97	36.48	37.02	37.61
苏州—上海	26.72	27.28	27.88	28.52	29.20

根据剔除了人均GDP模型预测出的OD流量(表14)和铁路的分担率(表17),可以预测2006—2010年的铁路客流量如表18所示。

表18 沪宁线各城市间2006—2010年铁路客流量预测表

单位:万人

	2006年	2007年	2008年	2009年	2010年
南京—镇江	442.85	508.85	533.59	565.73	597.19
南京—常州	257.24	303.47	327.15	358.80	391.09
南京—无锡	240.42	284.53	309.09	339.22	371.20
南京—苏州	267.16	318.01	344.81	378.29	412.73
南京—上海	278.87	329.87	357.91	393.37	431.67
镇江—常州	255.27	263.41	272.36	284.59	296.80
镇江—无锡	209.16	217.04	224.54	235.11	244.26
镇江—苏州	188.21	199.06	210.32	223.52	237.35

续上表

	2006 年	2007 年	2008 年	2009 年	2010 年
镇江—上海	188.88	199.53	211.35	226.60	241.28
常州—无锡	411.89	430.12	474.86	495.21	520.01
常州—苏州	300.70	322.57	363.08	388.31	414.76
常州—上海	381.50	402.47	447.24	469.95	495.13
无锡—苏州	578.52	616.25	690.24	729.49	771.27
无锡—上海	728.64	854.44	853.87	894.87	938.80
苏州—上海	1 230.31	1 309.60	1472.92	1 563.70	1 654.21

附录7

京津间社会客流预测(灰色模型)

京津间1997—2005年社会客流量如表1所示。

表1　京津间历年客流量　　单位:人

年　　份	1997	1998	1999	2000	2001
铁路客流量	4 713 120	4 798 080	6 151 680	6 708 310	6 881 556
公路客流量	712 000	739 420	1 099 710	1 109 000	1 084 200
全社会客流量	5 425 120	5 537 500	7 251 390	7 817 310	7 965 756

年　　份	2002	2003	2004	2005
铁路客流量	7 293 768	5 621 144	6 675 968	7 116 200
公路客流量	1 102 400	1 281 670	1 899 578	1 693 872
全社会客流量	8 396 168	6 902 814	8 575 546	88 100 722

资料来源:北京铁路局统计资料,2003年至2005年公路资料源于天津市交通部门,其余年份根据有关资料进行估计。

利用灰色GM(1,1)模型进行今后五年客流量的预测得表2。

表2　京津间2006年至2010年全社会客流量预测　　单位:人

年　　份	2006	2007	2008	2009	2010
预测客流	9 170 720	9 554 789	9 954 942	10 371 853	10 806 224

据2003年,2004年,2005年铁路及公路的客流数据可知,在过去三年铁路客流分别占社会客流的81.43%,77.85%,80.77%,平均为80.02%,若今后五年内铁路的分担率保持在该平均水平,则预计今后五年之内的铁路客流量如表3所示。

表3　京津间2006年至2010年铁路客流量预测(分摊率为80.02%)

单位:人

年　　份	2006	2007	2008	2009	2010
预计铁路客流(80.02%)	7 338 410	7 645 742	7 965 944	8 299 557	8 647 141

若 2005 年至 2010 年京津铁路城际客流占社会客流的比例为 75%，则预测 2005 年至 2010 年京津铁路城际客流如表 4 所示。

表 4　京津间 2006 年至 2010 年铁路客流量预测(分摊率为 75%)

单位:人

年　　份	2006	2007	2008	2009	2010
预计铁路客流(75%)	6 878 040	7 166 091	7 466 206	7 778 890	8 104 668

若 2005 年至 2010 年京津铁路城际客流占社会客流的比例为 83%，则预测 2005 年至 2010 年京津铁路城际客流如表 5 所示。

表 5　京津间 2006 年至 2010 年铁路客流量预测(分摊率为 83%)

单位:人

年　　份	2006	2007	2008	2009	2010
预计铁路客流(83%)	7 611 698	7 930 474	8 262 601	8 608 638	8 969 166

计算过程

$\boldsymbol{x}^{(0)}$ 的 AGO 序列 $\boldsymbol{x}^{(1)}$，$\boldsymbol{x}^{(1)}$ 的 MEAN 序列 $z^{(1)}$ 如表 6 所示。

表　6

	$x^{(0)}(k)$	$x^{(1)}(k)$	$z^{(1)}(k)$
$k=1$	5 425 120	5 425 120	
$k=2$	5 537 500	10 962 620	8 193 870
$k=3$	7 251 390	18 214 010	14 588 315
$k=4$	7 817 310	26 031 320	22 122 665
$k=5$	7 965 756	33 997 076	30 014 198
$k=6$	8 396 168	42 393 244	38 195 160
$k=7$	6 902 814	49 296 058	45 844 651
$k=8$	8 575 546	57 871 604	53 583 831
$k=9$	8 810 072	66 681 676	62 276 640

求得：$a=-0.041\ 027$，$b=624\ 770\ 6$

GM(1,1)白化响应式为：

$$\hat{x}^{(1)}(k+1)=157\ 709\ 327e^{0.041\ 027k}-152\ 284\ 207$$

求得 $\hat{x}^{(1)}$，$\hat{x}^{(0)}$ 序列如表 7 所示。

表 7

	$\hat{x}^{(1)}(k)$	$\hat{x}^{(0)}(k)$
$k=1$	5 425 120	5 425 120
$k=2$	12 029 961	6 604 841
$k=3$	18 911 412	6 881 451
$k=4$	26 081 057	7 169 645
$k=5$	33 550 965	7 469 908
$k=6$	41 333 712	7 782 747
$k=7$	49 442 399	8 108 687
$k=8$	57 890 677	8 448 278
$k=9$	66 692 767	8 802 090

残差检验计算值如表 8 所示。

表 8

	$x^{(0)}(k)$	$\hat{x}^{(0)}(k)$	$\Delta(k)$	$\xi(k)$
$k=2$	5 537 500	6 604 841	-1 067 341	-0. 192 75
$k=3$	7 251 390	6 881 451	369 939. 2	0. 051 016
$k=4$	7 817 310	7 169 645	647 665. 2	0. 082 85
$k=5$	7 965 756	7 469 908	495 847. 6	0. 062 247
$k=6$	8 396 168	7 782 747	613 421. 1	0. 073 06
$k=7$	6 902 814	8 108 687	-1 205 873	-0. 174 69
$k=8$	8 575 546	8 448 278	127 268. 4	0. 014 841
$k=9$	8 810 072	8 802 090	7 981. 865	0. 000 906

$$\xi(\text{avg}) = \frac{1}{9-1}\sum_{k=2}^{9} |\xi(k)| 100\% = 8.15\%$$

模型精度：

$$p^0 = (1-\xi(\text{avg}))100\% = 91.85\%$$

预测今后五年客流量如表 9 所示。

表 9

	$\hat{x}^{(1)}(k)$	$\hat{x}^{(0)}(k)$
$k=10$	75 863 487	9 170 720
$k=11$	85 418 276	9 554 789
$k=12$	95 373 217	9 954 942
$k=13$	105 745 070	10 371 853
$k=14$	116 551 294	10 806 224

附录 8

北京—天津间客流预测报告(重力模型)

一、模型简介

本报告采用重力模型对北京—天津间“十一五”期间城际客流进行预测,模型的基本形式如下:

$$T_{ij} = K\frac{(P_iP_j)^{\alpha}(E_iE_j)^{\beta}}{\exp(\gamma \cdot R_{ij})}$$

其中 T_{ij} 为两地旅客交流量(双向),P_i,P_j 为两地人口数量,R_{ij} 为两地运输阻力,K,α,β,γ 为模型的参数。

二、模型参数确定

本报告采用 1997 年到 2005 年两地的时间序列数据进行预测。

1. 京津两地之间客流量

根据有关资料,京津间客流量如表 1 所示。

表 1　京津间历年客流量　　　　单位:人

年　份	铁路客流(单)	公路客流(单)	T(单向)	T(双向)
1997	2 356 560	356 000	2 712 560	5 425 120
1998	2 399 040	369 710	2 768 750	5 537 500
1999	3 075 840	549 855	3 625 695	7 251 390
2000	3 354 155	554 500	3 908 655	7 817 310
2001	3 440 778	542 100	3 982 878	7 965 756
2002	3 646 884	551 200	4 198 084	8 396 168
2003	2 810 572	640 835	3 451 407	6 902 814
2004	3 337 984	949 789	4 287 773	8 575 546
2005	3 558 100	846 936	4 405 036	8 810 072

资料来源:北京铁路局统计年鉴和统计报表。

2. 京津两地之间各年运输阻力的确定

本文中的运输阻力按照如下公式计算：$R_{ij}=\dfrac{C_{ij}}{V_{ij}}+t_1+t_2+t_3$

其中 C_{ij} 为两地之间的旅行的总成本，V_{ij} 为两地旅客的平均时间价值，t_1 为两地旅客间的旅行时间，t_2 为两地从出发地到车站以及从车站到目的地所花费的时间，t_3 为旅客的候车时间。

如果两地之间存在多种运输方式，那么其中运输阻力最小的运输方式最能代表两地的运输条件。那么这时：

$R_{ij}=\min\{R_{ij}^1, R_{ij}^2\cdots\cdots R_{ij}^n\}$，具体到北京到天津之间，目前两地旅客交流基本通过汽车与火车两种方式，因此，我们在下面的分析中将着重考察这两种运输方式的情况。

(1)旅客平均时间价值。

1997 年到 2005 年两地社会经济状况如表 2、表 3 所示。

表 2　北京市人口及经济发展指标

年　份	常住人口(万人)	人均 GDP(元)	年　份	常住人口(万人)	人均 GDP(元)
1997	1 240.00	16 735	2002	1 423.00	27 746
1998	1 245.60	18 478	2003	1 456.40	31 613
1999	1 257.20	19 083	2004	1 492.70	37 058
2000	1 382.00	22 000	2005	1 538.00	44 969
2001	1 383.00	25 300			

资料来源：北京市历年统计公报及统计年鉴。

表 3　天津市人口及经济发展指标

年　份	常住人口(万人)	人均 GDP(元)	年　份	常住人口(万人)	人均 GDP(元)
1997	952.59	13 739	2002	1 007.18	22 068
1998	956.64	14 808	2003	1 011.30	25 874
1999	959.48	15 932	2004	1 023.67	31 550
2000	1 001.06	17 940	2005	1 043.00	35 457
2001	1 004.06	19 986			

资料来源：天津市历年统计公报及统计年鉴。

本文采用产出法来计算时间价值,即:

V = 人均 GDP/年平均劳动时间

其中劳动者年平均工作时间按每年工作 250 d,每天工作 8 h 计算,得出劳动者每年工作时间为 2 000 h。这样计算出劳动者的平均时间价值如表 4 所示。

表 4 京津间平均时间表 单位:h

年 份	北京平均时间价值	天津平均时间价值	两地平均时间价值
1997	8.37	6.87	7.62
1998	9.24	7.40	8.32
1999	9.54	7.97	8.75
2000	11.00	8.97	9.99
2001	12.65	9.99	11.32
2002	13.87	11.03	12.45
2003	15.81	12.94	14.37
2004	18.53	15.78	17.15
2005	22.48	17.73	20.11

(2)两地旅行成本的确定。

京津间出行的方式历年以火车为主,即使在京津塘高速公路(全长 142.79 km,设计时速 120 km/h)1995 年全线竣工通车之后,京津间的铁路客流仍然一直占到总客流的 70% 以上。另外,据了解,京津间长途客运的票价为 20 ~ 30 元,比城际特快没有多大优势,而旅行时间却在2 h左右。所以我们有理由认为,铁路的运输阻力最能代表京津两地间的运输条件。

票价的确定。京津间城际特快自 2000 年 10 月采用新型的动车组车底,即我们俗称的子弹头快速列车之后票价比原来上浮 5 元,在各时段实行不同的列车票价,高峰时段列车票价为 35 元,非高峰时段列车票价为 30 元。因此,我们确定 1997 年至 2000 年的火车票价为 30 元,2001 年及以后为 25 元。

(3)两地旅客花费时间的确定。

t_1 的确定。京津间城际特快于 1998 年开行。据列车时刻表,运行时间为79 min,比原来的运行时间缩短了 24% ,因此,确定 1997 年的 t_1 为 1.73 h,1998 年及以后为 1.32 h。

t_2 的确定。考虑到两个城市的规模,这里将 t_2 定为 100 min,即 1.67 h。

t_3 的确定。京津间城际特快每隔一个小时有一对列车发出,为方便旅客乘降,北京、天津站均开辟有绿色通道,旅客可随到随上。因此将 1998 年及以后的 t_3 确定为 0.3 h,而 1997 年确定为 0.5 h。

(4)两地之间运输阻力。

根据以上数据,我们计算出两地之间不同旅行方式的运输阻力,并最终确定了两地的运输阻力。见下表:

表 5　京津间运输阻力计算表　　单位:h

两地平均时间价值(V)(元)	票价(C)(元)	C/V	旅行时间(t_1)	发到时间(t_2)	等待时间(t_3)	运输阻力(R)
7.62	25.00	3.28	1.73	1.67	0.50	7.18
8.32	25.00	3.00	1.32	1.67	0.30	6.29
8.75	25.00	2.86	1.32	1.67	0.30	6.15
9.99	25.00	2.50	1.32	1.67	0.30	5.79
11.32	30.00	2.65	1.32	1.67	0.30	5.94
12.45	30.00	2.41	1.32	1.67	0.30	5.70
14.37	30.00	2.09	1.32	1.67	0.30	5.38
17.15	30.00	1.75	1.32	1.67	0.30	5.04
20.11	30.00	1.49	1.32	1.67	0.30	4.78

3. 模型参数的确定

利用统计软件 Eviews, 输入回归方程:

$$\log(T) = C(1) + C(2) \cdot \log(P_i \cdot P_j) + C(3) \cdot \log(E_i \cdot E_j) - C(4) \times R$$

将以上数据代入模型进行回归可得到以下结果(见表 6)。

表 6 Eviews 对 1997 至 2005 年的数据回归结果

	Coefficient	Std. Error	t - Statistic	Prob.
C(1)	-2.359 186	16.039 15	-0.147 089	0.888 8
C(2)	1.690 335	1.346 972	1.254 915	0.265 0
C(3)	-0.236 206	0.260 711	-0.906 006	0.406 5
C(4)	0.167 594	0.169 749	0.987 300	0.368 8
R - squared	0.743 878	Mean dependent var		15.804 38
Adjusted R - squared	0.590 204	S. D. dependent var		0.180 554
S. E. of regression	0.115 582	Akaike info criterion		-1.176 566
Sum squared resid	0.066 796	Schwarz criterion		-1.088 910
Log likelihood	9.294 546	F - statistic		4.840 639
Durbin - Watson stat	2.857 600	Prob(F - statistic)		0.061 100

从表 6 中数据可以看出，F 值在显著性水平为 0.05 时不能通过检验。

考虑到 2003 年由于非典的影响，客流非正常急剧下降，故将 2003 年的数据剔除，利用统计软件 Eviews，将剔除掉的 2003 年的以上数据代入模型进行回归可得到以下结果(见表 7)。

表 7 剔除 2003 年数据后的 Eviews 回归结果

	Coefficient	Std. Error	t - Statistic	Prob.
C(1)	-3.924 903	13.761 34	-0.285 212	0.789 6
C(2)	1.791 841	1.154 611	1.551 900	0.195 6
C(3)	-0.229 200	0.223 212	-1.026 828	0.362 5
C(4)	0.165 716	0.145 312	1.140 413	0.317 8
R - squared	0.847 729	Mean dependent var		15.811 49
Adjusted R - squared	0.733 526	S. D. dependent var		0.191 666
S. E. of regression	0.098 940	Akaike info criterion		-1.481 748
Sum squared resid	0.039 157	Schwarz criterion		-1.442 028
Log likelihood	9.926 994	F - statistic		7.422 994
Durbin - Watson stat	3.206 538	Prob(F - statistic)		0.041 201

从表中数据可以看出，F 值在显著性水平为 0.05 时能通过检验。

且拟合优度达到 84.77%,拟合度较好。由表 7 得出:

$K = e^{-3.924\,903} = 0.019\,744$, $\alpha = 1.791\,841$, $\beta = -0.229\,2$, $\gamma = 0.165\,716$

由此,拟合方程为:

$$T_{ij} = 0.019\,744 \frac{(P_i P_j)^{1.791\,841}(E_i E_j)^{-0.229\,2}}{\exp(0.165\,716 R_{ij})}$$

结果如表 8 所示。

表 8　京津间 1997—2005 年客流量预测值与真实值的比较

	T_{ij}	$\hat{T}_{ij}$	$\Delta(k)$	$\xi(k)$
1997	5 425 120	5 530 422	−105 302	−0.019 4
1998	5 537 500	6 253 142	−715 642	−0.129 2
1999	7 251 390	6 394 486	856 904	0.118 2
2000	7 817 310	8 162 821	−345 511	−0.044 2
2001	7 965 756	7 578 041	387 715	0.048 7
2002	8 396 168	7 988 105	408 063	0.048 6
2004	8 575 546	8 617 863	−42 317	−0.004 9
2005	8 810 072	9 137 724	−327 652	−0.037 2

三、"十一五"期间京津两地客流预测

1. "十一五"期间两地社会经济状况

根据京津两市规划,两市在"十一五"期间的社会经济状况如表 9 所示。

表 9　京津两市"十一五"期间人口及人均 GDP 规划

年份	北京常住人口(万人)	北京人均 GDP(元)	天津常住人口(万人)	天津人均 GDP(元)
2006	1 550.40	48 656	1 064.40	39 003
2007	1 562.80	52 646	1 085.80	42 903
2008	1 575.20	56 963	1 107.20	47 193
2009	1 587.60	61 634	1 128.60	51 913
2010	1 600.00	66 688	1 150.00	57 104

资料来源:2010 年数据来自北京市及天津市十一五规划纲要,其余年份的人口数据按等差数列增加计算,人均 GDP 按等比数列增加计算。

2. 运输阻力(见表10)

由于京津城际轨道已于2005年7月开建,估计2008年6月奥运之前投入运营,届时两地之大仅需半小时,发车间隔最短为3 min,届时票价估计为40元。因此运输阻力中的t_1,t_2,t_3分别估计为0.5,1.67,0.2。

表10 2006至2010年运输阻力估计 单位:小时

年份	京时间价值(元)	津时间价值(元)	V(元)	C(元)	C/V	t_1	t_2	t_3	R
2006	24.33	19.50	21.91	30.00	1.37	1.32	1.67	0.30	4.66
2007	26.32	21.45	23.89	30.00	1.26	1.32	1.67	0.30	4.55
2008	28.48	23.60	26.04	40.00	1.54	0.50	1.67	0.15	3.86
2009	30.82	25.96	28.39	40.00	1.41	0.50	1.67	0.15	3.73
2010	33.34	28.55	30.95	40.00	1.29	0.50	1.67	0.15	3.61

3. 预测结果

将上述数据代入模型,最终得到下面预测结果如表11所示。

表11 京津间2006至2010年全社会客流量预测 单位:人

年份	2006	2007	2008	2009	2010
预测客流	9 428 019	9 703 167	10 978 942	11 307 603	11 617 255

4. 分担率

根据LOGIT模型:

第i种运输方式所占的市场份额为:$P_i=\dfrac{\exp(-U_i)}{\sum\exp(-U_j)}$

预测今后五年汽车的运输阻力,如表12所示。

表12 2006至2010年京津间汽车运输阻力估计 单位:小时

年份	V(元)	C(元)	C/V	t_1	t_2	t_3	R
2006	21.91	30	1.368 939	2.67	1.5	0.4	5.938 939
2007	23.89	30	1.255 897	2.67	1.5	0.4	5.825 897
2008	26.04	35	1.344 131	2	1.5	0.4	5.244 131
2009	28.39	35	1.232 971	2	1.5	0.4	5.132 971
2010	30.95	35	1.130 928	2	1.5	0.4	5.030 928

由以上公式计算分担率如表 13 所示。

表 13　2006 至 2010 年铁路分摊率表

年　份	2006	2007	2008	2009	2010
铁路分摊率	0.782 45	0.782 45	0.800 27	0.802 796	0.805 094

由以上预测的京津间客流及铁路分担率预测今后五年铁路的客流量如表 14 所示。

表 14　2006 至 2010 年铁路客流量预测　　　　单位:人

年　份	2006	2007	2008	2009	2010
预计铁路客流	7 376 953	7 592 243	8 786 118	9 077 698.5	9 352 982

参考文献

[1] 史青龙,周一星. 戈特蔓关于大都市带的学术思想评介[J]. 经济地理,1996(3).

[2] 章昌裕. 巴黎都市圈形成的特征[N]. 中国经济时报,2007-1-8.

[3] 章昌裕. 伦敦都市圈建成的经验[N]. 中国经济时报,2007-1-4.

[4] 章昌裕. 东京都市圈发展的启示[N]. 中国经济时报,2007-1-11.

[5] 章昌裕. 纽约都市圈形成的特色及启示[N]. 中国经济时报,2007-1-1.

[6] 徐行方,忻铁朕等. 城际列车的概念及其开行条件[J]. 同济大学学报,2003(4):434-435.

[7] 南敬林. 城际轨道交通的特点和修建的必要性[J]. 都市轨道交通,2005(3):7-10.

[8] 张光伟,李愈. 铁路城际短途旅客快运的思考[J]. 铁路运输与经济,2004(1):36-37.

[9] 赵翠霞,张于心等. 我国城际铁路的两种发展模式[J]. 综合运输,2004(2):46-49.

[10] 《中国城市发展报告》编委会. 中国城市发展报告[R]. 北京:中国统计出版社,2003.

[11] 左大杰. 大力发展铁路短途旅客运输[J]. 城市轨道交通研究,2004(4):10-13.

[12] 张迎春,张于等. 中国三大经济区发展城际铁路的思考[J]. 交通运输系统工程与信息,2005(4):85-89.

[13] 康学东,王长钊. 关于建设环渤海京津冀地区城际铁路网的探讨[J]. 铁道建筑,2005(2):89-91.

[14] 杨俊社. 试论关系营销在铁路客货营销中的作用[J]. 铁道运输与经济,2001(2).

[15] 李中浩. 瑞典铁路的运营管理机构[J]. 中国铁路,1995(5):44-45.

[16] 陈岩,赵士廉. 铁路企业"网运分离"管理模式的探讨[J]. 上海交通大学学报,2000(3):89-92.

[17] 李冰. 城市轨道交通系统的管理体制及经营模式研究[J]. 城市轨道交

通,2004(2):8-10.

[18] 王毅. 三大区域城际轨道交通网规划解读[J]. 综合运输,2005(6):87-90.

[19] 董险峰. 合作共赢大力推进京津冀区域经济发展[J]. 港口经济,2005(6):25-27.

[20] 唐茂华. 京津冀区域经济一体化战略构想与前景展望[J]. 重庆工商大学学报(西部论坛),2005(5).

[21] 王立杰. 澳大利亚铁路考察记[J]. 铁道知识,2005(4):26-27.

[22] 胡东源. 全力推进铁路运输调度指挥现代化[J]. 中国铁路,2001(4):14-17.

[23] 郑洪. 浅谈我国铁路运输的发展与车站设计[J]. 铁道勘测与设计,2002(2).

[24] 张鹏,罗京海. 城际特快旅客列车行车组织方式的改革[J],旅客运输,2004(1):36-37.

[25] 周信. 德国高速铁路[J]. 铁道知识,2005(6).

[26] 张海军. 高度集中统一的铁路运输调度指挥[J]. 中国铁路,2002(5):18-21.

[27] 孙剑. 亲情之旅——宁沪高速服务品牌设计策划[J]. 交通企业管理,2002(4):13-14.

[28] 李学峰. 铁路动车组及综合试验[J]. 中国铁路,2002(4).

[29] 吕春娟. 创服务品牌全面提高客运服务质量[J]. 上海铁路科技,2005(6):52-53.

[30] 雷静. 实施品牌战略提升铁路客运市场竞争力[J]. 广西铁道,2005(4).

[31] 刁群才等. IC卡在铁路客运系统中的应用[J]. 内蒙古科技与经济,2005(6).

[32] 刘华强. 建立铁路客运服务综合信息平台的设想[J]. 铁道运输与经济,2005(1):38-39.

[33] 彭宜. 铁路客运信息系统的建立与实践[J]. 铁道运输与经济,2002(5):30-31.

[34] 金成旭. 铁路客运站旅客引导标识系统的研究[J]. 铁道运输与经济,2002(11):46-47.

[35] 赵映莲,孙琴莉. 广深准高速铁路客运站布局原则和服务设施的研究[J]. 铁道运输与经济,1991(1).

[36] 刘友梅. 电动车组——铁路客运的新方式[J]. 机车电传动,2005(5).

[37] 李曾能,徐惠敏. 铁路车站候车室卫生监测[J],浙江预防医学,1998(5):286-287.

[38] 郭富娥,柳进等. 高速线与既有线列车运行图衔接问题的研究[J]. 中国铁路,2000(6):25-27.

[39] 钱仲侯. 高速铁路概论[M]. 北京:中国铁道出版社,2003.

[40] 张学兵. 城际铁路客运市场空间无限[J]. 铁道知识,2005(4):14-15.

[41] 马波涛,张于心. 发展城际高速铁路客运专线的必要性[J]. 综合运输,2003(2):16-17.

[42] 文力. 铁路运输企业市场主体性与营销机制的相关性[J]. 铁道运输与经济,1998(12):4-6.

[43] 吴勇光,曹惠萍等. 铁路运输清算模式的探讨[J]. 铁道经济研究,2002(2):45-47.

[44] 贾俊芳. 铁路城际列车经营效果评价方法研究[J]. 铁道经济研究,2003(4):42-45.

[45] 左春玲,张学兵. 新财务清算政策下提高铁路城际列车效益的思考[J]. 铁道运输与经济,2003(1):12-14.

[46] 李传翔. 关于我国铁路运价问题的思考[J]. 铁道运输与经济,2005(3):10-12.

[47] 唐述春. 德国铁路客运营销特点及思考[J]. 中国铁路,2005(5).

[48] 阎利雄,郑国华. 建立铁路客运营销快速反应机制[J]. 中国铁路,2004(2):46-49.

[49] 钱勇生,李保知等. 基于客运营销的运输组织措施研究[J]. 开发研究,1998(4):22-23.

[50] 李庆云,李正刚. 广州—深圳城际客运“公交化”运输组织方案探讨[J]. 铁道运输与经济,2002(1):36-37.

[51] 翁振松,王晖军,吴锦秋. 京沪通道高速铁路客流量预测[J]. 预测(预测与分析),1998(6):9-11.

[52] 邹毅峰,罗荣武. 广深城际旅客列车公交化客流变动情况分析[J]. 铁道运输与经济,2002(9):23-24.

[53] 赵翠霞,孙毅等. 我国城际铁路的两种发展模式[J]. 综合运输,2004(2):46-48.

[54] 赵翠霞,孙毅等. 城际铁路发展模式研究[J]. 北方交通大学学报,2004

(2):91 - 95.

[55] 张根明,曹文辉. 广深铁路公交化经营战略探析[J]. 铁道运输与经济,2003(3):11 - 12.

[56] 中国铁路赴日本、韩国考察团. 日本、韩国铁路考察报告[J]. 铁道经济研究,2002(4):2 - 8.

[57] 徐行方,朱学杰. 沪宁杭城际列车开行密度的统计分析[J]. 同济大学学报,2005,33(2):174 - 178.

[58] 中国2000年城镇化水平比较统计//国家统计局人口与就业统计司. 中国人口统计年鉴(2001年卷). 北京:中国统计出版社,2001.

[59] 罗善兴. 中国铁路改革任重道远[J]. 经济学家,2005(2).

[60] 孙毅,张于心等. 经济区城际铁路发展的战略框架[J]. 交通运输,2004(12):20 - 23.

[61] 吴卫平. 铁路投资体制改革研究[J]. 中国体制改革研究,2004(5):15 - 18.

[62] 球山芳弘. 世界高速铁路的现状与前景[J]. 国外机车车辆工艺,2004(6):1 - 5.

[63] 吴昊. 境外高速铁路建设与运营组织模式[J]. 铁道经济研究,2003(4):31 - 33.

[64] 刘伊生,李清立,卜长堃等. 京沪高速铁路建设管理模式的研究[J]. 北方交通大学学报,1999(10):101 - 104.

[65] 郝志军,游经元. 高速铁路建营模式选择[J]. 交通运输规划与管理,2005(5).

[66] 梁倩. 京津城际旅客运输市场调查及分析[J]. 铁道运输与经济,2003(2):26 - 27.

[67] 戴学珍. 论京津空间相互作用[J]. 地理科学,2002(5):257 - 262.

[68] 王苏男. 旅客运输[M]. 中国铁道出版社. 1999.

[69] 李明生. 名牌:铁路运输的核心竞争力[M]. 中国铁道出版社. 2004.

后　记

本书是本人承担的铁道部2004年科技研究开发计划重点项目《关于铁路城际客运市场开发及列车规划研究》的理论成果。项目开发前，我通过近一年时间在铁路部门的调研和思考，设计确定了项目的主题和含有一、二、三级标题的研究大纲。项目经铁道部在全国招标和竞标后，最终获铁道部批准，立项编号为2004F023。在项目开展过程中，中南大学副研究员陈静，博士研究生陈文轩、冷俊峰、张延平、何天祥，湖南省社会科学院副研究员李海燕参加了调研或按我设计的提纲协助收集了有关资料。尤其是陈文轩从国外收集和发来许多有关城际列车的资料和照片。在项目研究的后期，硕士研究生巩玮等同学协助我参与了计算工作，最后由我历时一年时间独撰成近9万字的研究报告，2006年报铁道部审批结题。

2007年，我又在原来研究报告的基础上，继续对这个问题开展了更进一步的拓展研究，并按著作的要求重新设计了全书的框架，又历时一年多时间独撰成本书初稿。需要特别指出的是，在本书的出版过程中，铁路科技图书出版基金委的评审专家、铁道部运输局副局长傅选义高级工程师、铁道部铁道科学研究院运输经济研究所所长熊永钧研究员、运输组织专家田长海研究员等专家对本书给予了高度的评价和鼓励，同时他们对本书也提出了一些十分中肯的意见，使我受益匪浅。我遵照基金委领导和评审专家的意见，又对书稿进行了历时半年多的补充和修改。尽管本人主观上想使本书在理论上有所升华，增强科学性和时代感，但由于学识浅薄，虽殚心竭力能否如愿，还有待领导、专家和同仁们批评指正，以便今后有机会再版时修正。

此外，在本项目立项和开展过程中，铁道部运输局傅选义、黄永斌、杜欣、廉文斌等同志，铁道部科教司周黎、齐向阳等同志，广铁集团公司、上海铁路局、北京铁路局等单位的领导和同志，对本项目的立项和开展调研也给予了大力支持，提供了许多实地考察的机会和宝贵的意见或资料。本书在写作过程中，我参阅了一些专家和学者的相关研究成果，包括在本书主要参考文献中列出的已公开出版和由于篇幅所限没有列出的专家学者的一些研究成果。在书稿的后期修改中，副研究员李海燕协助补充资料参与了第七章和第十二章的写作，硕士研究生李欢等同学也协助查阅补充资料或帮助打印排版。对上述各个方面的领导、专家、学者、同志和同学，本人致以深深的谢意，没有他们的无私帮助，本书是难以面世的。

最后，本书的出版还要深切地感谢我的母亲。在书稿紧张修改期间，慈母患病。我竟没有想到母亲会走上不归路，仍集中精力于书稿修改，对老人的关照难免不周，每每念及潸然泪下，始信忠孝难能两全。慈母历来就谆谆教育我们要好好工作，今谨以此书敬献母亲，以慰在天之灵，敬请母亲安息，是为补记。

李明生

2010 年春于中南大学铁道校区梅园